Y+4903
A.

Ye   7614

LES
OEVVRES
DV SIEVR
THEOPHILE,

Reueuës, corrigées, & augmentées.

Iouxte la coppie imprimée,

A PARIS,

Par PIERRE BILAINE, &
IACQVES QVESNEL.

M. DC. XXVI.

TRAICTÉ DE L'IMMORTALITÉ DE L'AME, OU LA MORT DE SOCRATE PAR THEOPHILE.

PHÆDON.

OY qui dans la Cité d'Athenes
Visitay Socrate en prison,
Et qui vis comment le poison
Acheua ses dernieres peines;
Ie t'adiure par les discours
Dont il voulut finir ses iours,
De le voir peint dans mon ouurage,
Où i'ay faict aussi peu d'effort
Qu'en fit ce genereux courage,
Dans les atteintes de sa mort.

Quelques Dieux, comme par enuie,
Le voyant si bien raisonner.

*Apres l'auoir faict condamner,
Alongerent vn peu sa vie,
Affin que la mort eust loisir
Au parauant que le saisir,
De se peindre plus effroyable,
Et sans cesse luy discourir
De son Arrest impitoyable,
Pour le faire long temps mourir.*

*Vne aduenture inopinee
Tentant sa resolution,
Laissa sans execution
La sentence desia donnee.
Ce Nauire qui dure tant
Où Thesée mit en partant
Quelque voiles noires et blanches,
Qui rendu mille fois nouueau,
Et changé de toutes ses planches,
Encor est le mesme vaisseau.*

*D'vne Religion fidelle,
Ce Nauire auec des presens
Partoit d'Athenes tous les ans,
Pour faire son voyage en Dele:
En l'attente de son retour,
Les arrests mortels de la Cour
Retenoient leur sanglant tonnerre,
Et ne donnoient iamais la mort,
Au plus coulpable de la terre,*

Que le vaisseau ne fust ou port.

Ce Nauire estoit lors sur l'onde,
Et pendant son esloignement
Socrate sans estonnement
Attendoit à sortir du monde,
Dans ces importunes langueurs,
Encore parmy les rigueurs
De la iustice inexorable,
Il m'estoit permis de le voir
Et d'vn confort peu secourable
Luy rendre mon dernier deuoir.

Quelques vns que les mœurs & l'âge
Attachoient à son amitié,
Par vn mesme effort de pitié,
Luy rendoient mesme tesmoignage,
Tous à l'obiect de son ennuy
Estoient moins resolus que luy?
Et consolez à sa parole
Le voyant sec, parmy nos pleurs,
Comme moy venoient à l'escole
De bien viure dans les malheurs.

Tous les iours dans cet exercice
Il nous enseignoit de mourir,
Sans perdre temps à discourir
Des cruautez de la Iustice.
A la fin quand le iuste cours

De ſes incomparables iours
Fut acheué par les Eſtoilles;
Le peuple, ſur le bord de l'eau
Reveid blanchir les triſtes voiles,
Et mouïller l'ancre du vaiſſeau.

Le iour venu que la Nature auare
Redemandoit vne choſe ſi rare,
Et que la loy preſſante du Deſtin
Deuoit ſa proye à l'infernal maſtin,
Sans eſpargner non plus cette belle ame,
Que le plus ſot du populaire infame;
Nous reuenons pour la derniere fois
A l'entretien d'vne ſi docte voix.
Ce cœur diuin ſe tient touſiours plus ferme,
Lors qu'il ſe veid plus proche de ſon terme,
Sans que l'horreur de ſon treſpas certain
Y fiſt paroiſtre vn mouuement humain :
L'Eſprit plus fort voyant ſa derniere heure,
Et qu'on le preſſe à changer ſa demeure,
S'il n'eſt celeſte, ou tout a faict brutal,
Quoy qu'il diſcoure il craint le coup fatal.
Il falloit bien qu'vne diuine eſſence
Au grand Socrate euſt donné la naiſſance.
Vn ſens humain n'eſt iamais aſſez fort
Pour ſe reſoudre à ſouſtenir la mort.
Luy dans l'obiect de ſa fin toute proche,
D'vn front de marbre, & d'vne ame de roche,

Monstroit de l'œil, du geste, & du propos,
Qu'il demeuroit dans vn profond repos,
Et que pour voir des pleurs à son martyre
Il eust fallu quelque chose de pire,
Et ne souffrit iamais dans la prison
Qu'vn seul souspir fist honte à sa raison.
A ses genoux sa femme desolée,
Les yeux troublez, affreuse escheuelee,
Qui ne pouuoit à force de douleurs,
Se soulager d'vne goutte de pleurs,
Tenant le fils vnique de Socrate
Luy reprochoit vne ame presque ingrate,
De ne laisser aux bords du monument
A tous les siens vn souspir seulement.
Mon cher espoux, Socrate disoit-elle,
Pourquoy ne m'est cett' heure aussi mortelle?
Helas! apres que le dernier sommeil
T'aura priué des clartez du Soleil,
Dans les horreurs du Cocite effroyable.
Tes tristes yeux n'auront rien d'agreable.
Fussions nous mesmes en ces lieux pleins d'effroy,
Tu ne verras ny tes amis, ny moy.

Socrate sans s'esmouuoir pour la desolation de sa femme, comme du tout insensible à sa perte & à la douleur des siés: Ie vous prie (dit-il) ramenez moy cette femme en la maison. Vn des domestiques de Griton qui se trouua là, la conduisit chez elle.

Puis il s'aßit, & tout se reposant,
D'vn esprit graue & d'vn discours plaisant,
Auant se taire il nous fit prendre enuie
De l'aller suiure au sortir de la vie.

Tout au mesme instant qu'on luy eut osté les fers, il porta les mains sur les meurtrisseures qui luy demangeoient, & goustant sans estre diuerty, la douceur de ce soulagement.

Voyez (dit-il) comme au plus grand malheur
La volupté suit de pres la douleur,
I'ay ce soulas à cause de la chaisne,
Et ce plaisir à cause de ma peine.

Que c'est vne chose merueilleuse (disoit il) que ce sentiment que les hommes appellent plaisir, & qu'il a vn estrange rapport à la douleur qui semble estre son contraire : car ils ne peuuent estre ensemble, & si nous ne sçaurions gouster de l'vn sans participer à l'autre, & s'entretouchent tous deux, comme s'ils tenoient à quelque bout. Æsope sans doute, s'il eust iamais resué là dessus, eust faict quelque fable de cette meditation. Que Dieu voulant accorder deux choses si ennemies, & n'en faire qu'vne, comme il ne le peut du tout, au moins les auroit il fait ioindre par leurs extremitez, si bien que l'vn se trouuast tousiours à la suitte de l'eutre, ce qui me vient d'arriuer tout maintenant: car les chaifnes qui me faifoient mal aux pieds, n'ōt pas efté fi toft lafchees, que j'en ay eu de la ioye, & de l'allegement.

Là deflus vn des amis nommé Cebes, l'interrompoit pour fçauoir de luy, à quel fuiet il s'eftoit amufé à faire des vers en la prifon: car il y en auoit faict depuis peu, ce qui ne luy eftoit arriué iamais auparauant. Cebes l'Interrogeoit de cela, & pour fa curiofité, & pour celle de quelques autres, mais notamment d'vn certain Euenus Poëte qui l'auoit fort prié de s'en enquerir.

Tu refpondras à Euenus, dit Socrate, que ce que i'en ay faict, n'a efté ny pour luy plaire, ny pour faire des vers à l'enuy de luy, ce qui n'eftoit pas aifé mais feulement pour me purger l'ame, & pour tirer experience de quelque fonge qui m'auoit ordonné de faire des chanfons, car vn fonge qui m'eft reuenu fouuent, tantoft d'vne forme, tantoft d'vne autre m'a toufiours dit, fay Socrate, fay Socrate, fay des vers.

Moy fans cognoiftre l'aduenture
De ces myfteres trop couuerts,
Ie voulois voir fi ma nature
Seroit propre au meftier des vers.
Lors les Deeffes des Poëtes,

Auparauant pour moy muettes,
Pousserent leurs charmantes voix,
Et passans dans ma fantaisie
Firent vn peu de Poësie,
D'vn peu de fureur que i'auois.

Plus cette vision reuenoit à moy pour me solliciter à cest exercice, plus ie me trouuois disposé à l'entreprendre.

Comme des bouts de la barriere,
Ceux qui vont courir pour le prix
Sont suiuis auecques des cris
Iusqu'à la fin de la carriere.
Cette importune vision,
D'vne pressante affection,
Me commandoit que i'escriuisse,
Et me parloit à tout propos,
Des douceurs de mon exercice,
Sans me donner iamais repos.

Si bien que m'estant resolu de luy obeyr, & voulant aussi que mon esprit se rendist net auant que partir du mode, i'ay prins le temps de versifier pendant les festes qui ont retardé l'execution de mon arrest, i'ay commencé mon Poëme par Apollon à qui on faisoit alors des sacrifices.

Et cette influence elle mesme

Qui nous met les vers dans le sein,
Comme ayant formé mon dessein,
A receu mon premier Poëme.

Apres ie me mis à escrire des fables, iugeant qu'vn Poëte doit trauailler en ceste matiere plustost qu'en autre discours, & m'en ressouuenant de quelques vnes ie les ay traitees en l'ordre qu'elles me sont venuës à la memoire, ce sont des fables que i'ay prises d'Æsope: car de moy, ie ne me trouue point l'esprit inuentif pour cela, c'est ce que tu as à respondre à Euenus, saluë le de ma part.

Et de grace conseille luy
Que s'il est sage, il me doit suyure,
Car sans plus, c'est pour auiourd'huy
Que ie veux acheuer de viure.

Qu'il me suiue donc, mes Iuges veulent que ie parte à ce soir. Simias tout esbahy de cette recommendation : & quoy? Socrate (dit il) qu'est ce que tu enuoyes là dire à ce Poëte ? à ce que ie cognois de luy, ie ne pense pas qu'il te croye. Comment, dit Socrate, n'est il point Philosophe? Simias luy respondit qu'il l'estimoit tel. Il approuuera de là mon conseil (dit Socrate) & luy & tous ceux qui tiennent quelque chose de la bonne Philosophie, non pas pour cocu qu'il se doiue ruer luy mesme: car on dit qu'il ne le faut pas faire, & sur ces mots, il s'aduança sur les bords de la couchette tout assis, & appuiát ses pieds à terre il continuë à s'étretenir auec nous.

Comment accordes-tu cela, luy dit Cebes, qu'vne personne ne se doiue point donner la mort, & qu'vne Philosophie doiue desirer de suiure celuy qui s'en va mourir?

SOCRATE.

N'auez vous iamais rien appris de cecy en conferant auec Philolaux, qui vous a esté si familier?

SIMIAS.

Rien pour tout d'asseuré, ny de facile.

SOCRATE.

Ny moy non plus (dit Socrate:) car i'en parle par ouy dire, & ne laisseray de vous en dire de bon cœur tout ce que i'en ay ouy, aussi ne sera il point hors de propos, que sur le point de mon depart, ie songe vn peu quel il doit estre, & m'imagine ce que ie dois penser de l'autre seiour: c'est la plus seante, & la plus vtile occupation qui nous puisse entretenir de-

DE L'AME.

puis le matin iſuqu'à la nuict.

On ne doit point ſonger ailleurs,
Et de tous les diſcours des hommes,
Ce ſont ſans doute les meilleurs
De penſer touſiours d'où nous ſommes.

CEBES.

Et pourquoy (Socrate) n'eſt-il pas permis de ſe tuer? car il eſt vray que Philolaux & d'autre m'ont dit autresfois qu'il ne le faut pas faire; mais il ne m'en ont point laiſſé de raiſon qui me contente.

SOCRATE.

Il faut que vous m'eſcoutiez attentiuement, meſme apres m'auoir bien entendu, ne doutez pas que vous ne trouuiez eſtrange pourquoy c'eſt vne choſe pure, ſimple, & ſans exemple, & qui eſt ſeule ſans arriuer iamais à l'homme, que la permiſſion de ſe tuer, comme luy arriuent toutes autres choſes, veu meſme qu'il eſt meilleur à quelques vns de mourir, que de viure.

Lors que nos deſtins ſont preſſez
Des malices de la fortune,
Et que nos yeux ſont offencez
Du Soleil qui nous importune.

Lors qu'on ne vit qu'à la douleur,
Que iamais l'Astre du malheur
Ne se peut lasser de nous nuire,
Et qu'au lieu de nous secourir,
Nostre esprit tasche à nous destruire,
Se doit on point faire mourir?
Et pourquoy des mains estrangeres,
Me gueriront elles demain,
Puis qu'auiourd'huy ma propre main,
Peut finir toutes mes miseres.

Cebes sousriant, a, a, Iupiter, dit il, voyla la coustume des Thebains; cela veritablement (dit Socrate) semble bien absurde, & si peut estre a-il quelque raison, car pour le discours de ses secrets qui nous apprend que les hommes sont dans cette vie comme en vne prison, dont il n'est permis de se sauuer, c'est à mon sens vn discours bien haut, & tres-difficille à comprendre. Toutesfois Cebes, tu crois bien qu'il y a de l'apparence que les Dieux ont soin de nous.

CEBES.
Ouy.

SOCRATE.
Et que les hommes sont vne des possessions dont les Dieux ioüyssent.

CEBES.

Ie le croy.

SOCRATE.

Considere, Cebes, que si quelqu'vn des esclaues qui sont à toy, se tuoit luy mesme sans ta permission, tu t'en fascherois, & le ferois mesme punir apres sa mort.

CEBES.

Sans doute.

SOCRATE.

Ainsi trouué-ie raisonnable que les hommes vne se tuent point eux-mesmes, & qu'ils doiuent attendre de Dieu la necessité de mourir comme tu vois qu'il me l'impose maintenant par l'arrest qu'on m'a prononcé.

CEBES.

Il est tres-clair, mais ce que vous disiez vn peu auparauant, que les Philosophes ayment le desir de la mort, n'est point receuable, si cecy a lieu que Dieu est nostre curateur & que nous sommes en sa possession, il n'y a point d'apparence que les hommes qui sont sages fussent faschez de se laisser gouuerner aux Dieux qui le font encore plus qu'eux: car l'homme prudent doit plus craindre en fa propre conduite, & lors qu'il eft en fa liberté, qu'alors que Dieu prend la peine de le gouuerner & de le conduire. Mais bien vn fol fans doute trouueroit bon de quitter fon maiftre, fans confiderer qu'il fe faut toufiours tenir à ce qui eft bon ; & celuy qui a bon fens, veut toufiours demeurer où il faict meilleur. Or fe departir de la vie, c'eft fortir de la tutelle en laquelle Dieu nous tient, & où les fages ayment à demeurer, c'eft pourquoy ils ne peuuent mourir qu'à regret; & les fols feulement fe peuuent refioüyr à la mort.

Socrate ayant ouy cela, print plaifir à la fubtilité de Cebes, & fe tournant vers nous, Toufiours, dit-il, de Cebes examine tout iufqu'au bout, & ne fe laiffe point facilement perfuader à qui que ce foit. Et moy, refpondit Simias, ie crois que ce que Cebes nous vient de dire eft quelque chofe : car à quel propos les hommes qui font fages, voudroient ils laiffer ceux qu'ils trouuent eftre plus fages qu'eux, & les fuyr? La Cebes dift à Socrates, c'eft à vous à qui parle Simias, qui nous abandonnant fans regret, quittez auffi fans remords les Dieux que vous confeffez vous mefmes eftre bons &

capables de vous gouuerner. Vous auez raifon dit Socrate, vous voulez que ie me deffende en iugement. Il eſt vray, refpondit Simias. C'a, dit Socrate, ie m'en vay refpondre encore plus exactement que ie n'ay faict deuant les Iuges.

 Si pour m'enuelopper de mortelles tenebres
I'aimois à me plonger dans les ruiſſeaux funebres,
Dont Charon tient le port
Auec la ſeule enuie
De me rendre à la mort,
Pour ſouffrir les regrets d'auoir perdu la vie,
Mon deſir ſeroit plein de crime
Et quiconque raiſonne ainſi,
N'a point de cauſe legitime
Qui le faſſe partir d'icy.

 Mais ie ſçay qu'eſloignant la maſſe de la terre
Où tant d'aduerſitez m'ont touſjours faict la guerre,
Ie ſeray comme vn Dieu
Et que dans l'autre monde
Ie dois trouuer vn lieu,
Où pour les gens de bien toute douceur abonde.
Là les fatales ordonnances
Donnent la ioye & les tourmens:
Les bons prennent les recompenſes

Et les mauuais les chastimens.

C'est ce que ie croy veritablement, mes amis, & d'ou ie dois prendre plus d'occasion d'esperer que de craindre.

Là les hommes sont d'vne race
Presque pareille au sang des Dieux,
C'est ou les grands Iuges des Cieux
Feront interiner ma grace.

Pour estre bien asseuré de rencontrer au sortir de ceste vie vne societé d'hommes tant excellens, ie ne m'en oserois point vanter, mais d'y trouuer des Dieux tous puissans & tous bons, ie le tiens tout certain, & l'afferme autant que ie puis affermer chose du monde.

C'est pourquoy sans aucun remords
Visitant le pays des morts,
Mon esprit ioyeux imagine
Qu'il est icy comme estranger
Et qu'il va d'vn lieu passager
Vers le lieu de son origine.

Voudrois tu bien, dit Simias, t'en aller d'auec nous, auec cette cognoissance, sans nous en faire part, puis que c'est vn bien qui nous touche à tous aussi bien qu'à toy? Ne pense point t'estre acquité enuers nous d'aucune sorte de deuoir, si tu ne nous apprens prends cette doctrine, & ne nous persuade point ton opinion.

SOCRATE.

I'ay feray tout ce que ie pourray, mais sçachons vn peu plustost ce que Criton nous veut dire : car ie vois qu'il y a desia long teps qu'il veut parler à moy. Ie n'ay autre chose à vous dire respondit Criton, que ce que le bourreau m'a desia dit cens fois, que vous ne deuez point tant parler, pource que cela vous eschauffe, & peut empescher l'operation du poison, il s'en est trouué à qui il a fallu reiterer la prise deux ou trois fois pour ce sujet. Laissez-le là, dit Socrate, qu'il fasse sa charge, & appreste du poison pour trois ou quatre fois s'il veut. Ie sçauois bien, dit Criton, que ie ne tirerois autre chose de vous pour cet aduis, mais le bourreau m'en importune, il y a desia longtemps,

SOCRATE.

Laissez-le là. Or mes Iuges, ie m'en vay vous rendre raison, pourquoy vn homme qui a consommé tout son âge en l'estude de la Philosophie, doit attendre la mort auec asseurance, & qu'il doit esperer de grands biens au sortir de ce monde : & voyez mes amis, comme quoy il me semble que cela se doit entendre.

Celuy qui dans les solitudes
De trop d'amour de discourir
S'enseuelit en ses estudes,
Semble s'il pas tousiours mourir:
Perclus des appetits du monde,
Dans la stupidité profonde,
Où le tient sa forte raison?
Il a tousiours la mort dans l'ame,
Et ne songe que de prison,
De precipices & de flamme.
Dans le cours de l'âge mortel,
Le Philosophe est desia tel,
Qu'vn autre apres l'ame rauie,
Le mal luy passe pour le bien
Et quand il meurt il ne faict rien
Que ce qu'il faict toute sa vie.

Il faudroit donc bien trouuer estrange que les Philosophes qui ne trauaillent toute leur vie qu'à chercher la mort, fussent faschez de la trouuer, & qu'ils se plaignissent d'auoir en fin obtenu ce qu'ils auoient tant demandé. Simias riant, dist à Socrate, vous me faicte rire, & si ie n'en ay point d'enuie: car plusieurs à mon opinion, s'ils auoient ouy cecy, le trouueroient fort à propos contre les Philosophes. Et nos Atheniens aduoüeroient infailliblement que les Philosophes meurent à la verité, & que pourtant ils n'ignorent pas qu'ils meritẽt la mort. Ils ne le diroient pas peut-estre sans raison, dit Socrate, s'ils adiouſtoient qu'ils ne l'ignoroient pas, c'eſt à dire, que les Philosophes n'ignoroient point qu'ils meritent l'honneur de mourir, car veritablement ils n'ont iamais sceu comme quoy les Philosophes s'eſtudient à mourir, & sont dignes de la mort: mais laiſſons ces gens là, & parlons à nous meſmes. Penſons-nous que la mort ſoit quelque choſe? Sans doute c'eſt quelque choſe, dit Simias.

SOCRATE.

Eſt ce autre choſe que la ſeparation de l'ame auec le corps? & ſi eſtre mort, ce n'eſt point auoir le corps à part ſans ame, & l'ame auſſi ſeparee du corps ſe ſouſtenant d'elle-meſme, la mort peut-elle eſtre quelque autre choſe? Rien du tout, dit Simias. Socrate, Prenez bien garde, ſi nous ſommes bien d'accord vous & moy en cecy, & vous trouuerez plus aiſément ce que vous demandez? Croyez vous que ce ſoit à faire au Philoſophe de s'eſtudier aux voluptez, & employer ſon ſoing à la desbauche, comme au plaiſir des viandes delicates, & des bons vins?

B ii

Est-ce pour le plaisir infame,
D'engloutir des mets precieux
Et pour des vins delicieux,
Que ie dois trauailler mon ame?

SIMIAS.

Cette volupté est trop lasche pour occuper vn Philosophe.

SOCRATE.

Crois tu que le plaisir d'aimer
Qui ne vient point dans la pensee,
Sans rendre nostre ame insensee,
Soit digne de nous ~~vniver~~, animer

SIMIAS.

Non, ie crois que cette mollesse est indigne d'vn homme de bon sens, & qu'vn esprit plus robuste qu'il soit, demeurant long temps en cette frenaisie, est en danger de s'affoiblir, & de se mettre en fin hors d'esperance d'amendement.

SOCRATE,

L'aise d'estre vestu de soye
De voir l'or & les diamans,
Esclatter sur ses vestemens,
Est ce vne veritable ioye?

SIMIAS.

Ny cela encores: car vn Philosophe ne se doit point empescher l'esprit du soin de ces petites choses, ny s'en seruir qu'en la necessité de l'vsage de la vie.

SOCRATE.

Vous sçauez bien que l'estude & l'occupation d'vn Philosophe ne doit point estre apres le corps, mais qu'il s'en doit esloigner pour vacquer seulement à la culture de l'esprit.

SIMIAS.

Il me semble ainsi.

SOCRATE.

De là vous voyez comme le Philosophe plus que nul autre homme tasche de separer & d'affranchir l'esprit de la contagion, & du commerce du corps.

SIMIAS.

Il est vray.

SOCRATE.

Et cependant, la pluspart estiment vn homme mort qui n'a point le goust des voluptez corporelles.

Ceux que la vanité n'a iamais peu saisir,
Ceux qui les thresors n'ont iamais fait d'enuie
Qui ne languissẽt point dãs l'amoureux plaisir

Dont le ieu ny le vin n'ont touché le desir,
On les estime morts au milieu de la vie.

SIMIAS.

C'est veritablement l'erreur de la plus-part des hommes.

SOCRATE.

Au reste, il ne faut point penser que l'esprit se puisse en aucune sorte aider du corps, pour paruenir à la cognoissance des choses: car les sens corporels ne sont point entiers ny asseurez. La veuë & l'ouyë sont les principaux, & puis que ceux-là nous trompent manifestement, que faut-il attendre des autres? Il faut donc que l'ame se retire à part, & que les yeux fermez & les oreilles closes sans aucun diuertissement de douleur ny de ioye elle se ramasse en soy-mesme, laisse là le corps à part, & sans doute en cest estat elle se dispose à sentir la verité des choses & à la cognoistre. C'est où tu vois combien l'esprit d'vn Philosophe tient le corps à mespris: car il fuit de luy, & meine sa vie à part. Encore Simias, ie te veux faire aduiser de cecy, ce que nous appellons, ou iuste, ou bon, ou beau, est-ce quelque chose, ou si ce n'est rien?

SIMIAS.

C'est sans doute quelque chose.

SOCRATE.

Cela se peut il voir des yeux corporels, non plus que santé grandeur, force, & toute autre essence, c'est à dire, ce qu'vne chose est, les yeux le voyent-ils? ou quelque autre sans corporel le peut-il comprendre? Certes nullement: car c'est vn effect de la pensee, & de la meditation de l'ame ; & pour y venir, il faut se porter entierement dans l'imagination, s'esloigner de tous les obiects par où le corps nous peut d'estourner, & refuer profondement dans l'ame, sans rien communiquer du discours aux facultez du corps qui ne faict que troubler l'esprit, & luy mettre des nuees au deuant de la verité. De là, tu vois que les Philosophes se doiuent tenir en leur opinion, & raisonner ainsi entr'eux mesmes.. Il est donc clair & facile à trouuer par la voye de nostre propre sans, que tant que nous aurons vn corps, & que nostre ame sera meslee à la contagion de tant de mal, il nous est impossible de bien obtenir ce que nous desirions. Car le corps nous donne des empeschemens sans nombre, qui nous viennent de la necessité de sa nourriture, & quel moyen de venir à la pure cognoissance de la verité

B iiij

au trauers des conuoitises, amours, craintes, esperances, d'vne infinité d'images que les vapeurs donnent au cerueau, d'air & de fumee? Les guerres & seditiõs ne nous entrent dans l'esprit que par la cupidité ou par l'alteration du corps; car tout se fait pour l'amour de l'argent, & on est contraint de chercher de l'argent pour l'amour du corps, d'autant qu'il est necessaire à son vsage, & cela ne laisse point à l'esprit la liberté qu'il luy faut pour l'estude de la Philosophie. Vn obiect aimable peut à l'istant destourner l'ame la plus tenduë à son discours.

Qu'vne beauté vienne à passer,
Deuant les yeux d'vn homme sage.
L'effort que faict vn beau visage,
Luy diuertir a le penser,
Et luy saisira le courage.

Et telles autres nuees qui s'esleuent ordinairement du corps, pour faire ombre à l'esprit & troubler l'imagination.

L'homme n'a point de liberté
Et ce que la diuinité
Nous donne d'ardeur & de flame,
Relasche ses plus beaux efforts,
Tant que le sentiment du corps,
Participe à celuy de l'ame.

Ce que nostre espoir a de beau,
Est renfermé dans le tombeau,
C'est où le sage doit attendre,
L'euenement de ses desirs.
Et le comble de ses plaisirs,
Que l'Enfer ne luy peut deffendre.

Ainsi la contagion du corps estant si contraire à la contemplation, il s'ensuiuroit que nous ne pouuons estre sçauans, ou que c'est apres la mort, & que tant que nous viuons, à mesure que nous nous tenons separez du corps, nous faisons plus de chemin vers cette science que nous attendons parfaicte apres cette vie.

Quittans la masse de la chair
Parmy les vers enseuelie,
Le sçauoir qui ne nous est si cher,
Alors succede à la folie.

C'est alors que nous allons recueillir les fruicts de la Philosophie, & que de nous mesmes, sans trauail, nous trouuerons la vraye sagesse, & la cognoissance de ce qui est entier, c'est à dire du vray, & nostre ame simple & pure, loing de la contagion du corps, & de ses frenesies, se trouue dans vne conuersation bien heureuse d'autres esprits ainsi purs & sages: autrement pleins d'infection & des grossieres humeurs que le corps tire de la terre, serions-nous dignes de la société des esprits purs qui demeurent là haut?

SIMIAS.

Ceux qui ont enuie d'apprendre doiuent sans doute ainsi parler & croire. S'il est ainsi, dit Socrate, celuy qui s'en va à l'autre monde où ie vay doit estre bien aise: car il s'en va où il est asseuré de trouuer en abondance ce qu'il a cherché icy auec tant de soin durant la vie.

Et ne crois point que ie m'estonne,
Pour la contrainte de partir,
Ny que ie pense à diuertir
Le congé que la mort me donne.
Ie beny le Iuge & la Loy,
Ceste rigueur ne m'est point dure,
Et quiconque aura l'ame pure,
Aimera la mort comme moy.

Et ceste purification d'esprit n'est autre chose que le retirer d'auec le corps autant qu'on peut.

L'ame n'est point nette & purgee,
Tant qu'elle demeure engagee
Sous la stupidité du corps,
Et languit tousiours asseruie
Aussi bien dans la nuict des mors,
Que dans les clairtez de la vie.
Il luy faut donner des obiects,

Loin des ressentimens abiects,
Dont la masse du corps la picque.
Sans cela le raisonnement
Dont sa diuinité s'explique,
Ne paroist iamais clairement.

Aussi nette de ceste contagion elle void la verité, & trouue en elle mesme de grandes & pleines matieres de se contenter. Le mestier du Philosophe est de la rendre telle, il ne trauaille qu'à cela: aussi estant paruenu à son dessein, il faut croire qu'il en a bien de la ioye, & que cela est incompatible qu'il mette tant de soin à rendre son ame toute separee du corps, mesme dés le temps de la vie, & qu'il fust fasché de la mort où son esprit ne peut estre autre chose que ce qu'il a desiré qu'il fust tant qu'il viuoit, c'est à dire parfaictement sçauāt, & libre du commerce du corps, comme il taschoit à s'en depestrer, & dauantage pour ne trouuer point absurde que les Philosophes se plaisent dans la mort, considerons.

Si pour l'amour d'vne maistresse,
D'vn amy, d'vn fils, d'vn parent,
Vn violant desir nous presse
De le suiure mesme en mourant.
Et iusques dans les bords funestes
D'vn ruisseau qui n'a point de fons,
Au trauers des feux & des pestes,

Reuoir des Manes vagabonds,
Laissans à nos molles pensees
Pleines d'amour & de pitié,
Rebaiser dans les Elizees,
Les ombres de leur amitié.
Vn Philosophe de qui l'ame
N'a d'amy, de parent, de femme,
Que la sagesse & le sçauoir,
Ne craint point de finir sa vie:
Car c'est ainsi qu'il pense voir,
Tout ce dont il auoit enuie.
Et sans doute alors que nos yeux,
Laissent leur clairté coustumiere,
Ils trouuët en des plus beaux lieux,
De plus beaux esclats de lumiere.
Et nostre esprit qui void icy
La verité dans vne nuë,
Apres la mort mieux esclarcy,
La void entiere & toute nue.

C'est bien donc hors d'apparence qu'vn Philosophe se fasche de mourir, puis qu'il est passionnément amoureux de la vraye sagesse qui ne luy peut arriuer qu'en la mort. De là il s'imagine veritablement que ceux qui aiment tant la vie, & ne peuuent la perdre qu'auec douleur, ne sont pas Philosophes.

Le sage auec plaisir eschappe à son lien,
Et n'est iamais fasché de renoncer au bien.

Où l'auare se sit;
Et quiconque finit auecques du regret,
N'a iamais entendu le bien-heureux secret
De la Philosophie.

Celuy qui a du regret à la vie, tesmoigne ouuertement que sa passion estoit moins à l'estude de la sagesse, qu'au seruice de quelque beauté, & à la recherche d'vne vaine gloire, ou à la poursuitte des richesses. Au reste cette vertu de resister aux afflictions, est de ne se point l'ascher aux voluptez, l'vne desquelles on appelle courage, & l'autre temperance, n'appartiennent proprement qu'aux Philosophes : car dans l'esprit des autres hommes, ces vertus à les bien entendre, sont absurdes, puis qu'il est vray qu'ils estiment la mort, vn des plus grands mal'heur du monde : s'ils viennent à la souffrir constamment, & auoir moins d'horreur, il faut que ce soit pour la crainte de plus grands maux : si bien qu'ils sont vaillans de peur, & sans l'apprehension d'vn plus grand mal, ils auroient moins de courage à suporter la mort. Pour la vertu de temperance, ils ne la sçauroient auoir, car la temperance proprement,

C'est donner la borne aux desirs,
Et parmy les honteux plaisirs,
Où la chair languit endormie,

*Tenir l'ame à sa liberté,
Et la sauuer de l'infamie
Où la presse la volupté.*

Ceste vertu ne se donna iamais qu'à vn Philosophe: les autres en l'estude de la temperance s'ils s'abstiennent d'vne volupté, c'est pour se rendre plus capable d'vne autre, & ne surmõtent iamais vne mauuaise passion qu'apres estre vaincus d'vne pire: aussi ne sont ils iamais temperans que par intéperance. Or prenons garde icy que nous ne pensions que ce soit la voye de la vertu que ce changemẽt de voluptez, de craintes, ou douleurs l'vn à l'autre, & la moindre à la plus grande, comme vn change de monnoye: mais que la bonne piece est seulement celle qui fait chãger le reste, & le mettre en vente: c'est à sçauoir, la sagesse & la prudence, pour laquelle & auec laquelle toutes choses sont achetees & vẽduës, & que c'est aussi la fortitude ou courage, la temperance & iustice; & en somme la vraye vertu auec la sagesse, & la prudence sans en oster les voluptez ou craintes, & autre sorte de passiõs qui suruiennent; ou si separee de la sagesse elle ne vient point à changer en elle mesme, & que telle vertu ne soit qu'vne vertu seruile, vne ombre, & vne apparence qui n'ait en soy rien de sain ny de vray, & que la pureté & verité de la vertu soit en la purification de tout cela, & que la temperance, la iustice, fortitude, & sagesse soit vne sorte de purification.

Ie crois que les premiers mortels,
Meritent presque des Autels
Tant leur ame fut curieuse
D'obliger la posterité,
En nous laissant la verité,
Sous vn' ombre mysterieuse.
Leurs preceptes nous ont appris
Que les lourds & vilains esprits
Dont l'humeur pesante & grossiere,
En viuant ne se purge pas,
Se trouuent apres le trespas
Enseuelis dans la poussiere.
Ces froides horreurs de l'Enfer,
Ceste nuict, ces vieux licts de fer,
Où se vont coucher les furies,
Ce gros chien qui iappe au portal,
Ces grandes plaines de voiries,
Sont leur eternel hospital.
Mais vn esprit que la vertu
A sceu piquer de son estude,
Et qui tient dans la seruitude
Le desir du corps abbatu,
Quittant le monde il quitte la misere,
Et prenant au Ciel son quartier,
Au lieu de rencontrer ou Charon, ou Cerbere,

Il ne void que des Dieux en son heureux sentier.
Pour trouuer hors de cette vie vn sejour heureux, il faut estre homme de bien, & n'auoir point l'esprit souillé des vices du monde : c'est comme on dit, il y en a beaucoup qui portent le Tyrse, mais peu qui soient des Bacchus. Par ces Bacchus, i'entends ceux qui ont Philosophé de bonne sorte, parmy lesquels ie ne pense point estre des derniers, ce que ie sçauray bien tost, si Dieu le permet : car ie n'ay plus guerre à l'essayer. Voyla mon excuse, ô Cebes! Pour la constance que tu me reproches lors que ie laisse ainsi mes amis sans regret, c'est que i'espere en trouuer d'autres, où ie vay, qui ne valent pas moins que ceux-cy. Ie sçay bien que peu de gens ont cette creance : mais si les discours que ie vous viens de faire pour ma deffense, vous ont mieux persuadé qu'aux Atheniens, me voila contant & tout va bien. Tout cela, dit Cebes, est tres-bien discouru, tu as traitté toutes ces matieres tres-bien à mongré : il faut que ie te fasse vne question, & que ie te mette en discours pour ce qui est de l'ame particulierement : car plusieurs doutent qu'elle soit immortelle, & quelques vns croyent. *Que l'ame dans vn corps viuant*
Qu'vn peu de feu tient allumee,

En la

En la mort n'est qu'un peu de vent,
Qui se perd comme une fumee.
Que si tout l'homme ne meurt pas
Du coup de ce commun trespas,
Ie crois qu'apres ceste lumiere
L'ame est en sa perfection,
Et trouue une condition
Plus heureuse que la premiere.
Socrate ce que tu promets
Des biens qui durent à iamais,
Dedans le logement celeste,
Aduiendra comme tu le dis,
S'il est vray que nostre ame reste
Quand le tombeau tient refroidis,
Sous une glace à tous funeste,
Les organes qu'elle eut iadis.

Voyons donc, dit Socrate, ce que nous trouuerons de probable en ceste matiere: ie la trouue serieuse, & ne pense point qu'on puisse dire que ie m'amuse icy en des discours qui n'en valent pas la peine. Considerós premieremét s'il faut auoüer que les ames des morts sont aux Enfers, ou si elles n'y sont point.

On croit de longue main que les esprits des morts,
Que les siecles passez ont appellez des ombres,
Apres auoir quitté la despouille du corps, (bres
Occupás dans l'Enfer quelques demeures som-

Et que n'estant point asservies
Dans vn trespas perpetuel,
Par vn changement mutuel
Elles font de nouuelles vies,
Et quittant les Royaumes vains
Reuiennent dans les corps humains.

Que si cela est vray que des morts les viuans puissent encore renaistre, nos ames seroient là sans doute : car elles ne sçauroient reuenir à la vie si elles n'estoient en quelque part. C'est donc vne coniecture assez suffisante pour nous faire entendre que nos ames sont là, s'il est vray que les viuans ne puissent venir que des morts. Que si cela n'est point, il nous faudra trouuer vne autre raison, & pour bien comprendre cecy ne prenons pas garde seulement à ce qui est des hommes: mais encore de toutes sortes d'animaux & de plantes, & de toutes les choses au monde qui s'engendrent : considerons s'il n'est pas vray que chasque chose se face de son contraire, pour tout ce à quoy il eschet d'auoir vn contraire, comme le beau & le laid, le iuste & l'iniuste sont contraires, & mille autres choses comme cela, sçauoir s'il est necessaire que ce qui a vn contraire ne puisse en aucune chose estre fait que de son contraire: par exemple, ce qui se fait plus grand, il est necessaire que de ce qu'il estoit auparauant: c'est à dire, d'vne chose moindre il soit ainsi deuenu plus grád; & de mesme ce qui se fait à ceste heure moindre s'est fait ainsi moindre en se diminuant de quelque chose plus grande: de mesme ce qui se fait plus robuste, c'est d'auoir esté plus foible ou plus meschant, d'auoir esté meilleur, ou plus tardif, d'auoir esté plus viste. C'est ainsi que nous trouuons que toutes choses se font de leur contraire. Or il se trouue vn milieu entre les deux contraire: ce qui est la generation, le progrez ou passage de l'vn à l'autre, comme entre ces deux contraires plus grand & moindre, le milieu c'est l'accroissement & le descroissement: ainsi nous disons que l'vn diminuë, & que l'autre croist, comme du froid & du chaud, on dit aussi eschauffer & refroidir: & cela comme tous autres contraires se discernent ainsi, & se confondent mutuellement. Et combien que le nom des choses en plusieurs endroits vienne à manquer, tenons en effet que tout se fait de son cōtraire, & que leur milieu c'est la generation qui passe de l'vn à l'autre. Au reste ce que nous appellons, n'a-il point son contraire, comme veiller a pour son contraire dormir, & viure aussi a pour son contraire dormir. Ces deux choses ne se font-elles pas

C ij

l'vne de l'autre, puis qu'elles sont contraires? Et n'ont-elles point deux generations ou progrez, comme elles sont deux pour reuenir de l'vne à l'autre? Ainsi comme le veiller & dormir sont deux contraires, mourir & viure le sont aussi, comme du sommeil se fait la veille, & de la veille le sommeil, ainsi de la vie se fait la mort, & de la mort aussi la vie, (Et puis qu'il est ainsi, & que si necessairement il se fait quelque chose du mort, il faut que ce soit vn viuãt, nos ames sont sans doute aux Enfers) comme la generation & progrez du veiller au dormir s'appelle sans dormir, & comme le progrez & generation du dormir au veiller s'appelle s'esueiller, ainsi le progrez de la vie à la mort s'appelle trespasser, & le progrez & la generation de la mort à la vie ne se trouuera-il point? la nature seroit-elle manque & defectueuse en ce seul point? Il ne le faut pas croire. Nous trouuerõs donc la generation de la mort à la vie, & ce progrez s'appellera ressusciter; si bien que des morts viennent les viuans, aussi bien que des viuans se font les morts. Et de là s'ensuit qu'il faut necessairement que les ames des morts soient en quelque lieu d'où elles puissent reuenir sans ce rechangemẽt d'vne chose à l'autre, & sans ce progrez de generation, par lequel les choses se refont ainsi d'elles-mesmes, & reuiennent dans la nature, comme par vn tour de cercle tout à la fin tomberoit en mesme figure, & rien ne se feroit plus, comme si toutes les choses venoient à tomber dans vn profond sommeil dont elles ne peussent se releuer iamais. Tu crois bien que toutes choses seroient à la fin reduictes en vn mesme estat, & sans doute.

Ce qu'on dit d'vn berger amoureux de la Lune,
Dont iamais le sommeil n'a peu fermer les yeux,
Ce n'est que le discours d'vne fable importune,
Et le foible entretien d'vn esprit odieux.

Que si toutes les choses venoient à se confondre, & se mettre en estat de n'estre point discernees, il arriueroit ce que dit Anaxagoras, que toutes choses sont ensemble.

L'ombre esteindroit ceste lumiere,
Et les Elemens desmolis,
Se trouueroient enseuelis
Dans la difformité premiere.

Car si ce qui est en vie meurt, & qu'estát mort il ne puisse ressusciter, il s'ensuiura que tout finit, & que rien ne peut viure.

Tout ce que le Soleil void naistre,
Est contraint de laisser son estre
Dans le laqs d'vn mortel sommeil,

C iii

Si de là rien ne nous deliure,
Pour reuenir vers le Soleil,
En fin tout cesseroit de viure.

Mesme bien que les viuans donnent vie à d'autres, si tous sont suiets à perir sans renaistre à la fin, pourroit-on voir aussi tout esteint? Ie le crois, dit Cebes, & ne pense point auoir esté surpris pour mettre à cecy, qu'il y a vne resurrection; que des morts il reuient d'autres viuans, & que les ames deuiennent apres les corps, & qu'apres ceste vie les bons en trouueront vne meilleure, & les meschans vne pire. Cecy me remet au souuenir de ce que tu as accoustumé de dire, que toute nostre discipline n'est qu'vne reminiscence. S'il est ainsi, il faut qu'en vn autre temps auant qu'estre en ce monde nous ayons appris ce dont il nous souuient maintenant.

Ce qui vient dans les fantaisies
Des plus belles ames saisies
D'vn desir ardent de sçauoir,
Est comme vne leçon seconde,
Par où nostre esprit va reuoir
Ce qu'il veid en autre monde,
Et ne fait que s'entretenir,
Des choses autres-fois cogneües,
Que l'ombre d'vn ressouuenir
Auoit encores retenues.

Ce qui ne se peut, sans que nos ames ayent esté ailleurs auparauant que de venir en ceste forme humaine.

De là se tire vn iugement
Que nostre ame a vescu chez elle,
Loin de ce mortel iugement,
Pour monstrer qu'elle est immortelle.

Ie te prie, ô Cebes, dit Simias, dy moy quelles demonstrations tu as pour nous prouuer ton dire? En voicy vne tres-belle raison, respond Cebes, que les hommes quand on leur demãde quelque chose, si c'est quelqu'vn qui les sçache bien interroger, ils respondent à propos, & disent les choses comme elles sont; ce qu'ils ne sçauroient faire s'il n'en y auoit dans leur esprit quelque certaine science, & vne raison droicte; & si on les applique à la Geometrie en ses figures & descriptions, on verra que nos esprits ont certaines cognoissances desia acquises.

Alors qu'vne diuine flamme
Auec des incogneus ressorts,
Pousse les mouuemens de l'ame
Dedans la masse de nos corps,
Des communes intelligences
Que l'esprit ne sçauroit cacher,
Et les sentimens des sciences,
Se communiquent à la cher.

Les raisons que Cebes amena contenterent Simias, & luy remeirent dans l'esprit la persuasion qu'il auoit eu auparauant toute autre, & creut que leur discipline n'estoit autre chose qu'vne reminiscence, il eut toutes-fois enuie d'en ouyr parler Socrate, en discourant ainsi.

SOCRATE.

Pour se ressouuenir de quelque chose, il faut l'auoir sceu auparauant, quand la science de quelque chose nous vient de ceste façon, il faut aduoüer que c'est vne reminiscence, & voicy comment ie le prens : si quelqu'vn apres auoir veu quelque chose, ou entendu, vient à se ressouuenir non seulement de cela, mais encore de quelque autre chose en suite, dont la cognoissance est differente, le ressouuenir de ceste chose plus esloignee s'appelle reminiscence, comme par exemple la cognoissance d'vn homme & d'vn luth sont de choses differentes, & lors qu'vn amoureux vient à voir le luth dont il a veu iouer sa maistresse, il se souuient tout aussi tost de sa maistresse.

Si ie passe en vn iardinage
Semé de roses & de lys,
Il me souuient de Philis,

Qui les a dessus son visage.
Diane qui luit dans les Cieux
Toussiours ieune, amoureuse & belle,
Me la remet deuant les yeux,
Pource qu'elle est chaste comme elle.
Ie la vois si ie vois l' Aurore,
Et quand le Soleil luit icy,
Il me ressouuient d'elle aussi,
Pource que l'Vniuers l'adore.
Les Graces dedans un tableau,
Le petit Amour & sa flamme,
Bref tout ce que ie voy de beau,
Me la fait reuenir dans l'ame.

Ainsi pensant à Cebes, on peut aussi penser à Simias, & cela s'appelle reminiscence: mesme lors qu'il arriue qu'on se ressouuient des choses que la longueur du temps, & la nonchalance auoient effacees de la memoire. Et ne se peut-il pas faire que voyant vn cheual peint, ou vn lict peint, on vienne à se ressouuenir d'vne personne? & qu'à voir la peinture de Simias on se represente aussi Cebes; Et sans doute aussi voyant Simias peint, on se ressouuient de Cebes. Aussi voyons-nous que la reminiscence arriue par le moyen de ce qui est approchant & semblable, & par le moyen aussi de ce qui est dissemblable.

*Au seul ressouuenir d'auoir conru les eaux,
Nos rapides pensers volent dans les estoilles,
Et le moindre instrumēt qui sert à des vaisseaux
Nous fait ressouuenir du cordage & des voiles.*

Mais alors qu'on vient à se rememorer d'vne chose par quelque chose qui luy ressemble, il faut sçauoir recognoistre par dessus du deffaut en la ressemblance de la chose qui nous reuient au souuenir. Vn peu d'attention icy; Disons nous pas qu'il y a quelque chose qui s'appelle esgal? Ie n'entens point d'vn bois esgal à vn autre, ou vne pierre à vne autre, ou autres choses de mesme: mais i'entens quelque chose hors de tout cela, qui s'appelle l'esgal, & cest esgal est-ce quelque chose? Sans doute, respond Simias, & des cognoissances de l'esgal nous est venuë pour auoir veu des bois & des pierres ou autres choses esgalles, nous auōs imaginé cest esgal qui est autre chose que les bois ou pierres, ou autres choses esgalles: car ce mesme bois ou pierres se disent quelquefois esgaux, & quelquefois inégaux pour quelques respects: mais ce qu'on appelle esgal ou inesgal, esgalité ou inesgalité, est tousiours & ne change point. C'est pourquoy les choses esgales & l'esgalité ne sont pas mesme chose, & cependant de ces choses esgalles qui ne sont point l'esgal, nous auons tiré la cognoiſſance de l'eſgal. Ainſi ſoit du ſemblable ou du diſſemblable. Alors que par vn obiect vous vous repreſentez quelque autre choſe, ſoit ſemblable, ou non ; il ſe fait neceſſairement vne reminiſcence. Or voyons ſi nous procedons enuers les choſes qui ſont dans celles que nous appellons maintenant eſgalles, bois, pierres, & autres choſes, faut-il penſer qu'elles ſoient auſſi eſgalles que l'eſgal meſme? il s'en faut beaucoup. Ne confeſſons-nous point qu'vn homme qui void & conſidere attentiuement vne choſe laquelle il deſire eſtre pareille, & tout à fait à vne autre choſe qui l'eſt en effet, s'il void que ce qu'il deſire deuienne tel, & eſt deffectueux, & qu'il cognoiſſe qu'il differe, & eſt eſloigné de beaucoup de ce qu'il voudroit qu'il peuſt deuenir, il faut que ceſt homme ait veu & cogneu autrefois la choſe, & la perfection à laquelle il cognoiſt que ceſte autre choſe reſſemble vn peu, où il cognoiſt qu'elle ne peut paruenir entierement. Il nous en arriue de meſme en ce diſcours de l'eſgal : car il faut que ce que nous appellons eſgal, que nous auons cogneu d'abord par les choſes eſgalles, & qui eſt plus qu'elles, & à la perfection duquel les autres taſchent d'atteindre, il faut que ce ſoit necessairement quelque chose que nous auons eu autre-fois dans l'esprit: mais que nous ne l'auons sceu cognoistre que par quelqu'vn de nos sens, veuë, ouye, attouchement, ou quelque autre semblablement. Il faut faire voir, ô Socrate, que ce dont il est question s'en va là, & se traicte de mesme. Et c'est sans doute de la faculté des sens que nous entendons, que toutes les choses qui sont sousmises au sens appetent ce qui est esgal, cõbien qu'elles ne se puissent atteindre. Il en est ainsi, dit Socrate: car auãt que nous commençassions à voir, ny ouyr, ou vser de quelque autre sens, il falloit bien que nous eussiõs la cognoissance du vray esgal, c'est à dire, ce qu'est l'esgalité, puis que nous luy voulons rapporter tellemẽt les choses esgales sousmises au sens, que nous sçachiõs iuger qu'elles taschẽt à deuenir iusqu'à ce poinct où est l'esgal mesme: mais qu'elles demeurent imparfaictes, & n'y peuuẽt paruenir. Cela, dit Simias, suit necessairement de ce que nous auons dit cy dessus. Or, dit Socrate.

Aussi tost qu'vne creature
Vient paroistre en l'Vniuers,
Chacun des sens de la nature
Trouue ses obiects descouuerts.

Nostre ame d'abord est pourueuë,
Dans vn corps sans empeschement

D'ouye, de gouſt, & de veuë, D'odorat, & d'attouchement.

Dés le moment que nous naſquiſmes nous commençaſmes à voir & ouyr, & d'entrer en la cognoiſſance de tous les autres ſens, & falloit qu'auparauant nous euſſions eu la cognoiſſance de ce qui s'appelle eſgal. Partant il eſt neceſſaire que nous l'ayons compris auant que de naiſtre. Que ſi nous auons eu ceſte cognoiſſance deuant noſtre natiuité, il eſt probable que nous l'auions auſſi en la naiſſance, & que nous ſçauions deuant que de naiſtre, & auſſi toſt apres eſtre nais, que c'eſt que l'eſgal, plus grand, ou moindre, beau, bon, iuſte, ſain, & autres, auſquels nous aſſignons proprement, & attribuons vn eſtre veritable, & en interrogeant, & en reſpondant. Si bien qu'il eſt neceſſaire que nous ayons eu la cognoiſſance de tout cela auant que de naiſtre. Que ſi apres auoir receu des ſciences nous venions à ne les point oublier, comme nous faiſons, il enſuiuroit que nous ſerions nais auec les ſciences, & que durant tout le cours de noſtre vie nous les garderions, & ſçaurions tout. Or oubly n'eſt autre choſe que perte de ſçauoir. Que s'il eſt vray qu'eſtans nais nous ayons perdu le ſçauoir que nous auions auparauant, & apres par l'aide des sens nous recouurions ce sçauoir, ce que nous appellons apprendre, seroit-ce point recouurer nostre propre sçauoir qui estoit à nous auant que de naistre ? Et ce recouurement se peut-il point appeller vn ressouuenir? Car il aduient aussi (comme nous auons desia faict voir) qu'en oyant ou voyant quelque chose, on se remet souuent en l'esprit quelque autre chose, soit semblable, ou non, à celle qu'on void, ou qu'on oit : ce qui s'appelle se ressouuenir. Ainsi de deux choses l'vne, ou nous naissons sçauans, & le sommes toute nostre vie, ou ce que nous apprenons s'appelle ressouuenir, & toute la discipline n'est autre chose qu'vne reminiscence, & le quel des deux, Simias, aimes-tu le mieux aduouër, ou que nous naissions sçauans, ou que nous venions apres à nous ressouuenir des choses que nous auons sceuës autrefois? Ie ne sçay, respond Simias, le quel des deux ie dois choisir, & nous pourrois-tu bien dire quel en est le meilleur choix à ton aduis? Comment, dit Socrate, vn homme sçauant ne peut-il point rendre raison de ce qu'il sçait? Il le faut bien, respond Simias. Et te semble-il, Simias, que tous soient capables de rendre raison de ce que nous traittons icy? Pleust à Dieu, dit Simias,

*Mais tout sera finy demain,
Et dés que l'Arrest inhumain
T'aura fait aualler le verre,
Ceste matiere va perir:
Car qui peut-on aller querir
En tous les endroits de la terre,
Qui nous puisse ainsi discourir?*

I'ay grand peur que demain il ne se trouue plus personne qui puisse dignement discourir de ce suiet. Socrate tu crois donc bien que tout le monde ne l'entend point. Certes, c'est mon opinion. Il faut donc puis qu'ils ne le sçauent pas, & que tous l'ont sceu autrefois, s'ils viennent à l'apprendre, que ce soit vn ressouuenir, & quand est-ce que nos ames ont receu autrefois les sciences? Ce n'est pas apres que nous fusmes nais, mais auparauant. C'est pourquoy, Simias, il faut qu'auparauant de venir en ceste forme humaine, que nos ames ayent esté quelque part auec sçauoir & intelligence, si ce n'est que peut-estre, ô Socrate, nous ayons receu le sçauoir au propre moment de la naissance. Peut-estre, dit Socrate. Mais si nous les auons receuës en ce temps-là, où est le temps auquel nous les auons perduës, sinon que nous les ayons perduës en les receuant? Ne sçaurois-tu trouuer quelque autre temps, dit Socrate? Nul que ie sçache, dit Simias: & ceste derniere doute que ie te viens de dire n'est rien du tout. Apres tout, dit Socrate, si ce que nous appellons beau, iuste, & toute autre essence est quelque chose en nostre entendement, & que cela ait esté autres-fois en nous, & que reuenant à le rechercher nous l'aprenions, & la fassions reuenir en l'esprit, il est aussi vray que nostre ame a esté autres-fois, mesme auparauant nostre naissance? si bien que comme il est certain que ces choses-là, beau, iuste, bon, & autre essence sont quelque chose: c'est aussi vne necessité que nos ames ayent esté auant que nous vinssions sur la terre. Il est assez clair, dit Simias, personne n'en peut guere douter apres ton discours, là dessus ma curiosité.

Laisse mon esprit en repos,
Et tire de tes vrais propos,
Des consequences necessaires,
Mesme Cebes de qui la foy
Chancelle és choses les plus claires,
Prend tes raisons pour vne loy,
Chacun de nous qui les escoute,
Y trouue ce qu'il a voulu,
Et demeure tout resolu,
Sans aucun ombrage de doute.

Sçache

Sçache donc que nous tenons infailliblemēt que nos ames ont esté auant nos corps; mais pource qui est de l'aduenir, sçauoir si elles sont apres la ruine des membres où elles viuent auiourd'huy.

Quand nos corps trespassez d'vne pierre couuers
Changent les os en poudre, & la charongne en
vers.

C'est dequoy personne de nous à mon aduis, ne se trouue encore persuadé. Car il n'est point incompatible qu'elles ayent esté auparauant la vie corporelle, & pendant la vie; & que nonobstant elles cessent en la mort, puis que nous demeurons d'accord, que les ames ont esté auant que d'entrer dans les corps. Nous auons à demy monstré qu'elles sont aussi apres qu'elles en sont sorties; car si du viuant s'est fait le mort, du mort aussi se doit faire le viuant, & si l'esprit est venu pour animer le corps, & qu'il soit venu du pays des morts, il faut aussi que sortant de ceste vie, il s'en aille vers les morts, & qu'il soit là en quelque lieu d'où il puisse encores reuenir, & quād il faudra : Mais peut estre estes vous dans les craintes des petits enfans.

Il vous semble qu'vn peu de vent,
Aupres des leures se leuant,
Parmy ses tourbillons emporte

D

*La flamme qui s'en va dehors,
Et que l'ame demeure morte,
En la sepulture des corps.
Mesme que si la douce haleine
De quelque delicat Zephir
Reçoit nostre dernier souspir,
L'Ame passe auec moins de peine;
Et que ce petit traict de feu
S'esuanouyssant dure vn peu:
Mais si d'auanture il arriue,
Que l'esprit courant aux sablons,
Qui couura l'infernale riue,
Trouue en chemin des Aquilons;
Sa route est discontinuee,
D'abord il bronche au monument,
Et se dissipe en vn moment,
Bien plus viste que la nuee.*

Ie ne sçay si parmy vous, il n'y a point quelque esprit malade de ces imaginations d'enfant. Pour vous purger de telles fantaisies,

*Et pour vous empescher de craindre
Les Chimeres d'vne vapeur,
Que l'esprit troublé de la peur,
Ne se peut empescher de faindre.
Si la vertu de discourir,
N'est capable de vous guerir,
Il ne faut qu'vne medecine
De breuets & d'enchantemens,*

Pour oster toute la racine
De vos sots espouuentemens.

Mais apres que tu seras party (dit Cebes) où trouuerons-nous vn Medecin qui nous sçache appliquer ces remedes?

Si vous auez bien ce desir,
La Grece vous donne à choisir,
Des esprits qu'on estime au mōde les plus rares,
Et s'il vous plaist de veoir ailleurs,
Si vous pensez que là se trouuent les meilleurs.
N'espargnez ny soin ny fortune,
Cherchez en terre & sur neptune,
Les riches cabinets de ses diuins thresors,
Apprenez comme quoy l'on meurt & ressuscite,
Et pour l'amour de l'ame accoustumez le corps
A dormir dans le bruit du fabuleux Cocite.
Mais quoy qu'vn Estranger vous puisse auoir
appris,
Et que son sçauoir vous contente,
Examinez aussi vous mesmes, vos esprits
En cette matiere importante,
Et possible que parmy tous,
Quoy que nostre pays se vante,
Il s'en trouuera peu qui vaillēt mieux que vous

Mais reuenons à nostre premier propos, & enquerons nous premierement, qu'est-ce à qui il eschet cette passion, que d'estre dissoult? Et qu'est-ce qui doit craindre tel accident ou paſſion, & par quelle partie? Il faut conſiderer apres, qu'eſt-ce que noſtre ame; & ne prendre de ces choſes là, ny crainte, ny eſperance, qu'en faueur de noſtre ame Il eſt certain que ce qui ſe compoſe & ce qui eſt deſia compoſé entant que compoé eſt ſubiet naturellement à eſtre diſſoult. Et quand il ſe trouue quelque choſe qui n'eſt point compoſee, c'eſt cela ſeulement qui ſe trouue exempt de ſe veoir diſſoult: Or ce qui enuers les meſmes choſes ſe trouue touſiours de meſme ſorte: cela ſans doute doit eſtre ſimple, & ce qui ne change diuers reſpects compoſez. Reuenons à ces diſcours que nous auons deſia laiſſez. L'eſſence qu'on appelle, dont la definition par interogatoires & par reſponſes, nous a faict l'eſtre veritable de quelque choſe, ſe trouue touſiours de meſme, & ſelon meſmes choſes, comme l'eſgal, le beau, & tout autre eſtre né, demeure touſiours par ſoy meſme de meſme ſorte, & enuers meſmes choſes, ſans eſtre iamais capable d'aucune ſorte de changement. Car pour ce qui eſt de mille autres choſes que nous appellons belles, comme cheuaux, hommes, habillemens, & mille autres que nous liſons, ou belles, ou eſgales, & d'autres ſiynonimes: à ceux-là ſe trouuent d'vne nature contraire à ses essences : car tout cecy est changeant, & pour son respect, & pour celuy d'autres choses, ne se trouuant iamais vn, ny de mesme sorte, & sont choses toutes perceptibles aux sens corporels : Mais ces estres veritables, & tousiours constants ne peuuent estre apprehendez ny cogneus que par les seules facultez de l'entendement. Ainsi il verra bon que nous posions deux especes de choses, vne des visibles, l'autre des inuisibles : & que l'inuisible est tousiours de mesme sorte : le visible non : nous sommes sans plus composez de deux parties, de l'ame & du corps : Le corps est visible, l'ame ne se peut voir au moins des hommes : nostre discours n'est icy que de ce qui touche à la nature humaine selon laquelle veritablement l'ame ne peut estre veuë. Le corps est de l'espece des visibles, l'ame des inuisibles. Et nous auons desia dit, que l'ame se voulant ayder du corps pour venir à l'intelligence de quelque chose, elle est trópee, & considere tout faulsement,

L'ame courant apres la verité,
Parmy la nuict de tant d'obscurité,
Où nostre chair la tient enueloppee,
Trouue nos yeux à son ayde impuissans,
Et sans se voir honteusement trompee,
Ne suit iamais la conduite des sens.

D iij

DE L'IMMORTALITÉ

L'esprit serré de la mortelle escorce
Dans ses liens n'a point assez de force,
Pour bien tenir ses organes subiets,
Et corrompu dans ceste masse impure,
L'entendement discerne les obiets,
Tout au rebours de sa propre nature.

C'est la foiblesse du corps qui faict ainsi pancher l'ame vers ces choses que nous disons subiectes à mutations, & qui ne se trouue iamais de mesme.

Vn eau bien claire & d'vn roc descoulee,
Ne se peut voir à des torrens meslee,
Sans se troubler par des bourbeux destours,
Et nostre esprit tant soit-il pur & sage,
Parmy le sens ne passe son discours,
Sans le corrompre en ce vilain passage.

Mais quand l'esprit se tient de son appuy,
Que tous les sens sont esloignez de luy,
Quand on discours à soy mesme se fie,
Loing des obiects de basse qualité,
Par les sentiers de la Philosophie,
Il va tout droict à l'immortalité.

Son mouuement le porte aux cognoissances
Des vrais obiects des plus simples essences,
Qu'on ne void point subiects à changer,
C'est où l'esprit de luy mesme se range,
C'est ce qu'il aime & fait comme estranger,
Ce que nature assuiettit au change.

Ceste affection de l'esprit, & cette diposition à se tenir aux choses qui sont tousiours vnes, s'appelle Sapiéce & Prudence. Sans doute il nous faut adoüer de là que l'esprit doit necessairemēt estre rangé en l'espece de ces choses incapables de mutation, & le corps au contraire. Au reste il faut remarquer encore,

Que l'esprit est le plus puissant,
Et qu'au dessein de quelque chose,
Le corps par tout obeissant,
Se trouue tousiours agissant,
Ainsi que l'ame le dispose.
C'est honneur de commandement.
Est vne glorieuse marque,
Et les rigueurs de Rhadamant,
Et les puissances de la Parque,
Ne mettent point au monument
Ce braue & cest heureux Monarque.

Nous pouuons bien iuger d'vne apparence assez claire, que c'est aduantage de conduire & de commander est quelque chose de diuin, & que ces necessitez d'obeyr & de suiure tiennent du terrestre & du mortel. Ainsi de la suitte de tous nos discours precedens, nous trouuerons que l'ame est tres-semblable à ce qui est diuin, immortel, intelligible, d'vne seule forme, indissoluble, qui est tousiours de mesme sorte; & en

D iiij

mesme estat, & que le corps au contraire se rapporte du tout à ce qui est humain, mortel, non intelligible, changeant de forme, subiet à estre dissoult, & qui ne se trouue iamais de mesme sorte, ny en mesme estat. Sçaurois-tu, ô Cebes, amener des raisons au contraire, & prouuer comme quoy il peut estre autrement, que ce que nous disons? Nullement, dit Cebes.

SOCRATE.

Puis donc qu'il est ainsi, il s'ensuit donc que le corps est vne chose qui s'en va estre bien tost dissoulte, & qui apres la separation doit aussi tost n'estre plus, & que l'ame est quelque chose qui ne se peut aucunement dissoudre, ou quelque chose bien approchante de ce qui est indissoluble. Ie le crois comme cela, dit Cebes.

Et tu crois cependant qu'apres l'heure supreme
Quãd l'esprit s'esloignãt d'vne charogne bléme,
Nous a laissé sans mouuement,
Le corps demeure encore auant que se dissoudre.
Et que mesme l'effroy du pasle monument
Trauaille assez lõgtemps à le reduire en poudre.
Mesme quand la fureur d'vn sort trop insolent,
Rauis des corps bien sains par vn coup violent,
Leurs puissantes temperatures

DE L'AME.

Auec vn peu de soin se conseruent assez,
Et les Ægyptiens font bien des sepultures,
Qui des siecles entiers gardent les trespassez.
Et combien que la chair cede à la pourriture,
Comme estant de plus molle & plus fresle nature,
Le corps ne se dissipe pas,
Mais les nerfs & les os durent apres le reste,
Si bien que tout cela dure apres le trespas,
Combien que tout cela ne soit rien de celeste.

Cela Cebes, ne te dône-t'il point de doutes? Car nous disons que le corps comme mortel, visible, estoit indissoluble, & deuoit selon l'apparence finir tout aussi tost apres le trespas. Et qu'au contraire l'ame immortelle & inuisible deuoit seulement estre indissoluble, & s'en alloit sortant du corps se sauuer en quelque excellente retraite.

Que nostre ame tout inuisible
Soudain que le corps expiroit,
Bien-heureuse se retiroit,
Comme par vn vol insensible :
Et viuant apres le trespas,
Elle auoit au Ciel sa demeure,
Où les Dieux ne permettent pas,
Que iamais quelque chose meure.

Quoy? penserions-nous donc qu'elle se trompast en ceste esperance, & que pour ne rien voir d'elle apres sa separation d'auec le corps, il s'enſuiue qu'elle ne ſoit plus? Nullement mes amis. Mais bien au contraire.

L'Ame dreſſant ſon vol vers la loge Eternelle,
Moins il ſe peut trouuer de peſanteur en elle,
Mieux elle a deſpouillé la maſſe de la chair,
Plus viſte elle remonte en ſa diuine ſource,
Et ne peut rien trouuer capable d'empeſcher,
Les mouuemens heureux de ſa legere courſe.

Apres des vrais obiects où l'œil n'a rien à voir,
Dans le profond ſoucy d'acquerir du ſçauoir,
Des paſſions du ſang dans le ſang deſpouillee,
Elle demeure ferme en des pas bien gliſſans,
Elle fuit de la chair qu'elle cognoiſt ſoüillee,
Et vit en deffiance auecques tous les ſens.

Ainſi viuant touſiours auec ſoy retiree,
De la contagion de ſon corps ſeparee,
Elle n'emporte rien de ſes mauuaiſes mœurs,
Les deſirs, les amours, la crainte, la folie,
Et tout ce qui prouient des charnelles humeurs,
Demeure dans la chair au monde enſeuelie.

Pure & nette qu'elle eſt ayant trouué ſon port,
Dans le Ciel où iamais n'a peu venir la mort,
Elle y trouue ſa part de repos & de gloire,
Elle n'a de confort que les Dieux ſeulement,
Et ce que tout mortel eſt obligé de croire,
Cette felicité dure eternellement.

DE L'AME.

Mais l'autre à qui les sens ont doné des delices,
L'Ame à qui les vertus ont esté des supplices,
Que le soing du sçauoir n'esmeut que par horreur,
Qui s'est auec le corps estroictement liee,
Et qui de lascheté suiuant le vain erreur,
Fait gloire de se voir à la chair alliee:
Dans les plaisirs trompeurs dont nos sens abrutis,
Ne peuuent sans effort estre icy diuertis,
Elle est comme assoupie, & languit dans des charmes,
Sa volupté se rend insensible au remors
Et tout ce qui l'oblige à recourir aux larmes,
Ce n'est que le soucy d'abandonner le corps.
Ainsi dans les desirs de la chair enyuree,
Elle n'en est iamais que fort peu deliuree,
Et laissans vn seiour qui luy fut si plaisant,
Elle ne void plus rien quittant cette lumiere,
Et traine en l'autre monde vn fardeau si pesant,
Que son vol ne vient point au bout de la carriere.
Dans le chemin du Ciel où l'Esprit veut aller
Des grossieres humeurs l'arrestent parmy l'air,
Qui souffre à contre cœur ces impures matieres,
Si bien que ces esprits à la mercy des vents,
Vagabons sans retraicte autour des cimetieres,
Sont le rebut des morts & l'effroy des viuans,

Ce ne font que les ames des meschás qui sont tousiours tourmentees, & auec des playes visibles, & des gemissemens qui semblent partir de quelque chose de corporel, aussi ont elles retenu beaucoup de la chair qu'elles ont habitee auec tant d'affection & de familiarité.

Leur essence au trespas de cette chair sortie,
De ses lourdes vapeurs emporte vne partie
Qui l'empesche d'aller où les bons ont leurs rangs,
Ainsi son vol rebrousse en la basse contree,
Et parmy les tombeaux ces fantosmes errans
Recherchent dans le corps vne seconde entree.
Que si le cours du temps ramenant les saisons,
Redonne à ces esprits encore des maisons,
Selon leurs sentimens ils trouuent des organes,
Ils habitent les corps de diuers animaux,
Alors les ignorans ont la forme des asnes,
Et reuiennent vn iour pour souffrir mille maux.
L'vn qui de son viuant auoit l'humeur encline
Au vol, à l'iniustice, au sang, à la rapine,
Il reuient dans le monde en forme d'espreuier,
Il guette dans les airs où fondra sa furie,
Il siffle à la vapeur d'vn charongneux grauier,
Et de ces corps puants qu'on iette à la voyrie,
Ceux qui n'ont faict viuans que boire & que manger,

Dans des corps de pourceaux se viennent tous
    loger,
Et dans le mesme humeur qu'ils ont iadis suiuie,
Sans cognoistre que c'est de soucy ny de pleurs,
Faisans à leur retour vne pareille vie
Vn bourbier leur plaist mieux, qu'vn pré semé
    de fleurs.

Ainsi chacun selon le naturel qu'il a retrouué des corps disposez à le receuoir : & les corps des bestes mourans reçoiuẽt encore leur vie des hommes qui retiennent les mesmes complexions.

    Les vns qui sans venir à des sciences claires
Ont exercé viuans des vertus populaires,
Et qui moralement ont esté bonnes gens,
Qui par bonne coustume ont abhorré le vice,
Qui pour le bien public ont esté diligens,
Et dont les affligez ont tiré du seruice.
    Au retour de la mort ie croy qu'ils sont remis
Dãs quelque petit corps d'abeille ou de fourmis,
Qui viuant doucemẽt en la terre où nous sõmes,
Remplissent leurs cachots de froment & de miel,
Ces petits animaux refont de mesmes hommes,
Mais rien de tout cela ne va iamais au Ciel.
    Ce riche firmament où brillent tant de flames
Est vn chemin ouuert aux bien-heureuses ames,
Pour passer au seiour où les Dieux sont logez,
Nous entrõs pour iamais en leur saincte alliãce

Apres que nos esprits ont esté bien purgez,
Et qu'ils ont surmonté la chair par la science.

Il faut donc bien philosopher tout le temps de nostre vie, pour atteindre à cette pureté qui nous porte au Ciel, & l'esprit qui se voüe de bonne sorte à la profession d'vn estude si excellent, ne se mesle iamais aux affections corporelles, & ne prend point de part aux soucis dont le reste des hommes sont ordinairement trauaillez.

Le soing d'enrichir sa famille,
Ne le rend point plus diligent,
Il luy chaut fort peu qu'on le pille,
On ne la void iamais changeant
Pour le perte de son argent,
Ny de son fils, ny de sa fille.

Il ne fut iamais suborneur,
Pour brigueur la Magistrature,
Aussi l'infamie & l'honneur,
Sont pour luy de mesme nature,
Et la peur & la sepulture,
Ne troublent iamais son bon heur.

C'est le seul sçauoir qui l'asseure,
Et qui l'empesche de trembler,
Au moment de la derniere heure:
Car estprit sans se troubler,
Se void du corps desassembler,
Sçachant bien son autre demeure.

Il est bien-aise de mourir,
Et les ignorans au contraire,
Qui n'ont iamais sceu discourir,
Alors ne sçauent plus que faire,
Et loing du iour qui les esclaire,
Pensent entierement perir.

La raison pourquoy les Philosophes ont à la mort vne asseurāce que les autres n'ōt point, & qu'ils sçauent bien le lieu de leur retraite, apres estre sortis de cette vie, c'est que leur esprit s'estant commis absolument au soing & à la conduite de la Philosophie : il a peu à peu cogneu d'elle qu'il est attaché dans le corps par des liens bien dangereux, & qui le retiennent aux mouuemens dont il se veut esleuer à la cognoissance des choses pures. La Philosophie le depestre & desgage de cette contrainte par vn estude continuel, à cela il luy feit entendre que dans la familiarité qu'il a parmy le sang & la chair, il est à craindre qu'il ne luy naissen des conuoitises qui l'aydent à se ruiner luy mesme, & seruent au corps pour corrompre l'ame. Cette consideration que la discipline de la Philosophie luy faict venir insensiblement, l'oblige de se retenir tant qu'il peut de cette conuersion d'estre tousiours en deffiance chez son hoste, comme auec vn estranger, & ne se communiquer iamais aux sens par la recherche de quelque science: car il n'y a ny œil, ny oreille qui soit assez fidelle, à rapporter quelque obiect à l'entendement. Mais se retirant chez elle, & se cultiuent toute seule, elle doit venir en fin à la cognoissance des choses qui ont vn estre veritable, & qui sont d'elles mesmes: comme tout au rebours elle ne doit point croire veritable, ce qu'elle apprend ou considere par l'ayde & par la communication du corps: car se sont choses qui ne sont point d'elles mesmes, mais par autruy, & sensibles & visibles, où ce que l'ame comprend de soy est intelligible & inuisible. Vray Philosophe iugeāt que son esprit doit obeyr à ce dessein que la Philosophie fait en luy, & qu'il est à propos de se fier en elle, & de la croire, il tasche cōme elle, luy ordonne de s'affranchir de toutes sortes de voluptez, cōuoitises, craintes & douleurs, iugeant bien que dās les plaisirs, dans la crainte, dans la douleur, & la conuoitise, outre ces maux ordinaires, comme perte d'argent, ou maladies qui leur sont attachez, il y a sans doute vn plus grand mal : c'est que dās tout cela l'ame patit & n'y prēd pas garde: car alors que l'ame viēt à se picquer de plaisir ou de douleur, apres quelque chose, & qu'elle croit ce faux obiect des choses visibles

bles, quelque chose de beau, manifeste, & veritable; sans doute alors elle est bien prise & bien engagee dans le corps, pource que toute sorte de volupté ou de douleur est maistresse dans le corps, & se prenant à l'ame, elle l'assubiettit; & la plongeant dans les sentimens charnels, elle l'oblige à participer à mesmes mœurs & à mesme nourriture, la rend incapable de toute pureté, & la fait sortir du corps toute sale de ses taches & de ses ordures, d'où elle renaist encore, comme si on l'eust semee & entee dãs quelque autre corps bien loin du commerce de ses essences diuines, pures & vniformes, & pour l'amour d'elles, & pour le bon-heur de les conuerser, que les vrais amateurs de la science s'appliquent à l'estude de la vertu, & non point pour les considerations qui esmeuuent les esprits du populaire à le rechercher. Le Philosophe cognoist assez qu'apres que la Philosophie l'a desia deliuré des liens du corps, & nettoyé de ses ordures, il ne luy faut plus retomber dans ce bourbier, ny se remettre au trauail d'vn mesme estude, comme Penelopé apres sa toile. Mais pensant au repos de toutes ses affections, suiuant sa raison, & se tenãt ferme en elle, s'il s'esleue en la contemplation de ce qui est par dessus l'opinion, & qui est infailliblement vray &

E

diuin, duquel ayant esté nourry, il croit qu'il luy faut passer la vie de mesme, esperant qu'au sortir d'icy il ne faudra iamais de passer vers quelque chose de pareil, où il se verra exempt de toutes les miseres humaines.

Dans ceste bonne nourriture,
Quoy que menace la nature,
Le Sage deslogeant d'icy,
Ne craint point que le vent l'emporte,
Et ne meurt point dans le soucy,
Que son ame demeure morte.

Apres que Socrate eut ainsi acheué son propos, toute la compagnie fut assez long temps sans parler, luy mesme sembloit repasser dans l'esprit des discours qu'il venoit de faire. Cebes & Simias furent les premiers qui rompirent le silence, & s'estans parlez vn peu l'vn à l'autre, Socrate les regarda. Et qu'est-ce qui vous semble, leur dit-il, de ce que nous auons dit? N'auez-vous point encore là dessus quelque chose à vous enquerir? Car il y reste encore bien des doutes & des obiectiós à qui voudroit traicter cela bien pleinement. Si vostre deuis est sur quelque chose de particulier entre vous, ie ne vous dis mot : mais si c'est sur quelque difficulté de nostre discours, qui vous donne de la peine, dictes-le hardiment, & repassez, s'il vous plaist, ce traicté, si vous pensez voir qu'en quelque endroit on y puisse dire quelque chose de mieux: & si vous croyez que ie vous puisse seruir à ceste conference, faisons ensemble cest examen.

SIMIAS.

Pour ne te point mentir, Cebes & moy, il y a desia long temps que nous nous entrepoussons l'vn l'autre, pour te faire parler encore: mais nous craignons de faire vne inciuilité & vne imprudence en l'estat de la calamité presente, où tu es. Socrate riant à eux, vrayement, dit-il, il me seroit bien mal-aisé de faire croire à d'autres que cest accident ne me donne point de l'affliction, puis que vous ne m'en croyez pas vous-mesmes; car il vous semble que ie dois estre auiourd'huy plus fascheux & plus triste que ie n'estois au reste de ma vie.

Vous ay-ie bien donné des signes,
Que i'eusse peur du monument?
Croyez-vous que mon sentiment
Vaille moins que celuy des Cignes?
Lors que la mort les vient querir,
Et qu'ils en sont desia la proye,
Ils sont bien aises de mourir,
Et ne font que chanter de ioye.

Quelques vns disent que c'est de douleur

E ij

que les Cignes chantent aux approches de la mort, mais ie ne trouue point cela probable: car il n'y a point d'oyseau qui puisse chanter en la moindre incommodité qu'il ait, ny les Rossignols, ny les Arodelles qu'on feint estre encore en la memoire de leur desespoir, ne chantent point qu'au temps de leur ioye, la faim ou le froid les rends muets. Ie croy pour moy que c'est d'aise que les Cignes chantent, & qu'ayans comme vne inspiration du Dieu Apollon, à qui ils sont consacrez, ils bruslent du desir d'approcher de leur maistre, & en font des chants de ioye.

I'ay comme eux l'esprit prophetique,
Et pense que le Dieu des vers,
Ne m'aura pas moins descouuers,
Les secrets de sa prognostique,
Et qu'vne beste ne peut pas,
Moins que moy craindre le trespas.

Ne craignez donc point de m'interroger sur ce qu'il vous plaira, & me faire employer ce peu de temps que les Iuges me donnent. Tu parle bien, luy dit Simias. Ie ne craindray point maintenant à te dire sur quoy ie doute, & où ie puis trouuer moins à me resoudre en tout ce discours. Or ie ne pense pas, ny possible toy non plus, que la verité s'en puisse bié trouuer en ceste vie.

Durant le cours mortel que Dieu donne la vie,
Il est bien mal-aisé de contenter l'enuie,
Que nos esprits ont de sçauoir,
Au moins ce peu de iours que nous auōs au mōde
Employons tout nostre pouuoir,
A dissiper l'horreur de ceste nuict profonde,
Et de ce peu de clarté
Que l'estude nous apporte
Taschons à ouurir la porte
Qui meine à la verité.

Ce seroit donc vne lascheté, ô Socrate, de t'espargner au besoin que nous auons icy de toy. Il faut que tu espluches & examine de rechef ce traicté, deusses-tu te rendre, & defaillir au trauail, afin de nous instruire en ceste matiere, & que nous puissions penetrer aussi auant que peut l'entendement de l'homme: Car dans vn si profond Ocean, si nous n'y pouuons pas voir la felicité que nous y desirons, nous y deuons prendre pour le moins toutes les asseurances que nous y pourrons trouuer.

On a recours à des vaisseaux
Ne pouuant vser de carrosses,
Pour fendre les humides bosses
Qui grossissent le dos des eaux.

Asseure nous donc le mieux que tu pourras, & nous instruits en toute ceste question, afin que ie ne me repente point vn iour d'auoir perdu ceste occasion de m'en esclaircir auec toy. Il est vray que Cebes & moy auons des difficultez. Et peut-estre, dit Socrate, auec suiet: Commencez à me dire en quoy vous estes moins satisfaits. En cest endroit, luy dit Simias, où tu as parlé de l'inuisible diuin, & tres-beau, qui se peut, ou semble aussi bien dire de la harmonie d'vn luth bien accordé & bien touché: car on dira que l'harmonie de ces accords parfaicts sont quelque chose de diuin, de pur, & d'immortel, & que les cordes & le bois du luth sont choses corporelles, composees, & terrestres, & de la nature de ce qui est mortel, si bien qu'apres auoir rompu les cordes, & cassé le luth, on prouuera par tes raisons que ce qui est de celeste, c'est à dire, ceste harmonie demeure encore, & ne se dissipe point: car il n'y a nulle imagination que le luth demeure apres les cordes rompuës, & que les cordes qui sont de ce qui est mortel demeurent aussi: mais que la harmonie qui est de l'immortel & du diuin estoit perduë, & auoit cessé desia plustost auant que le luth & les cordes; & que cependant l'harmonie demeurast quelque part, & que le bois du luth & les cordes se pourrissoient plustost que ceste harmonie peust souffrir quelque chose: Car ie pense bien, ô Socrate! que tu as pris garde que c'est nostre opinion ; pour ce qui est de l'ame, qu'elle est quelque chose tel que ceste harmonie, sentant qu'il y a dans nostre corps vne certaine disposition & complexion du chaud, du froid, du sec, & de l'humide, & telles autres choses? & que le temperament & consonance de ces choses là, c'est l'ame qui agit ainsi dans le corps, & fait ses fonctions lors que ses teperatures vont bien. Que s'il est donc ainsi que nostre ame soit vne harmonie, toutes les fois que les maladies ou les passions viennent à rompre l'ordre de ses temperamens, & ruyner ses organes, pour diuine qu'elle soit, il faudra qu'elle perisse aussi bien que ces autres harmonies & consonances de luth ou de bois, & autres que peuuent faire des artisans, & que le corps & la grossiere partie de ces choses là demeurent iusques à tant que le feu ou la pourriture les emporte : si bien qu'elles sont tousiours de plus de duree que l'ame, & les plus subtiles parties. Considere donc, ie te prie, qu'est-ce qu'on respondra à qui voudra croire que l'ame est vn temperament de la composition du corps, & qu'en la mort c'est elle qui desloge la premiere, & qui perit plustost.

Là Socrate se print à rire,

Et iettant des traicts allumez,
De ses regards accoustumez,
Sur ce qu'on luy venoit de dire.

Ces difficultez, nous dit-il,
Sont d'vn raisonnement subtil,
Qu'il faudra que ie vous explique:
Pourquoy donc quand vous m'escoutiez
Sur ces discours où vous doutiez,
Auez-vous esté sans replique?
Quelqu'vn plus eloquent que moy
Deuoit renforcer mes paroles,
Et mieux faire voir comme quoy
L'on dispute dans nos escoles,
Ce discours a bien merité
Qu'on apporte vn peu de clarté,
Dans vne si crasse ignorance,
Puis que vrayement son apparence
Est proche de la verité.

Sçachons-le, quoy qu'il nous en coute,
Mais auant que de refuter
L'erreur de la premiere doute,
Encore faut-il que i'escoute
Sur quoy Cebes veut disputer,
Afin que mieux sur chasque chose,
Partageant nostre peu de temps,
Sans permettre que ie repose,
Ie vous rende tous plus contens,
Aux matieres que ie propose.

Ainsi traictant tout posément,
Nous cognoissons bien aisément,
Si c'est l'opinion premiere,
Où la raison nous va ranger,
Et s'il est besoin de changer,
Au moins suiuons quelque lumiere,
Pour cognoistre le danger.

Puis se tournant vers Cebes, il le pressoit de luy proposer aussi ses doutes, comme Simias auoit fait, & luy dit:

A quoy crains-tu de consentir?
Qu'est-ce en fin si difficile,
A quoy ton esprit indocile,
Est resolu de repartir?

Il me semble, respondit Cebes, qu'il en est de l'ame comme de son harmonie. Or pour ce qui est de son estre, auant que de venir dans le corps, ie ne nie point qu'il ne puisse estre vray, & m'en rapporte fort à la preuue des discours que tu nous as faits: mais qu'elle soit apres nostre mort, c'est ce que ie ne croy pas de bon cœur. Et si ie ne suis pas pourtant de l'opinion de Simias, qui ne croit pas que l'ame vaille mieux que le corps, ny qu'elle soit de plus longue duree: car moy ie pense que l'ame est plus excellente, sans comparaison, que tout cela, & partant voicy comme quoy ie voudrois exposer la raison precedente de Simias, puis qu'apres vn homme mort on void ce qui estoit de moindre en luy demeurer encore, pourquoy n'aduouëra-t'on point que ce qui estoit en luy de plus ferme & de plus durable demeure aussi bien, & subsiste au mesme moment que le reste ? Mais voyons de quel poids sera la responfe que ie fais à cela. Il me faut pour m'expliquer vne cōparaison aussi bien qu'à Simias. Il me semble que ce discours est presque de mesme, que si quelqu'vn disoit apres la mort d'vn vieux Tisseran, que cest homme est encore, pource que l'habit qu'il auoit demeure encore, & pour toute preuue il diroit, que puis qu'vn homme doit durer plus qu'vn habillement de toile, il faut que cest habillement demeurant apres la mort du Tisseran, le Tisseran soit aussi, puis qu'il est de plus de duree que son habillement. Pour moy, Simias, ie croy que cela est foible, & que peu de gens se voudroient payer de telles raisons : car ce Tisseran qui aura vsé plusieurs habillemens, & en aura tissu plusieurs, il est mort apres beaucoup d'habillemens, & seulement plustost qu'vn, & si ne s'ensuit nullement pour cela qu'vn homme soit quelque chose de plus vil & de plus debile qu'vn habillement. On peut ce me semble faire la mesme comparaison de l'ame au corps, que l'ame est veritablement de plus de duree, & le corps moins fort & moins durable: mais que chasque ame consume plusieurs corps, mesme en celles qui viuent long temps: car si le corps s'en va & deperit tous les iours, mesme durant la vie, & que l'ame repare tousiours ce qui se consume, & remet ce qui se perit; alors que l'ame perit, c'estoit son dernier habillement, deuant lequel elle meurt, ayant suruescu à plusieurs autres, & qu'apres la fin de l'ame le corps qui n'a plus dequoy se refaire, est contraint de monstrer l'imbecilité de sa nature, & pourrit & esuanouyt bien tost. De tout ce discours on ne trouue point que l'ame demeure apres que nous ne sommes plus : car quand bien on t'accorderoit que non seulement l'ame estoit auant le corps, qu'apres la mort de quelques-vns, leurs ames deuiendroient encore dans les corps, & qu'il se trouuast des esprits qui vinssent ainsi à quitter & reprendre des corps, comme la nature de l'ame est excellente & puissante, si peut-on dire pourtant que l'ame en fin lasse de tant de generations, & d'esteindre & de r'allumer tant de vies, pourroit rencontrer vne mort derniere, dont elle ne reuinst iamais. Outre qu'il n'y a personne qui se puisse apperceuoir quelle separation de l'ame auec le corps est celle où l'ame doit perir: que s'il en est ainsi, c'est vne folie d'auoir des confiances en la mort, ne pouuant faire voir que l'ame est immortelle & indissoluble,& selon l'apparence, on tire de là vne necessité que chacun doit craindre pour son ame, quand elle est proche de son partement, ne sçachant si elle prend son congé pour tousiours : & si c'est là ceste separation, qui la doit acheuer?

PHÆDO.

Ce fut là ce discours où nostre ame attachee,
De sentimens douteux diuersement touchee,
Dans vn estonnement nous laissa tous rauis,
Nous vismes des raisons par d'autres renuersees,
Et desia bien panchans vers ce dernier aduis,
Nous ne sçauions à quoy resoudre nos pensees.
 Socrate nous ayant persuadé si bien,
Que nul sur son discours ne doutoit plus de rien,
Nos esprits balancez souffroient vne contrainte,
Et de ceste dispute à demy rebutez,
Nous creusmes que la chose estoit douteuse ou feinte
Ou que nos iugemens estoient fort hebetez.

Ce n'est point sans suiet, Phædo, que vous demeurastes en ce doute, & en cest estonnement: car seulement à t'ouyr parler, il m'a pris vne mesme deffiance de persuasions de Socrate, & m'esbahy pourquoy ie commence à me desdire de son opinion veritable. C'a esté tousiours mon aduis qu'il y a vn grand rapport de l'ame à ceste harmonie, & comme ie l'ay tousiours creu auparauāt, ton discours m'a remis encore plus auant ceste creance: si bien que i'ay besoin tout à fait d'autres preuues que les premieres, pour cognoistre que l'ame soit immortelle. Partant ie te coniure de me dire si Socrate se trouua aussi esmeu que les autres pour ses obiections, s'il eut des raisons pour bien appuyer sa doctrine, de quelle façon il se prist à la disputer, & comme quoy il s'en acquitta.

Vrayement depuis le temps que ie cognois sa vie,
I'admire de l'ouyr parler si sainement:
Toutesfois la vertu de mon ame est rauie,
Ne me saisit iamais de tant d'estonnement.

Du trouble de son dueil mon esprit se rappaise,
Et le ressentiment que i'ay de son trespas,
Ne sçauroit m'empescher que ie ne sois bien aise,
D'auoir veu l'accident de ce mortel repas.

Les raisons qu'il tiroit de son esprit fertile,
Contre les mouuemens de nos esprits douteux,
Rendirent tout l'effort de l'erreur inutile,
Et nos difficultez nous rendirent honteux.

Sans qu'aucun desplaisir luy parust au visage,
Il vid bien comme quoy le faux nous esmouuoit,
Et d'vn cas complaisant comme estoit son langage,
Il ouyt proposer les doutes qu'on auoit.

Puis à chasque blesseure apportant vn dictame,
Il donna ses raisons auec tant de poix,
Qu'il fut assez puissant pour affranchir nostre ame,
A qui desia l'erreur auoit donné ses loix.

Comme dans vn combat des troupes estonnees,
Quand l'ennemy vainqueur a dissipé leurs rans,
Ont besoin d'vn bon chef pour estre ramenees,
Et refaire le gros de leurs soldats errans.

Socrate doucement auecques sa conduite,
De ses mauuais obiects rompant la trahison,
Ramena ses esprits qui s'estoient mis en fuite,
Et leur fit retroüuer le train de la raison.

Combien que son propos d'vn sens incomparable,
Parust vne merueille au iugement de tous,
Il sembloit toutes-fois encore plus admirable,
En ceste gaye humeur dont il parloit à nous.

I'estois lors d'aduenture au pied du lict funeste,
Où ses yeux attendoient le somme du trespas,
Socrate estoit assis plus haut que tout le reste,
Et moy sur ma main droicte en vn siege assez bas.

DE L'AME.

Passant dessus mes yeux son regard venerable,
Et iouant de sa main auecques mes cheueux,
Il sembloit à le voir que le Ciel fauorable
En son affliction eust accomply ses vœux.

Comme chacun de nous à l'escouter s'appreste,
Encore sur mon poil il repassa la main,
Et possible (dit-il) en me pressant la teste,
Phædon, ces beaux cheueux seront coupez demain.

Ie respondis que ouy, ne sçachant pas entendre,
Pour quel dueil il vouloit que ie les fisse choir,
Ha! dit-il, cher Phædon, ce seroit trop attendre,
Si nous auons icy plus pres le desespoir.

Tous deux si tu me crois tant que Phœbus demeure
Sur l'Orizon dernier dont ie dois voir le cours,
Razons-nous s'il aduient que la raison nous meure,
Et monstrons par ce dueil la mort de nos discours.

Comme au pays d'Argos en milieu des batailles,
Les soldats font serment d'estre tousiours razez,
Iusqu'à tant que leur glaiue ait fait les funerailles,
D'eux, ou des combatans qui leur sont opposez,

Moy si i'estois Phædon auant que de me rendre,
Au deffy de Simie, & de Cebes aussi,
Ie les mettrois au poinct de ne s'oser deffendre,
Ou mon dernier souspir s'acheueroit icy.

Ha! dis-ie, mon dessein seroit bien ridicule
De me prendre moy seul à ces deux forts esprits,
Ie serois temeraire, & le puissant Hercule
D'vn si sot desespoir ne fut iamais repris.

Si tu te vois (dit-il) trop foible d'auenture
Phædon, prens vn second, Hercule en fit autant,
Demande moy secours tant que ce iour me dure,
Ie seray l'Iolas auec toy combatant.

Ouy, dis-ie, vous Hercule & moy trop foible en-
core,
Pour faire l'Iolas en ce combat icy,
Et de peur que mon bras vos coups ne des-honore,
Vous en prendrez tout seul la gloire & le soucy.

Apres ces complimens r'entrans dans la matiere,
Il retrama le fil d'vn discours si fecond,
Que parmy tout le cours de la dispute entiere,
Il fit voir qu'il n'auoit que faire d'vn second.

Afin que nostre esprit plus clairement regar-
de,
Dans le vray qui souuent se couure de l'erreur,
Deuant tout (nous dit-il) chers amis prenez gar-
de,
Que iamais la raison ne vous soit en horreur.

Chacun deuient suiet à ceste maladie

Lors

Lors que par la raison il s'est trouué seduit,
Et que des faux obiects dans vne ame estourdie,
Au lieu de la lumiere ont fait venir la nuict.

La meilleure raison nous vient en deffiance,
L'ame vne fois trompee à tousiours de la peur,
Et n'ose apprehender l'obiect de la science,
Quand celuy qui le donne est soupçonné trompeur.

Ainsi dans l'amitié que nous auons voüee
A quelqu'vn dont l'humeur se forme à nos desirs,
Nostre ame auec la sienne estroitement noüee,
Se laisse innocemment surprendre à ses plaisirs.

Mais l'infidelité qui demeuroit cachee,
Enfin se descouurant fasche vn homme de bien,
Et l'ame auec effort d'vn tel ioug destachee,
Se deffie tousiours d'vn si traistre lien.

Mesme apres que plusieurs ont abusé nostre
    ame,
Que nous auons glissé souuent au mesme pas,
Et que ceux dont nos cœurs estimoient plus la flam-
    me,
Ont eu le plus funeste & le plus feint appas.

Nostre esprit rebuté ne croit point des courages
Capables de donner ny de garder la foy,
Les plus sacrez sermens luy laissent des ombrages,
Et le font incredule à tout autre qu'à soy.

C'est pourquoy vn deffaut de la foiblesse humaine,
Qu'vne infidelité nous doiue ainsi picquer,
Et l'homme de qui l'ame est vigoureuse & saine,

F

Iamais de tels rebuts ne se laisse choquer.
Il faut vn peu d'addresse à bien cueillir des roses,
Il faut bien du mystere à gouuerner les gens,
Il faut de l'artifice à discerner les choses,
Que n'ont iamais cogneu tous ces esprits changeans.

Or si les entendements foibles qui se trouuent ainsi subiects à se rebuter, auoient vn peu de finesse à se seruir des hommes, ils cognoistroient la chose comme elle est, c'est à dire, qu'il se trouue peu d'hommes extrememement bons, ou extrememement mauuais, mais il y en a vne infinité de mediocres. Pourquoy, luy dis-ie, me dictes-vous cela? Tout ainsi, dit-il, qu'il en arriue aux choses petites ou grandes, vois-tu pas qu'il n'y a rien de si rare que de trouuer vn homme ou vn chien, ou autre chose bien grande ou bien petite.

Les obiects d'estrange mesure,
Sont rares parmy les humains,
Il se trouue dans la nature,
Peu de Geans & de Nains.

Bien peu de beauté comme Helene,
Peu de freres comme Castor,
Peu d'yurongnes comme Silene,
Peu de sages comme Nestor.

Peu de chiens comme estoit Cerbere,
Peu de fleuues comme Acheron,
Peu de femmes comme Megere,
Peu de Nochers comme Charon.

Aucun teinct beau comme Iasynthe,
Rien de si clair que le Soleil,
Rien de plus amer que l'Absynthe,
Rien de plus doux que le sommeil.

Peu de bruits comme le tonnerre,
Peu de mont comme Pelion,
Et des animaux de la terre,
Peu sont fiers comme vn Lion.

Peu de felicitez supresmes,
Peu d'incomparables mal-heurs,
Peu de ressentimens extresmes,
De voluptez ou de douleurs.

En fin tu trouueras que les choses extremes sont fort rares, & que les mediocres sont frequentes. Que si on venoit à proposer vn prix à la meschanceté & au crime, il s'en trouueroit peu qui vinssent à l'extremité, & qui se trouuassent entierement meschans.

Si le Ciel ostoit les tortures,
Dont il punit les forfaictures,
Et qu'il y proposast vn prix,
Comme à des choses legitimes,
Il se trouueroit peu d'esprits
Qui sceussent bien faire des crimes.

F ii

Est-ce pas ton aduis, ô Phædon? Ie luy respondis que ie le croyois ainsi. Tu fais bien, me dit-il, ce n'est pas pourtant tout vn des raisons & des hommes, pource qu'elles ne sont pas ainsi differentes & rares aux extremitez entre elles, comme nous disons des hommes extrememeent meschans ou bons; Mais ie me suis emporté en te suiuant iusques à ce discours: toutes-fois voicy où est nostre similitude, en ce que nous auons dit au commencement, qu'il y a vn certain artifice à se seruir des hommes, & à les cognoistre de peur de s'y tromper. Tout de mesme, il y a du mystere à se bien seruir de quelques raisons, & à les cognoistre. Sans doute si quelqu'vn vient à prendre vne creance, & apperceuoir vne raison sans s'y estre seruy de l'art des raisons, il est suiet à se tromper, se confondre, & se rebuter, & que apres que ceste creance se trouue fausse, & qu'il la descouure telle luy-mesme, comme il peut estre qu'elle sera fausse, & peut-estre aussi qu'elle ne le sera point, & ce mesconte luy estant arriué plusieurs fois, il ne peut estre qu'il ne se rebute, & ne vienne en deffiance de toutes les raisons. Cest inconuenient est ordinaire à ceux qui aiment à traiter des raisons contradictoires: car tu sçais qu'ils s'imaginent estre les seuls parfaictemēt sçauans, & que ce sont eux seulement qui ont descouuert qu'il n'y a rien de sain ny de ferme dans les choses, ny dans les raisons, mais que tout est sans dessus dessous, pesle-mesle, comme en l'Euripe, & qu'il n'y a rien où il y ait d'arrest pour vn moment, & toute discipline de verité leur semble suspecte & dangereuse.

Comme Euripe en ses eaux mouuantes,
Qu'aucun vaisseau n'ose toucher,
Et qui donnent tant d'espouuantes,
Qu'on fremit à les approcher.

Et n'est-ce pas, ó cher Phædon, vne honteuse & miserable maladie, qui se trouuant des raisons bonnes & fermes, & bien capables d'appuyer nostre creance, vn homme vienne à s'en deffier par la deprauation & le degoust de son esprit, que ses discours ainsi contradictoires ont empieté, & luy ont persuadé que tout est tantost vray, & tantost faux; & qu'estant deuenu ennemy de toutes les raisons, il fasse comme le malade qui impute l'amertume de son goust aux viandes, & cestuy-cy sa foiblesse & son defaut aux raisons pour les hayr apres toute sa vie, & se priuer de la verité, & de la cognoissance des choses.

F iij

Son sens gasté se persuade
Qu'il ne faut plus rien affermer,
Comme l'appetit d'vn malade
Qui ne trouue rien que d'amer.

Cher Phædon, croyons ie te prie,
Que souuent l'ame des humains
A bien besoin d'estre guerie,
Et taschons à nous rendre sains.

Milles choses son veritables,
Et peuuent par le fondement
De leurs preuues indubitables
S'appuyer dans l'entendement.

Les deffauts sont dans nos pensees,
Il se trouue peu de mortels,
Dont les ames soient bien sensees,
Mais taschons à deuenir tels.

Moy pour auoir cest auantage,
De mourir sur vn vray discours,
Et vous pour en garder l'vsage
En tout le reste de vos iours.

Auiourd'huy que ma mort est proche,
Et que ie cours à mon repos,
Ie veux euiter le reproche
De disputer mal à propos.

Que ie hay l'humeur enragee
De ces esprits contentieux,
Qui gesnent vne ame engagee
Dans les discours ambitieux.

Toutes choses paroissent sombres,
A qui les veut ouyr parler,
Leurs subtilitez sont des ombres,
Et leurs voix du vent & de l'air.

Tout le soucy de leur estude
N'est qu'une sotte vanité,
De donner une incertitude,
Sous couleur d'une verité.

Laissant le vray d'une chose,
Ils n'ont que des discours menteurs,
Pour rendre ce qui se propose
Apparent à leurs auditeurs.

Moy d'une humeur toute contraire,
Laissant libres vos iugemens,
Ie ne tasche qu'à satisfaire,
Par raisons à mes sentimens.

Ennemy d'un discours qui tente,
Et qui suborne les esprits,
C'est assez que ie me contente,
Car ie n'ay rien plus entrepris.

Cognoissant la chose à mon aise,
Ie suis quitte de mon deuoir,
S'il aduient que mon sens vous plaise,
C'est à vous de le receuoir.

Et voicy, mon amy, le profit qui me reuient en disputant de la sorte. C'est que mon opinion & ce que i'entreprens de prouuer se trouuant veritable, il sera bon de s'y arrester,

F iiij

si ie me trompe en ma creance, & qu'il soit faux qu'apres la mort il demeure encores quelque chose de nous au moins ce peu de temps que i'ay auant que de mourir, passera auec moins d'ennuy; & pour vous, & pour moy. Et apres toute l'ignorance de ces choses là ne me peut pas durer beaucoup, car ie n'ay plus gueres à m'en esclaircir: & voila de quel dessein ie reuiens, ô Simias! & vous Cebes, tout prest à disputer: mais pour vous, si vous me croyez, ne vous en rapportez point à Socrate, mais à la verité. Quand vous iugerez que ie dis vray, accordez-le, sinon, nyez le, & me repliquez hardiment, & prenez garde pour moy que me trompant moy-mesme, ie ne vous trompe aussi, & me separe d'auec vous, comme la guespe apres vous auoir laissé mon aiguillon. Reuenons donc à vos obiections, & s'il ne m'en ressouuient pas bien, aidez moy à les repeter. La doute de Simias, si ie ne me trompe, c'est que l'ame, quoy que plus belle, & plus diuine que le corps, ne laisse pas pourtant de perir plustost que le rapport qu'elle a auec ces harmonies dont nous auons parlé. Cebes, ce me semble, accordoit bien que l'ame estoit de plus de duree que le corps: mais il adioustoit que personne ne peut sçauoir si l'ame apres auoir consommé plusieurs corps, laissant en fin le dernier nay finit aussi elle-mesme, & que telle sorte de mort seulement soit la fin de l'ame : mais que le corps est subiet à se dissoudre & deperir continuellement. Simias & Cebes accorderent tous deux que c'estoient là leurs doutes : mais, dit Socrate, niez-vous ce qui a esté dit au traicté precedent, ou si vous en accordez vne partie, & en niez l'autre? Il y a (luy dirent-ils) des choses que nous trouuons bonnes, & d'autres que nous n'approuuons point. Mais, dit Socrate, touchant la reminiscence, qu'est-ce qu'il vous en semble? Croyez-vous qu'elle est? Et si elle est, estes-vous d'accord auec moy qu'il en faille tirer vne consequence necessaire, que l'ame a esté en quelque lieu auparauant que de venir dans le corps? Pour cela, dit Cebes, i'ay pris vn grand plaisir au discours que tu en as faict, & me tiens ferme en ceste creance. Et moy, dit Simias, i'en suis tout de mesme, & serois fort estonné s'il estoit possible qu'on me persuadast le contraire. Si es-tu pourtant obligé, hoste Thebain, à prendre vne autre opinion, si tu crois que l'harmonie soit quelque chose de composé, & que l'ame soit vne harmonie de la temperature, & de la constitution du corps: car tu ne sçaurois aduoüer que ceste consonance composee de quelque chose ait esté plustost que la chose dont il falloit qu'elle composast. Tu ne sçaurois iamais aduoüer cela. Iamais, dit Simias. Et vois-tu pas bien cependant que tu es contraint de le confesser, quand tu dis que l'ame a esté plustost que le corps, & qu'elle est vne consonance composee du corps? Ton dire reuiēt à cecy; qu'elle se fait des choses qui ne sont point. Encore mesme l'harmonie du luth ne peut estre de la sorte, c'est à dire auant les choses dont elle est composee: car le bois & les cordes, & quelques sons rudes & mal accordans precedent ceste douce & parfaicte consonance qui vient apres tout cela, & se perd plustost que le reste. Vois donc comme quoy ce que tu dis icy reuient fort mal à ce que tu disois auparauant, & que sur les propos de ces harmonies & de concordances tes discours se trouuent tres-mal d'accord. Tres-mal, dit Simias, si est-ce qu'en ceste matiere de consonance il faut sur tout que les paroles soient bien concertees, & qu'elles ne discordent point en propos: le desordre au langage ne doit pas estre si remarquable.

Dans vne passion de douleur ou de rage,

Quand l'espoir d'vn amant est troublé d'vn re-
fus,
Ou qu'vn pasle Nocher gemit parmy l'orage,
L'ame ne peut fournir que des propos confus.
 N'importe qu'vn bouuier en escorchant la ter-
re,
Parle auec eloquence à ses taureaux rebours,
Ny qu'vn braue soldat en parlant de la guerre,
Cherche de l'artifice à ranger ses discours.
 Au lieu de bons discours & de voix eloquantes,
On ne peut escouter qu'vn dissolu caquet,
Sur le Mont Cytheron où s'en vont les Bacchantes,
Quand leur Dieu les appelle à son vineux ban-
quet.
 Mais celuy dont l'esprit n'est iamais en desor-
dre,
Et que les passions laissent en son repos,
Afin que les Censeurs n'ayent point dequoy le mor-
dre,
Il doit auoir le soin d'accorder ses propos.

C'est à dire, ô Simias! qu'vn Philosophe doit faire en sorte que ses discours se trouuent de bon accord, les tiens à present se trouuans tres-desaccordans, il faut que de deux tu choisisse le quel tu aimes le mieux, ou receuoir la discipline de la reminiscence, ou croire que l'ame est vne harmonie. Ie choisis le premier, dit-il, car ie ne sçache point qu'on m'ait iamais prouué suffisamment que l'ame soit comme vne harmonie. Ie ne l'ay iamais veu faire apparoistre que par des choses vray-semblables, & les opinions qui s'impriment par des apparences trompent ordinairement, & en la Geometrie, & en autres choses : mais la preuue de la reminiscence est appuyee (ce me semble) sur des fondemens asseurez: Car nous auons dit que l'ame deuant que d'entrer dans le corps est autre-part, en telle sorte que son essence a le surnom d'vn vray estre: & pour ce poinct là ie m'en trouue bien persuadé. C'est pourquoy ie ne sçaurois croire ny à personne, ny à moy-mesme, que l'ame soit ceste harmonie. Quoy encore, Simias luy dit Socrate, te semble-t'il qu'vne consonance ou autre composition de quelque sorte qu'elle soit, puisse estre autrement, & auoir d'autres dispositions que celles des choses dont elle est faicte, ny patir, ny agir, que ces choses ne patissent & agissent ? Ie croy que non, dit Simias.

SOCRATE.

L'harmonie à mon aduis sans sa matiere dont elle est composee n'est rien du tout.

Tout cela n'est qu'vn peu de bois,
Qui de soy ne sçachant rien dire,

Emprunte la vie & la voix,
Et des cordes & de nos doigts,
Et de la façon de la lire.
  Mais lors que le bois est cassé,
Tous les ioüeurs les plus habiles,
R'appellans le son trespassé,
Sur vn instrument enfoncé,
Touchent des cordes inutiles.

Il n'y a donc point d'apparence, dit Socrate, que telle consonance precede, & fasse suiure les choses dont elle est composee, mais bien plustost qu'elle suit, en telle sorte qu'elle ne peut auoir, ny son, ny mouuement contraire à ses parties. Sans doute, dit Simias.

SOCRATE.

Et la consonance n'est point consonance en sa nature, sinon entant qu'elle est temperee. Simias trouua cecy d'abord vn peu obscur, & luy dit qu'il ne l'entendoit point. C'est (luy dit Socrate) que la consonance à mesure qu'elle est ou plus ou moins contemperee, qu'elle reçoit ou plus, ou moins, elle est, ou plus, ou moins consonance : comme en vn concert, à mesure qu'il est bon ou mauuais, on dit qu'il y a ou plus, ou moins d'harmonie, ce qui ne se peut dire de l'ame entant qu'ame, que pour le respect de quelque chofe ou grande ou petite, elle foit ou moins, ou plus ame. Prens garde encores à cecy; Difons-nous pas de l'ame que l'vne a du fens & de la vertu, & celle-là nous l'appellons bonne, & que l'autre a de la folie & du vice, & nous l'appellons mauuaife? & celuy qui croit les ames eftre des harmonies dira-t'il en ceft endroit que cefte ame a de la vertu, ou que cefte autre a du vice; ou fi au lieu du vice & vertu il dira que cefte ame a de la confonance, ou de la diffonance, & que la bonne eft confonance, & eftant vne confonance elle-mefme, elle ait encore des confonances qu'elle poffede,& que la mauuaife foit diffonance elle-mefme, & n'en ait point d'autre en foy? Ie n'ay point de quoy repartir là, dit Simias.

SOCRATE.

Tu vois bien que ceux qui croyent que l'ame foit vne harmonie fçauent refpondre comme cela. Or nous auons defia concedé qu'vne ame n'eft ny plus ny moins ame qu'vne autre, & cefte conceffion fignifie que l'ame n'eft ny plus ny moins, ny à moins de degrez de confonance l'vne que l'autre, & que l'ame qui n'eft ny plus ny moins confonance n'eft ny plus ny moins temperee l'vne que l'autre. Et ie te prie, l'ame qui n'eft ny plus ny moins temperee, peut-elle estre participante de la consonance à moins ou plus de degrez, ou plustost esgalement? Ie croy qu'elle y participe esgalement, respond Simias.

SOCRATE.

Par consequent l'ame, puis qu'elle n'est ny plus ny moins ame l'vne que l'autre, elle n'est aussi ny plus ny moins temperee l'vne que l'autre. Estant donc de la sorte, elle n'est pas plus participante à la consonance qu'à la dissonance; si bien qu'estant telle, vne ame ne sçauroit auoir plus de vices ny plus de vertus l'vne que l'autre, si le vice est vne dissonance, & la vertu vne consonance. Il me le semble, dit Simias. Mais bien au contraire, dit Socrate, car la raison veut que si l'ame est vne consonance, elle soit incapable de vice, pource que la vraye consonance, entant qu'elle est consonance, ne participe iamais à la dissonance, & par là on prouue que vne ame si elle est bien ame n'est point capable d'auoir de vice, & par ces raisons on trouue que les ames de toutes sortes d'animaux, estans aussi bien ames l'vne que l'autre sont toutes bonnes. Cela semble: Il t'a bien dit, & s'ensuiuroit si ceste proposition estoit vraye, que l'ame soit vne consonance. Encore plus, Simias, de toutes les choses qui sont en l'homme, ne penses-tu point que celle qui tient l'empire c'est l'ame? Mesme alors qu'elle est prudente, & pour obtenir ceste maistresse, faut-il qu'elle obeysse au corps, ou qu'elle luy resiste comme en vne extreme soif ou faim, où l'appetit du corps est pressé de boire ou de manger souuent, l'ame le retient, & l'empesche d'obeyr à son desir? Il est vray, dit Simias.

Souuent que le corps aueuglé
De son appetit desreglé,
Cherche de contenter sa rage,
L'esprit resiste à ses desirs,
Et pour euiter son dommage,
Le destourne de ses plaisirs.

Aupres d'vne eau claire & coulante,
Alors qu'vne soif violante,
Nous a mis les poulmons au feu,
La crainte d'vne maladie
Nous fait bien arrester vn peu,
Quoy que nostre appetit nous die.

En chasque passion extresme,
L'ame se combat elle mesme,
Et quelque forte liaison
Que nostre corps ait auec elle,
Nos sentimens & la raison
Se font guerre perpetuelle.

Et

Et ce cõbat ne seroit point si l'ame estoit vne harmonie cõposee des teperatures du corps: car en ce cas elle seroit obligee de suiure ce temperament, côme nous auons dit, & n'agir, ny ne patir qu'auec les choses dont elle seroit composee, sans iamais n'en produire qui leur fust contraire; là où tout au rebours, nous voyons que l'ame ordinairement contraire au corps, tantost le pressant à des exercices qui luy donnent de la peine contre son gré: tantost en le forçant par des medecines, tantost par des censures contre ses vices, & des admonitions contre les douleurs, craintes, & autres passions.

Lors que la crainte du danger
Nous a fait paslir le visage,
L'ame afin de nous soulager,
Raisonne auecques le courage,
Et semble addresser vn langage
A quelque chose d'estranger.

Voicy vn endroit d'Homere, où Vlysse touché de quelque desplaisir exhorte son courage par sa raison, & semble faire parler vne partie de son ame auec l'autre, lors que se battant la poitrine il se prend à dire:

Quoy? ma constance est-elle morte?
Où dort auiourd'huy ma valeur?
Arme toy mon courage, & porte

G

Le faix de ce nouueau mal-heur,
Ie t'ay veu vaincre la douleur,
D'vne calamité plus forte.

Penses-tu, Simias, qu'Homere ait ainsi parlé, croyant que l'ame fust vne harmonie, & quelque chose de subiect aux passions du corps, ou s'il a creu qu'elle fust quelque chose de plus diuin & plus excellent? Il entendoit sans doute, dit Simias, que l'ame estoit quelque chose de plus diuin que l'harmonie. Il n'est point donc raisonnable que nous tenions l'ame pour vne harmonie, car nous serions de contraire opinion à ce Poëte diuin Homere, & à nous-mesmes. Il est vray, dit Simias, me voila content.

En fin auec assez de peine,
La nuict fait place à la clarté,
Et la consonance Thebaine,
Nous laisse sans difficulté.

Te voila donc appaisé, hoste Thebain, mais comme quoy appaiserons nous Cebes?

De quels si rares sentimens
Faut-il auoir l'ame animee,
Pour refuter les argumens
De la subtilité Cadmee?

A t'ouyr respondre aux obiections de Simias i'ay bien cogneu que tu trouueras le chemin de me contenter, car ie ne pensois pas qu'il fust possible de tenir contre ses objections, & me suis tout esbahy de la raison que tu as imaginee contre l'harmonie dont il n'a peu soustenir le present assaut, si bien que ie m'attens fort à voir le discours Cadméen renuersé aussi bien que l'autre. Espargnez moy, dit Socrate, ne me loüez pas si tost, peut-estre qu'on nous enuiera l'explication du reste, & que ie ne m'acquiteray pas si bien du discours suiuāt. Dieu y pouruoira, mais nous qui (comme dit Homere) somme aux prises, voyons si ce que tu as dit est quelque chose. La somme de ce que tu propose est qu'on te face voir comme quoy l'ame est indissoluble & immortelle.

Afin que passant chez les morts,
Et quittant la prison du corps
Où son ame estoit asseruie,
Le Sage ne se trompe pas,
En esperant qu'vne autre vie
Luy doit naistre d'autre trespas.
 Tant de voluptez mesprisees,
Tant de nuicts sagement vsees,
L'Enfer si long temps combatu,
Et tant de sainctes resueries,
Pour l'estude de la vertu
Ne seroient que des mocqueries.
 Ces supremes felicitez
Qui suiuent les aduersitez,

G ii

Dont la vie terrestre abonde,
Seroient vn espoir deceuant,
Et les plaisirs de l'autre monde
Ne se trouueroient que du vent.

De sorte que le Philosophe qui auroit si bien estudié à la sagesse toute sa vie se trouueroit à sa mort vn vray fol de s'estre attendu à des choses vaines & fausses. C'est le danger, Cebes, auquel tu crois qu'il est subiect, ne cognoissant pas encore comme quoy personne ne se peut asseurer de l'immortalité de l'ame; car pour estre de plus longue duree, & plus excellente que le corps, & semblable à quelque chose de diuin, comme aussi pour auoir esté auant le corps, & auoir cogneu & fait toute seule plusieurs choses, tu dis qu'il ne s'ensuit pas pour cela qu'elle soit immortelle, & que mesme ceste entree qu'elle fait dans ce corps humain luy est comme vne maladie, par où elle commence à se ruyner, si bien que dans la vie du corps elle n'y trouue que des miseres pour elle, & en la mort elle y trouue aussi sa ruyne; & quoy qu'elle ne se loge qu'en vn corps, ou qu'elle reuiue dans vn ou plusieurs, cela ne sçauroit asseurer personne en sa mort, car il faut estre fol pour n'auoir point de peur en ce moment, si on ne sçait point parfaictement des raisons qui prouuent l'immortalité. Voila ce que tu dis, Cebes. Ie l'ay tout repeté afin que tu y adioustes, ou que tu en ostes encor' si bon te semble. Il n'y a rien, dit Cebes, pour le present que i'y vueille adiouster ny diminuer. Lors Socrate s'arrestant vn peu, & comme appellant ses esprits; ce que tu demandes, dit-il, ô Cebes! n'est pas peu de chose. Il nous faudra traicter à ce subiect la cause de la generation, & de la corruption. A ce propos, ie te raconteray ce qui m'est arriué, & si tu iuges que de ce que ie te diray il y ait quelque chose qui fasse pour descouurir la verité de la question que tu proposes, tu t'en seruiras. Escoute moy.

I'auois en mon ieune aage vn merueilleux desir,
De voir de l'Vniuers l'admirable structure:
Et mon esprit touché d'vn iuste desplaisir,
D'ignorer les secrets qui sont dans la nature,
Creut que c'estoit l'obiect qu'il me falloit choisir.

Mon ame auec effort combatoit l'ignorance,
Ie bruslois d'vne ardeur de deuenir sçauant,
Et de peu de profit paissant mon esperance,
Mes curiositez alloient tousiours auant,
Pour veoir si mon estude auoit quelque asseurance.

Ie croyois que c'estoit vn dessein glorieux,
De sçauoir comme quoy toutes choses arriuent,
D'entendre quelle force ont les flambeaux des cieux
Pourquoy les animaux çà bas meurent & viuent,

G iij

Et ce soin me rendoit tousiours plus curieux.

Tournant de toutes parts mon ame vagabonde,
Selon le sens d'aucuns ie voulois discourir,
Si ce n'est point le feu, la terre, l'air, & l'onde,
Quand le froid & le chaud viennent à se pourrir,
Qui donnent la vigueur aux animaux du monde.

Apres cela i'allois imaginer si du feu, de l'air, ou du sang nous venoit le sçauoir, ou si c'estoit le cerueau qui nous fournissoit les facultez de l'ouye, de la veuë, & de l'odorat, & que de tels sens se faisoit la memoire & l'opinion; & que de la memoire & de l'opinion mise à repos, se faisoit la science. Ainsi considerant & les corruptions de ces choses-là, & les passions qui arriuent autour du Ciel & de la terre, i'ay trouué à tout cela mon entendement fort defectueux, & me vis à considerer ces choses-là, si stupide que rien plus. Ie m'en vay vous en apporter vne coniecture suffisante; c'est que ceste consideration & ceste resuerie m'offusqua tellement qu'elle ne m'empeschoit pas seulement d'apprendre quelque chose de nouueau: mais encore me faisoit-elle oublier ce que i'auois appris, & ce que ie croyois auec d'autres, auoir tres-bien sceu auparauant comme cecy, de sçauoir de quelle sorte croist vn homme, car ie penſois qu'il eſtoit clair à vn chacun, que le boire & le manger font croiſtre l'homme, & qu'adiouſtant chair ſur chair, & os ſur os; de meſme qu'en toutes autres choſes y mettant ce qu'il leur faut, & les traictant ſelon que leur nature le requiert, premierement d'vne petite maſſe s'en faict vne grande, & qu'ainſi d'vn petit homme s'en faict vn grand homme. C'eſtoit à lors mon opinion, te ſemble-t'il pas qu'elle eſtoit bonne? Pour moy ie la trouue bonne, dit Cebes. Prens garde encores à cecy, ie croyois que c'eſtoit aſſez bien penſé à moy, lors que voyant vn homme ou vn cheual grand aupres d'vn petit, ie iugeois qu'il eſtoit plus grand de toute la teſte, & ie cognoiſſois fort clairement que dix eſtoient plus que huict, pource qu'il y en auoit deux dauantage, & qu'vne meſure de deux coudees eſtoit la moitié plus grande que celle d'vne coudee. Et maintenant, luy dit Cebes, qu'eſt-ce que tu en iuges? Ie ſuis veritablement, luy reſpondit Socrate, bien loin de croire que i'entende aucune cauſe de toutes ces choſes-là, qui ne me peux pas bien perſuader, encores que lors que quelqu'vn adiouſte vn à vn, ſi c'eſt vn à qui on a adiouſté, ou ceſt autre vn à qui on adiouſte

G iiij

à cause de la conionction de l'vn à l'autre deuient deux: car i'admire comment puis que estans separez, l'vn & l'autre n'estoient qu'vn, & n'estans point à lors deux, pourquoy s'estans ioints, ceste congression qui les faict mettre l'vn apres l'autre soit la cause qu'ils soient deux: & ne puis me persuader non plus pourquoy si quelqu'vn vient à diuiser vn, ceste diuision soit cause qu'il en soit deux : car il se trouueroit là vne cause pour laquelle ce deux se fait, toute contraire à celle d'auparauant. La premiere cause estoit, pource que l'vn approchoit de l'autre, & celle-cy, pource que l'vn s'esloigne de l'autre, & ne pense point encores sçauoir pourquoy vn se faict, ny pour dire en somme pourquoy quelque chose se fait, ou perit, ou est. Ie ne le pense iamais entendre par ceste voye, mais i'y mesle en vain quelque autre moyen, & ne reçois nullement celuy-là : Mais ayant ouy lire vne fois d'vn liure à Anaxagoras, vne opinion qu'il auoit, que l'entendement estoit la cause de toutes choses, & disposoit du tout :

Que nostre entendement disposoit toutes choses,
Qu'il en estoit la cause, & qu'il auoit ouuert
Les abysmes plus creux où demeuroient encloses

Toutes les raretez qui sont dans l'Vniuers.
Aussi tost son aduis arresta ma creance,
Car c'estoit le meilleur que i'eusse encore veu:
Ie croyois que l'esprit ayant ceste puissance,
Auroit tout disposé le mieux qu'il auoit peu.

Et que pour veoir la cause & la raison plus seure,
Pourquoy dedans le monde vne chose perit,
Pourquoy l'autre n'est plus & celle-cy demeure,
Puis que le bien estoit le but de nostre esprit.

Il fallut s'enquerir comment tout deuoit estre,
Comme il estoit meilleur que cecy ne fust point,
Que ceste chose fust, que l'autre vinst à naistre,
Et nous eussions cogneu les causes de tout point.

Car si l'entendement ne dispose iamais de la chose que bien en cognoissant comme quoy vne chose seroit bien disposee, on cognoist comme quoy elle est disposee, & que ainsi vn homme ne deuoit rien considerer ny de soy, ny des autres que ce qui est de plus à propos, & de meilleur. Or il est necessaire que celuy qui sçait ce qui est bon, sçait aussi ce qui est mauuais, pource que c'est vne mesme science. Dedans ceste pensee, ie me resiouyssois d'auoir trouué vne Anaxagoras, vn Maistre qui m'apprist ce que i'auois tant desiré de sçauoir, c'est à dire, les causes des choses. Et que premierement, il me dist si la terre estoit ou planiere ou ronde, & qu'apres il m'en eust apporté la cause & la necessité: c'est à dire, qu'il m'eust monstré comme quoy il estoit mieux qu'elle fust, & pourquoy elle estoit telle, si bien que s'il me disoit que la terre estoit au milieu du monde, ie m'attendois qu'il me fist entédre qu'il estoit meilleur qu'elle fust ainsi, & que m'ayant môstré cela, ie ne serois plus en peine de chercher vne autre espece de causes.

Qu'il apprendroit à mon sens curieux,
Pour quel suiet la terre est toute ronde,
Et s'il falloit afin qu'elle fust mieux,
Qu'elle se tinst au beau milieu du monde.
Ie m'attendois qu'il me diroit aussi,
Pourquoy se monstre & se cache la Lune,
Pourquoy le iour penetre iusqu'icy,
Et ce que peut le Ciel sur la fortune.
Qu'il me monstrast pourquoy tant de flambeaux
Qui dans le Ciel font leurs courses legeres,
Deuoient paroistre, & si grands & si beaux,
Et Nous monstrer leurs clartez passageres.

Ie m'imaginois qu'il me feroit voir tout cela, & qu'il m'instruiroit clairement de quelle sorte, & pour quelle raison il estoit meilleur que ceste chose, ou ceste autre patist ou agist

DE L'AME. 107

en cecy ou en cela. Car ie ne pēſois pas qu'apres m'auoir dit au cōmencement que noſtre eſprit diſpoſoit toutes choſes: il n'alloit apres aſſigner autre cauſe des choſes, ſinon la cauſe d'eſtre bien; c'eſt à dire, que chaſque choſe eſt ainſi, pource que pour eſtre bien, il faut qu'elle ſoit ainſi. Si i'eſtois donc perſuadé que nōmant particulieremēt les cauſes, il aſſigneroit à chaſque choſe pour ſa cauſe, ce qui eſtoit meilleur pour elle, & generallement pour la cauſe de toutes choſes, ie croyois qu'il allegueroit le bien commun.

Animé de ceſte eſperance,
Iurant deſia ſur mon autheur,
Ie trouuay que ceſt impoſteur
Auoit pis que mon ignorance.

D'vn aueuglement qui tenoit
Ses fantaiſies eſgarees,
Quelques natures ætherees,
Sont les cauſes qu'il amenoit.

Des eſſences imaginaires,
L'vne d'air, & l'autre de feu,
Bref ie fus honteux d'auoir leu
Des diſcours ſi peu neceſſaires.

Apres auoir leu tout ſon liure (que i'acheuay auec vne grande impatience) ie me repentis d'en auoir pris la peine : car il n'alleguoit pour les cauſes des choſes que des fantaisies, & des choses incroyables, & enseignoit vne cause aussi hors de propos, que qui diroit tout ce que Socrate fait, il le fait par son entendement, & que voulant apres alleguer la cause particuliere de chasque chose que ie fais, il diroit premierement que ie suis maintenant assis icy, pource que mon corps est composé d'os & de nerfs, & que les os sont solides, & qu'ils ont vne espace de l'vn à l'autre entre les iointures, & que les nerfs sont dans nostre corps en telle sorte qu'ils s'y peuuent estendre & retirer, & qu'ils lient les os auec la peau & la chair où ils sont, si bien que montans les os en leurs conionctions, les nerfs qui tirent & laschent communément font que i'ay la faculté de plier chacun de mes membres, & que pour cela ie suis ainsi abbaissé dans ce siege : ou si voulant alleguer la cause de la conference que ie fais icy auec vous, il diroit que c'estoit la voix, l'air, ou l'ouye, & des mauuaises raisons comme cela, sans toucher à la cause veritable, qui est la volonté des Atheniens qui ont trouué bon de me condamner, & moy de subir la peine qu'ils m'ont ordonnee.

Et vrayement ces nerfs & ces os,
Dont auiourd'huy la mort s'empare,

S'il se fust peu bien à propos,
Tiendroient Cam, Beote, ou Megare.
Mais puis qu'il plaist à la Cité,
De me commander que ie meure,
Ie crois que la necessité
Veut borner icy ma demeure,
Et i'endure plus doucement
Vn trespas qu'vn bannissement.

Il n'y a donc nulle sorte d'apparence qu'il faille tenir toutes ces choses-là pour des causes : mais sans doute si quelqu'vn dit que sans les nerfs & les os ie ne sçaurois executer ce que i'aurois dessein de faire, il diroit vray : ce seroit pourtant vne extreme nonchalance de discours, d'asseurer que ie fais tout à cause de ses choses-là, tant que ie le fay par mon entendement, sans amener la cause d'estre bien, & sans dire que ie le fay auec ces choses, & par l'entendement à dessein de faire, comme quoy il faut que cela soit pour estre bien : & ceux qui ne s'appliquent pas comme cela, ne sçauent pas discerner la vraye cause d'vne chose d'auec ce, sans quoy la cause ne peut point estre cause, & que les ignorans appellant fausse cause, en prenant l'vn pour l'autre.

Comme dans vne nuict obscure,
Où nostre veuë est en deffaut,

Et chasque chose est sans figure,
On ne prend iamais ce qu'il faut.

C'est pourquoy quelques-vns qui veulét que la terre tourne tousiours en rond disent qu'elle ne bouge iamais de dessous le Ciel. Les autres qui la font comme vne grande Maist de Patissier tiennēt qu'elle est soustenuë de l'air, comme d'vn fondement.

Ceux-cy croyent la terre vne pesante boule,
Qui sans aucun repos autour de soy se roule,
Mais que tousiours son siege est ferme sous les
   Cieux :
Les autres qui la font comme vne grande buye,
Soustiennent d'vn discours qui ne vaut gueres
   mieux,
Que la vague de l'air est le fonds qui l'appuye.

Et ne s'enquierrent ny les vns ny les autres de la puissance par laquelle elle a esté disposee au mieux qu'elle le pouuoit estre, & ne pensent qu'elle ait vne vertu & force demonique.

Et ceux-cy pour porter ceste pesante charge,
Pensoient auoir trouué quelque puissant Atlas,
De qui l'espaule estoit plus vigoureuse & large,
Et que ce grand fardeau ne rendoit pas si las.

Mais ils s'imaginent auoir rencontré quelque plus robuste & plus immortel Atlas, & de plus larges espaules qui puissent mieux porter tout que l'autre: & ne croyent point que la bien-seance & le bon ne conioignent ny contiennēt aucune chose du monde. Parmy tant d'incertitudes ie me rendois volontiers disciple de qui que ce fust qui me vouluſt enseigner la vraye cauſe des choses: Mais puis que ie ne la cognois point, & qu'il m'est impoſſible de la trouuer, ny de moy-meſme, ny par autruy, i'ay entrepris vne seconde nauigation pour l'aller querir, & tenter vne autre voye pour paruenir à la cognoiſſance de la cauſe. Et veux-tu, ô Cebes! que ie te communique l'inuention dont ie me ſuis aydé ? De bon cœur, reſpondit Cebes.

SOCRATE.

Comme ie fus laſſé de conſiderer les choſes ſans rien aduancer,

Mon esprit rebuté de ce trauail penible,
Pourſuiuant vn deſſein qui n'eſtoit pas poſſible.
Craignit de s'aueugler par vn obiect ſi beau,
Comme quand le Soleil dans l'Ocean arriue.
Nos regards qui tout droit contemplent ſon flambeau,
Se ſentent esblouyr d'vne clairté trop viuue,
Et l'vnique moyen de le toucher des yeux,
C'eſt de le voir dans l'eau qui le nous monſtre mieux.

Ainsi pour sauuer mō esprit d'vn tel esblouïssement, ie creus qu'au lieu de porter mes sens tout droit, & immediatement à mon subiect, ie ferois mieux de le contempler comme en vn miroir, & m'imaginay qu'il falloit recourir aux raisons, pour considerer la verité par elles. Mais peut-estre que nostre comparaison ne respond point à toutes ses parties : car ie n'accorde pas entierement que celuy qui contemple les choses dans les raisons le regarde plustost dans des images, que celuy qui les void dans les œuures : Car ie crois que cestuy-cy les regarde aussi bien dans des images, que l'autre qui les void dans les raisons: si est ce toutes-fois que i'ay prins ceste addresse, & choisi mon chemin par là. Voicy comme quoy ie fais, supposant vne raison que ie trouue la plus valable. Ie tiens pour veritable ce qui se rapporte le mieux à elle, i'obserue cela, & touchant les causes des choses, & touchant autre chose. Et comme i'approuue ce qui est selon la raison que i'ay posee, aussi ie desapprouue & tiens pour faux tout ce que i'en trouue esloigné. Ie te veux mieux expliquer ce que ie te dis : car ie ne pense pas que tu l'entendes bien encores. Non pas beaucoup, dit Cebes. Ie n'ameine icy rien de nouueau, dit Socrate, mais seulement

ment ce que ie repeté souuent en la dispute precedente. Ie m'en vay donc continuer à te faire voir ceste espece de cause que i'ay tant traictee, & reuiens à ce que i'ay si souuent presché. Ie suppose donc qu'il y a quelque chose qui de soy est, beau, bon, & grād, & telles autres choses. Que si tu m'accordes cela, i'espere de te faire voir ce qui est propremēt cause, & de te trouuer l'immortalité de l'Ame.

CEBES.

Conclus quand il te plaira. Ie te l'accorde.

SOCRATE.

Mais consideres en ce qui s'ensuit, si tu veux y consentir aussi: car ie pense que s'il y a quelque chose de beau outre le beau mesme, que cette chose belle, quelle qu'elle soit, n'est belle, que d'autant qu'elle participe au beau; & c'est ainsi que i'en dis du reste. Ne crois-tu point que c'est pour ceste cause?

CEBES.

Ie le crois.

SOCRATE.

Pour moy ie ne vay point plus auant, & ne suis point capable de comprendre toutes ces autres causes excellētes. Si quelqu'vn me demande, pourquoy cecy ou cela est beau, ie luy diray que c'est à cause qu'il a ou la couleur esclatante, ou la figure belle, ou quelque autre chose comme cela : ie ne sçaurois luy respondre autre chose, & si ie recherche des causes plus auant ie me trouble. Cecy crois-ie bien absolument & sans doute, combien que peut estre sans raisō, que rien ne faict vne chose belle que la presence ou la communiō du beau ou de quelque façon, & pour quelle raison qu'il arriue, & cela n'onze-ie pas bien asseurer encore, mais que tout ce qui est beau est beau, à cause du beau. C'est ce qu'on peut respondre plus asseurément, & appuyé sur ce fondement, ie ne pense pas tomber, & ie puis dire asseurément que toute chose belle est faicte belle par le beau mesme. Ne le crois-tu point cōme cela? Si fay, dit Cebes. Par mesme raison, ce qui est grand est grand par la grandeur, & de qui est de plus grand est de mesme raison plus grand ; & ce qui est plus petit, est ainsi plus petit par la petitesse. C'est comme cela, dit Cebes. Ainsi, dit Socrate, tu n'approuueras point celuy qui diroit que cet homme icy est plus grand que l'autre de toute la teste, & que cet autre est plus petit que luy de toute la teste : comme si leur grãdeur & leur petitesse se deuoit cognoistre & discerner par la teste. Mais tu diras que tout ce qui est plus grãd n'est plus grand d'autre chose que de la grãdeur, & plus grãd à cause de la grandeur aussi : & ce qui est plus petit n'est aussi plus petit que de la petitesse, & à cause de la petitesse. Tu raisonneras sans doute ainsi, de peur que si tu viens à dire que quelqu'vn est plus grãd ou plus petit de la teste, on ne t'obiecte que premieremẽt par cete raison vne mesme chose fait le plus grãd plus grand, & le plus petit plus petit, apres que de la teste, dont cecy sera moindre, cela aussi qui est plus grand en est plus grand : & que c'est vne chose monstrueuse que ce qui est grand, soit grãd à cause de ce qui est petit. Ne craindrois-tu pas aussi de dire que dix sont plus que huict, à cause des deux, plutost qu'à cause de la multitude ou numeralité? & semblablemẽt qu'vne mesure de deux coudees est plus grande que celle d'vn coude, à cause de cette moitié, plutost qu'à cause de la grandeur? c'est ce que tu deuois craindre de dire. Et ne craindrois tu point de dire aussi que si vn est adiousté à vn, que cest adioustement est la cause qu'il s'en faict deux ; & si vn se diuise, cette diuision est la cause qu'ils sont deux ? Mais tu dois crier tout haut, & asseurer que tu ne sçais

H ij

comme quoy autrement, ou cecy, ou cela se faict que par la participation de l'essence qui luy est propre, à laquelle il participe : & que tu ne sçais point autre cause pourquoy il faut que ces vns qui doiuent estre deux soient participans, & comme aussi tout ce qui doit estre mis à vn, doit estre participant à l'vnité, & laisseras ces adionctions & diuisions & toutes ces subtilitez à des plus sçauans que toy, pour faire des responces pareille à leur fantaisie. Mets toy tousiours en deffiance, & craignant, comme on dit, ton ombre mesme, tu te tiendras tousiours ferme en la raison que tu auras posee, & feras tes responces de la sorte : Que si quelqu'vn se tenant à la mesme raison que tu aurois posee, venoit à te presser, tu te laisseras là sans luy respondre qu'apres auoir consideré, si ce qui suit de cette raison s'accorde auec elle ou non. Que si tu estois obligé à rendre raison de la raison mesme que tu aurois posee, il te faudroit recourir à d'autres positiõs, & choisir celle qui te sembleroit la meilleure de toutes les precedentes, & ne confonderois iamais comme font les contentieux, & les principes, & ce qui deriue des principes, si pour le moins tu voulois trouuer quelque chose de vray : ca pour ces contentieux, ils n'ont ny soing, n discours qui tend à cela, & si ne laissent point à faute de sapience de plaire & trouuer leur conte dans cest embroüillement dont ils cõfondent tout. Mais toy, ô Cebes, si tu es du nombre des Philosophes, tu feras ie pense ce que ie dis.

PHÆDO.
Cebes & Simias approuuerent là tout ce que Socrate disoit.

ECHECRATES.
Ils auoient sans doute raison d'y consentir, car ie ne pense pas que ce discours ne soit maintenant assez clair aux plus hebetez.

PHÆDO.
Aussi n'y eut-il personne en la compagnie qui ne le trouuast fort aysé.

ECHECRATES.
Ce n'est pas de merueille, puis que moy qui n'y estois point, le comprends fort bien, & le trouue facile seulement à te l'ouyr dire. Mais apres cela, cõme quoy est-ce qu'il poursuiuit?

PHÆDO.
Apres que Socrate les eut rangez à son opinion, & qu'ils luy eurent accordé que chacune des especes est quelque chose, & que

H iij

ce qui leur parcipe prend d'elles sa denomination, il se mit encore à les interroger de cette sorte.

SOCRATE.

S'il en est ainsi que nous auons monstré, aduoüeras tu point alors que tu dis que Simias est plus grand que Socrate, & plus petit que Phædon, que ces deux choses là sont en Simias, c'est à dire, la grandeur & la petitesse?

CEBES.

Asseurément.

SOCRATE.

Et tu confesses toutesfois que Simias surpasse Socrate, non pas en la sorte que les paroles le disẽt, car tu ne crois pas qu'il ait esté ainsi ordonné par la nature, que Simias entant que Simias surpasse Socrate: mais à cause de la grãdeur de stature qu'il a, ny que Socrate aussi soit moins que Simias entant qu'il est Socrate, mais à raison de sa taille qui est petite, au respect de celle de Simias.

CEBES.

Il le crois comme cela.

SOCRATE.

Et semblablemẽt Phædon ne surpasse point

Simias, entant que Phædon : mais entant qu'il est de grande stature au pris de Simias qui se trouue de petite taille, au respect de Phædon.

CEBES.

Il est ainsi.

SOCRATE.

Si bien que Simias aura la domination de petit & de grand : car il est entre les deux, surpassât par sa grandeur la petitesse de l'vn, & cedant par sa petitesse à la grandeur de l'autre.

PHÆDON.

Alors il nous dit en sousriant : il semble que ie vous ay descrit cecy auec trop d'affection, si est il pourtant de mesme que i'en ay parlé.

CEBES.

Il appert.

SOCRATE.

Ie le dis à dessein de vous faire croire ce que ie crois aussi. Mon opinion est que la grandeur ne veut iamais non seulement estre ensemble & grande & petite, mais aussi que cette grandeur qui est en nous, ne reçoit iamais

H iiij

petitesse & ne veut point estre surmontee: mais que de deux choses il en arriue l'vne, ou qu'elle fuit & se retire quand la petitesse son contraire approche, ou bien qu'elle meurt & finit aussi tost que la petitesse est arriuee: car elle ne peut attendre, ny se rendre en receuant la petitesse, autre chose que ce qu'elle estoit; comme moy par exemple, qui ay la petitesse, tandis que ie suis ce que ie suis, sans doute ie ne puis estre que petit. Tout de mesme vne chose grande ne peut estre petite, & ce qui est de petit en nous, ne peut ny deuenir, ny estre grand, ny aucune sorte de contraires: car vn contraire tant qu'il demeure tel qu'il estoit, ne peut iamais deuenir son côtraire, mais il faut qu'il fuye ou perisse aussi tost que son contraire arriue.

CEBES.
C'est iustement mon opinion.

PHÆDON.
Alors quelqu'vn de la compagnie, (ie ne sçaurois dire maintenant qui ce fut) comme tous esbahy, se print à dire; bons Dieux, ne nous a t'on point accordé dans les discours precedens tout le contraire de ce qu'on nous vient de dire icy? car on nous a monstré que du moindre se faisoit le plus

grand, & du plus grand le moindre, & que sans doute il y auoit vne generation des contraires les vns des autres, & maintenant il semble que vous disiez que cela ne se peut. Socrate aduançant vn peu la teste, escouta cela, & tout à l'instant; tu as (dit-il) bonne memoire d'auoir retenu cela, mais tu n'entends pas pourtant la difference qu'il y a de ce que nous disons à cette heure, à ce que nous auons dit auparauant: car alors nous disions que d'vne chose contraire se faisoit vne chose contraire, & icy nous disons qu'vn contraire ne peut iamais deuenir son contraire ny touchât ce qui est en nous de côtraire, ou en la nature. Nous parlions des choses qui ont des contraires, & les appellions du nom de contraires? & maintenant nous parlons des contraires qui sont en elles, desquels elles prennent la denomination, & disons que les contraires ne s'engendrent iamais l'vn l'autre. Lors tournant les yeux vers Cebes, & toy, dit Socrate, ne te trouue tu point troublé pour cette obiection?

CEBES.
Nullement.

SOCRATE.
Nous auons donc simplement aduoüé qu'vn

contraire ne se faict iamais de son contraire.

CEBES.

Il est vray.

SOCRATE.

Prens garde si tu n'es point aussi d'accord auec moy en cecy, Appelles tu cela quelque chose, la chaleur & le froid?

CEBES.

Sans doute.

SOCRATE.

Mais appelle tu simplement le chaud & le froid, neige & feu?

CEBES.

Non vrayement.

SOCRATE.

Tu dis donc que la chaleur est quelque autre chose que le feu, & le froid quelque autre chose que la neige.

CEBES.

Ie le pense.

SOCRATE.

Mais tu crois bien aussi que la neige tant qu'elle est neige ne peut point receuoir de chaleur comme nous disions ; & qu'elle ne peut estre ensemble, & neige & chaude, mais que la chaleur venant, il faut qu'elle fuye ou qu'elle cesse d'estre, & que le feu tout de mesme, le froid venant, se desrobe ou s'esteigne, & qu'il ne sçauroit estre ensemble & feu & froid.

CEBES.

Tu dis vray.

SOCRATE.

Remarque donc qu'il y a certaines choses qui non seulement honorent tousiours l'espece de leur nom, mais encore quelque autre chose qui n'est pas à la verité ce qui est de premier, mais qui en a la forme tandis qu'il est, & voicy enquoy tu trouueras peut-estre plus clair ce que ie te dis, non pair garde tousiours ce nom de non pair : mais n'en a-il point aussi d'autre ? car c'est ce que ie cherche, sçauoir s'il n'y a point quelque autre chose qui n'est pas à la verité proprement ce qu'est non pair, mais qui cependant auec vn autre nom qu'il a, est obligé aussi de porter tousiours ce nombre non pair, pource qu'il est ainsi ordonné par la nature, qu'il ne peut iamais estre abandonné du non pair, comme le nombre de trois que appellons le ternaire, ne te semble t'il point qu'il est tousiours appellé ternaire & non pair ? lequel non pair n'est pas cependant la mesme chose que ternaire : car il est dit auſſi bien & de cinq, & de sept, comme de trois, & autre medieté de nombres ou imparité: car chacun de ces nombres là est auſſi bien non pair que le ternaire, & n'estant pas cela mesme qu'est non pair, chacun d'eux ne laiſſe pas d'estre non pair ; semblablement & deux, & quatre, & autre ordre de nombre quel qu'il soit, combien qu'il ne soit pas cela mesme qu'est pair, chaque d'eux pourtant est pair.

C E B E S.

Sans doute.

S O C R A T E.

Regarde donc icy ce que ie demande, c'est qu'il semble veritablement que non seulement les contraires entr'eux ne se reçoiuent iamais l'vn l'autre : mais auſſi que les choses qui sont de telle sorte que n'estans point contraires entr'elles mesmes, cependant poſſedent tousiours des contraires, ne reçoiuent iamais vne espece contraire à l'espece qu'elles ont, mais qu'à son arriuee elles s'en vont ou periſſent. Ne dirons nous point que trois deffaudront plustost, & pa-

tiroient toute autre chose plustost que d'estre
faicts pairs, entant qu'ils sont trois?

CEBES.

Il est vray.

SOCRATE.

Si est-ce pourtant que la duité n'est pas contraire à la trenité.

CEBES.

Nullement contraire.

SOCRATE.

Si bien que non seulement les especes contraires ne se reçoiuent iamais entr'elles mesmes : mais qu'outre les especes, il y a des choses qui ne souffrent point l'entree des contraires.

CEBES.

Tu dis tres-vray.

SOCRATE.

Veux-tu donc que nous definissions, s'il nous est possible, ces choses-là comme elles sont?

CEBES.

Ie le desire fort.

SOCRATE.

Ces choses Cebes, ne seront elles point choses qui occupans quoy que ce soit, le rendent tel qu'il est contrainct de retenir non seulement l'Idee de soy-mesme, mais d'auoir aussi son contraire?

CEBES.

Comme quoy est-ce que tu dis cela?

SOCRATE.

Comme ie disois vn peu auparauant, car tu sçais que ce qui est contenu dans l'Idee de trois, doit estre non seulement trois, mais aussi non pair.

CEBES.

Il est vray.

SOCRATE.

A cela nous disions qu'vne Idee contraire à la forme qui parfaict cela, n'arriue iamais.

CEBES.

Iamais.

SOCRATE.

C'est pourquoy le nombre de trois est exépt d'estre pair

CEBES.

Il est vray.

SOCRATE.

Il s'enfuit donc que la trenité ou nombre de trois est necessairement non pair.

CEBES.

Ie l'aduoue.

SOCRATE.

Ainsi ce que i'auois pris à definir, à sçauoir quelles choses ce sont qui n'estãs contraires à rien ne reçoiuent pas pourtant le contraire, Cela, dis-ie, est de mesme que la ternité, qui n'estant point contraire au pair, ne le reçoit pourtant iamais, pource qu'il luy apporte tousiours ce qu'il luy est contraire. Tout de mesme en est il du nombre de deux au non pair, & du feu au froid, & de la neige à la chaleur, & de beaucoup d'autres choses comme cela. Vois donc maintenant Cebes, si tu ne penses point qu'il faille definir ainsi, que non seulement le contraire ne reçoit point son contraire : mais aussi ce qui apporte quelque chose de contraire à ce où il va. Ce qui apporte ne receura iamais vne forme contraire à ce qui est apporté, retiens le donc bien encore : car il n'eſt pas inutile de le redire : iamais le nombre de cinq ne receura l'eſpece du pair, ny dix qui eſt le double du non pair : car cettuy-cy qui eſt contraire à l'autre ne reçoit pourtant iamais l'eſpece de non pair ; ny au nombre de douze, les ſix moitiez de ce douze ne reçoiuent iamais la forme du tout, ny tous autres qui ont comme cela la moitié d'vn nombre, ou qui en ont vne troiſieſme partie, ne reçoiuent iamais la forme du plus grand nombre, car en la receuant ils periroient, & ne ſeroient plus ce tiers ou cette moitié qu'ils eſtoient. M'entends-tu bien, & te trouues-tu bien de mon aduis en tout cela?

CEBES.

Fort bien.

SOCRATE.

De rechef, dy moy comme depuis le commencement & me reſpons, non point par ce que i'interroge, mais par autre choſe à mon intention. Or ie dis outre cette reſponſe aſſeuree que nous auons poſee dés le commencement, rends-moy quelque autre reſponſe auſſi aſſeuree qui ſoit tiree de ce que nous auons dit plus franchement, comme ſi tu m'interroges de la ſorte, dis-moy Socrate, qu'eſt-ce qui eſtant dans le

corps

corps, l'eschauffe? Ie ne t'iray pas rendre cette asseuree & grossiere responsse, que c'est la chaleur: mais d'vne plus exquise, tiree de nos discours plus recens, ie te diray que c'est le feu. De mesme si tu me demandes qu'est-ce qui estant dans le corps, le rend malade? Ie ne te respondray pas la maladie, mais la fieure: & si tu me demandes qu'est-ce qui estant dans vn nombre le rend impair? ie ne te respondray pas l'imparité, mais l'vnité: & comme cela en autres choses, prends garde donc si tu comprend bien mon sens.

CEBES.
Entierement.

SOCRATE.
Responds moy donc, qu'est-ce qui estant dãs le corps le rend viuant?

CEBES.
L'Ame.

SOCRATE.
Et cela, n'est-il pas tousiours?

CEBES.
Il ne peut estre autrement.

SOCRATE.

L'Ame donc, lors qu'elle occupe quelque chose, luy apporte sans doute la vie.

CEBES.

Sans doute.

SOCRATE.

N'y a il point quelque chose contraire à la vie?

CEBES.

S'y a.

SOCRATE.

Et qu'est-ce?

CEBES.

C'est la mort.

SOCRATE.

Or l'ame ne reçoit iamais le contraire de ce qu'elle ameine, comme nous auons accordé aux discours precedens.

CEBES.

Il est ainsi.

SOCRATE.

Et comment appellions nous tantost ce qui ne reçoit point l'Idee du pair.

CEBES.

Non pair.

SOCRATE.

Et ce qui n'est point capable de iustice ou de musique, nous l'appellions iniuste ou non musicien, & si ce qui n'est point capable de la mort, & qui n'en reçoit point, comment l'appellerons nous? sans doute immortel. Or l'ame veritablement ne reçoit iamais la mort, elle est donc immortelle.

CEBES.

Il s'ensuit, sans doute, qu'elle est immortelle.

SOCRATE.

Et l'ame veritablement ne reçoit iamais la mort?

CEBES.

Iamais.

SOCRATE.

Auons nous donc faict voir cela assez clairement.

CEBES.

Tresbien & tressuffisamment.

SOCRATE.

Ne te semble t'il point aussi, ô Cebes! que si le non pair estoit exempt de ruine, & de mort, trois le seroit aussi; & si ce qui n'est point capable de receuoir la chaleur ne periſſoit iamais, que la neige auſſi demeureroit aupres du feu ſans ſe fondre, & qu'elle ne periroit point, & ne receuroit point de chaleur.

CEBES.
Ie le croy.

SOCRATE.
Par meſme raiſon, ſi ce qui n'eſt point capable de deuenir froid, ne mourroit iamais lors que le feu attaque le froid, le feu ne s'eſteindroit pas pour cela, & ne s'eſuanouyroit point: mais il ſe retireroit ſans danger.

CEBES.
Il le faudroit par neceſſité.

SOCRATE.
Par vne pareille neceſſité pouuons nous conclure, touchant l'immortel, que ſi ce qui eſt immortel ne perit point, il eſt impoſſible que l'ame periſſe à la venuë de la mort: car comme nos diſcours precedens ont monſtré, elle ne peut point receuoir la mort : & ne peut point perir, comme le ternaire ne peut point eſtre pair, ny le non pair ne peut point eſtre pair, ny le feu froid, ny la chaleur qui eſt au

Au reste quelqu'vn pourra dire, que combien que le non pair ne deuienne iamais pair pour l'arriuee du pair en luy, comme nous auons esté d'accord, que toutesfois apres le non pair, disons, le pair succede à sa place. Et si qu'elqu'vn nous disoit que le non pair est dissoult, & n'est plus nous ne luy sçaurions nier cela. A la verité ne sçaurions nous aussi: car il n'en est pas du non pair cõme de ce qui est indissoluble; & s'il en estoit de mesme, nous trouuerions facilemẽt que pour le pair venant, le non pair, ny les trois ne periroient point, & pourrions tenir le mesme; & du feu & de la chaleur, & de tout le reste. ne le pourrions nous pas bien à ton aduis.

CEBES.

Fort aisément.

SOCRATE.

Mais pour ce qui est de l'immortel, s'il nous appert qu'il est incapable de perir, il nous appert aussi que l'ame outre ce qu'elle est immortelle, est aussi incapable de perir. Si cela n'estoit point accordé, il faudroit trouuer vne autre raison, mais il n'en est nullement besoin touchant cela, car qu'est-ce qui seroit indissoluble, si ce qui est immortel & d'eternelle duree se pouuoit dissoudre?

Nostre ame deslogeant du corps,
Auecques ses organes mors,
Ne seroit que vers & que poudre,
Et tout l'enclos de l'Vniuers
N'auroit plus rien exempt de vers:
Si l'immortel se peut dissoudre,
Des cieux mesmes seroient dissous,
Et les Dieux mourroient comme nous.

Mais puis que ce qui est immortel est aussi incorruptible, pourquoy est ce que l'ame si elle est immortelle, ne seroit elle point aussi incorruptible?

CEBES.

Il s'ensuit necessairement.

SOCRATE.

Ainsi quand la mort nous separe,
Sa fureur prend pour son obiect,
Tout ce que l'homme a de subiect
A sa possession auare.
Mais ce que nous auons de beau,
D'indissoluble & d'inuisible,
D'immortel & d'incorruptible,
Ne passe point dans le tombeau,
Et nos esprits sans leur organes,
Logeront heureux chez les Manes.

CEBES.

Il ne me reste nulle sorte de difficulté qui m'empesche de consentir à ton opinion: mais si Simias où quelqu'vn de la compagnie a quelque chose à dire, ils n'ont que faire de se taire ; car il me semble qu'on ne doit laisser passer le temps en l'occasion d'ouyr parler de telles choses ou d'en discourir.

Qui voudra proposer sa doute,
Pour se rendre tout esclarcy.
Et le temps est bien cher aussi
Quand on traitte, ou quand on escoute
Des discours pareils à ceux-cy.

SIMIAS.

Ie n'ay rien à dire, non plus que toy, ô Cebes ! contre les raisons precedentes, toutesfois la grandeur de la chose dont il s'agit, & la foiblesse humaine me donnent assez de deffiances sur ces discours.

SOCRATE.

Tu as raison, Simias, & nos premieres positions, combien qu'elles vous semblent dignes de foy, ont besoin pourtant d'estre plus diligemment considerees : que si vous le pouuez vne fois assez comprendre, vous suiurez cette raison autant qu'il est possible de le faire ; & cela estant rendu clair, vous n'auez plus rien à demander,

SIMIAS.
Tu dis vray.

SOCRATE.

Amis si l'ame est eternelle,
Il est bien iuste de songer,
Comme quoy nous deuons purger,
Tout le mal qui se trouue en elle.
Ce mystere à qui l'a compris,
Est bien vtile à nos esprits,
Et deuant que nostre corps meure,
Et lors qu'ayant perdu le iour,
Nous eschangeons cette demeure,
A quelque plus heureux seiour.

Et s'il faut que la pourriture,
Fasse manger nostre ame aux vers,
Lors que les membres sont couuerts,
Du fardeau de la sepulture,
Les mauuais ont le bon destin,
Car ou se trouueroit en fin,
La peine ou le plaisir de l'homme,
Si quand les corps sont demolis,
L'Ame l'anguit & se consomme
Auec les os enseuelis?

Mais puis que nostre esprit s'eslongne,
Quand la mort saisit nostre cher,
Qu'il ne se laisse point toucher,

Et deuient iamais charogne,
Tous ces esprits pernicieux,
Qui des actes plus vicieux,
Rendent l'ame & la chair complices,
Ne sçauroient fuir leur tourmens,
Et rencontrent milles supplices,
Dans les horreurs du monument.

　　Et les ames les mieux sensees,
Dont la prudence & la bonté
Gouuernent à leur volonté,
Les mouuemens & les pensees,
Auec le sçauoir qui les suit,
Elles s'en vont gouster le fruict
De leurs attentes arriuees,
Rien ne les suit que leur sçauoir,
Quand le trespas les a priuees
Du corps qu'elles souloient auoir.

　　Dés le premier pas de la fuitte,
Qu'elles prennent à leur despart,
L'ame qui porte pour sa part,
La gloire d'estre bien instruitte,
Trouue bien de l'aduancement
En son heureux commencement,
Mais celles qui n'ont pour partage,
Que l'ignorance & que le mal
Trouue bien du desaduantage,
En ce deslogement fatal.

　　Vn Demon qui durant la vie
Abite l'esprit d'vn chacun,

Par la loy d'vn destin commun,
Conduit l'ame qu'il a suiuie,
Et la meine dedans vn lieu,
Où du commandement de Dieu,
Toutes les ames ramassees,
Vont receuoir leur iugement,
Aussi tost qu'elles sont passees,
Dans leur eternel logement.

Ces demons homme ils ont la charge
De les prendre au sortir d'icy,
Apres leur iugement aussi
Leur font voir vne plaine large,
Où l'ame vefue de son corps,
Attendant de nouueaux ressorts,
Long temps errante & vagabonde,
Se traine aux bords des fleuues noirs,
Dont les peuples de l'autre monde
Arrousent leurs hideux manoirs.

Leurs fatalitez acheuees,
Elles rompent ce dur sommeil,
Et retournent vers le Soleil
Dont elles ont esté priuees,
Vn Demon aussi les conduit,
Hors de cette profonde nuict,
D'où leur iuste sort les r'enuoye,
Et dans ces incognus quartiers
Leur passage au lieu d'vne voye,
Trouue de differens sentiers.

Mille destours, milles trauerses
Dans ces lieux s'offrent à leurs pas,
Quoy que Telephe ne creut pas,
Tant de routes, ny si diuerses:
Aeschile qui la faict parler,
Entendit qu'il falloit aller
Par vne carriere assez droicte,
Et qui ne se monstroit de rien,
Ny plus large, ny plus estroicte,
Au meschant qu'à l'homme de bien.

Mais ces opinions le trompent,
Ces chemins sont pleins de marests,
Mille gouffres, mille forests,
Milles precipices le rompent.
Sans doute Aeschile estoit menteur,
Et sans l'aide d'vn conducteur
Qui n'ignore pas vne adresse,
Les esprits ne sçauroient passer,
Et parmy la nuict & la presse,
Se verroient tous embrasser.

Il est bien clair des sacrifices
Que les hommes font tous les iours,
Que ces chemins ont des destours,
Et qu'ils sont pleins des precipices;
Si bien qu'vn esprit moderé,
S'estant commis de si bon gré,
Au Demon qui le veut conduire,
Trouue son voyage plaisant,

Et se laisse si bien instruire,
Qu'il n'ignore rien du present.
　Au contraire vne ame enchaisnee
Des liens de la volupté,
Et d'vn sentiment enchanté,
Parmy la chair contaminee,
Quand la mort finit ses plaisirs,
Brusle encore de vains desirs,
Dont le sang l'auoit chatoüillee
Et cherche autour des os pourris,
Cette charongne despoüillee,
Où ses vices estoient nourris.
　A la fin quand de longues geines,
Pires que flammes & que fers,
La reiettent dans les Enfers,
Pour y continuer des peines
Le vieux demon qui l'introduit,
Dedans l'empire de la nuict,
La quitte dans ces riues sombres,
Où tout le temps de son erreur,
Ny l'enfer, ny les autres ombres.
Ne la souffrent qu'auec horreur.
　Chaque esprit grondes à ses approches,
Tous les Manes troublent sa paix,
Et pour les crimes qu'elle a faicts,
La percent toute de reproches,
Il faut des siecles infinis,
Auant que ses forfaicts punis,
Elle eschappe de sa torture,

Et sort par la necessité,
Du grand ressort de la nature,
Par qui tout est ressuscité.

Ces vilaines ames apres des longues erreurs & des peines infinies, retrouuent dans le monde des habitations toutes conformes à leurs mauuais sentimens; & les bonnes au contraire, sans estre obligees à l'erreur ny au supplice des autres, iouyssent bien tost apres leurs trespas, d'vne demeure fortunee, capables d'exercer leur iustes & prudentes volontez, elles s'en reuont sans doute en des lieux bien heureux, car se sont les Dieux qui prennét la peine eux mesmes de les y conduire.

Or la terre a beaucoup des lieux, & de bien admirables, & n'est pas si grande ny telle que disent quelques vns, au moins à ce que i'en ay appris par d'autres.

SIMIAS.

Comment me dis tu cela? pour moy i'ay bien ouy dire beaucoup de choses du Globe de la terre, mais non pas ce que tu dis en auoir appris de veritable ; & serois bien aise que tu prinsses la peine de le raconter.

SOCRATE.

Veritablement il me semble que l'art de Glaucus ne raconte pas quelles choses ce

sont, & que de trouuer qu'elles sont vrayes,
c'est ce qui surpasse sa faculté. Ie ne pense pas
aussi moy mesme y suffire, & quand bien i'en
serois parfaictement sçauant, ma vie seroit
trop courte pour vn compte si long, ie te diray bien pourtant la forme du Globle de la
terre, & ces lieux de la sorte que ie crois qu'ils
sont.

SIMIAS.

Ce sera bien assez.

SOCRATE.

Ie croy que cette masse est ronde,
Que les Cieux luy sont à l'entour,
Et que ferme dans son seiour,
C'est son propre poids qui la fonde.
Les Cieux qui sont esgaux par tout,
La balance de bout en bout,
Elle mesme en soy soustenuë,
Par tout pesante esgalement,
Se tient sans s'aider de la nuë,
De son contrepoids seulement.

Car vne chose qui est ainsi d'esgale pesanteur
si elle est mise au milieu de quelque chose
aussi esgale de partout, elle ne sçauroit pancher ny d'vn costé ny d'autre; & se trouuant
auecques tant de rapport, elle demeure &

tient par l'inclination, & la disposition d'autruy: C'est ce que ie me suis premierement persuadé.

SIMIAS.

Auec beaucoup de raison.

SOCRATE.

Cette musse ainsi suspenduë,
Est, comme ie croy sçauoir,
Et comme il est aisé de voir,
D'vne merueilleuse estenduë.
Nous icy comme des fourmis,
Et des grenoüilles sommes mis,
Au tour des marests & de l'onde,
Entre le Phaside, & ce lieu
Où les piliers d'vn demy dieu,
Creurent auoir borné le monde.

En plusieurs endroits de la sorte,
Habitables comme ceux-cy,
Elle a des logemens aussi,
Pour d'autres mortels qu'elle porte,
Car selon la formes & le fais,
Qui de l'eau ou de l'air espais
Dedans cette grandeur s'escoule,
Ses flancs deuiennent enfoncez,
Et fournissent des lieux assez
Pour faire peupler cette boule.

Vne plus excellente terre,
Pleine de douceur & de paix,
Où l'air ne faict venir iamais
L'importunité du tonnere,
Pure & parfaicte en tous ses lieux,
Est assise dedans des Cieux,
Où tout est pur, tout admirable,
Là les astres sont arrangez,
Là les biens heureux sont lont logez,
Là tout est plaisant & durable.

Ce grand Palais de la Nature,
Comme ie crois, s'appelle Aether,
Par ceux à qui i'ay veu traitter
Des secrets de cete structure,
Les astres apres ces obiects,
Qui demeurans ainsi subiects,
Penetrent les airs comme verre,
Et iusqu'au fonds de l'Vniuers,
Cherchent des chemins entr'ouuers,
Pour passer au sain de la terre.

Nous icy comme dans vn antre,
Vn peu touchez de leurs rayons,
Assez imprudemment croyons
Estre bien esloignez du centre:
Nous pensons que nostre seiour,
Est au plus haut du large tour,
Qui ceint l'enclos de cette masse,
Que la terre est toute dessous,

DE L'AME

Et que les bestes auec nous,
N'en habitent que la surfasse.

Ainsi les Tritons & Nerée,
Qui dedans l'abysme des eaux
Voyent le Ciel & ses flambeaux,
Au trauers de l'onde azurée,
Imagineroient sans raison,
Que leur moite & basse prison,
Seroit tout au dessus de l'onde,
Et que les lumieres des Cieux
Ne sçauroient apparoistre mieux,
En quelque autre quartier du monde:

Ils croyroient que dedans Neptune
Les astres s'iroient allumer,
Et qu'ailleurs que dedans la mer,
Ne loge ny Soleil ny Lune,
Mais s'ils auoient tant seulement,
Du dessus de leur Element
Contemplé le siege ou nous sommes,
Leurs erreurs s'efuanouyroient,
Et leurs regards s'esblouyroient
De la clarté qui luit aux hommes.

Nous icy comme dans des caues,
Trop pesans pour nous enuoler,
Sous le grand Empire de l'er,
Demeurons comme des esclaues,
Nous croyons que les feuz luisans
u trauers de l'air conduisans

Tant de lumieres incogneues,
N'ont autre siege que les airs,
Et d'où partent leurs esclairs,
De là partent aussi les nues.

Mais si iamais quelque aduanture
Nous esleuoit d'vn coup de vent,
Pour nous faire voir plus auant,
Les merueilles de la nature,
Nous irions iusqu'où le Soleil
Paroist si clair & si merueil,
Iusqu'où ces nuageuses toiles
N'ont encore iamais monté,
Et dans vn ciel où sa clarté,
S'accordes auecques les estoiles.

Là bien plus haut que le tonnere,
Dans vn palais si glorieux,
Si quelqu'vn abaissoit les yeux
Sur les ordures de la terre,
Il seroit honteux de la voir,
Et rauy du nouueau sçauoir
De tant de merueilles si rares,
Voyant qu'aux prix de tant de bien,
Tous nos thresors sont moins que rien,
Se mocqueroit bien des auares.

Les poissons hors de la cauerne,
Où la bize & les aquilons,
Renuersans l'onde & les sablons,
Troublent le Dieu qui la gouuerne,
Hors des creux puants de la mer,

Où tout est vilain, tout amer,
Tout rongé de sel & d'escume
Trouueroient beaux ces lieux icy,
Comme nous les Palais aussi,
Où la torche du iour s'allume.

 Les marbres qui font nos murailles,
Les ioyaux qui parent nos doigts,
Et tout ce que les champs Indois
Se laissent tirer des entrailles:
Bref tant de biens de tant de prix,
Ou des plus conuoiteux esprits
L'insensé desir se limite,
Ne sont rien en comparaison,
De ce qui luit dans la maison,
Où la troupe des Dieux habite.

Sur ces propos icy ie vous raconteray vne fable tres belle, si vous la voulez ouyr, pour vne plus claire intelligence des contrees de cette excellente terre qui est au dessous du Ciel.

SIMIAS.

Nous serons tous bien aises de l'entendre.

SOCRATE.

Qui de ce lumineux Royaume,
Que iamais la nuict ne voyla,
Pourroit voir cette terre là,
Il y verroit comme vne Paume,

K i

De qui deſſus eſt couuert
De iaune, blanc, ou de vert,
Et mille autres couleurs encore,
Comme celle de l'arc d'Iris
Comme l'eſmail des prez fleuris,
Et du chariot de l'Aurore.

Tout ce qu'on voit dans la peinture
Des pourtraits qui ſe font icy,
Comme tous nos obiets auſsi
Imitent vn peu leur nature,
Nos ſombres & baſſes couleurs
N'approchent point l'eſclat des leurs,
Ny la neige, ny l'eſcarlate,
Ny le iaune du lourd metal,
Qui dedans l'ame de brutal,
Si dangereuſement eſclate.

Milles autres couleurs incogneuës
A la faculté de nos yeux,
Brillent en ces ſublimes lieux,
Au trauers de l'onde & des nues,
Et le creux d'vn ſeiour ſi beau,
Qui s'emplit de l'air & de l'eau
Que touſiours la nature y varſe,
Luy d'vn eſclat tout differend,
Si bien que cette terre prend
Touſiours quelque couleur diuerſe.

Là ſont peints les fruicts & les arbres,
Chaque fleur vaut vn diamant,
Là c'eſt baſtir honteuſement.

Que de faire seruir les marbres,
Les escarboucles, les rubis,
Et ce qu'vn Roy sur ses habits
Peut faire voir de plus superbe,
Se trouue parmy leurs forests,
Comme icy dedans nos marests
Se trouue du sable & de l'herbe.

L'argent y donne peu de ioye,
Et les metaux de plus de pris,
Y viennent si fort à mespris,
Qu'on n'en faict point de la monnoye.
Là toute sorte d'animaux,
Franche de la rigueur des maux
Où nostre terre est asseruie,
Viuent auecqu's liberté,
Et dans des lieux pleins de santé,
Iouyssent d'vne longue vie.

On void là des plaisans riuages,
Affranchis de la loy du sort,
Et iusqu'où la faim de la mort
N'estendit iamais ses rauages.
On y void des Isles aussi,
Bien plus belles que celle-cy,
Ce n'est point la mer qui les touche,
Elles ont au lieu de rempars,
Vn air serain de toutes pars,
Où iamais Phœbus ne se couche.

Ceux qui dans ce pays de grace,
Occupent ces palais heureux,

Sont plus grands & plus vigoureux,
Que n'est cette mortelle race.
Les Elemens leur sont plus doux,
L'air leur est ce que l'onde à nous,
Et dans ce merueilleux Empire
Au lieu de nostre air infecté
Vn beau Ciel tout plein de clarté,
Est ce que leur poulmon respire.

Ils ont l'esprit & le visage
Plus aimables que nous n'auons,
Et des choses que nous sçauons,
Vn plus grand & meilleur vsage.
Ils ont les sens en leur vigueur,
Et la desplaisante langueur
Que nous donnent les maladies,
Ne trouble pas vn de leurs iours,
Non plus que les fascheux discours
Que font nos ames estourdies.

D'autant que l'air vaut mieux que l'onde,
Et que le Ciel vaut mieux que l'er,
Tout ce qui faict viure & parler,
Est meilleur en cest autre monde.
Ainsi de ces heureux humains
Les esprits & les corps bien sains,
Dans leur forte temperature,
Peuuent heureusement sçauoir,
Iusques où s'estend le pouuoir,
Et la volonté de nature.

Là tous ces fameux miracles
Que nous oyons dire des Cieux,
Et ces vrays organes des Dieux,
Que les mortels nomment Oracles.
De vrais Temples & des Autels,
A l'entretien des immortels,
Leur donnent vne libre entrée,
Et dans cest admirable lieu,
Il est aisé de voir vn Dieu,
Comme vn homme en cette contrée.

Sans aucun ombrage des nuës,
Loing de la nuict & du sommeil,
On y void & Lune & Soleil,
Et toutes les estoiles nuës,
Iamais aucun traict de malheur,
Ny fit venir vne douleur
Les Dieux ne sont là que propices,
On ne void point là de prison,
Ny de peste, ny de poison,
Ny de fers ny de precipices.

Des canaux de diuerses sortes,
Retiennent des eaux là dedans,
D'où saillent des ruisseaux grondans,
Par les plis de leurs veines tortes.
Ces fosses en diuers endroits,
Sont ores larges, ores estroits,
Leur embouchewre est tout ronde,
Ils different de ceux d'icy,

Ores du bord plus estressi,
Ou de la baze plus profonde.

Chacun dans les creux qui le serre,
Suiuant vn poids qui va dessous,
Ces canaux se rencontrent tous
Dans le centre de cette terre.
Là mille merueilleux ruisseaux
Change l'vn l'autre de vaisseaux,
Ils meslent milles fois leur course,
Et chacun forcé de changer
Laisse dans vn gouffre estranger,
Ce qu'il a porté de sa source.

Icy des eaux viues & fortes,
Vomissant le souffre & le feu,
Icy d'autres qui coulent peu,
Laissent geler leurs vagues mortes,
Ces fleuues eternels & grands,
Sont l'vn de l'autre differents,
L'vn est fascheux, l'autre facile,
L'vn est clair, l'autre est vn torrent,
Tousiours parmy la bourbe errant,
Comme faict celuy de Sicile.

Depuis le haut iusqu'à la baze,
L'vn dedans l'autre renuersez,
Ces fleuues sont tous balancez,
Dans vn profond & large vase,
Qui panche indubitablement,
De tous costez esgalement,
De vase est ce fossé d'Homere,

DE L'AME.

De tout ce globe se couurant,
Que tous ces fleuues vont ouurant,
Comme le ventre de leur mere.

Cette masse d'eaux passagere,
Dans ce vase ainsi suspendu,
N'y trop serré, ny trop fendu,
N'est ny pesante, ny legere,
Cette humeur est sans fondement,
Comme aussi sans nul firmament,
Elle s'abaisse, elle se leue,
Elle s'enfuit, elle reuient,
Elle s'eslance, & se retient
Sans se donner iamais de treue.

L'air qui vient dans son ouuerture,
Et qui la suit de bout en bout,
Allant & reuenant par tout,
Et aussi de mesme nature,
Suiuant ces eaux & ces limons,
L'air comme il faict en poulmons,
Incessamment souffle & respire,
Et poussé dans ces flots mouuens,
Il y faict naistre de grands vents,
Soit qu'il aille ou qu'il se retire.

Ce canal tire son haleine,
Lors que nos eaux coulent là bas,
Et la soufle quand il est las,
Et que sa caue est toute pleine,
Ressouflant ce qu'il a puisé,
Vn grund amas d'eaux diuisé,

Amplement nos terres abreuue,
Vn de ses bras faict des marests,
Et l'autre arrache des forests,
Pour y faire passer vn fleuue.

Tous nos ruisseaux & nos fontaines
Naissent de ce debordement,
Et de là prend son fondement,
Le siege des vagues plaines,
Ces mesmes eaux en leur retour,
Vers ce vaste & profond se iour,
Du grand vase appellé Tantare,
Coulent par les chemins diuers
De mille gouffres entr'ouuers,
Au sein de ce canal auare.

Les vns plus promptement se rendent
Dans les lieux dont ils sont venus,
Les autres vn peu retenus,
Plus paresseusement descendent,
Repassans par mille recoins,
Les vns plus bas, les autres moins,
Ils tombent dans la grande masse,
Et voulans replacer leurs eaux,
Ils trouuent tous que leurs vaisseaux
Ont leur assiette vn peu plus basse.

Arriuez qu'ils sont dans vn gouffre
Où ce fleuue rit, l'autre dort,
Et cest autre d'vn cours plus fort,
Ne iette que flamme & que souffre,
Et les mornes, & les coulans,

DE L M.

Se vont encore remeslans,
Dans le large creux de ce ventre.
C'est iusqu'où peut aller leur saut,
Car il faudroit tomber d'enhaut,
S'ils vouloient devaler du centre.

Dans ce large espace du monde
Quatre grands fleuves principaux,
A l'entour des champs infernaux,
Trainent le vieux cours de leur onde:
Le grand Occean en est vn,
Qui sous l'empire de Neptun,
Riche de poissons & de barques.
Mouille la terre à l'enuiron,
Le second fleuue est Acheron.
Qui faict vn grand maretz aux Parques.

Apres ces courses vagabondes
Vn estang nommé comme luy,
Dans ces lieux de ioye & d'ennuy.
Arreste ses rapides ondes:
Dans ces obscurs & tristes bors,
Quelquesfois les ombres des morts
Vont accomplir leurs destinees,
Et noyez que sont tous leurs maux,
R'animent d'autres animaux,
Dans les lieux dont elles sont nees.

Vn fleuue de nature estrange
Entre ces deux là faict son cours,
Et tombe en vn lac ou tousiours
L'onde brusle parmy la fange,
On void là dedans s'enflammer,

Bien plus d'eau que n'en a la mer,
Aussi ce fleuue est il plus large,
Il ceint la terre, & va couler
Vers l'Acheron sans s'y mesler,
Puis au grand canal se descharge.

A cause de l'onde enflammee,
Qui boult dedans ce gros vaisseau,
Cette grande chaudiere d'eau,
Est Pyriplege ton nommee.
Du soin de ses fangeux torrens,
Mille petits ruisseaux errans
Par des conduites incertaines,
Reglissent dans ce lieu profond,
Et par toute la terre font
Des ruisselets & des fontaines.

Le dernier fleuue est le Cocite,
Dont le cours d'abord fluctueux,
Est fier, grondant, impetueux,
Et rien que son flot ne l'excite.
Il est entre bleu, rouge, & noir,
Côme on void dans ce creux manoir,
La couleur de l'onde stigide,
Stix sur les fleuues coroné,
Sans que Iupiter desthroné
Eust perdu la foudre & l'Aegide.

Comme les Dieux en cette guerre,
Cocyte prend là du secours,
Et passe d'vn plus roide cours,
Dans les entrailles de la terre,

puis par mille destours roulant,
Vers Pyriphlegeton coulant,
Il trouue l'Acheron en teste,
Et sans se mesler à pas vn,
Il se rend dans ce lieu commun,
Qui leur tient sa cauerne preste.

Le grand Conseil de la nature,
L'ayant ainsi bien ordonné,
Ce regne est le lieu destiné,
Où les morts font leur aduanture.
Leur Demon les a là logez,
C'est où les Dieux les ont iugez,
Ce sont là les lieux redoutables,
Consacrez aux droicts de la mort,
Où se donne l'arrest du sort,
Pour les iustes & les coulpables.

Qui ne rend pas bien son seruice,
Au sainct deuoir de la vertu,
Et n'est aussi tout abbatu,
Soubs l'infame empire du vice,
Tous ceux de qui les sombres iours
D'vn fade & mediocre cours,
Ont passé cette vie humaine,
Trouuent vn pareil sort pour eux,
Ny bienheureux, ny malheureux,
Dedans cette commune plaine.

Ils sont mis dans vne charette,
Où le Demon leur passager,
Conduisant ce fardeau leger,

Au marest d'Acheron s'arreste.
Ils sont la comme tous noyez,
Iusqu'à tant qu'ils soient nettoyez
Des ordures de leurs offences,
Et quelques supplices souffers,
Les Dieux leur vont oster les fers,
Pour leur donner des recompenses.

Les ames de sang enyurees
Toutes noires de trahison,
Ont le Tartare pour prison,
Et n'en sont iamais deliurees.
Là sont mis les tueurs des Roys,
Comme ceux qui iusqu'aux abois,
N'ont aimé que le sacrilege,
Et pour les tirer de ce lieu,
La misericorde de Dieu
N'a point assez de priuilege.

D'autres ames bien criminelles.
Mais pour qui les Dieux moins faschez,
Ne condamnent point leurs pechez,
A des tortures eternelles.
Ceux qu'vn brutal aueuglement,
Prouoque irraisonnablement,
A fascher le pere & la mere,
Sont dans cest espoir de guerir,
S'estant purgez auant mourir,
Par vne repentence amere.

Vn desgoust des lieux adorables,
Vn meurtre faict mal à propos

DE L'AME.

Dont l'image este le repos,
A l'ame de ces miserables.
Ce sont là ces crimes pesans,
Dont les Dieux ne se r'appaisans
Qu'apres vne vengeance rude,
Tiennent les esprits affligez
Dedans le Tartare obligez
D'vne effroyable scruitude.

Il faut que la Lune accomplisse
Douze fois au Ciel son sentier,
Et qu'vn an passé tout entier
Pour le terme de leur supplice,
Le temps arriue qu'vn tourment
Si durable & si vehement,
Leur promet vn peu de relasche,
Le destin à demy contant,
Et lassé de leur nuire tant,
Hors de ces cachots les arrache.

Auant leur deliurance entiere
Sortans de ce canal commun,
Ils sont tous renuoyez chacun
Dedans le sein d'vne riuiere,
Ceux qui le meurtre a condamnez,
Au Cocite sont amenez,
Cest autre fleuue plein de flamme,
Reçoit ces hommes violens,
Qui contre leur Pere insolens,
En ont eu des remors dans l'ame.

Lors ces forçats auec licence,
Suiuant les flots qui les ont pris,
S'en vont visiter les esprits,
Dont ils ont blessé l'innocence,
Et les trouuans pres des palus,
Qui d'vn large & tranquille flus,
Arrousent vne heureuse plaine,
Desireux de s'y resiouyr,
Les coniurent de les ouyr,
Et d'auoir pitié de leur peine.
 Si ces Manes leur font la grace
De les receuoir à mercy,
Ils s'en vont auec aussi,
Posseder vne heureuse place,
Et pleins de franchise & d'honneur,
Participent à leur bon heur:
Mais tant que leur iustice auare,
Leur veut retenir leurs forfaits,
Sans auoir ny trefue ny paix,
Ils s'en reuont dans le Tartare.
 Leur peine se rend infinie
Leur douleur ne cuit pas ossez,
Et tant qu'il plaist aux offencez,
Leur faute n'est iamais punie
Mais soudain qu'ils sont pardonnez,
Ils vont au rang des fortunez,
Le malheur calme son orage,
L'Enfer est las de les punir,
Et chacun erd le souuenir,

D'en

D'en auoir receu de l'outrage.

  Mais ceux qui d'vne saincte vie,
Ont suiuy le train glorieux,
Et dont la volonté des Dieux
A tousiours l'imité l'enuie,
Sçauans & sans aucun deffaut,
Ils vollent bien-heureux là haut,
Ou parmy des grandeurs supresmes,
Ils n'ont plus de corps comme icy,
Et francs de tout humain soucy,
Ils deuiennent des Dieux eux-mesmes.

  A des felicitez si rares
Se doit donner tout nostre soing,
Car ceste gloire de bien loing,
Passe la pompe des Thiares
Nul sans prudence, & sans bonté,
Encore n'est iamais monté
Dans ce grand palais de lumiere,
Ou nostre parfaicte raison,
Doit habiter vne maison
Plus heureuse que la premiere.

PHEDON.

Il finissoit ainsi sa fable, dans le discours de ces beatitudes eternelles, que les esprits bien purgez par la Philosophie, douent esperer, & dont il ne pouuoit, disoit-il, exprimer la magnificence faute du loisir & de capacité d'vn homme, qui ne suffit pas au discours des choses si merueilleuses au bout de son compte, il dit à Simias.

Toutes ces choses là, comme ie les ay rangees, ne sont pas dignes sans doute qu'vn homme de bon sens y arreste entierement sa creance: toutesfois estans certains de l'immortalité de nos ames, nous deuons penser que leur habitation en l'autre monde sera quelque chose d'approchant à ce que ie vous en ay discouru, & sans l'incertitude ou nous demeurons pendant la vie il me semble qu'il est à propos de se persuader à plus pres ce que i'ay dit, & de l'apprendre par cœur, comme les Magiciens font leurs vers: s'il y a du danger qu'on se trompe, il y a de la gloire à courre ce hazard, & ie croy qu'vne esperance bien legitime doit icy soulager les incommoditez de ceux qui viuent dans les mespris du faste, & de la volupté du corps, & qui ayans sçeu trouuer le goust des plaisirs que la science donne, n'ont resiouy leur esprit d'autre chose, & n'empruntent rien d'estranger pour l'accommoder, ils sont parés d'ornemens tous tirez de luy mesme, qui sont la temperance, la iustice, magnanimité, la liberté, la verité. Parmy toutes ses vertus, le sage se trouue ferme contre les atteintes de la mort, & par tout le temps de sa vie, se trouue aussi preparé pour son despart, qu'à l'heure mesme qu'il faut qu'il parte. Pour vous tous, qui estes icy, vous deslogerez sans doute, & mourrez chacun à vostre temps: mais pour moy, c'est maintenant, comme diroit quelque Tragique, que les Destins m'appellent, mesme il est desia temps que ie m'en aille pour me lauer: car auant que de prendre le poison, ie me veux nettoyer pour n'incommoder point les femmes, qui s'amuseront à lauer ce corps mort. Là dessus, Criton luy demanda s'il ne vouloit rien commander à personne, touchant ses enfans, ou pour quelque autre chose, où on luy pust faire plaisir. Ie n'ay rien à vous recommander, dit-il, que ce que ie vous presche il y a long temps, que si vous prenez garde à vous, vous me seruirez de beaucoup, & à vous mesmes, quoy que vous ne m'en voulussiez pas icy donner vostre parole, & que si vous ne suiuez en toute vostre vie les traces qui vous ont esté marquees, par tous les discours que nous auons faictz, asseurez-vous que vous ny gaignerez rien, quoy que vous vueillez icy accorder à nostre conference.

Nous y prendrons garde (luy dit Criton) mais comme quoy veux tu qu'on t'enseuelisse? Comme il vous plaira, dit il, au moins si apres vous me pouuez atteindre, & tout sou-riant, il se tourna vers nous, Ie ne sçaurois, dit-il, persuader à Criton que c'est moy ce Socrate qui dispute icy & qui range ainsi mes discours: mais il croit que ie suis ceste charongne, qui doit voir incontinent, & ne se souere peu de la consolation que ie vous ay voulu donner, & de l'opinion que i'ay d'estre auiourd'huy bien loin de vous, & de paruenir à la condition des bien heureux. Asseurez en donc Criton, ie vous prie, & soiez mes cautions enuers luy autrement qu'il n'a esté pour moy enuers mes Iuges: car il a respondu que ie comparoistrois en iugement, & vous luy respondrez, s'il vous plaist, qu'apres que ie seray mort, ie ne comparoistray plus pour tout: mais que ie m'en iray. Persuadez le luy ie vous prie, afin qu'il ait moins de regret à ma mort, & que voyant brusler ou enseuelir mon corps, il ne soit pas si fol que de me plaindre, comme si i'endurois beaucoup; & qu'il ne dit point aux funerailles que c'est Socrate qu'on porte au tombeau, & qu'on me va mettre soubs la terre. Sçaches aussi

Criton, que ce qui est si mal dit, ne manque pas seulement en cela: mais qu'il nuit aussi en quelque façon à nos esprits : mais bien il faut dire que mon corps doit estre enseuely; & de la sorte qu'il te semblera bon. Cela dit, il se leua, & passa dans vne chambre pour se lauer. Criton le suiuit, & nous pria de les attendre. Nous estions là cependant à nous entretenir sur les discours qui auoient esté tenus, & à desplorer nostre fortune en la perte de cet hôme là, qui estant nostre Pere à tous nous laissoit à sa mort tous orphelins. Apres que Socrate fut laué on luy apporta ses fils: car il en auoit deux petits, & vn desia grand, il y vint aussi des femmes ses domestiques. Socrate leur ayāt parlé tout deuant Criton, & leur aiant ordonné ce qu'il vouloit, il leur cōmanda de se retirer, & à ses fils aussi, puis il reuint à nous enuiron l'heure que le soleil s'alloit coucher: car il auoit esté là dedans assez long temps. Comme il nous fut venu retrouuer tout laué, il s'assit, & sans qu'il eust presque loisir de nous plus rien dire voicy le bourreau qui arriue, & se tenant aupres de Socrate, il luy dit: Ie ne pense point trouuer en toy l'estonnement que i'ay accoustumé de trouuer aux autres: car ils se despitent à moy, & me disent des iniures lors que faisant ma charge, par le commandement des Magistrats, ie leur viens annoncer qu'il leur faut aualler le poison: & i'ay recogneu à te voir icy, que tu auois l'âme grande & genereuse, & l'humeur paisible, que tu es le meilleur homme qui soit iamais entré dans ceste prison, & sçay bien que tu ne m'imputeras point ton malheur: mais à ceux qui en sont la cause. Tu cognois assez maintenant la nouuelle que ie t'apporte; A dieu, & tasche à te preparer à ceste necessité. Apres luy auoir dit cela il se retira tout pleurant. Socrate tournant les yeux sur le bourreau. Adieu, luy dit-il, toy-mesme, ie vay me preparer: Et tout aussi tost, voila nous dit-il, vn honneste homme, & courtois: car ce n'est pas d'auiourd'huy seulement que ie l'ay cogneu ciuil comme cela, il m'a tousiours fort salüé, & m'est venu icy souuent entretenir, ie croy qu'il est homme de bien, voyez comme quoy il me plaint. Courage Criton, faisons ce qu'il nous dit: & si le poison est prest, qu'on me l'apporte, si ne l'est pas encore, qu'on le luy fasse apprester. Quoy dit Criton ie croy que le Soleil n'est point encore couché, & ie sçai que les autres sont encore long temps à prendre le poison apres qu'on leur a dit: mesme ils ne le boiuent bien souuent qu'apres auoir bien gousté & ioüy de ce qu'ils aiment: ainsi n'as-tu point affaire de te haster, car il y a du temps assez. Ceux qui font de la sorte, dit Socrates, ont raison: car il croyoit que cela leur profite à quelque chose. Et moy i'ay raison de ne le point faire, car ie croy que pour retarder ie n'y puis gaigner autre chose que de me rendre ridicule à moy-mesme, comme trop amoureux de ma vie, & mesnager d'vne chose où ie n'ay plus rien. Mais oblige moy ie te prie, & fais ce que ie te dis. Comme Criton eut ouy ceste resolution, il fit signe à vn garçon qui n'estoit pas loing de là. Ce garçon sortit de la chambre, & sans arrester beaucoup il reuint auec celui qui deuoit donner le poison qu'il apporta tout prest dãs la coupe. Socrates le regardant, Et ie te prie, dit-il, toy qui entends ceci, qu'est-ce qu'il faut que ie fasse autre chose? Que te promener, apres auoir beu iusqu'à tant que tu sentes affoiblir les iambes, apres tu te coucheras: & lui disant cela il lui rendist la coupe. Socrates, veritablement, ô Echecrates, la print fort ioieusement sans changer de couleur: mais regardant viuement comme il auoit accoustumé, il dit au bourreau: Est-il pas permis d'en respandre vn peu par maniere de

L iiij

sacrifice? Il n'y en a, luy dit l'autre, iustement que ce qu'il faut. I'ay tout beu: dit Socrates, mais si est-il permis au moins de prier les Dieux qu'ils me rendent ma mort fauorable, & ceste separation heureuse, ie les prie de bon cœur: & ainsi soit-il. Disant cela, il porte le verre à la bouche & boit fort gayement. Plusieurs de la compagnie s'estoient empeschez de pleurer iusques alors: mais le voyant comme il beuuoit, & apres qu'il eut beu il nous fut impossible de nous retenir: pour moy ie me laissay là tellement emporter à la douleur, que les larmes me tomboient à force du regret que i'auois, non pas tant pour luy que pour moy mesme, & la perte que ie faisois d'vn tel amy. Criton aussi auant que de commencer de pleurer s'est-il leué; & Apollodorus qui n'auoit tout le iour fait autre chose se print lors à crier les hauts cris desplorant la condition de tous ceux qui estoient là hormis de Socrates: Vrayement, nous dit Socrates, vous estes de braues gens, n'auez vous point de honte? ie n'auois renuoyé ces femmes pour autre chose: car ie sçay que ceste foiblesse de se plaindre & de pleurer leur est ordinaire. Et i'ay souuent ouy dire, que c'est auec applaudissement & ioye qu'il faut s'en aller d'icy. Arreſtez vous donc & prenez patience. Nous rougiſmes tous à ceſte parole, & ne pleuraſmes point dauantage. Deſia tout ſe promenant il ſentit faillir ſes iambes & ſe coucha ſur le dos, car ainſi luy auoit ordonné le boureau, qui vn peu apres venant à le coucher commença à prendre garde aux pieds de Socrates, & à ſes iambes, & luy preſſant fort le pied luy demanda s'il ne ſentoit rien, Rien du tout dit Socrates: apres il luy ſerra les iambes, & montant touſiours de la main en les ſerrant il nous monſtra qu'elles eſtoient froides & toutes roides: le touchant encore vne fois il nous diſt, lors que le froid ſera venu au cœur il treſpaſſera. Auſſi toſt le froid le ſaiſit. Iuſques là il ſe deſcouurit, car il s'eſtoit enuelopé d'vne robe, & puis le dernier mot qu'il profera fut : O Criton, dit-il nous deuons le Coq à Eſculape, payez luy ie vous prie & n'y manquez point, Cela ſe fera, luy dit Criton: mais ne te plaiſt il point encore quelque choſe? A cela Socrate ne reſpondit point : mais aiant demeuré coy tout vn temps il remua vn peu : le bourreau le deſcouurit: lors Socrates ficha ſa veuë & la perdit. Criton luy ferma les yeux & la bouche.

Voila, Echetrates, la fin de nostre amy, homme sans doute à mon iugement le meilleur, le plus sage & le plus iuste que i'ay iamais pratiqué.

171

AV ROY SVR SON EXIL, ODE.

E luy qui lance le tonnere,
Qui gouuernent les elemens,
Et meut auec les elemens,
La grande masse de la terre.
Dieu qui vous mit le sceptre en main,
Qui vous peut oster demain,
Luy qui vous preste sa lumiere,
Et qui malgré les fleurs de lys,
Vn iour fera de la poußiere
De vos membres enseuelis.

   Ce grand Dieu qui fit les abysmes
Dans le centre de l'Vniuers,
Et qui les tient tousiours ouuers
A la punition des crimes:
Veut außi que les innocens
A l'ombre de ses bras puissans
Trouuent un asseuré refuge,

Et ne sera point irrité
Que vous tarissiez le deluge,
Des maux ou vous m'auez ietté.

Esloigné des bords de la Seine,
Et du doux climat de la Cour,
Il me semble que l'œil du iour,
Ne me luit plus qu'auecque peine:
Sur le faiste affreux d'vn rocher
D'où les ours n'osent approcher,
Ie consulte auec des furies,
Qui ne font que solliciter
Mes importunes resueries
A me faire precipiter.

Auiourd'huy parmy des Sauuages
Où ie ne trouue a qui parler,
Ma triste voix se perd en l'air,
Et dedans l'echo des riuages:
Au lieu des pompes de Paris,
Ou le peuple auecques des cris
Benit le Roy parmy les ruës,
Icy les accens des corbeaux,
Et les foudres dedans les nuës
Ne me parlent que de tombeaux.

I'ay choisi loing de vostre Empire
Vn vieux desert ou des serpens
Boiuent les pleurs que ie respans,

Et souflent l'air que ie respire.
Dans l'effroy de mes longs ennuys,
Ie cherche, insensé que ie suis,
Vne Lyonne en sa cholere,
Qui me dechirant par morceaux
Laisse mon sang & ma misere,
En la bouche des lionceaux.

Iustes Cieux qui voyez l'outrage,
Que ie souffre peu iustement,
Donnez à mon ressentiment
Moins de mal, ou plus de courage,
Dedans ce lamentable lieu,
Fors que de souspirer à Dieu,
Ie n'ay rien qui me diuertisse;
Iob qui fut tant homme de bien
Accusa le Ciel d'iniustice,
Pour vn moindre mal que le mien.

Vous grand Roy si sage & si iuste
Qu'on ne voit point de Roy pareil,
Suiurez vous le mesme conseil
Qui fit iadis faillir Auguste?
Sa faute offence ses nepueux,
Et faict perdre beaucoup de vœux
Aux autels qu'on doit à sa gloire:
Mesmes les astres auiourd'huy
Font des plaintes à la Memoire,
De ce qu'elle a parlé de luy.

Encore dit-on que son ire,
L'auoit bien iustement pressé,
Et qu'Ouide ne fut chassé
Que pour auoir osé mesdire:
Moy dont l'esprit mieux aresté,
D'vne si sotte liberté
Ne se trouua iamais capable,
Aussi tost que ie fus banny,
Ie souhaittay d'estre coupable,
Pour estre iustement puny.

Mais iamais la melancolie
Qui trouble ces mauuais esprits,
N'a fais paroistre en mes escrits,
Vn pareil excez de folie:
Et si depuis le premier iour
Que mon deuoir & mon amour,
M'attacherent à vos seruices,
Ie n'ay tout oublié pour eux,
Le Ciel pour chastier mes vices
Fasse vn Enfer plus rigoureux.

Ie n'ay point failly que ie sçache,
Et si i'ay peché contre vous,
Le plus dur exil, est trop doux,
Pour punir vn crime si lasche:
Aussi quels lieux ont ce credit,
Où pour vn acte si maudit
Chacun n'ayt droict de me poursuiure:

Quel Monarque est si loing d'icy,
Qui me vueille souffrir de viure,
Si mon Roy ne le veut aussi.

Quoy que mon discours execute,
Que feray-ie à mon mauuais sort:
Qu'appliqueray-ie que la mort,
Au malheur qui me persecute:
Dieu qui se plaist à la pitié,
Et qui d'vn sainct væu d'amitié
Ioinct vos volontez à la sienne.
Puis qu'il vous a voulu combler
D'vne qualité si Chrestienne,
Vous oblige à luy ressembler.

Comme il fait à l'humaine race,
Qui se prosterne à ses autels,
Vous ferez paroistre aux mortels
Moins de iustice que de grace:
Moy dans le mal qui me poursuit
Ie fais des væux pour qui me nuit,
Que iamais vne telle foudre,
N'esbranse l'establissement
De ceux qui vous ont fait resoudre,
A signer mon bannissement.

Vn iour leurs haines appaisées
Feront caresses à ma douleur,
Et mon sort loing de mon malheur,

Trouuera des routtes aisees,
Si la clarté me dure assez,
Pour voir apres ces maux passez,
Vn Ciel plus doux à ma fortune,
Mon ame ne rencontrera
Aucun soucy qui l'importune,
Dans les vers qu'elle vous fera.

 De la vaine la plus hardie,
Q'Appollon ait iamais remplye,
Et du chant le plus accomply,
De sa parfaicte melodie,
Dessus la fueille d'vn papier,
Plus durable que de l'acier,
Ie feray pour vous vne image,
Ou des mots assez complaisans,
Pour bien parler de mon ouurage,
Manqueront à vos courtisans.

 Là suiuant vne longue trace
De l'histoire de tous vos Roys,
La Nauarre & les monts de Foix,
S'estonneront de vostre race,
Là ces vieux pourtraits effacez
Dans mes poemes retracez,
Sortiront de vieilles Chroniques,
Et ressuscitez dans mes vers,
Ils reuiendront plus magnifiques
En l'estime de l'vniuers.

Depuis celuy, que la fortune
Amena si pres du Liban,
Et sous qui l'orgueil du Turban,
Vit fouler le front de la Lune,
Ie feray parler ces Rois morts,
Et renouuellant mes efforts
Dans le Discours de vostre vie,
Ie feray si bien mon deuoir,
Que la voix mesme de l'enuie
Vous parlera de me reuoir.

AV ROY.

CHer Obiect des yeux & des cœurs,
Grand Roy dont les exploits vainqueurs
N'ont rien que de doux & d'auguste
Vsez moins de vostre amitié,
Vous perdrez ce titre de Iuste
Si vous vsez trop de pitié.

Quand vn Roy par tant de proiects
Voit dans l'ame de ses suiects
Son authorité dissipee;
Quoy que raisonne le conseil,
Ie pense que les coups d'espee
Sont vn salutaire appareil.

L'honneur d'vn iuste Potentat
Est de faire qu'en son Estat
La paix ait des racines fermes :
Par là se doit il maintenir,
Et demeurer tousiours aux termes
De pardonner & de punir.

Contre ces esprits insensez,
Qui se tiennent intercessez,
En la calamité publique,
Selon la loy que nous tenons,
Il ne faut point qu'vn Roy s'explique
Que par la bouche des canons.

Les fors brauent les impuissans,
Les vaincus sont obeissans,
La iustice estouffe la rage :
Il les faut rompre sous le faix :
Le tonnere finit l'orage,
Et la guerre apporte la paix.

Henry, d'estourne icy tes yeux,
Et regardant ces tristes lieux
Consacrez à ta sepulture,
Considere comme ton cœur
Se lasche & contre sa nature
Reçoit vn ennemy vainqueur.

Toutesfois grand Astre des Roys,

Celle qui te print autresfois
Encore impunement te braue,
Ton cœur ne luy resiste pas,
Et demeure tousiours esclaue
De ses victorieux appas.

Grande Royne en faueur des lys
Auec luy presque enseuelis,
N'offencez point ses funerailles;
Pour l'auoir à quoy le dessein
De venir rompre des murailles,
Si vous l'auez dans vostre sein?

Merueilleux changement du sort,
Ce grand Roy que deuant sa mort
Vous gaignez auecques des larmes,
Est-il si puissant auiourd'huy,
Qu'il vous faille employer des armes
Pour auoir empire sur luy?

Quoy que ce grand cœur genereux,
Forcé d'un respect amoureux
Ait flechy deuant vostre face,
Il n'est point si fort abbatu,
Que son fils n'y trouue vne place
Où faire luyre sa vertu.

Nous croyons que ces reuoltez,
A nostre abord espouuantez

M ij

Se deffendront mal à la bresche:
Et qui fera comparaison
De vingt canons contre vne fleche,
Dira que nous auons raison.

SVR LA PAIX DE L'ANNEE
M. DC. XX.

ODE.

La paix trop long temps desolee
Reuient aux pompes de la Cour,
Et retire du Mausolee
Les ieux, les dances, & l'amour.
Au seul esclat de nos espees
Les tempestes sont dissipees,
Tous nos bruits sont enseuelis,
Mon Prince a fait cesser la guerre,
Et la grace a rendu la terre
Pleine de palmes & de lys.

Nostre estat d'vn triste visage
Desesperé de son salut,
Sans le Roy ne trouuoit l'vsage
D'aucun remede qui valut.
Grand Roy que vos vertus sont grandes,
Et bien dignes de nos offrandes!

Que vos trauaux ont eu de fruict!
Toute la terre en est semee,
Et la voix de la renommee
N'en sçauroit faire assez de bruict.
Et bien races desnaturees,
Qu'auez vous plus à murmurer?
Les fureurs se sont retirees,
Le desordre n'a peu durer.
Vos estendars sont nostre proye;
Le Roy triomphe du malheur;
Et iamais on a veu Monarque
Qui grauast de meilleure marque
Son iugement ny sa valeur.

La trahison confuse & blesme
Ne sçait plus surquoy rauager
Le Roy a mis tout ce qu'il ayme
Loing de la honte & du danger,
Il a reprimé la licence
Dont on pressoit son innocence,
Et ses desseins laborieux,
Que ne font point à l'aduenture,
Ont fait voir sa creature
Estoit aussi celles des Dieux.
Dans nos victorieuses armes,
Si la clemence l'eust permis,
Et plus de sang, & plus de larmes
Eussent marqué ses ennemis.

M iij

Et dirois bien à quels supplices
S'attendoient leurs noires malices:
Mais il est las de les punir,
Il est honteux de leur diffame,
Et seroit fasché que son ame
En eust gardé le souuenir.

Il suffit que la paix est ferme,
Que ces esprits audacieux
Ont en fin acheué le terme
De leurs complots seditieux:
Il sufit que rien n'importune
Ny sa vertu, ny sa fortune,
Que le Ciel rit à son plaisir,
Que sa gloire a laissé l'enuie,
Et que sa grandeur assouuie
Ne trouue ny but ny desir.

Traistres outils de nos folies,
Instrumens de flamme & de fer,
Que vos races enseuelies
Se recachent dedans l'enfer:
Aussi bien nos Dieux tutelaires,
Dont ces reuoltes ordinaires
Ont armé nos mains tant de fois,
Iurent que le premier rebelle
Sera la victime eternelle
De l'iniure de tous nos Roys.

Esperer encore des graces,
Et croire en de pareils forfaits,
Que vous ny vos futures races
Puissiez iamais trouuer de paix:
C'est doubter que vos felonnies
Ne soient proches d'estre punies,
C'est ne sçauoir point de prison,
S'imaginer qu'vn a deux testes,
Que le Ciel n'a point de tempestes,
Ou qu'il ayme la trahison.

Mais ie fauts en mes deffiances,
Nostre mal vous a fait partir,
Et ie croy que vos consciences
L'ont fait auec du repentir.
Auriez vous bien la barbarie
De confesser que la furie
Vous ait fait venir sans remors
Au trauers du fer & des flammes,
Où tant de genereuses ames
Ont accreu le nombre des morts?

Ie dis de quel sanglant orage
L'enfer se desborda sur nous,
Et voulus mal à mon courage
De m'auoir fait venir aux coups.
La campagne estoit allumée,
L'air gros de bruict & de fumee,
Le Ciel confus de nos debats,

M iiij

Le iour triste de nostre gloire,
Et le sang fit rougir la Loire
De la honte de vos combats.

C'est assez fait de funerailles,
On void vn assez grand tableau
De cheuaux, d'hommes, de murailles,
Que la flamme a ietté dans l'eau;
C'est assez, le Ciel s'en irrite:
Et de quelque si grand merite
Dont l'honneur flatte nos exploits,
Il n'est rien de tel que de viure,
Soubs vn Roy tranquille, & de suiure
La saincte Maiesté des loix.

AV ROY.
ESTREINE.

LE dessein que i'auois de saluër le Roy,
Et de luy faire vn don de mes vers &
de moy,
D'vne vieille coustume aux presens or-
donnee,
Attendoit que le temps recommançast l'annee;
Mais mon iuste deuoir ne s'est pû retenir,
Ie trouue que ce iour est trop long à venir,
Et ce n'est point icy le temps ny la coustume,
A qui ie donne loy de gouuerner ma plume :
Quelque iour de l'annee ou ie respire l'air,
C'est de ce fils des Dieux de qui ie dois parler,
Mon ame en adorans à cest obiect s'arreste,
Et mon esprit en faict mon trauail & ma feste.
Tout ce que la nature a de rare & de beau,
De qui vit au Soleil qui dort dans le tombeau,
Tout ce que put le Ciel pour obliger la terre,

Les plaisirs de la paix, les vertus de la guerre,
Les roses, les rochers, les ombres, les ruisseaux,
Le murmure des vents, & le bruict des oyseaux,
Le vestement d'Iris, & le teint de l'Aurore,
Les attraits de Venus, ny les douceurs de Flore
Tout ce que tous les Dieux ont de cher & de doux.
Grand Prince, ne peut point se comparer à vous
Cesar aupres de vous perd se renom d'Auguste,
Mars celuy de Vaillant, Themis celuy de Iuste:
La vertu n'eut iamais de monumens si saincts
Qu'elle en a rencontré dans vos heureux desseins:
C'est par où dans nos cœurs son amitié s'imprime,
C'est pour l'amour de vous que nous quittons le crime.
L'exemple de vos mœurs force plus que la loy,
Et vostre saincte vie authorise la foy.
Lors que ces grands desseins, à qui l'Europe entiere
Pour vn mois d'exercice estoit peu de matiere,
Furent mis au tombeau du plus vaillant Heros
Dont le sein de la terre ait iamais eu les os:
La vertu s'en alloit, mais vous l'auez suiuie,
Et retenant de luy la couronne & la vie,
Il vous pleut d'arrester auecques vous aussi
Les belles qualitez qui l'honoroient icy:
Ie croyois l'Vniuers perdu dans ceste perte,
Que la terre apres luy demeureroit deserte,

Que l'air seroit tousiours de tempeste allumé.
Que le Ciel dans l'enfer se verroit abismé,
Et que les elemens sans ordre & sans lumiere,
Reuiendroient en l'honneur de la masse premiere,
Sa gloire alloit du pair auec les immortels,
Et pour luy tous nos cœurs n'estoient que des Autels:
Tous les peuples Chrestiens l'auoient fait leur arbitre,
Iamais autre que luy ne posseda ce tiltre:
Sa vertu luy gaigna tous ces noms glorieux.
Que nostre fantasie accorde aux demy Dieux
Les plus grands Roys trouuoient du merite à luy plaire,
Tout aymoit sa faueur, tout craignoient sa cholere.
Ainsi que ce Soleil penchant vers le tombeau,
Iettoit sur l'Vniuers l'œil plus grand & plus beau,
Sa valeur trop long temps honteusement oysiue,
Meditoit d'arracher son myrthe & son oliue :
Le bruict de ses desseins par l'Europe voloit,
Chacun de ses proiects differemment parloit,
Tous les Roys ses voisins pendoient sur la balance,
Esgallement douteux où fondroit sa vaillance:
Son courage rioit de voir que la terreur
Se mesloit parmy tous dans leur confuse erreur:
Son bien s'alloit borner de la terre & de l'onde,
Et sans vous c'eust esté le plus grand Roy du monde:

Que sans vous son trespas eust causé de malheurs!
Qu'il nous eut fait verser, & de sang, & de pleurs!
Mais grace au Roy des Cieux, tout preuoyant & sa-
ge,
Dont vous estes icy la plus parfaicte image,
Nous sommes consolez, & le mesme cercueil,
Qui renferma ses os, renferma nostre dueil:
Les arts, & les plaisirs, les autels, & les armes,
Ont presque du regret d'auoir ietté das l'armes.
Quel de tous les plus grands, & des plus braues
Rois,
Asseure mieux que vous l'authorité des loix?
Vostre Empire nous sçait si doucement contrain-
dre,
Que les plus libertins ont plaisir à vous craindre?
L'ame la plus sauuage a pour vous de l'amour,
Quel si grand Roy n'est point ialoux de vostre Cour?
Et les Dieux contemplans vostre adorable vie,
Si vous n'estiez leur fils vous porteroient enuie :
Le Soleil est rauy quand son œil vous reluit,
Et ne voudroit iamais de repos ny de nuict:
Ses rayons n'ayment point à chasser le nuage,
Que pour n'estre empeschez de vous voir en visa-
ge;
C'est pour l'amour de vous qu'il bastit ses maisons,
Qu'il rompist ces chaos, qu'il changea les saisons,
Qu'il nous fist discerner le Ciel d'auecques l'onde,
Et mit le grand esclat de la lumiere au monde:

Pour vous son feu s'occupent à ce metal pesant,
Pour tout dedans le Louure à vos yeux reluysant,
Pour sa fantasie en nos vergers errante,
Forme le gris de lin l'orangé, l'amarante,
Et sçachant que vos yeux sa plaisent aux couleurs,
Il vous peint son amour dans la face des fleurs:
Que cest arbre fut gay, quand aux riues de Loire,
Il vid les monumens graués pour vostre gloire,
Sentant que son deuoir touchoit vostre grandeur,
Il n'esclaira iamais auec tant d'ardeur,
Et receu comme Encens l'honorable fumée,
Que le canon donnoit à vostre renommée:
Le fleuue de son lict alors fit vn cercueil,
Qui de vos ennemis fut le sanglant accueil,
Et redoubla ses pas pour conter a Neptune,
Ce que vostre vertu fit faire à la fortune :
Neptune resiouy de vos succez heureux,
Rendit de vostre nom tous ces flots amoureux,
Et d'vn char empané fendant ses routes calmes,
Vint planter sur ses bords vne forest de palmes,
Et le ciel glorieux d'vn si iuste bon-heur;
Auec affection fit feste à vostre honneur:
Mars n'a point faict encor vne si belle proye,
Et vante ce iour là, plus que la nuict de Troye,
Voyant vostre ieunesse en nos sanglants combats
Dans le sein du peril rechercher ses esbats:
Que nous eusmes de peur qu'vn excez de courage

Ne vous mit au hazard d'vn general n'aufrage:
Benit soit ce grand Dieu, qui d'vn soin paternel
Garde à vostre genie vn bon-heur eternel:
Il a faict vil pour vous ce que la terre admire,
Et n'a pas mieux fondé le Ciel que vostre Empire.

Ce sage & grand esprit que vostre sainct desir
Pour le salut commun nous a daigné choisir:
Ce grand Duc nous fait voir auec trop d'asseurance
Que le destin du Ciel est celuy de la France;
Que vos plus grands desseins arriuent à leur port,
Et que vous & les Dieux n'auez qu'vn mesme sort:
On dict que ce grand Siege où tous les Dieux reposent,
Et d'vn conseil secret de nos desseins disposent,
Ce grand pourpris d'azur, d'où cent mille flambeaux
Esclattent à nos yeux si puissants & si beaux,
Eut autrefois besoin, qu'vn mortel prit l'audace
De se charger du faix de sa pesante masse:
Atlas s'auantura de soustenir les Cieux,
Autrement la nature eust veu tomber les Dieux:
Ce n'est point qu'en effect la celeste machine
Se trouua quelquesfois proche de sa ruine,
Ny que iamais vn homme à nostre sort pareil,
Ait penetré les airs, ny touché le Soleil:

Ceste fable au vray sens que la raison luy donne,
Nous enseigne qu' Atlas eut la trempe si bonne,
Et l'esprit si hardy, qu'il osa s'esleuer
Iusqu'où mortel que luy ne pouuoit arriuer:
Il sçauoit les secrets d'Iris, & du Tonnerre,
Et comme chaque estoille a pouuoir sur la terre
L'Vniuers le croyoit son general appuy,
Et plusieurs Potentats se reposoient sur luy.
La nature y reprit vne vertu seconde,
Le destin luy laissa la conduicte du monde,
Et les Dieux par plaisir mirent entre ses mains
L'ineuitable droict qu'ils ont sur les humains.
Grand Roy vous auez fait vn Ciel de vostre Empire,
Il eut vn bon Atlas, le vostre n'est pas pire,
Et chacun voit assez qu'en sa comparaison,
Vostre amitié s'accorde auecques la raison:
Tant que vostre faueur esclaire à ses pensees,
Nos fortunes ne sont d'aucun dueil menacées:
Quoy que les factieux retrament de nouueau,
Leurs complots en naissant trouueront leur tombeau,
Et vous verrez tousiours durer à la Couronne,
La paix, qu'à vostre esprit vostre innocence donne:
Ainsi fasse le Ciel, & iamais son courroux
N'approche aucun danger, ny de luy, ny de vous.

ODE AV PRINCE
d'Orange.

VN Esprit lasche & mercenaire,
Qui d'vne gloire imaginaire,
Flatte les cœurs ambitieux,
Lors qu'il parle de vos loüanges,
Met les hommes plus vicieux
A la comparaison des Anges.

Aussi bien nuë & sans appas,
La pauure Muse n'ose pas,
Parmy les Pompes où vous estes
Faire venir la verité,
Et si les bouches de Poetes
Ne quittent leur seuerité,
Elles demeureront muettes.

Prince ie dis sans me loüe,
Que le Ciel m'a voulu doüer
D'vn esprit que la France estime,
Et qui ne fait point mal sonner
Vne loüange legitime ;
Quand il trouue à qui la donner.

Mais le vice à qui tout aspire,
Maistrise auecque tant d'Empire,
Ceux qui gouuernent l'Vniuers:

Que chez les plus heureux Monarques,
O honte de ce temps peruers!
A peine ay-ie trouué des marques
Qui fussent dignes de mes vers.
Et depuis que la Cour aduoüe,
Ces ames de cire & de boüe,
Que tout crime peut employer:
Chacun attend qu'on le corrompe,
Et les grands donnent le loyer
Tant seulement à qui les trompe.

Lors que la force du deuoir
Pousse mon ame à deceuoir
Quelqu'vn à qui ie fais hommage:
Si quelquefois pour vn mortel,
Ie tire vne immortelle image,
C'est afin qu'il se rende tel
Qu'il se voit peint en mon ouurage.

Mais quand ie pense à ta valeur,
O que mon sort à de malheur!
Car mesme de nouueaux Orphees
Ne pourroient en flattant les Dieux
Dire si bien, que tes Trophees
Ne meritent encore mieux.
Quels vers faut il que ie prepare?
En quel si beau marbre de Pare
Dois-ie grauer des monumens,
Qui soient dellfies à ta gloire?

N

Quels si religieux sermens,
Iurant tes faits à la memoire,
Feront croire que ie ne mens?

L'espargne mere de l'orgueil,
Ne preparoit vostre cercueil,
Que de la corde & de la rouë,
Et venoit auec des vaisseaux
Qui portoient peintes sur la prouë,
Des potences & des bourreaux.

Ses trouppes à pleines licence,
Venoient fouler vostre innocence,
Et l'appareil de ses efforts
Craignoit de manquer de matiere
Où vos champs tapissez de corps
Manquoient plustost de cymetiere
Pour le sepulchre de ses morts.

Les vostres que mordit sa rage,
Mourant disoient en leurs courages:
O nos terres, ô nos clartez!
Si vous n'estes plus asseruies,
Ayant gaigné vos libertez,
Nous voulons bien perdre nos vies.
O vous que le destin d'honneur,
Retira pour nostre bon-heur,
Belles ames soyez apprises,
Que l'horreur de vos corps destruicts,

N'a point rompu nos entreprises,
Et que nous recueillons les fruicts,
Des peines que vous auez prises.

 Nos ports sont libres, nos rampars
Sont asseurez de toutes parts,
Picorans iusqu'au bout du monde,
Si nos victorieux nochers:
Trouuent des ennemis sur l'onde
Ce sont les vents & le rochers.

 Ainsi ta gent victorieuse,
Dessus la tombe glorieuse
Des braues dont tu fais le chef:
Maurice vante ta prouësse,
Et dans les pleurs de son meschef
Verse des larmes de liesse,

 Toy grand Princes és le vainqueur:
Car si les tiens monstrent du cœur,
Tout ce qui les y fait resoudre
Sont tes yeux, dont le feu reluit
Dans le sang & parmy la poudre,
Comme aux orages de la nuict
Brillent les flammes de la foudre.

 Sans toy qui ne deuoit douter,
Que ce peuple au lieu de gouster
La douceur d'vn repos durable,

De sa foible rebellion,
Retomberoit plus miserable
En la vengeance du Lion?

La liberté qu'on a veu naistre
Du grand Mars, dont tu pris ton estre,
Apres luy veufue de support,
Si tu n'eusses esté son frere:
Par quel secours que de la mort,
Esperoit elle se deffaire
Des mains d'vn ennemy si fort?

Tu l'arrachas du precipice,
Faisant voir que tout est propice
A qui tu daignes secourir,
Et qu'ayant ton destin pour elle,
Parce que tu ne peux mourir
La liberté n'est pas mortelle.

Mais que pour te deifier,
Il te falut sacrifier
De sang aux tenebreux Monarque
Que pour espargner le denier
Qu'on paye aux riues de la Parque,
Tu fis riche le nautonnier
Qui conduict la mortelle barque.

Hercule à qui les immortels
Ont donné rang à leurs Autels,

N'a pas mieux merité sa feste,
Et si le sort l'eust assailly
Des forces qu'il t'a mis en teste,
Il eust sans doute defailly.

Ostende où les soldats d'Ibere,
En riant de vostre misere,
Pleuroient la cause de la leur:
Voyant le sort qui t'accompagne
Vendre tant mesme le malheur,
A creu que le demon d'Espagne
S'entend auec ta valeur.

Les ans qu'on mit pour ses ruynes
Furent les iours donc tes machines,
Regaignerent vn plus beau lieu:
Et c'est ainsi que tes iournees,
Comme ont les conte pour vn Dieu,
Valent autant que des annees.

A Nuiport où ton œil charmoit,
La frayeur, & la desarmoit,
On vit Bellone au sang trempee:
Dans le choc se precipiter,
Et par fois qu'elle estoit frappee,
Au lieu de Mars, & Iupiter,
Ne reclamer que ton espee.

Aux coups que le Canon tiroit,

Le Ciel de peur se retiroit,
La mer se veid toute allumee,
Les astres perdirent leur rang.
L'air s'estouffa de la fumee,
La terre se noya de sang.

Parmy la nuict de ces tumultes
Quelque grand Dieu que tu consultes,
Alors que tout semble perir,
Vint aux coups afin de te suiure
Sans besoin de te secourir:
Car pour ne t'empescher de viure
La Parque auroit voulu mourir.

L'ennemy battu sans retraitte,
N'auoir au bout de sa deffaicte
Que ta clemence pour support;
Ainsi par fois apres l'orage,
Les nochers ont trouué leur port,
Sur les rochers de leur naufrage.

A bien chanter tant de combats,
Où iamais tu ne succombats,
Ie voudrois consacrer mes veilles:
Mais ton esprit trop retenu,
Se fascheroit à tes oreilles,
Si ie l'auois entretenu
De la moindre de mes merueilles.

Aussi bien n'est il pas besoin,

Que mon Poeme sois tesmoing
De tes exploicts si manifestes:
Car quelque part qu'on puisse aller,
Si quelqu'vn n'a point veu tes gestes
Il en a bien ouy parler,
L'horison de la gent sauuage
N'a point de mont ny de riuage,
Où ne soit adoré ton los,
Que dans ton nom l'Hyperboree
A faict voir à nos mattelots,
Haut escrit en lettre doree
Sur le fer de ses iauelots.

　Puis que sa gloire est accomplie,
Grands destins ie ne vous supplie,
Que de faire continuer
L'honneur où ie le vois paroistre
Sans le faire diminuer,
Quand vous ne le pouuez accroistre.

　Mais le Ciel que tu dois orner,
Maurice tasche de borner
Le fil sacré de tes iournees:
Il t'a desia marqué le lieu
Ou tu dois apres cent annees,
Assis vn peu plus bas que Dieu,
Fouler aux pieds les destinees.

　Les Muses en m'ouurant les Cieux,

M'ont fait voir que ces demidieux
A qui la terre faict offrande:
Fors le bien de ton amitié,
N'ont point felicité si grande,
Qui ne te peut faire pitié.

Les astres, dont la bien-veillance
Se sent forcer de ta vaillance,
Sont apprestez pour t'accueillir:
Desia leur splendeur t'enuironne,
Dieu comme fleurs les vient cueillir.
Pour t'en donner vne couronne
Qui ne pourra iamais vieillir.

A MONSIEVR LE DVC
DE LVYNES.
ODE.

Escriuains tousiours empeschez
Apres des matieres indignes,
Coupables d'autant de pechez,
Que vous auez noircy de lignes,
Ie m'en vay vous apprendre icy,
Quel d'eust estre vostre soucy,
Et dessus les iustes ruynes

De vos ouurages criminels,
Auecques des vers eternels
Peindre l'image de Luynes.

Ie confesse qu'en me taisant
D'vne si glorieuse vie,
Ie m'estois rendu complaisant
Aux iniustices de l'enuie,
Et meritois bien que le Roy
Ensuitte du premier effroy,
Dont me fit pallir sa menace,
M'eust fait sentir les cruautez
Qui n'ont point merité de grace.

A qui plus iustement qu'à luy,
Se doiuent nos sainctes louanges?
Quel des humains voit auiourd'huy,
Sa vertu si proche des Anges?
Ceux que le Ciel d'vn iuste choix
Fait entrer dans l'ame des Roys,
Ils ne sont plus ce que nous sommes,
Et semblent tenir vn milieu
Entre la qualité de Dieu,
Et la condition des hommes.

Vn chacun les doit estimer,
Ainsi qu'vn Ange tutelaire,
La vertu c'est de les aymer,
L'innocence est de leur complaire,

Les mouuemens de la bonté
C'est proprement leur volonté.
Les suiure c'est fuyr le vice,
Bien viure c'est les imiter,
Et ce qu'on nomme meriter,
C'est de mourir pour leur seruices.

Grand Duc que toutes les vertus
Recommandent à nostre estime,
Et que les vices abatus
Tiennent pour vainqueur legitime,
Benits soient par tout l'vniuers
Les doctes & les sages vers,
Où ta gloire sera semee,
Et iamais ne soient innocens,
Ceux qui refuseront l'encens
Aux autels de ta renommee.

Vn nombre d'esprit furieux
De ta prosperité s'irrite,
Et fait des querelles aux Cieux,
Pour auoir payé ton merite
Appaisez vous foibles mutins,
En despit de vous les destins
Luy seront à iamais propices,
Puis que mon Prince en prend le soing
Sçachez que sa fortune est loing
Du naufrage & des precipices.
Si son ame estoit sans appas,

i sa valeur estoit sans marques,
t que sa vertu ne fust pas
ecessaires aupres des Monarques,
On pourroit auec moins de tort
Blasmer son fauorable sort,
Mais toutes nos ingratitudes
S'accorderent à confesser,
Que sa prudence à faict cesser
La honte de nos seruitudes.

  Quand le Ciel parmy nos dangers,
Auoit horreur de nos prieres,
Que les yeux des plus estrangers
Donnoient des pleurs à nos miseres,
Quand nos maux alloient iusqu'au bout,
Que l'estat branlant par tout
Estoit prest à changer de maistre,
Il fist mourir nostre douleur,
Et perdre esperance au malheur
De la faire iamais renaistre.

  Ce grand Iour où tant de plaisirs,
Succederent à tant de peines,
Qui fit changer tant de desirs,
Et qui r'appaisa tant de haines:
Tous nos cœurs sans fard & sans fiel,
Enclinans où l'amour du Ciel
Poussoit vos volontez vnies,
Rauis de ce commun bon-heur,

Firent des vœux à son honneur;
Pour nos calamitez finies.

Ceux qui mieux ont senty l'effect,
D'vne si loüable victoire,
Honteux du bien qu'il leur a faict,
Ont du mal à souffrir sa gloire:
Ils arrachent à leurs esprits
Le ressentiment du mespris,
Dont la grandeur estoit foulée,
Quand leur foiblesse auec raison,
Souhaittoit l'heureuse saison
Que ce grand Dieu a r'apellee.

Le remords vous doit bien punir,
Vostre ame est bien peu liberale,
De luy nier le souuenir
D'vne grace si generale,
Que vos fureurs changent d'obiect,
Aussi bien cherchent le suiect,
De la hayne qui vous anime,
Vous ne trouuerez point dequoy,
Sinon que la faueur du Roy
Tienne lieu de honte & de crime.

Ceux qui veillent à rechercher
Quelque iuste suiect de blasme,
Ne peuuent point luy reprocher
En deffaut du corps ny de l'ame;

Pour moy lors que ie pense à luy,
C'est enuie qui pousse autruy
De mes sens bien loing se retire,
Tous mes vers vont en compliment,
Et ne sçaurois trouuer comment
Il se faut prendre à la satyre.

S'il est coulpable, c'est d'auoir
Trop de iustice, & de vaillance,
D'aymer son Prince, & receuoir
Les effects de sa bien-veillance:
Grand Duc laisse courir le fraict,
Et gouste doucement le fruict
Que la bonne fortune apporte,
Tous ceux qui sont tes ennemys,
Voudroient bien qu'il leur fust permis
D'estre criminels de la sorte.

Iamais à leurs funestes vœux
Vn Dieu propice ne responde:
Iamais sinon ce que tu veux
Ne puisse reüssir au monde,
Que tousiours de meilleurs succez
Te donnent de nouueaux accez
A des felicitez plus grandes,
Et qu'en fin les plus enragez
A ta deuotion rangez
Te viennent payer des offrandes.

A MONSIEVR DE MONTMORENCY.

ODE.

Lors que les Muses flattent
Vn homme qu'on estime à faux,
Et qu'il faut cacher cent deffaux,
Afin que deux vertus esclattent;
Nos esprits d'vn pinceau diuers,
Par l'artifice de nos vers
Font le visage à toutes choses;
Et dans le fard de leurs couleurs.
Font passer de mauuaises fleurs
Sous le teint des lys & des roses.

Ce vagabond, de qui le bruict
Fut si chery des destinees,
Et si grand que trois mille annees
Ne l'ont point encores destruict:
Auecques de si bonnes marques
N'eust foulé la rigueur des Parques
N'y peuplé le pays Latin,
Si depuis qu'on brusla la ville
Auguste n'eust prié Virgile
De luy faire vn si beau destin.

Tout de mesme au siecle ou nous sommes,
Les richesses ont achepté
De nostre auare lascheté
La façon de louer les hommes:
Mais ie ne te conseille pas,
De presenter aucun appas,
A tant de plumes hypocrites:
D'autant que la posterité
Verra mieux dans la verité
La memoire de tes merites.

Laisse là ces esprits menteurs,
Sauue ton nom de leurs ouurages,
Les compli'mens sont des ouurages,
Dedans la bouche des flatteurs:
Moy qui n'ay iamais eu le blasme
De farder mes vers ny mon ame,
Ie trouueray mille tesmoings
Que tous les censeurs me reçoiuent,
Et que les plus entiers me doiuent
La gloire de mentir le moins.

Ceste grace si peu vulgaire
Me donne de la vanité,
Et faict que sans temerité
Ie prendray le soing de te plaire,
Les Dieux aydans à mon dessein,
Me verseront dedans le sein
Vne fureur mieux animee;

Ils m'apprendront des traits nouueau.
Et plus durables & plus beaux,
En faueur de ta renommee.

Mais aussi tost que mon desir,
Qui ne respire que la gloire
De trauailler à ta memoire,
Iouira d'vn si doux loisir,
Mon Astre qui ne sçait reluire,
Que pour me troubler & me nuire,
Cachera son mauuais aspect,
Et son influence inhumaine
N'a pas eu pour moy tant de haine,
Qu'elle aura pour toy de respect.

Mes affections exaucees
En l'ardeur d'vn si beau proiect,
Recouureront pour ton obiect
La liberté de mes pensees:
Mes ennuys seront escartez
Et mon ame aura des clartez
Si propices à tes loüanges,
Que le Ciel s'il n'en est ialoux
Ayant trouué mes vers si doux,
Il les fera redire aux Anges.

Ie sens vne chaleur d'esprit,
Qui vient persuader ma plume,

De tracer le plus grand volume
Que François ait iamais escrit,
Tout plein de zele & de courage
Ie m'embarque à ce grand ouurage,
Ie sçay l'Antarctique & le Nort,
I'entens la carte & les estoiles,
Et ne fais point enfler mes voiles
Auant qu'estre asseuré du port.

Par les rochers & dans l'orage
De l'onde où ie me suis commis,
Ie prepare à mes ennemis
L'esperance de mon naufrage:
Mais que les Astres irritez
De toutes leurs aduersitez
Persecutent mon entreprise,
Ie ne cognois point de malheur,
Qu'au seul renom de ta valeur
Ie ne vainque, ou ie ne mesprise.

A FEV MONSIEVR DE LOSIERES.

ODE.

Mon Dieu que la franchise est rare,
Qu'on treuue peu d'honnestes gens!
Que la fortune & ses regens
Sont pour moy d'vne humeur auare,
LOSIERES, Personne que toy,
Dans les troubles ou ie me voy,
Ne me monstres vn œil fauorable:
Tout ne me faict qu'empeschement,
Et l'amy le plus secourable
Ne m'assiste que laschement.

Si i'estois vn homme de fange,
Ou a'vn esprit iniurieux,
Qui ne porta iamais les yeux
Sur le suiet d'vne loüange,
Ou qu'on m'eust veu desobliger
Ceux qui me veulent affliger:
Ie ne serois point pardonnable,
I'approuuerois mes ennemys,
Et trouuerois irraisonnable
Le secours que tu m'as promis.

Mais iamais encore l'enuie
D'escrire vn Pasquin ne me prit,
Et tout le soin de mon esprit
Ne tend qu'à l'aise de ma vie,
I'ayme bien mieux ne dire mot
Du plus infame & du plus sot,
Et me sauuer dans le silence,
Que d'exposer mal a propos
A l'effort d'vne violence
Ma renommee, & mon repos.

O destin que tes loix sont dures!
L'innocence ne sert de rien:
Que le sort d'vn homme de bien
A de cruelles aduentures!
Ce grand Duc redouté de tous,
Dont ie ne souffre le couroux,
Pour aucun crime que ie sçache,
Me menasse d'vn chastiment,
Contre qui l'ame la plus lasche
Fremiront de ressentiment.

Il est bien aisé de me nuire,
Car ie ne puis m'assuiectir
Au soucy de me garentir,
Quoy qu'on fasse pour me destruire
Ie sçay bien qu'vn astre puissant,
A tous ses vœux obeyssant,
Force les plus fiers à luy plaire,

O ij

que c'est plus de dépiter
La menace de sa colere,
Que le foudre de Iupiter.

Mais que la flamme du tonnere
Viennent esclatter à mon trespas,
Et le Ciel fasse sous mes pas,
Creuer la masse de la terre,
Mon esprit sans estonnement
S'appreste à son dernier moment:
Plus ie sens approcher le terme,
Plus ie desire aller au port,
Et tousiours d'vn visage ferme
Ie regarde venir la mort.

Ainsi quoy que ce fier courage
Menace mon foible destin,
Sans estre poltron & mutin,
Ie verray fondre cet orage,
Et coniurer ton amitié,
De n'auoir ny soin ny pitié,
Quelque malheur qui m'importune,
Dieu nous blesse & nous sçait guerir:
Et les hommes ny la fortune,
Ne nous font viure ny mourir.

A MONSIEVR LE MARQVIS DE BOQVINGANT.

ODE.

VOVS pour qui les rayons du iour
　Sont amoureux de cet Empire,
Que Mars redoute & que l'amour
Ne sçauroit voir qu'il ne souspire
C'est bien auecques du subiect
Qu'vn grand Roy vous a faict l'obiect.
D'vne affection infinie,
Et que toutes les nations
Ont permis que vostre genie
Forçast leurs inclinations.

　Les faueurs que vous meritez
Ont obligé mesme l'enuie
D'accroistre vos prosperitez,
En disant bien de vostre vie.
Sans artifice, & sans courroux,
lle se produit toute nuë,
t ses vains desirs abbatus,
ait gloire d'estre recogneue

Pour triomphe de vos vertus.

Personne n'est fasché du bien
Dont vostre sort heureux abonde,
D'autant qu'il ne vous sert de rien
Qu'a faire du plaisir au monde.
Ainsi le celeste flambeau,
Qui fut l'ornement le plus beau
Qu'enfanta la masse premiere,
N'a iamais eu des enuieux,
Car il n'vse de sa lumiere
Que pour en esclairer nos yeux.

Chaque saison donne ses fruicts:
L'Automne nous donne ses pommes,
L'Hyuer donne ses longues nuicts,
Pour vn plus grand repos des hommes:
Le Printemps nous donne des fleurs,
Il donne l'ame, & les couleurs
A la fueille qui semble morte:
Il donne la vie aux forests,
Et l'autre saison nous apporte,
Ce qui fait iaunir nos guerets.

La terre pour donner ses biens
Se laisse fouiller iusqu'au centre:
Et pour nous les champs Indiens
Se tirent les thresors du ventre,
L'onde enrichit de cent façons,

Nos vaisseaux & nos hameçons,
Et cet element si barbare,
Pour se faire voir liberal,
Arache de son sein auare,
L'Ambre, la Perle, & le Coral.

 Ce qu'on dit de ce grand thresor
Decoulant de la voix d'Algide,
C'estoient vrayement des chaines d'or,
Qui tenoient les esprits en bride,
Cognoissant ces diuins appas
Alexandre donnoit-il pas
Tout son gain de paix & de guerre?
Ce Prince auec tout son bon-heur,
S'il n'eust donné toute la terre,
Ne s'en fust iamais faict Seigneur.

 Les Zephirs se donnent aux flots,
Les flots se donnent à la Lune,
Les Nauires aux Matelots
Les Matelots à la fortune,
Tout ce que l'Vniuers conçoit
Nous apporte ce qu'il reçoit
Pour rendre nostre vie aisee;
L'Abeille ne prend point du Ciel
Les doux presens de la rosee,
Que pour nous en donner le miel.

 Les rochers, qui sont le tableau

Des sterilitez de nature,
Afin de nous donner de l'eau,
Fendent-ils pas leur masse dure!
Et les champs les plus impuissans
Nous donnent l'yuoire & l'encens;
Les deserts les plus inutiles
Donnent de grands tiltres aux Roys,
Et les arbres les moins fertiles
Nous donnent de l'ombre & du bois.

Marquis, tout donne comme vous,
Vous donnez comme celuy mesme,
Dont les animaux sentent tous
La liberté supresme,
Dieu nous donne par son amour,
Auecques les presens du iour
Les traits mesmes de son visage;
Ce monde ouurage de ses mains,
N'est point basty pour son vsage;
Car il l'a fait pour les humains:
Que le Ciel reçoit de plaisir
Alors qu'il voit sa creature
Viure dans vn si beau desir,
Et si conforme à sa nature,
Ie voudrois bien vous imiter,
Mais ne pouuant vous presenter
Ce que la fortune me cache,
Puisque tout donne en l'vniuers,

Ie veux que tout le monde sçache
Que ie vous ay donné des vers.

CONTRE L'HYVER

ODE.

PLein de cholere & de raison
Contre toy barbare saison
Ie prepare vne rude guerre
Malgré les loix de l'Vniuers,
Qui de la glace des hyuers
Chassent les flammes du tonnerre:
Auiourd'huy l'ire de mes vers
Des foudres contre toy deserre.

Ie veux que la posterité
Au rapport de la verité
Iuge ton crime par ta haine,
Les Dieux qui sçauent mon malheur
Cognoissent qu'il y va du leur,
Et d'vne passion humaine,
Participans à ma douleur
Promettent d'alleger ma peine.

La Parque retrenchant le cours
De tes Soleils bien que si cours,

Rien que nuict sur toy ne deuide,
Puisse tu perdre tes habits,
Et ce qu'au parc de nos brebis
Peut souhaitter le loup auide,
T'arriuent tous les maux d'Ibis,
Comme le souhaittoit Ouide.

Ceres ne voit point sans fureur
Les miseres du Laboureur,
Que ta froidure a fait resoudre
A brusler mesme les forests,
Les champs ne sont que des marests,
L'Esté n'espere plus de moudre
Le reuenu de ses guerests,
Car il n'y trouuera que poudre :

Tous nos arbres sont despouillez,
Nos promenoirs sont tous mouillez,
L'esmail de nostre beau parterre
A perdu ses viues couleurs,
La gelée a tué les fleurs,
L'air est malade d'vn caterre,
Et l'œil du Ciel noyé de pleurs
Ne sçait plus regarder la terre.

La nasselle attendant le flux
Des ondes qui ne courent plus,
Oysifue au port est retenuë,
La tortue & les limaçons,

L'oyseau sur une branche nuë,
Attend pour dire ses chansons,
Que la fueille soit reuenuë.

Le Heron quand il veut pescher,
Trouuant l'eau toute de rocher,
Se paist du vent & de sa plume.
Il se cache dans les roseaux,
Et contemple au bord des ruisseaux,
La bize contre sa coustume,
Souffler la neige sur les eaux,
Où bouilloit autresfois l'escume.

Les poissons dorment asseurez,
D'un mur de glace remparez,
Francs de tous les dangers du monde,
Fors que de toy tant seulement,
Qui restreins leur moitte element,
Iusqu'à la goutte plus profonde,
Et les laisses sans mouuement,
Enchassez en l'argent de l'onde.

Tous les vents brisent leurs liens,
Et dans les creux Aeoliens,
Rien n'est resté que le zephire,
Qui tient les œillets & les lys,
Dans ses poulmons enseuelis,
Et triste en la prison souspire,
Pour les membres de sa Philis,

Que la tempeste luy deschire.

Au iourd'huy mille matelots,
Où ta fureur combat les flots,
D'effaillis d'art & de courage,
En l'aduenture de tes eaux,
Ne rencontrent que des tombeaux,
Car tous les astres de l'orage,
Irritez contre leurs vaisseaux,
Les abandonnent au naufrage.

Mais tous ces maux que ie descris,
Ne me font point ietter de cris,
Car eusses tu porté l'abysme,
Iusques où nous leuons les yeux,
Et d'vn débord prodigieux,
Trempé le Ciel iusqu'à la cime,
Au lieu de t'estre iniurieux,
Hyuer ie loüerois ton crime.

Helas! le gouffre des mal-heurs,
D'où ie puise l'eau de mes pleurs,
Prend bien d'ailleurs son origine,
Mon desespoir dont tu te ris,
C'est la douleur de ma Cloris,
Qui rend toute la Cour chagrigne,
Les Dieux qui tous en sont marris,
Iurent ensemble ta ruine.

Ce beau corps ne dispose plus

De ses sens, dont il est perclus
Par la froideur qui les assiege:
Espargne hyuer tant de beautés
Remets sa voix en liberté.
Fais que ceste douleur s'allege,
Et pleurant de ta cruauté,
Fais distiller toute la neige.

Qu'elle ne touche de si pres
L'ombre noire de tes Cypres,
Car si tu menassois sa teste
Le laurier que tu tiens si cher,
Et que l'esclair n'ose toucher
Seroit subiect à la tempeste,
Et les Dieux luy feroient secher
La racine comme la feste.

Mais si ta crainte ou ta pitié,
Veut flechir mon inimitié,
Sois luy plus doux que de coustume,
Ronge nos vignes de muscats,
Dont les muses font tant de cas,
Mais à la faueur de ma plume,
Dans ses membres si delicats
Ne r'ameine iamais le rume.

Promeine tes froids Aquilons
Par la campagne des Gelons,
Gresle dessus les monts de Thrace:

Mais si iamais tu reprimas,
La violence des frimas,
Et la dureté de ta glace
Sur les plus temperez climats,
Le sien tousiours ayt ceste grace.

Sa maison comme le sainct lieu,
Consacré pour le nom d'vn Dieu,
Rien que pluye d'or ne possede,
La neige fonde sur vn toit,
Vn sacré nectar qui ne soit
Ny bruslant, ny glacé, ny tiede,
Mais tel que Iupiter le boit
Dans la coupe de Ganimede.

Si tu m'accorde ce bon-heur,
Par cet œil que i'ay fait Seigneur
D'vne ame à l'aymer obstinee,
Ie iure que le Ciel lira,
Ton nom qu'on enseuelira,
Qu'au tombeau de la destinee,
Et par moy ta louange ira,
Plus loing que la derniere annee.

LE MATIN.
ODE.

L'Aurore sur le front du iour,
Seme l'azur, l'or & l'yuoire,
Et le Soleil lassé de boire,
Commence son oblique tour,

Les cheuaux au sortir de l'onde,
De flamme & de clarté couuerts,
La bouche & les naseaux ouuerts,
Ronflent la lumiere du monde,
La Lune fuit deuant nos yeux,
La nuict a retiré ses voiles,
Peu à peu le front des estoilles,
S'vnit à la couleur des Cieux.
Desia la diligente Auette,
Boit la mariolaine & le thein,
Et reuient riche du butin,
Qu'elle a pris sur le mont Hymette.

Ie voy le genereux Lion,
Qui sort de sa demeure creuse,
Herissant sa perruque affreuse,
Qui fait fuyr Endimion,

Sa Dame entrant dans les boccages,
Compte les Sangliers qu'elle a pris,
Ou deuale chez les esprits
Errant aux sombres marescages.

Ie voy les Agneaux bondissans,
Sur ces bleds qui ne font que naistre:
Cloris chantant les meine paistre,
Parmy ces costaux verdissans.

Les oyseaux d'vn ioyeux ramage,
En chantant semblent adorer,
La lumiere qui vient dorer,
Leur cabinet & leur plumage.

La charrue escorche la plaine,
Le bouuier qui suit les seillons,
Presse de voix & d'aiguillons,
Le couple des bœufs qui l'entraine.

Alix appreste son fuseau,
Sa mere qui luy faict la tasche,
Presse le chanure qu'elle attache,
A sa quenoüille de roseau.

Vne confuse violence,
Trouble le calme de la nuict,
Et la lumiere auec le bruit,
Dissipe lombre & le silence.
Alidor cherche à son resueil

L'ombre

DE THEOPHILE.

L'ombre d'Iris qu'il a baisee,
Et pleure en son ame abusee
La fuitte d'vn si doux sommeil.

Les bestes sont dans leur taniere
Qui tremblent de voir le Soleil:
L'homme remis par le sommeil,
Reprend son œuure constumiere.

Le forgeron est au fourneau
Oy comme le charbon s'alume,
Le fer rouge dessus l'enclume,
Estincelle sous le marteau.

Ceste chandelle semble morte,
Le iour la faict esuanouyr,
Le soleil vient nous esblouyr,
Voy qu'il passe au trauers la porte.

Il est iour, leuons nous Philis,
Allons à nostre iardinage,
Voir s'il est comme ton visage,
Semé de roses, & de lys.

LA SOLITVDE

ODE.

Dans ce val solitaire & sombre,
Le cerf qui brame au bruict de l'eau,
Panchant ces yeux dans vn ruisseau,
S'amuze à regarder son ombre.

De ceste source vne Naiade,
Tous les soirs ouure le portail
De sa demeure de crystal,
Et nous chante vne serenade.

Les Nymphes que la chasse attire
A l'ombrage de ces forests,
Cherchent les cabinets secrets,
Loing de l'embuche du Satyre.

Iadis au pied de ce grand chesne,
Presque aussi vieux que le Soleil,
Baccus l'Amour & le Sommeil,
Firent la fosse de Silene.

Vn froid & tenebreux silence,

Dort à l'ombrage de ses ormeaux,
Et les vents battent la cime aux
D'une amoureuse violence.

L'esprit plus retenu s'engage,
Au plaisir de ce doux seiour,
Où Philomele nuict & iour,
Renouuelle vn piteux langage.

L'or fraye & le hibou s'y perche,
Icy viuent les loups garoux :
Iamais la iustice en courroux,
Icy de criminels ne cherche.

Icy l'amour faict ses estudes,
Venus y dresse des Autels :
Et les visites des mortels,
Ne troublent point ces solitudes.

Ceste forest n'est point profane,
Ce ne fut point sans la fascher,
Qu'Amour y vint iadis cacher,
Le berger qu'enseignoit Diane.

Amour pouuoit par innocence,
Comme enfant tendre icy des rets,
Et comme Reyne des forest,
Diane auoit ceste licence.

Cupidon d'vne douce flamme,

Ouurant la nuict de ce valon,
Mist deuant les yeux d'Appollon,
Le glaçon qu'il auoit dans l'ame.

A l'ombrage de ce bois sombres,
Hyacinthe se retira,
Et depuis le Soleil iura
Qu'il seroit ennemy de l'ombre.

Tout aupres le ialoux Boree,
Pressé d'vn amoureux tourment,
Fut la mort de ce ieune amant,
Encore la mort par luy souspiree.

Saincte forest ma confidente,
Ie iure par le Dieu du iour,
Que ie n'auray iamais amour,
Qui ne soit toute euidente.

Mon Ange ira par cet ombrage,
Le Soleil le voyant venir,
Ressentira du souuenir,
L'accez de sa premiere rage.

Corine ie te prie approche,
Couchons nous sur ce tapis vert,
Et pour estre mieux à couuert,
Entrons au creux de ceste roche :

Ouure tes yeux ie te supplie,
Mille amours logent là dedans,

Et de leurs petits traits ardans,
Ta prunelle est toute remplie.

Amour de tes regards souspire,
Et ton esclaue deuenu,
Se voit luy mesme retenu,
Dans les liens de son Empire.

O beauté sans doute immortelle,
Où les Dieux trouuent des appas,
Par vos yeux ie ne croyois pas,
Que vous fussiez du tout si belle.

Qui voudroit faire vne peinture,
Qui peut ses traits representer,
Il faudroit bien mieux inuenter,
Que ne fera iamais nature.

Tout vn siecle les destinées,
Trauaillerent apres ses yeux,
Et ie croy que pour faire mieux,
Le temps n'a point assez d'années.

D'vne fierté pleine d'amorce,
Ce beau visage a des regards,
Qui iettent des feux & des dards
Dont les Dieux aymeroient la force.

Que ton teint est de bonne grace,
Qu'il est blanc, & qu'il est vermeil,
Il est plus net que le Soleil,

P iij

Et plus vny que de la glace.

Mon Dieu que tes cheueux me plaisent,
Ils s'ébattent dessus ton front,
Et les voyans beaux comme ils sont,
Ie suis ialoux quand ils te baisent.

Belle bouche d'ambre & de roze,
Ton entretien est déplaisant,
Si tu ne dis en me baisant,
Qu'aymer est vne belle chose.

D'vn air plein d'amoureuse flamme,
Aux accens de ta douce voix,
Ie voy les fleuues & les bois,
S'embrasser comme a faict mon ame.

Si tu mouilles tes doigts d'yuoire,
Dans le crystal de ce ruisseau,
Le Dieu qui loge dans ceste eau,
Aymera s'il en oze boire.

Presente luy ta face nuë,
Tes yeux auecques l'eau riront,
Et dans ce miroir escriront,
Que venus est icy venuë.

Si bien elle sera depeincte,
Les Faunes s'en enflammeront,
Et de tes yeux qu'ils aymeront,

Ne sçauront descouurir la feinte,

Entend ce Dieu qui te conuie,
A passer dans son element,
Oy qu'il souspire bellement
Sa liberté desia rauie.

Trouble luy ceste fantasie,
Destourne toy de ce miroir,
Tu le mettras au desespoir,
Et m'osteras de ialousie.

Voy-tu ce tronc & ceste pierre,
Ie croy qu'ils prennent garde à nous,
Et mon amour deuient ialoux
De ce myrthe & de ce lierre.

Sus ma Corine que ie cueille,
Tes baisers du matin au soir,
Voy comment pour nous faire asseoir,
Ce myrthe a laissé choir sa fueille.

Oy le Pinçon & la Linotte,
Sur la branche de ce rosier,
Voy branler leur petit gosier,
Oy comme il ont changé de notte.

Approche, approche ma Driade,
Icy murmureront les eaux,
Icy les amoureux oyseaux

P iiij

Chanteront une serenade.
Preste moy ton sein pour y boire;
Des odeurs qui m'embasmeront,
Ainsi mes sens se pasmeront.
Dans les lacs de tes bras d'yuoire,
Ie baigneray mes mains folastres,
Dans les ondes de tes cheueux,
Et ta beauté prendra les vœux,
De mes œillades idolatres.

Ne crains rien, Cupidon nous gard
Mon petit Ange es tu pas mien,
Ha! ie voy que tu m'aymes bien,
Tu rougis quand ie te regarde.

Dieux que ceste façon timide,
Est puissante sur mes esprits,
Regnaud ne fut pas mieux esprits,
Par les charmes de son Armide.

Ma corine que ie t'embrasse,
Personne ne nous voit qu'Amour,
Voy que mesme les yeux du iour,
Ne trouuent poit icy de place.

Les vents qui ne se peuuent taire,
Ne peuuent escouter aussi,
Et ce que nous ferons icy,
Leur est un incogneu mystere.

ODE.

Vn fier demon qui me menasse,
De son triste & funeste accent,
Contre mon amour innoncent
Gronde la hayne & la disgrace.

On m'a rapporté que tes yeux,
Dans leurs paupieres languissantes,
N'auoient plus ces flammes puissantes
Qui blessoient les ames des Dieux.

Nature est vrayement bien hardie,
Et le sort bien faux & malin
D'assuiectir le sang diuin,
A l'effort d'vne maladie,

En detestant ses cruautez,
Quelque peu qui m'en diuertisse,
Ie crie contre l'iniustice
Que le Ciel fait à tes beautez.

Depuis ce malheureux message,
Qui m'a priué de tout repos,
La tristesse a mis dans mes os,
Vn tourment d'amour & de rage.

Malade au lict d'où ie ne sors,
Ie songe que ie vois la Parque,

Et que dans vne mesme barque,
Nous passons le fleuue des morts.

Si tu te deuils de mon absence,
C'est vn supplice d'amitié.
Qui merite autant de pitié,
Qu'elle a de peine & d'innocence.

Ie mourray si tu meurs pour moy,
Autrement ie serois bien traistre,
Puis que le sort ne m'a faict naistre,
Que pour mourir auecques toy.

SVR VNE TEMPESTE QVI S'ESLEVA COMME il estoit prest de s'embarquer pour aller en Angleterre.

ODE.

PArmy ces promenoirs sauuages,
I'oy bruire les vents & les flots,
Attendant que les mattelots,
M'emportent hors de ces riuages,
Icy les rochers blanchissans,
Du choc des vagues gemissans,

crissent leurs masses cornuës,
ontre la cholere des airs,
Et presentent leurs teste nues,
A la menace des esclairs.

J'ey sans peur l'orage qui gronde,
Et fust ce l'heure de ma mort,
Ie suis prest à quitter le port,
En dépit du Ciel & de l'onde,
Ie meurs d'ennuy dans ce loisir:
Car vn impatient desir,
De reuoir les pompes du Louure,
Trauaille tant mon souuenir.
Que ie brusle d'aller à Douure,
Tant i'ay haste d'en reuenir.

Dieu de l'onde, vn peu de silence,
Vn Dieu fait mal de s'esmouuoir,
Fais moy paroistre ton pouuoir,
A corriger ta violence,
Mais à quoy sert de te parler,
Esclaue du vent & de l'air,
Monstre confus qui de nature,
Vuide de rage & de pitié:
Ne monstres que par aduenture,
Ta hayne, & ton amitié?

Nochers qui par vn long vsage,
Voyez les vagues sans effroy,

Et qui cognoissez mieux que moy,
Leur bon & leur mauuais visage:
Dictes moy, ce Ciel foudroyant,
Ce flot de tempeste aboyant,
Les flancs de ces montagnes grosses,
Sont ils mortels à nos vaisseaux ;
Et sans applanir tant de bosses,
Pourray-ie bien courir les eaux?

Allons Pilote où la fortune
Pousse mon genereux dessein,
Ie porte vn Dieu dedans le sein,
Mille fois plus grand que Neptune:
Amour me force de patir,
Et deut Thetis pour m'engloutir,
Ouurir mieux ses moittes entrailles,
Cloris m'a sceu trop enflammer,
Pour craindre que mes funerailles
Se puissent faire dans la mer.

O mon Ange, ô ma destinee
Qu'ay-ie fait à cet element,
Qu'il tiennent si cruellement,
Contre moy sa rage obstinee?
Ma Cloris ouure icy tes yeux,
Tire vn de tes regars aux Cieux,
Ils dissiperont leurs nuages,
Et pour l'amour de ta beauté,

Neptune n'aura plus de rage,
Que pour punir sa cruauté.

Desia ces montagnes s'abaissent,
Tous les sentiers sont aplanis,
Et sur ces flots si bien vnis,
Ie voy des alcions qui naissent,
Cloris que ton pouuoir est grand,
La fureur de l'onde se rend
A la faueur que tu m'as faicte,
Que ie vay passer doucement,
Et que la peur de la tempeste,
Me donne peu de pensement.

L'ancre est leuee & le Zephire,
Auec vn mouuement leger,
Enfle la voile & fait nager,
Le lourd fardeau de la Nauire,
Mais quoy le temps n'est plus si beau,
La tourmente reuient dans l'eau,
Dieux que la mer est infidelle,
Chere Cloris si ton amour,
N'auoit plus de constance qu'elle,
Ie mourrois auant mon retour.

A CLORIS.
ODE.

AVssi loing d'amour que d'enuie,
Ie viuois loing de vos beautez,
Dans les plus douces libertez,
Que la raison donnent à la vie:
Mais les regards imperieux,
Qu'Amour tire de vos beaux yeux,
M'ont bien faict changer de nature,
Ha! que les violents desirs,
Que me donna cest aduanture,
Furent traistres à mes plaisirs.

Le doux esclat de ce visage,
Qui parroissoit sans cruauté,
Et des ruses d'vne beauté,
Me sembloit ignorer l'vsage,
Me surprit d'vn si doux malheur,
Et m'affligea d'vne douleur,
Si plaisante à ma frenaisie,
Que deslors i'aymay ma prison,
Et deliuray ma fantaisie,
De l'empire de ma raison.

Contre ce coup ineuitable,
Qui me mit l'amour dans le sein,
Ie ne sçay prendre aucun dessein,
Ny facile, ny profitable,
Embrazé d'vn feu qui me suit
Par tout ou le Soleil me luit,
Ie passe les monts Pyrenees,
Où les neiges que l'œil du iour,
Et les foudres ont espargnees,
Fondent au feu de mon amour.

Sur ces riuages ou Neptune,
Fait tant d'escume & tant de bruit,
Et souuent d'vn vaisseau d'estruit,
Faict sacrifice à la fortune,
I'inuoque les ondes & l'air,
Mais au lieu de me consoler,
Les flots grondent à mon martyre,
Mes souspirs vont auec le vent,
Et mon pauure esprit se retire,
Aussi triste qu'auparauant.

Mes langueurs, mes douces furies,
Quel sort, quel Dieu, quel element,
Nous ostera l'aueuglement,
De vos charmantes resueries?
La froide horreur de ces forests,
L'humidité de ces marests,
Ceste effroyable solitude,

Dont le Soleil auec des pleurs,
Prouoque en vain l'ingratitude,
Que font elles à mes douleurs?
Grands deserts, sablons infertiles,
Où rien que moy n'ose venir,
Combien me deuez vous tenir,
Dans ces campagnes inutiles?
Chauds regards, amoureux baisers,
Que vous estes dans ces deserts,
Bien sensibles à ma memoire!
Philis, que ce bon-heur m'est doux
Et que ie trouue de la gloire,
A me ressouuenir de vous!

Enfin ie croy que la tempeste
Me permettra d'ouurir les yeux,
Et que l'inimitié des Cieux,
Me laissera leuer la teste,
Apres tous ces maux acheuez,
Les faueurs que vous reseruez,
A ma longue perseuerance,
Reprocheront à mon ennuy,
D'auoir creu que mon esperance,
Me quitteroit plustost que luy.

Au retour de ce long voyage,
La terre en faueur de Philis,
D'œillets, de roses, & de lys,

Semera par tout mon passage:
Ces grands pins deuenus plus beaux,
Ioignans du faiste les flambeaux
Dont la voute du Ciel se pare,
Iront aux astres s'enquerir
Si quelque autre bien s'accompare,
A celuy que ie vay querir.

Ce iour sera filé de soye,
Le Soleil par tout où i'yray,
Laissera, quand ie passeray,
Des ombrages dessus ma voye,
Les Dieux à mon sort complaisans,
Me combleront de leurs presens,
I'auray tout mon soul d'ambroisie,
Les Deesses me viendront voir,
Au moins si vostre courtoisie,
Leur veut permettre ce deuoir.

Ceste triste nuict acheuee,
Mon ame quittera le dueil,
Si les tenebres du cercueil,
Ne preuiennent mon arriuee,
A l'aise du premier abord,
Lors que tous destins d'accord,
Permettront que ie vous renoye,
Si ie n'ay pour me secourir,
Des remedes contre ma ioye,
Ie dois bien craindre de mourir.

Q

Ie ſçay qu'à la faueur premiere
Que vos regards me ietteront,
Mes eſprits rauis quitteront,
Le doux obiect de la lumiere,
C'eſt tout vn, i'ayme bien mon ſort,
Car les cruautez de la mort,
N'ont point de ſi cruelles geine,
Que des Roys ne vouluſſent bien,
Se trouuer en la meſme peine,
Pour vn meſme honneur que le mien.

Cloris ma franchiſe eſt perduë,
Mais quand pour guerir mon ennuy,
Quelque Dieu me l'auroit renduë,
Mon ame ſe plaindroit de luy,
Toute la force & l'induſtrie,
Que i'oppoſois à la furie,
De mes trauaux trop rigoureux,
A fait des efforts inutiles:
Car mes ſentimens indociles,
En deuiennent plus amoureux.

Ce qui peut finir ma ſouffrance,
Et recommencer mon plaiſir,
S'eſloigne de mon eſperance,
Auſſi bien que de mon deſir,
Les deſtins, & le Ciel luy meſme,
Qui recognoiſſent comme i'ayme,
Au ſeul obiect de mes douleurs,

Ne me presentent point leur ayde,
Car ils sçauent que tout remede,
Est plus foible que mes langueurs,
Ie cognois bien que l'œil d'vn Ange,
Que le Ciel ne gouuerne pas,
Et qui tient à peu de loüange,
Qu'amour brusle de ses appas,
S'il veut vn iour a ma priere,
Ietter l'esclat de sa lumiere,
A l'aduantage de mes vœux,
Faire n'aistre au sort qui m'irrite,
Plus de bien que ie ne merite,
Et plus d'honneur que ie ne veux.

Tandis que ma flamme, ou ma rage,
Attendoit apres sa beauté,
Vn faux & criminel ombrage,
Embarrasse sa volonté,
Ce feint honneur, ceste fumee,
Vient estonner sa renommee,
De l'impudence des mortels,
Cloris perdez ceste foiblesse,
Si vous ne viuez en Deesse,
Dequoy vous seruent mes Autels?

Le plus audacieux courage,
Deuant vous ne fait que trembler,
Qui voit vostre diuin visage,
N'est plus capable de parler,

Vos yeux gouuernent les pensees,
Des ames les plus insensees,
Et les bornent de toutes parts:
Et la plus aigre mesdisance,
N'est qu'honneur, & que complaisance,
Aux attraits de vos doux regards,
Moy qui suis deuenu perfide,
Contre les Dieux que i'adorois,
Et dont l'ame n'a plus de guide,
Sinon l'empire de vos loix,
Ie vous croy parfaicte & diuine,
Et mon iugement s'imagine,
Que les faits les plus odieux,
Lors que vous leur donnez licence,
Sont plus iustes que l'innocence,
Et que la saincteté des Dieux.

Mais quand les ames indiscrettes,
S'amuseroient à discourir,
De nos flammes les plus secrettes,
Elles ne doiuent pas mourir,
O Dieux qui fistes les abysmes,
Pour la punition des crimes,
Ie renonce à vostre pitié,
Et vous appelle à mon supplice,
Si iamais mon ame est complice,
De la fin de nostre amitié.

 Chere Cloris ie vous coniure,

Par les nœuds dont vous m'arrestez,
Ne vous troubles point de l'iniure,
Des faux bruits que vous redoutez,
Comme vous i'en ay des atteintes,
Et milles violentes craintes,
Me persecutent nuict & iour,
Ie croy que les Dieux & les hommes,
Dedans le climat où nous sommes,
Ne parlent que de nostre amour.

Ie suis plus craintif que vous n'estes,
Et crains que les destins ialoux,
Ne donnent vn langage aux bestes,
Pour leurs faire parler de nous,
Vne ombre, vn rocher, vn Zephire,
Parlent tout haut de mon martyre,
Et quand les foudres murmurans,
Menacent le peché du monde,
Ie croy que le tonnerre gronde,
Du seruice que ie vous rends.

Mais quoy que le Ciel & la terre,
Troublassent nos contentements,
Et nous fissent souffrir la guerre,
Des Astres & des elements,
Il faut rire de leurs malices,
Et dans vn fleuue de delices,
Noyer les soins iniurieux;
Qui priuent nos ieunes annees,

Des douceurs que les destinees,
Ne permettent iamais aux vieux.

ODE.

Heureux tandis qu'il est viuant,
Celuy qui va tousiours suiuant,
Le grand maistre de la nature,
Dont il se croit la creature,
Il n'enuia iamais autruy,
Quand tous les plus heureux que luy,
Se mocqueroient de sa misere,
Le rire & toute la colere,
Celuy-là ne s'esueille point,
Aussi tost que l'Aurore point,
Pour venir des Soucys du monde,
Importuner la terre & l'onde,
Il est tousiours plein de loisir,
La iustice est tout son plaisir,
Et permettant en son enuie,
Les douceurs d'vne saincte vie,
Il borne son contentement,
Par la raison tant seulement:
L'espoir du gain ne l'importune,
En son esprit est sa fortune,

L'esclat des cabinets dorez,
Où les Princes sont adorez,
Luy plaist moins que la face nuë,
De la campagne ou de la nuë,
La sottise d'vn courtisan,
La fatigue d'vn artisan,
La peine qu'vn amant souspire,
Luy donne esgallement à rire,
Il n'a iamais trop affecté,
Ny les biens, ny la pauureté,
Il n'est ny seruiteur, ny maistre,
Il n'est rien que ce qu'il veut estre,
Iesus Christ est sa seule Foy,
Tels seront mes mis & moy.

A PHILIS.

STANCES.

HA ! Philis que le Ciel me fait mauuais visage,
Tout me fasche & me nuit,
Et reserué l'amour & le courage,
Rien de bon ne me suit.

Les Astres les plus doux ont coniuré ma perte,
Ie ne sçay plus nul soustien,

La cour me semble vne maison deserte,
Où ie ne trouue rien.

Les hommes & les Dieux menassent ma fortune,
Mais en leur cruauté,
Pour mon soulas tout ce que i'importune,
Ce n'est que ta beauté.

Les traits de tes beautés sont d'assez fortes armes
Pour vaincre mon malheur,
Et dans la gesne assisté de tes charmes,
Ie mouray sans douleur.

Dedans l'extremité de la peine où nous sommes,
Souspirant nuict & iour,
Ie feins que c'est la disgrace des hommes,
Mais c'est celle d'amour.

Parmy tant de dangers c'est auec peu de crainte,
Que ie prens garde à moy,
En tous mes maux le subiect de ma plainte,
C'est d'estre absent de toy.

Pour m'oster aux plus forts qui me voudroient
    poursuiure,
Ie trouue assez de lieux:
Mais quel climat m'asseurera de viure,
Si ie quite tes yeux.

Le Soleil meurt pour moy, vne nuict m'enuiron-
    ne,

Ie pense que tout dort,
Ie ne voy rien ie ne parle à personne,
N'est-ce pas estre mort?

STANCES.

Qvand i'auray ce contentement,
De te voir sans empeschement,
Obiect vnique de ma ioye,
Cher maistre de ma volonté,
A quoy voudras tu que i'employe
Les heures de ma liberté?

Ie ne veux point seruir de nombre,
Suyuant apres toy comme vne ombre:
Dés qu'vn maistre que i'aymois bien
M'eut traitté dans ceste coustume,
Les douceurs de son entretien
Me tournerent en amertume.

Il est vray qu'vn sort malheureux,
Par vn astre bien tenebreux,
Conduisoit le train de ma vie,
Quand les Dieux touchez de pitié
Malgré les hommes & l'enuie
Me donnerent ton amitié.

Depuis vn insensible orgueil
De voir mes malheurs au cercueil,
M'a donné tant d'ingratitude,
Que ie ne puis sans déplaisir,
Permettre que la seruitude
Prenne vne heure de mon loisir.

STANCES.

Que mon espoir est foible, & ma raison confuse,
 C'est bien hors de propos
Bruslant comme ie fais, que mon esprit s'amuse
 A chercher du repos.
Les remedes plus doux qui touchent à ma playe
 Irritent ma douleur:
Et ie suis en fureur, quand mon discours s'essaye
 De ruyner mon malheur.
Car vn si cher ennuy combat ma violence,
 Ie meurs si doucement,
Que pour me secourir ie ferois conscience
 De parler seulement.
Philis dans les tourmens que ta rigueur me donne
 Quoy que ie meure à tort,
Ie me diray couppable, afin qu'on te pardonne,
 L'iniure de ma mort:

Amour a resolu que ie sois ta victime,
  Mais que ta cruauté
A son occasion ne fasse point de crime,
  Qu'auecques ta beauté,
Non mon sort est meilleur, Philis veut que ie viue,
  Et sans compassion
Ne sçauroit endurer qu'vn déplaisir arriue
  A mon affection.
On void sur son visage animé de sa flame
  Qu'elle a de la pitié,
Et ma fureur me trouble, ou ie vois que son ame
  Entend mon amitié.
Ie sçais bien que l'honneur, & les loix de la vie
  Combattent son desir,
Et que sa chasteté resiste en mon enuie
  Auecques déplaisir,
Son cœur dans cét effort sauuant son innocence
  Languit pour mon suiect,
Et donne ses soûspirs sans doute à mon absence,
  Plustost qu'à son obiect.
Vn riual me trauerse, elle qui s'en afflige
  Se defferoit de luy,
Mais la condition de ce fascheux, l'oblige
  De souffrir auec luy.
Cest aman importum, dont elle est offencée,
  Pese à son entretien,
Et recognoist assez qu'elle a dans la pensée,
  Autre feu que le sien.

STANCES.

Mon esperance refleurit,
Mon mauuais destin pert courage,
Auiourd'huy le Soleil me rit,
Et le Ciel me fait bon visage.

Mes maux ont acheué leur temps,
Maintenant ma douleur se range,
A la fin mes veux sont contens,
Amour a ramené mon Ange.

Dieux que i'ay si souuent priez
Sans me vouloir iamais entendre,
Ie vous ay bien iniuriez,
D'estre si longs à me la rendre.

I'excuse vostre cruauté,
Ie perds le soing de vous desplaire,
Le retour de ceste beauté
A finy toute ma cholere.

A MADAMOISELLE DE ROHAN,
SVR LA MORT DE MADAME la Duchesse de Neuers.

IE vous donne ces vers pour nourrir vos douleurs:
Puisque ceste Princesse est digne de vos pleurs,
Et ne veux point reprendre vn dueil si legitime;
Pour elle vos regrets prennent vn iuste cours,
Et de les arrester, ie croyrois faire vn crime,
Aussi bien que la mort en arrestant ses iours.

Ie sçay bien que vostre ame assez robuste & saine,
Auecq son discours à combatu sa peine,
Et qu'elle a vainement cherché sa guarison,
Y tascher apres vous on ne le peut sans blasme,
Car ie ne pense pas qu'on trouue en la raison,
Ce que vous ne pouuez trouuer dedans vostre ame.

Les plus cuisans malheurs trouuent allegemēt,
Apres que le deuoir à rendu sagement
Tout ce que l'amitié demande à la nature:
Mais lors que mon esprit songe à vous consoler,
Contre les sentimens d'vne perte si dure,

Plus ie suis preparé, moins i'ay dequoy parler.

 Tandis que la memoire à vos sens renouuelle
L'esclat de la vertu qui reluysoit en elle,
Vous nourrissez en vain quelque espoir de guerir,
Et quand le souuenir d'vne amitié si ferme,
Pour guerir vostre ennuy se laissera mourir,
Croyez que vostre vie est proche de son terme.

 Aussi ceste Princesse estant loing de vos yeux,
Le iour de tous vos maux est le plus odieux
La mort de vos langueurs est la moins inhumaine,
Quelque part de la terre on vous faciez seiour,
Il ne vous reste plus que des obiects de haine,
Apres auoir perdu l'obiect de vostre Amour.

 De moy, si la rigueur d'vn accident semblable
M'auoit osté le fruict d'vn bien si desirable,
Ie croirois que pour moy tout n'auroit que du mal,
Mes pieds ne s'oseroient asseurer sur la terre,
Le iour m'offenceroit, l'air me seroit fatal,
Et la plus douce paix me seroit vne guerre.

 Aigrissez vous tousiours d'vn chagrin plus recent
Que vostre ame en flattant l'ennuy qu'elle ressent,
Pour si chere compagne incessamment souspire,
Iamais son entretien ne vous sera rendu,
Et le Ciel reparant vos pertes d'vn Empire,

vous donneroit bien moins que vous n'auez perdu.

A ELLE MESME.

PVis qu'en cet accident le sort nous desoblige,
Ie croy que le monde auecques vous s'afflige.
Et ce commun malheur qui trouble l'Vniuers,
Reprocheroit vn crime aux loix de la nature,
Sinon que ceste mort à faict naistre nos vers,
Dont l'aymable douceur efface son iniure,
A voir vos sentimens escrit si doucement,
A voir vostre douleur peinte si viuement,
Ie croy qu'en vain la mort de ce butin se vante,
Car comme la raison m'apprend à discourir,
Celle que vous plaignez est encore viuante,
Puis qu'elle est dans vos vers qui ne sçauroient mourir,

Vous meslez dans ce dueil tant d'aggreables charmes,
Que c'est estre insensé que luy donner des larmes,
Ie la croy bien heureuse en si rare tombeau,
Et regarde sa gloire auecque tant d'enuie,
Que si l'on m'eust deu faire vn monument si beau

Ie mourrois de regret de ne l'auoir suyuie.

I'ay creu que la tristesse estoit pleine de maux,
Et perdois en l'erreur d'vn iugement si faux
La douce resuerie où l'ennuy nous amuse,
Mais vous faictes le dueil auecques tant d'appas
Que i'ayme la rigueur, combien que ie l'accuse,
Et trouue du plaisir à craindre le trespas.

POVR MADAMOISELLE D. M.

STANCES.

IE suis bien ieune encor, & la beauté que i'ayme
    Est ieune comme moy.
I'ay souuent desiré de luy parler moy mesme
    Pour luy donner ma foy.
I'obey sans contrainte à l'Amour qu'il me donne,
    Quelque desir qu'il ait,
Et sans luy resister mon ame s'abandonne,
    A tout ce qui luy plaist.
Si pour luy tesmoigner combien ie suis fidelle,
    Il me falloit mourir,
Quoy qu'on eust faict la mort mille fois plus cruelle,

L'on

L'on m'y verroit courir.
Ie iure mon destin, & le iour qui m'esclaire,
 Qu'il est tout mon soucy,
Et ce Soleil si beau ne faict que me déplaire,
 Quand il n'est pas icy.
Lors que l'Aube ensuiuant la nuit qu'elle a chassée
 Espart ses tresses d'or,
Le premier mouuement qui vient à ma pensée
 C'est l'Amour d'Alidor.
Ie tasche em m'esueillant à r'appeller les songes
 Que i'ay fait en dormant,
Et dans le souuenir de leurs plaisans mensonges,
 Ie reuoy mon amant.
Mon esprit amoureux n'est point sans violence
 Au milieu du repos,
Ie le voy dans la nuict, & parmy le silence
 I'entens ces doux propos.
Tous les secrets d'Amour que le sommeil exprime,
 Mon ame les ressent,
Et le matin ie pense auoir commis vn crime,
 Dans mon lict innocent.
De honte à mon resueil ie suis toute confuse,
 Et d'vn œil tout fasché,
Ie voy dans mon miroir la rougeur qui m'accuse
 D'auoir faict vn peché.
Ie me veux repentir de ceste double offense,
 Mais ie ne sçay comment:
Car mon esprit troublé me fait vne deffense,

R

Que luy mesme desment.
Dans mon lict desolé toute moitte de larmes
　　Ie prie tous les Dieux,
De mal traitter Morphee, à cause que ses charmes
　　Ont abusé mes yeux.
Helas! il est bien vray que ie suis amoureuse,
　　Et qu'en mon sainct Amour,
Ie me puis reputer l'Amante plus heureuse,
　　Qui soit en ceste Cour.
I'adore vne beauté si viue & si modeste,
　　Qu'elle peut tout rauir,
Et qui ne prend plaisir d'estre toute celeste,
　　Qu'afin de me seruir.
Il a dedans des pointes & des charmes,
　　Qu'vn titre gousteroit,
Et si mars luy voyoit mettre la main aux armes,
　　Il le redouteroit.
Il va dans les combats plus fier qu'à la rapine,
　　Ne marche de lyon;
Et plus braues qu'Achille ardant à la ruine,
　　Des pompes d'Ilion,
C'est le meilleur esprit, & le plus beau visage,
　　Qu'on ayt encores veu,
Et les meilleurs esprits n'ont point eu l'aduantage
　　Que mon amant n'ayt eu.
La gloire entre les cœurs qui la font mieux paroistre
　　Fait estime du sien,
Et les mieux accomplis ne le sçauroient cognoistre

Sans en dire du bien,
Hors de luy, la vertu dans l'ame la plus belle,
 Est comme en un tombeau,
Et ses plus grands esclats sont moins qu'une estincelle,
 Au prix de ce flambeau,
Ie pense en l'adorant que mon Idolatrie
 A beaucoup merité,
Et i'aymerois bien mieux mettre au feu ma patrie
 Que l'auoir irrité.
Dieux que le beau Paris eut vne belle proye!
 Que c'est amant fit bien,
Alors qu'il alluma l'embrazement de Troye,
 Pour amortir le sien.
O mon cher Alidor, ie suis bien moins qu'Heleine,
 Digne de t'esmouuoir:
Mais tu sçais bien aussi qu'auecques moins de peine,
 Tu me pourrois auoir.
Il la fallut prier, mais c'est moy qui te prie,
 Et la comparaison
De ses affections auecque ma furie,
 Est loing de la raison.
L'impression d'honneur, & celle de la honte,
 Sont hors de mon esprit.
La chasteté m'offence, & paroist vn vieux conte,
 Que ma mere m'apprit,
Iamais fille n'ayma d'vne amitié si forte,
 Tous mes plus chers parens,
Depuis que i'ay conceu l'Amour que ie te porte
R ij

Me sont indifferens,
Ils auroient beau se plaindre & m'appeller barbare,
On me doit pardonner.
Car vers eux ie ne suis de mon amour auare,
Que pour te la donner.
Reçois ma passion, pourueu que ton merite
N'en soit pas offencé.
Et vois que mon esprit ne te l'auroit escrite,
S'il n'estoit insensé.

STANCES.

Maintenant que Phillis est morte,
Et que l'amitié la plus forte
Dont vn cœur fut iamais atteint,
Est dans le sepulchre auec elle,
Ie croy que l'amour le plus saint
N'a plus pour moy rien de fidelle.

Cloris, c'est mentir trop souuent,
Tes propos ne sont que du vent,
Tes regars sont tout pleins de ruzes
Tu n'as point pour tout d'amitié,
Ie me mocque de tes excuses,
Et t'ayme moins de la moitié.

Je te voy tousiours en contrainte,
Il te vient tousiours quelque crainte,
Tu ne trouue iamais loisir,
Dis plustost que ie t'importune,
Et que ie te ferois plaisir
De chercher ailleurs la fortune.

Ne fais plus semblant de m'aymer,
Et quoy qu'il me soit bien amer
De perdre vne si douce flame,
Si tu n'as point d'amour pour moy,
Ie iure tes yeux & mon ame
De ne songer iamais à toy.

Ie t'allois consacrer ma plume,
Et te peindre dans vn volume,
Sur qui les ans ne peuuent rien,
Sçache vn peu de la renommee,
Comme i'ay sçeu dire du bien,
D'vne autre que i'auois aymée.

Mais cela ne te touche pas,
Les vers sont de mauuais appas,
Vn roc n'en deuient point passible,
Ce sont de foibles hameçons,
Pour ton naturel insensible,
Que luy promettre des chansons.

Que veux tu plus que ie te donne,

R iij

Auiourd'huy que Dieu m'abandonne,
Que le Roy ne me veut pas voir,
Que le iour me luit en cholere,
Que mon bien est mon sçauoir,
Dequoy plus te pourrois-ie plaire?

Si mon mauuais sort peut changer,
Ie iure de te partager
Les prosperités ou i'aspire,
Et quand le Ciel me feroit Roy,
Vn present de tout mon Empire,
Te feroit preuue de ma foy.

Mais tu n'as point l'esprit auare,
Et quelque dignité si rare
Qu'vn Dieu mesme te vint offrir,
Quelque tourment qu'il eust dans l'ame,
Tu te laisserois bien souffrir,
Auant que soulager sa flasme.

Quant a moy las de tant brusler,
Et si pressé de reculer,
I'ay desesperé de la place,
La nature icy vaut bien peu
Qu'vn front de neige, vn cœur de glace,
Puissent tenir contre le feu.

A CLORIS.

STANCES.

S'Il est vray Cloris que tu m'aymes,
Mais i'entens que tu m'aymes bien,
Ie ne croy point que les Roys mesme
Ayent vn heur comme le mien,
Que la mort seroit importune,
De venir changer ma fortune
A la felicité des Dieux;
Tout ce qu'on dit de l'ambroisie,
Ne touche point ma fantaisie,
Au pris des graces de tes yeux.

Sur mon ame il m'est impossible
De passer vn iour sans te voir,
Qu'auec vn tourment plus sensible
Qu'vn damné n'en sçautoit auoir,
Le sort qui menaça ma vie,
Quand les cruautez de l'enuie
Me firent esloigner du Roy,
M'exposant à tes yeux en proye,

Arreste vn peu, rien ne me presse,
Ton soin vaut moins que ta paresse,
Me bien seruir c'est m'affliger:
Ie ne crains que ta diligence,
Et prepare de la vengeance,
A qui tasche de m'obliger.

Il te semble que c'est vn songe,
D'entendre que ie m'ayme icy,
Et que le chagrin qui me ronge,
Vienne d'vn amoureux soucy,
Tu penses que ie ne respire,
Que de sçauoir ou va l'Empire,
Que deuient ce peuple mutin,
Et quand Rome se doit resoudre,
A faire partir vne foudre,
Qui consomme le Palatin.

Toutes ces guerres insensées.
Ie les trouue fort à propos,
Ce ne sont point là les pensées,
Qui s'opposent à mon repos,
Quelques maux qu'apportent les armes,
Vn amant verse peu de larmes,
Pour fléchir le courroux diuin,
Pourueu que Cloris m'accompagne,
Il me chaut peu que l'Allemagne,
Se noye de sang ou de vin.

Me donna beaucoup plus de ioye
Qu'il ne m'auoit donné d'effroy.

Que ie me pleus dans ma misere,
Que i'aymay mon bannissement,
Mes ennemys ne valent guere,
De me traicter si doucement,
Cloris, prions que leur malice
Fasse bien durer mon supplice,
Ie ne veux point partir d'icy,
Quoy que mon innocence endure,
Pourueu que ton amour me dure,
Que mon exil me dure aussi.

Ie iure l'Amour & sa flame,
Que les doux regards de Cloris,
Me font desia trembler dans l'ame,
Quand on me parle de Paris,
Insensé ie commence à craindre,
Que mon Prince me va contraindre,
A souffrir que ie sois remis,
Vous qui le mistes en cholere,
Si vous l'empeschez de le faire
Vous n'estes plus mes ennemis.

Toy qui si viuement pourchasses,
Les remedes de mon retour,
Prens bien garde quoy que tu fasses,
De ne point fascher mon amour,

Et combien qu'vn appas funeste
Me traine aux pompes de la Cour,
Et que tu sçais bien qu'il me reste
Vn soin d'y retourner vn iour:
Quoy que la fortune appaisée,
Se rendist à mes vœux aisée,
Auiourd'huy ie ne pense pas,
Soit il le Roy qui me r'appelle,
Que ie puisse m'esloigner d'elle,
Sans trouuer la mort sur mes pas.

Mon esprit est forcé de suiure
L'aymant de son diuin pouuoir,
Et tout ce que i'appelle viure,
C'est de luy parler & la voir
Quand Cloris me fait bon visage,
Les tempestes sont sans nuage,
L'air le plus orageux est beau,
Ie ris quand le tonnere gronde,
Et ne croy point que tout le monde
Soit capable de mon tombeau.

La felicité la plus rare,
Qui flatte mon affection,
C'est que Cloris n'est point auare
De caresse & de passion,
Le bon-heur nous tourne en coustume,
Nos plaisirs sont sans amertume,

Nous n'auons ny courroux ny fard,
Nos trames sont toute de soy,
Et la Parque apres tant de ioye,
Ne les peut acheuer que tard.

DESESPOIRS AMOVREVX.
STANCES.

Esloigné de vos yeux ou i'ay laissé mon ame,
Ie n'ay de sentiment que celuy de malheur,
Et sans vn peu d'espoir qui luit parmy ma flame,
Mon trespas eut esté ma derniere douleur.

   Pleust au Ciel qu'auiourd'huy la terre eust quitté l'onde,
Que les raiz du Soleil fussent absent des Cieux,
Que tous les élemens eussent quitté le monde,
Et que ie n'eusse pas abandonné vos yeux.

   Vn arbre que le vent emporte à ses racines,
Vne ville qui voit desmolir son rempart,
Le faiste d'vne tour qui tombe en ses ruines,
N'ont point de comparable à ce sanglant despart.
   Depuis vostre demon ne sert plus de nombre

Mes sens de ma douleur s'en vont desia rauis,
Ie ne suis plus viuant, & passerois pour ombre,
Sinon que mes souspirs descouurent que ie vis.

Mon ame est dans les fers, mon sang est dans la
 flame,
Iamais mal-heur ne fut à mon mal-heur esgal;
I'ay des vautours au sein, i'ay des serpens dans
 l'ame,
Et vos traicts qui me font encore plus de mal.

Errant depuis deux mois de Prouince en Pro-
 uince,
Ie traine auecques moy la fortune & l'Amour,
L'vn oblige mes pas à courtiser mon Prince,
L'autre oblige mes sens à vous faire la cour.

Des plus rares beautez en ce fascheux voyage
Où iadis pour aymer les Dieux fussent allez,
M'ont assez prodigué les traits de leur visage:
Mais ce n'estoit qu'horreur à mes yeux desolez.

Par tout où loing de toy la fortune me traine,
Ie iure par tes yeux que tout mon entretien,
N'est que d'entretenir ma vagabonde peine,
Et qu'il me souuient moins de mon nom que du tien.

En ma condition d'où mille soins ne partent,
L'entendement me laisse, & tout conseil me fuit:
Tous autres pensemens de mon ame s'escartent,

Au souuenir du rien qui sans cesse me suit.

 Que ta fidelité se forme à mon exemple,
Fuy comme moy la presse, hay comme moy la Cour:
Ne frequente iamais bal, promenoir ny temple,
Et que nos deitez ne soyent rien que l'Amour.

 Tout seul dedans ma chambre où i'ay faict ton
  Eglise,
Ton image est mon Dieu, mes passions ma foy:
Si pour me diuertir Amour vaut que ie lise,
Ce sont vers que luy mesme a composé pour moy.

 Dans le trouble importun des soucis de la guerre
Chacun me voit chagrin: car il semble à me voir,
Que ie faits des proiects pour conquerir la terre,
Et mes plus hauts desseins ne sont que de t'auoir.

STANCES.

I'Ay trop d'honneur d'estre amoureux,
Et voy bien que les plus heureux,
Ont droit de me porter enuie:
Mais quoy que menasse le sort,
Ie puis bien deffier la mort,
Puis que vous possedez ma vie,

Les plus deuotieux mortels,
Rendant leur seruice aux Autels,
Qu'on dresse aux deitez supremes,
Ne font brusler que de l'encens,
Et pour vous adorer ie sens,
Que ie me suis bruslé moy-mesme.

Les Roys ont de diuers honneurs,
Leurs esclaue sont des Seigneurs
Les élemens sont leur partage,
Toute la terre est leur maison,
Moy ie n'ay rien qu'vne prison,
Mais ie l'estime d'auantage.

STANCES.

Qvand tu me vois baiser tes bras,
Que tu poses nuds sur tes draps,
Bien plus blancs que linge mesme:
Quand tu sens ma bruslante main,
Se pourmener dessus ton sein,
Tu sens bien Cloris que ie t'ayme.

Comme vn deuot deuers les cieux,
Mes yeux tournez deuers tes yeux

A genoux aupres de ta couche,
Pressé de mille ardans desirs,
Ie laisse sans ouurir ma bouche,
Auec toy dormir mes plaisirs.

Le sommeil aise de t'auoir
Empesche tes yeux de me voir,
Et te retient dans son empire
Auec si peu de liberté,
Que ton esprit tout arresté
Ne murmure ny ne respire.

La rose en rendant son odeur,
Le Soleil donnant son ardeur,
Diane & le char qui la traine,
Vne Naiade dedans l'eau,
Et les Graces dans vn tableau,
Font plus de bruict que son haleine.

Là ie souspire aupres de toy,
Et consideraut comme quoy,
Ton œil si doucement repose,
Ie m'escrie : ô Ciel! peux tu bien
Tirer d'vne si belle chose,
Vn si cruel mal que le mien.

STANCES.

Ie iure le iour qui me luit,
Et la froide horreur de la nuict
Où la tristesse me conuie,
Que le temps de mon amitié
Doit plus durer de la moitié,
Que ne faict celuy de ma vie.

Apres que mon supresme iour,
M'aura porté dans le seiour
Des ames mieux fauorizees,
Mon ame versera des pleurs,
Qui feront naistre mille fleurs
Dans les campages Elizeé.

Ce doux & ce poignant soucy,
Le mesme qui me touche icy,
Reuiura dans mon ame morte,
Et les esprits qui me verront,
Approchant mon feu iureront,
Qu'ils n'en ont point veu de la sorte.

Apres moy d'vn amour flatteur

Quel-

Quelque infidelle seruiteur
Surprendra tes desirs nouices,
Et tu n'as point assez de foy,
Pour permettre que mes seruices
Te fassent souuenir de moy.

Ie te coniure par tes yeux,
Que i'ayme & que i'honore mieux,
Ny que le Ciel, ny que la terre;
Tost ou tard de t'en repentir,
Car le Ciel te feroit sentir,
Quelque pointe de son tonnere.

STANCES.

LA frayeur de la mort esbranle le plus ferme.
    Il est bien malaisé,
Que dans le desespoir, & proche de son terme
    L'esprit soit appaisé.
L'ame la plus robuste, & la mieux preparee
    Aux accidens du sort,
Voyant aupres de soy sa fin toute asseuree,
    Elle s'estonne fort.
Le criminel pressé de la mortelle crainte

D'un supplice douteux,
Encore avec espoir endure la contrainte,
De ses liens honteux,
Mais quand l'arrest sanglant a resolu sa peine,
Et qu'il voit le bourreau,
Dont l'impiteuse main luy detache une chaine,
Et luy met un cordeau:
Il n'a goutte de sang qui ne soit lors glacee,
Son ame est dans les fers;
L'image du gibet luy monte à la pensee,
Et l'effroy des enfers,
L'imagination de cet objet funeste
Luy trouble la raison,
Et sans qu'il ait du mal, il a pis que la peste
Et pis que le poison,
Il iette malgré luy les siens dans sa detresse,
Et traine en son malheur
Des gens indifferens, qu'il voit parmy la presse
Parler de sa douleur.
Par tout dedans la Greue il voit fendre la terre,
La Seine & l'Acheron,
Chaque rayon de iour est un traict de tonnerre,
Et chaque homme Charon.
La consolation que le prescheur apporte
Ne luy faict point de bien:
Car le pauure se croit une personne morte,
Et n'escoute plus rien.

Les sens sont retirez il n'a plus son visage,
 Et dans ce changement,
Ce seroit estre fol, de conseruer l'vsage
 D'vn peu de iugement.
La nature, de peine & d'horreur abbatuë,
 Quitte ce malheureux
Il meurt de mille morts, & le coups qui le tuë,
 Est le moins rigoureux.

CONSOLATION A M. D. L.

STANCES.

Donne vn peu de relasche au dueil qui t'a surpris,
Ne t'opposes iamais aux droits de la nature,
Et pour l'amour d'vn corps ne mets point tes esprits
 Dedans la sepulture.

La mort dans tes regrets à toy se presentant,
Te fait voir qu'elle n'est qu'horreur & que misere,
Pourquoy donc tasche tu qu'elle t'en fasse autant
 Qu'elle a faict à ton Pere?

Quoy que l'affection te fasse discourir,

Tes beaux iours ne sont point en estat de le suiure
Comme c'estoit à luy la saison de mourir,
  C'est la tienne de viure.
Il estoit las d'honneur, de fortune & de iour;
Tes ieunes ans ne font que commencer la vie,
Et si tu vas si tost en acheuer le cours,
  Que deuiendra Liuie?

Remets pour l'amour d'elle encore ses appas
Qui s'en vont effacer dans ton visage sombre;
Et qu'vn si long chagrin ne te mal traicte pas
  Pour contenter vn ombre.

Il est vray qu'vn tel mal est fascheux à guerir,
Et de quelque vigueur que ton esprit puisse estre
Il te faut souspirer, lors que tu vois perir,
  Celuy qui t'a faict naistre.

Encore ses vertus touchoient ton amitié,
Au delà du deuoir où la nature oblige,
Si bien que la raison approuue la pitié,
  Pour l'ennuy qui t'afflige.

Ses conseils sçauoient rendre vn Roy victorieux;
Son renom honoroit & la paix & la guerre;
Et ie croy que l'enuie est cause que les Cieux,
  L'ont osté de la terre.

Mais aussi quel climat n'en a du desplaisir?
L'Europe à son subiect se plaint contre les Parques,

Autant que si leurs lacs estoient venus saisir
  Quelqu'vn de ses Monarques.

Ie voy comme le Ciel pour soulager ton dueil
Veut que tout l'vniuers à tes souspirs responde,
Et pour t'en exempter, ordonne à son cercueil
  Les pleurs de tout le monde.

Toutesfois tous ses cris sont des soings superflus,
Nos plaintes dans les airs sont vainement poussees?
Vn homme enseuely ne considere plus,
  Nos yeux ny nos pensees.

Sçachant qu'il a rendu ce qu'on doit aux Autels,
Tu dois estre asseuree de sa beatitude,
Ou ton esprit troublé croit que les immortels
  Sont pleins d'ingratitude.

Tes importans regrets se rendront criminels,
Ton pere en son repos ne trouuera que peine,
Puis qu'il semble estre admis aux plaisirs eternels
Pour te mettre à la geine.
Le mal deuient plus grand lors que nous l'irri-
  tons:
Reuient dans les plaisirs que la ieunesse apporte
C'est vn grand bien de voir fleurir les reiettons,
  Lors que la souche est morte.

Vn homme de bon sens se mocque des malheurs,
Il plaint esgallement sa seruante & sa fille,

Iob ne versa iamais vne goutte de pleurs
  Pour toute sa famille.
Apres t'estre affligé pense à te resiouyr
Qui t'a faict la douleur t'a laissé les remedes,
Il ne te reste plus que de sçauoir iouyr
  Des biens que tu possedes.
Arreste donc ces pleurs vainement respandus,
Laisse en paix ce destin que tes douleurs detestent
Il faut apres ces biens que nous auons perdus
  Sauuer ceux qui nous restent.

STANCES.

Dans ce temple, ou ma passion,
  Me meit dedans le cœur les beautez de Madame,
Ie bannissois l'Amour encore que sa flame,
Destournast ma douotion.

Au lieu de penser à nos Dieux,
I'adorois vous voyant l'image de Diane,
Et m'estimois heureux de deuenir profane,
En me consacrant à vos yeux,

Ce fut auec des mesmes traits

Que la mere d'Amour perça le cœur d'Anchise:
Suis-ie pas glorieux de donner ma franchise
A la mercy de ses attraits?

    A ce premier rauissement
Mon ame triompha de se sentir blessee,
Et l'Autel m'eust despleu d'oster à ma pensee
L'entretien d'vn si doux tourment.

    Me deust le Ciel faire perir,
Ie mesure ma peine auec mes annees,
Et l'amour se faict fort d'oster aux destinees
La puissance de me guerir.

    Au point que ceste ardeur m'a mis,
Mon superbe bon heur se mocque de l'enuie,
Et quelque mal qui vienne à menacer ma vie
Ie me ris de mes ennemis.

    Tout ce monde poursuiuans
Me font perseuerer auec plus de ioye,
Ce renommé Iason n'eust iamais eu sa proye,
S'il eust craint la mer ny les vens.

    Soubs l'auspice de vostre loy
Il n'est point de grandeur que mon esprit ne braue,
Et mesme accident qui me fait estre esclaue,
Il me semble qu'il m'a faict Roy.

ELEGIE
A
VNE DAME.

SI vostre doux accueil n'eust consolé ma peine,
Mon ame languissoit ie n'auois plus de veine,
Ma fureur estoit morte & mes esprits couuerts
D'vne triste, & sombre auoient quitté les vers.
Ce mestier est penible, & nostre saincte estude
Ne cognoist que mespris, ne sent qu'ingratitude,
Qui de nostre exercice ayme le doux soucy,
Il hait sa renommee & sa fortune aussi,
Le sçauoir est honteux, depuis que l'ignorance
A versé son venin dans la sein de la France,
Auiourd'huy l'iniustice a vaincu la raison,

Les bonnes qualitez ne sont plus de saison,
La vertu n'eust iamais vn siecle plus barbare,
Et iamais le bon sens ne se trouua si rare,
Celuy qui dans les cœurs met le mal ou le bien,
Laisse faire au destin sans se mesler de rien,
Non pas ce grand Dieu qui donne l'ame au monde
Ne trouue à son plaisir la nature feconde,
Et que son influence encore à pleine mains,
Ne verse ses faueurs dans les esprits humains,
Parmy tant de fuseaux la Parque en sçait retordre
Ou la contagion du vice n'a sçeu mordre,
Et le Ciel en fait naistre encore infinité,
Qui retiennent beaucoup de la diuinité,
Des bons entendements qui sans cesse trauaillent
Contre l'erreur du peuple, & iamais ne defaillent,
Et qui d'vn sentiment hardy, graue & profond,
Viuent tout autrement que les autres ne font,
Mais leur diuin genie est forcé de se feindre,
Et les rends malheureux s'il ne se peut contraindre,
La coustume & le nombre authorise les sots,
Il faut aymer la cour, rire des mauuais mots,
Acoster vn brustal, luy plaire, en faire estime :
Lors que cela m'aduient ie pense faire vn crime.
I'en suis tout transporté, le cœur me bat au sein,
Et pour m'estre souillé de cest abord funeste,
Ie croy long temps apres que mon ame a la peste.
Cependant il faut viure en ce commun malheur,
Laisser à part esprit, & franchise & valeur,

Rompre son naturel, emprisonner son ame,
Et perdre tout plaisir pour acquerir du blasme:
L'ignorant qui me iuge vn fantasque resueur,
Me demandant des vers croit me faire faueur,
Blasme ce qu'il n'entend, & son ame estourdie
Pense que mon sçauoir me vient de maladie.
Mais vous à qui le Ciel de son plus doux flambeau,
Inspira dans le sein tout cé qu'il a de beau,
Vous n'auez point l'erreur qui trouble ces infames
Ny l'obscure fureur de ces brutales ames,
Car l'esprit plus subtil en ses plus rares vers
N'a point de mouuemens qui ne vous soient ouuers:
Vous auez vn genie à voir dans les courages
Et qui cognoist assez mon ame & mes ouurages,
Or bien que la façon de mes nouueaux esprits,
Differe du trauail des plus fameux esprits,
Et qu'ils ne suiuent point la trace accoustumee,
Par ou nos escriuains cherchent la renommee:
I'ose pourtant pretendre à quelque peu de bruit
Et croy que mon esprit ne sera point sans fruict,
Vous me l'auez promis, & sur ceste promesse,
Ie fausse ma promesse aux vierges de Permesse
Ie ne veux reclamer ny Muse, ny Phebus,
Grace a Dieu bien guery de ce grossier abus,
Pour façonner vn vers que tout le monde estime
Vostre contentement est ma derniere lime:
Vous entendez le poids, le sens, la liaison,

Et n'auez en iugeant pour but de la raison,
Aussi mon sentiment à vostre adueu se range,
Et ne reçoit d'autruy ny blasme ny loüange.
Imite qui voudra les merueilles d'autruy,
Malherbe a tres bien fait, mais il a faict pour luy
Mille petits voleurs l'escorchent tout enuie:
Quand a moy ces larcins ne me font point d'enuie:
I'approuue que chacun escriue à sa façon,
I'ayme sa renommee & non pas sa leçon,
Ces esprits mendiants d'vne veine infertile,
Prennent à tous propos sa ryme ou son style,
Et de tant d'ornemens qu'on trouue en luy si beaux,
Ioignent l'or & la soye, à de vilains lambeaux,
Pour paroistre auiourd'huy d'aussi mauuaise grace
Que parut autresfois la corneille d'Horace,
Ils trauaillent vn mois à chercher comme à fils
Pour a s'apparier la rime de Memphis,
Ce liban, ce turban, & ces riuieres mornes,
Ont souuent de la peine à retrouuer leurs bornes,
C'est effort tient leurs sens dans la confusion,
Et n'ont iamais vn rais de bonne vision.
I'en cognois qui ne font des vers qu'à la moderne
Qui cherchent à midy Phebus à la lanterne,
Grattant tant le François qui le deschirent tout,
Blasmant tout ce qui n'est facile qu'à leur goust,
Sont vn mois à cognoistre en tastant la parole,
Lors que l'accent est rude ou que la rime est mole,
Veulent persuader que ce qu'ils font est beau,

Et que leur renommee est franche du tombeau,
Sans autre fondement, sinon que tout leur aage,
S'est laissé consommer en vn petit ouurage,
Que leurs vers dureront au monde precieux,
Pource qu'en les faisant ils sont deuenus vieux :
De mesme l'Areignee en filant son ordure,
Vse toute sa vie & ne faict rien qui dure,
Mais cet autre Poëte est bien plein de ferueur,
Il est blesme, transi, solitaire, resueur,
La barbe bien peignee, vn œil branslant & caue,
Vn front tout renfrongné, tout le visage haue,
Ahane dans son lict, & marmotte tout seul,
Comme vn esprit qu'on oit parler dans vn linceul.
Grimasse par la ruë & stupide retarde
Ses yeux sur vn obiect sans voir ce qu'il regarde :
Mais desia ce discours m'a porté trop auant,
Ie suis bien pres du port, ma voile à trop de vent
D'vne insensible ardeur peu à peu ie m'esleue
Commençant vn discours que iamais ie n'acheue,
Ie ne veux point vnir le fil de mon suiet,
Diuersement ie laisse & reprens mon obiect.
Mon ame imaginant n'a point la patience
De bien polir les vers & ranger la science,
La reigle me desplaist, i'escris confusément,
Iamais vn bon esprit ne faict rien qu'aisément,
Autresfois quand mes vers ont animé la Seine,
L'ordre où i'estois contrainct m'a bien faict de la pei-
ne.

Ce trauail importun m'a long temps martyré,
Mais en fin grace aux Dieux ie m'en suis retiré.
Peu sans faire naufrage & sans perdre leur ourse
Se sont auanturez à ceste longue course;
Il y faut par miracle estre fol sagement,
Confondre la memoire auec le iugement,
Imaginer beaucoup, & d'vne source pleine,
Puiser tousiours des vers dans vne mesme veine :
Le dessein se dissipe, ou change de propos,
Quand le stile à gousté tant soit peu le repos,
Donnant à tels efforts ma premiere furie,
Iamais ma veine encor ne s'y trouua tarie:
Mais il ne faut resoudre à ne la plus presser,
Elle m'a bien seruy, ie la veux caresser,
Luy donner du relasche, entretenir la flame
Qui de sa ieune ardeur m'eschauffe encore l'ame,
Ie veux faire des vers qui ne soient pas contraints.
Promener mon esprit par des petits desseins,
Chercher des lieux secrets où rien ne me desplaise
Mediter à loisir, resuer tout à mon aise,
Employer toute vne heure à me mirer dans l'eau,
Ouyr comme en songeant la course d'vn ruisseau,
Escrire dans le bois, m'interrompre, me taire,
Composer vn quatrain sans songer à le faire,
Apres m'estre esgayé par ceste douce erreur,
Ie veux qu'vn grand dessein rechauffe ma fureur,
Qu'vn œuure de dix ans me tienne à la contrainte,

De quelque beau poëme, ou vous serez depeinte
Là, si mes volontez ne manquent de pouuoir,
I'auray bien de la peine en ce plaisant deuoir.
En si haute entreprise ou mon esprit s'engage,
Il faudroit inuenter quelque nouueau langage,
Prendre vn esprit nouueau, penser & dire mieux
Que n'ont iamais pensé les hommes & les Dieux,
Si ie paruiens au but ou mon dessein m'appelle,
Mes vers se mocqueront des ouurages d'Apelle,
Qu'Heleine resuscite elle aussi rougira,
Par tout ou vostre nom dans mon ouurage ira,
Tandis que ie remets mon esprit à l'eschole,
Obligé dés long-temps a vous tenir parolle,
Voicy de mes escrits ce que mon souuenir,
Desireux de vous plaire en a peu retenir.

IE pensois au repos, & le celeste feu,
Qui me fournit de vers s'allantissoit vn peu :
Lors que le messager qui m'a rendu ta lettre,
Dans ma premiere ardeur m'est venu tout remettre,
I'ay d'abord a peu pres deuiné ton dessein,
Et d'és lors que mes yeux ont recogneu ton sein,
Mon sang s'est rechauffé, tes vers m'ont picqué l'ame,
Et de leur propre esclat m'ont ietté de la flame.

Clairac en est esmeu, son fleuue en a grossi,
Et dans ce peu de temps que ie t'escris cecy,
D'autant qu'à ta faueur il sent flatter son onde,
Lot s'est rendu plus fier que riuiere du monde.
Le desbord insolent de ses rapides eaux,
Courant auec orgueil le faiste des roseaux,
Faire taire nos molins, & sa grandeur farouche
Ne sçauroit plus souffrir qu'vn auiron le touche
Dans l'excés de la ioye où tu le viens rauir,
Ce torrent glorieux ne daigne plus seruir :
Ie l'ayme de l'honneur qui rend a ta caresse,
Et luy veut faire part aux Autels que ie dresse,
Resuant sur son riuage apres tes beaux escrits,
Tout a coup dans l'abiect d'vn penser qui m'a pris
Ie disois en voyant comme son flot se pousse,
Ainsi va la fureur d'vn Roy qui se courrouce.
Ainsi mes ennemis contre moy furieux
M'ont rendu sans suiet le sort iniurieux,
Et si loing estendu leur orgueilleux rauage,
Qu'à peines sur les monts ay-ie veu du riuage,
Mon exil ne sçauroit ou trouuer seureté,
Par tout mille accidens choquoient ma liberté,
Quelques desers affreux, ou des forests suantes
Rendent de tant d'humeur les campagnes puantes,
Ont esté le seiour, ou le plus doucement,
I'ay passé quelques iours de mon bannissement.
La vrayement l'amitié d'vn Marquis fauorable,
Qui n'eust iamais horreur de mon sort deplorable,

Divertit mes soucis, & dans son entretien,
Ie trouuay du bon sens qui consola le mien,
Autrement dans l'ennuy d'vn lieu si solitaire,
Où l'esprit ny le corps ne trouuent rien a faire,
Où le plus Philosophe auecques son discours
Ne sçauroit sans languir auoir passé deux iours,
Le chagrin m'eust saisi dans vne grande chere,
Qui deux fois chaque iour enchantoit ma misere,
Car ie n'ay sçeu trouuer de l'humeur dont ie suis,
Vn plus present remede à chasser mes ennuys :
Et si comme tu dis vous auez tous enuie
De me faire passer vn iour de douce vie,
Appreste des bons vins : mais n'en prends point
　　　d'autruy,
Car ie sçay que ton Pere en a de bon chez luy,
Il m'a bien obligé du salut qu'il m'enuoye,
Dis luy que cest honneur m'a tout comblé de ioye,
Et qu'vn pauure banny ne croyoit pas auoir
Ceste prosperité que tu m'as fais sçauoir :
Ainsi t'ayme le Ciel, & iamais la disgrace,
Ne frape ton destin, ny celuy de ta race,
Si mon malheur s'appaise & qu'il me soit permis
De refaire ma vie auecques mes amis,
Ie verray de quel œil tu verras mon passage :
Et que ces vers t'en soient vn asseuré message :
Possible auant qu'vn mois ayt acheué son cours
Le Soleil me rendra ses aggreables iours.
Ie croy que ce printemps doit chasser mon orage,

Mon

Mon mauuais sort vaincu flattera mõ courage
Et perdant tout espoir de m'abatre iamais
Tout confus il viendra me demander la paix;
Et quand mon iuste Roy n'aura plus de cholere
Qui m'a persecuté taschera de me plaire.
Lors pour toute vengeance quoy qu'ils ayent tasché,
Ie diray sans mẽtir qu'ils ne m'ont point fasché
Et qu'vn exil si plein de danger & de blasme,
Ne m'a point fait changer le visage ny l'ame.
Ceux auec qui ie vis sont estonnez souuent
De me voir en mon mal aussi gay que deuant:
Et le malheur fasché de ne me voir point triste,
Ignore d'où me vient l'humeur qui luy resiste,
C'est l'arme dont le Ciel a voulu me munir,
Contre tant d'accidents qui me deuoient venir
Autrement vn tissu de tant de longues peines,
M'eust gelé mille fois le sang dedans les veines,
Mon esprit dés long tẽps fust reduit en vapeur,
S'il eust peu conceuoir vne vulgaire peur,
Mon ame de frayeur fut-elle point faillie,
Lors que Panat me fit sa brutalle saillie?
Que les armes au poing accompagné de deux,
Il me fit voir la mort en son teint plus hideux?
Ie croyois bien mourir, il le croyoit de mesme:
Mais pour cela le frõt ne me deuint point blesme,
Ma voix ne chãgea point, & son fer inhumain
A me voir si constant luy trembloit à la main.

T.

Encore vn accident aussi mauuais ou pire,
Me plongea dans le sein du poissonneux Empire,
Au milieu de la nuict, ou le front du Croissant,
D'vn petit bout de corne à peine apparoissant,
Sembloit se retirer & chasser les tenebres,
Pour ietter plus d'effroy dãs des lieux si funebres.
Lune romp ton silence, & pour me dementir,
Reproche moy la peur que tu me vis sentir,
Que deus-ie deuenir vn iour que le tonnerre,
Presque dessoubs mes pieds vint ballier la terre?
Il brusla mes voisins, il me couurit de feu,
Et si pour tout cela ie le craignis bien peu.
Mais vraymẽt ce discours te doit sẽbler estrãge,
Et tu vois que ces vers sentent trop ma loüãge.
Tu m'as mis sur ce train, ie te veux imiter,
Et comme tu l'as faict i'escris pour me flatter.
A Dieu, ne reuiens plus soliciter ma veine,
I'ay fait à ce matin ces vers tout d'vn haleine,
Et pour me diuertir du desir de la Cour,
Depuis peu i'en escris d'autant plus chasque iour
Ie finis vn trauail, que ton esprit qui gouste
Les doctes sentimens, trouuera bon sans doute:
Ce sont les saincts discours d'vn fauory du Ciel,
Qui trouua le poison aussi doux que le miel,
Et qui dans la prison de la Cité d'Athenes
Veid lascher sans regret & sa vie & ses chenes:
Ainsi quand il faudra nous en aller à Dieu
Puißions nous sans regret abandonner ce lieu:

Et voir en attendant que la fortune m'ouure
L'ame de la faueur & le portail du Louure.

―――――――――――

QVand la diuinité qui formoit ton essence
Veid arriuer le tēps au point de ta naissāce,
Elle choisit au Ciel son plus heureux flambeau,
Et mit dās vn beau corps vn esprit assez beau,
La trempe que tu pris en arriuant au monde,
Estoit du feu, de l'air, de la terre & de l'onde,
Immortels Elemens, dont les corps si diuers
Estrangement meslez font vn seul Vniuers,
Et durent enchaisnez par les liens des ames,
Selon que le destin a mesuré nos trames,
Triste condition, que le sort plus humain
Ne nous peut asseurer au soir d'estre demain.
Ainsi te mit nature au cours de la fortune,
Aussi subiect que tous à ceste loy commune,
D'vn naturel fragile, & qui se vient ranger
A quel point que l'humeur le force de changer
Impatient, tardif, iniurieux, affable,
Despiteux, complaisant, malicieux, aymable,
Serf de tes passions, & du commun soucy,
Des vices des mortels, & des vertus aussi :
N'attens point qu'en ton nom honteusement
    i'escriue,
Ce qui ne fut iamais sur la Troyenne riue,
Que ie t'appelle Achile, & que tu sois vanté,

T ij

Par tant de faux exploits qu'on a iadis chanté,
Ces Poëtes resueurs par leur plume hypocrite,
De tous ces vieux Heros ont trompé le merite,
Et sans aucun effort laissans mille tesmoins,
Ils nous en disent plus, mais en font croire moins:
Car au rapport trompeur d'vn demy dieu qu'on nomme,
Ie douteray s'il fut tant seulement vn homme:
Mon esprit plein d'amour, & plein de liberté,
Sans fard & sans respect, i'escrits la verité,
Et sans aucun dessein d'offencer ou de plaire,
Ie fais ce que mon sens me conseille de faire,
I'escrirois le Demon qui du train de tes iours,
Si difficilement guidoit le ieune cours;
Et l'astre dont tu vis la haine si puissante,
Opposer tant d'effort à ta vertu naissante:
I escrirois mon destin, auant le doux moment,
Que pour te faire cerf le Ciel le fit amant:
Mais nostre ieune tēps laisse aussi peu de marque
Que le vol d'vn oyseau, ou celuy d'vne barque,
Et les traits de ses ans confusement passez
Pesent au souuenir s'ils n'en sont effacez,
Laissant ces iours perdus iusqu'aux premieres forces,
Que l'amour vient tenter de ses douces amorces:
Mes vers ne discourront que depuis le bon iour
Que tu te vins ranger à l'empire d'Amour,
Et suiuant ta fureur, tu penseras peut estre.

Que dés lors seulement tu commenças a naistre
Que tu ne fus viuant, ny d'esprit, ny de corps,
Que depuis qu'vn bel œil te donna mille morts,
Les aymables attraits, dont les yeux d'vne Dame
Firent naistre l'ardeur de ta premiere flame,
Furent bien-tost vainqueurs, & l'amour qui te prit,
Au lieu de te desplaire obligea ton esprit
Ton naturel ployable à la premiere atteinte,
Souspira son tourment d'vne si douce plainéte,
Et si modestement permit d'estre arresté,
Qu'il sembla que tes fers estoient ta liberté;
Tant le sort de ta vie autrement malheureuse
Se trouue pour ton bien de nature amoureuse.
En ce destin les maux que le Ciel a versez,
Dans l'erreur de tes iours sans cesse trauersez,
Ont trouué leur remede, & n'est peine si forte,
Que par luy ton esprit legerement ne porte.
Quand le poison d'amour t'eut vne fois charmé
Contre tout autre effort tu fus assez armé,
Toute autre passion au prix mousse & legere,
Depuis ne fut en toy que foible & passagere,
Depuis pour viure esclaue au ioug d'vne beauté,
Ton ame ne fut plus qu'amour, que loyauté,
Celle qui gouuernoit ta captiue pensée
Dissimuloit le coup dont elle fut blessée,
La honte & le deuoir, & ce fascheux honneur,

T iij

Ennemis coniurez de tout nostre bon-heur,
De contrainctes froideurs desesperoiët son ame,
Quand ton obiect pressant solicitoit sa flame,
En ses regards forcez son amour paroissoit,
Et par la resistance heureusement croissoit.
Tes yeux dont la fureur auoit changé l'vsage,
Languissoient estonnez aupres de son visage,
Son visage & le tien plus blanc, frais & vermeil
Que le teint de l'aurore, & le front du Soleil.
Elle estoit à tes yeux plus agreable encore,
Que deuant le Soleil ne fut iamais l'Aurore.
Vostre obiect en son sexe esgallement pouuoit
Se dire le plus beau que la nature auoit,
Et les traits de ta face auiourd'huy, que l'iniure
Du temps qui change tout à changé ta figure,
Vniquement parfaicts, sont punis d'vn amour,
A qui milles beautez font encores la Cour,
Qu'elle deust estre alors, & combien plus prisee
Ta face que le poil n'auoit point desguisee,
En sa ieune vigueur, conforme au ieune obiect
De la premiere belle à qui tu fus subiect.
Tu meritois beaucoup, & si l'amour auare,
Eust frustré ton espoir, il eust esté barbare,
Indigne que iamais à son sacré brasier
Aucun amãt portast le myrthe & le rosier. [dre
Mais ce Dieu pour t'oster tout subiet de te plain-
L'a voulut auec toy de mesmes nœuds estraindre

De mutuelle ardeur son esprit enflama,
Et rangea ton amour au point qu'elle t'ayma,
D'vn sēblable desir vous taschiez à vous plaire
Ce que l'vn desseignoit, l'autre le vouloit faire:
Vous lisiez dans vos fronts ce que vos cœurs di-
soient,
Et de mesmes propos vos ames diuisoient,
Alors qu'impatient en ta flame excessiue
Tu blasmois le refus de son amour craintiue;
Son cœur plus que le tien de martyre souffroit,
Te refusant du corps ce que l'ame t'offroit,
Ta qualité de marque, aucunement estrange,
A son sang populaire & tiré de la fange,
N'yoit à son esprit les bien-heureux accords,
Qui ioignent sous l'hymen deux esprits &
deux corps;
Et ce titre d'espoux, honteux aux ames fortes,
Que par d'esprit du Ciel & de l'amour tu goutes,
Duisoit mal à ton aage, & pour vous allier,
Il eust fallu la terre au Ciel apparier.
Quelquefois en riant tu m'as compté la feste,
Que pour vostre nopçage l'on pēsoit toute preste
Lors que sa parenté ridicule, esperoit,
Qu'vn accord entre vous ferme demeureroit,
Elle qui seulement d'Amour fut insensée,
Ne s'entretint iamais de si folle pensée,
Mais contre le destin auec toy se plaignoit,
Qu'à vos desirs esgaux le rang ne se ioignoit.

T iiij

Il est vray qu'en l'effort de ceste aage extreme,
Tu pouuois oublier & ta race & toy-mesme,
Et l'amant qui troublé de tel empeschement,
Se destourne d'aymer, ayme trop laschemẽt: [ce
Mais si tu sçauois qu'amour meurt en la iouïssã-
Qu'il nous trauaille plus, moins il a de licence,
Qu'en des baisers permis ceste vertu s'endort,
Et que le lict d'Hymen est le lict de sa mort.

DEsia trop longuement la paresse me flatte,
Et ie sens qu'à la fin elle deuient ingratte,
I'ay donné trop de temps à mon propre plaisir,
Pour trop de liberté i'ay manqué de loisir,
Ie veux effrontement auecques mon salaire,
Nourrir à tes dépens le soucy de me plaire.
Ie ne puis estre esclaue & viure en te seruant,
Còme vn Maistre d'hostel, Secretaire, ou suiuãt
Telle condition veut vne humeur seruile,
Et pour me captiuer elle est vn peu trop vile,
Mais puis que le destin à trahy mon esprit,
Et que loing du Perou la fortune me prit,
Ie dois aymer mon ioug, m'y rendre volontaire
Et dedans la contraincte obeyr & me taire:
C'est d'vn iuste deuoir surmonter la raison,
Et trouuer la franchise au fonds d'vne prison.
Or ie suis bien-heureux soubs ton obeyssance,
En ma captiuité i'ay beaucoup de licence,
Et tout autre que toy, se lasseroit en fin,

D'auoir si librement vn serf si libertin,
Le soin de te seruir c'est ce qui moins m'aflige,
Et l'honneur de te voir est ce qui plus m'oblige,
Ton entretien est doux, agreable, & sçauant,
Aux plus doctes discours qu'on peut mettre en
  auant.
Tes regards sont courtois, tes propos amiables,
Ton humeur agreable, & tes mœurs sociables,
Tes charges, tes maisons, tes qualitez, ton bien,
Au prix de ta vertu, ie ne les prise rien.
Estime ton merite il vaut mieux que le Gange,
Tes richesses au prix sont de terre & de fange,
Cela n'a point d'esclat aupres de ta valeur,
Et mon poëme aussi n'emprunte rien du leur:
La race, la grādeur, l'argēt la renōmée, [fumée,
Aux iugemēs bien clairs n'est qu'ombre & que
C'est vn lustre pipeur, qui s'escoulle, & qui fuit,
Auec l'entendement du brutal qui le suit.
Ie sçay que la nature a voulu que tu prinsses;
Et le sang, & le nom d'vne race de Princes:
Mais quand bien les grands Roys, dont ce nom
  est fameux,
T'auroient laissé bien riche, & florissant com-
  me eux,
Si d'vn esprit cōmun le Ciel t'auoit fait naistre,
Ie serois bien marry de t'auoir eu pour maistre,
Qu'vn hōme sans esprit est rude & desplaisant,
Et que le ioug des sots est fascheux & pesant:

Vn sage à leur desir sans contrainĉte ne plie,
Et iamais sans regret d'vn tel nœud ne se lie,
Vn sot il est cruel, ingrat, imperieux,
Tantost on le voit morne, & tantost furieux;
Oblige sans subiect, mal à propos offence,
Et qui ne fait iamais du bien quand il y pense,
Son esprit ignorant ne peut rien estimer,
Il n'a nulle raison, il ne sçait rien aymer:
Or il veut qu'on le tâce, & tātost qu'on le louë,
Tantost il fait du bruit, & tantost il se iouë,
Il ne sçait qui le fasche, ou qui luy fait plaisir,
Et luy mesme en son cœur n'entēd point son desir.
Mais d'vn orgueil farouche, & d'vne ame
  insolente,
Il force tout deuoir, toutes loix violente
Et ne peut accorder, tout ignorant qu'il est,
Qu'vne chose soit bien que quand elle luy plaist,
Estre sçauāt chez luy c'est vne hōte, vn crime,
Il croit que c'est tout vn qu'vn charme ou
  qu'vne rime.
Si Dieu m'auoit iamais à tel maistre donné,
Ie pourrois bien iurer que ie serois damné,
Et croy que mes destins auroyēt moins de chole-
De m'auoir attaché des fers d'vne galere, [re,
Bourellé comme ceux que tu voyois ramer,
Quand vn si beau dessein te porta sur la mer,
Neptune est effroyable, il tempeste, il escume,
Sa fureur iusqu'au Ciel vosmit son amertume,

Trahit les plus heureux, & leur fait vn cercueil
Tātost d'vn banc de sable, & tātost d'vn escueil
Ses abois font horreur, & mesme en la bonace,
Par vn silence affreux ce trōpeur nous menace.
Il a deuant tes yeux fait blesmir les nochers,
Obscurcy le Soleil, & fendu les rochers;
De ses flots il fait naistre & mourir le tōnerre,
Et de son bruict hydeux gemir toute la terre,
L'image de la mort passe au trauers des flots,
Dans les cœurs endurcis des plus fiers matelots :
Ces frayeurs ne t'ont point esbranlé le courage,
On t'a veu tousiours ferme au pl⁹ fort de l'orage
D'vn iugement robuste au milieu du danger,
Tenir indifferent vn sepulchre estranger,
Et les lasches accens d'vne voix estonnée,
Ne t'ont point fait gemir comme faisoit Acnée.
Bien que moins rudement Neptune l'assaillit,
Tout dehors qu'il estoit, le cœur luy defaillit,
Il eut peur de la mort, & se remit en l'ame,
Ses cōpagnons bruslez dās la Troyenne-flame,
Enuia leur destin, & d'vn esprit heureux,
Pour estre hors du peril, le nomma bien-heureux
Se fust voulu rebattre auec l'ombre d'Achille,
Se plaignoit de suruiure aux cendres de sa ville,
Et de n'auoir l'honneur que ses os fussent mis
Dans le tombeau de Troye ou gisoyent ses amis,
Iamais tes sentimens n'auront tant de malaise,
Quelque part de la terre où le Soleil te laisse.

Tu tiens également & propice, & fatal,
Ou la terre estrangere, ou le pays natal.
Ha! que i'ay du regret de n'auoir veu le monde,
Par où ta ieune ardeur te promena sur l'onde,
I'escrirois en beaux vers le climat, & le lieu
Où ton bras attaqua les ennemis de Dieu.
Ie serois glorieux d'auoir pris ton image,
A qui les mieux vantez viendroient faire vn
 hommage.
Tu me dois accorder deux heures de loisir,
Pour contenter icy mon curieux desir.
Me faire vn long recit de toutes les trauerses,
Que t'ont fait tãt de mers & de terres diuerses,
Ie sçauray iusques où la ligne tu passas,
Les hommes que tu pris, les lieux que tu forças,
Et le combat naual, où ton ardeur trop prompte,
Fit rougir tous les tiens de cholere & de honte,
I'ignore ces hazards, tu me diras que c'est ;
Tu me diras comment vn naufrage se fait,
Le sanglant desespoir dont le vaincu se ronge,
Et les dangers hydeux où le soldat se plonge,
L'estat qu'vn homme libre apres que le destin,
Au Comite cruel l'a donné pour butin ;
Auec combien d'horreur il se range à la chaine,
Et force l'innocence à receuoir la peine.
A voir tous ces objects d'horreur & de pitié,
Ie croy qu'on en deuient plus dur de la moitié,
C'est ce qui rend ainsi le marinier farouche,

Du mal de son prochain moins esmeu qu'vne
    souche:
Et sur nos passions nostre desir vainqueur,
En fin dispose à tout & les yeux, & le cœur.
Vne lente coustume auec le temps emporte,
De nostre naturel l'affection plus forte:
Mais ta douce nature, & ton cœur seulement,
De ces contagions n'est touché nullement,
Tu reuins tout courtois, si bien qu'en apparence,
Tu n'auois point passé les riuages de France,
Entre tes qualitez ceste douceur d'esprit,
Qui si facilement par l'oreille me prit,
Oblige plus que tout, vn grand qui s'humilie,
Fait vn ioug fort aisé dont le plus fier se lie.
Il ne faut qu'vn sousris, il ne te faut qu'vn mot,
Afin d'ensorceler & le sage & le sot.
Ceux-là de leur grandeur côme ie pense abusent,
Qui leur salut au moindre insolemmẽt refusent,
Dans vne vanité qui les tient tous contrains,
Ne voyans ce qu'ils sont, qu'en l'éclat de leurs
    trains.
Se trouuent estonnez perdans leur bonne mine,
Sy leur suite ordinaire auec eux ne chemine:
Pour monstrer leur pouuoir d'vn accent irrité,
Parlent à leurs suyuants auec authorité.
Il est bien raisonnable icy que ie te die,
Que ton esprit bien sain n'a point leur maladie:
L'Astre qui te fit naistre éuita ce malheur,

Et suiuit vn destin bien differend du leur:
Ne crois point que ie mente à dessein de te plaire,
C'est ce que ie n'ay point accoustumé de faire.
Ie fais le plus souuent mes discours trop hardis,
Et pource qu'on me croit on hayt ce que ie dis:
Bien-heureux auiourd'huy, que te voulant dé-
    peindre,
Ie ne suis obligé de faillir ou de feindre,
Pour toy seul mon humeur qui suit la verité,
Trouue de l'aduantage en sa seuerité.
Vne iuste amitié m'excite le courage
D'vne incroyable ardeur en ce dernier ouurage:
Mon esprit glorieux s'attache à cet obiect,
Et tire vanité d'vn si rare subiect.
Ta vertu me rauit, & fait que mon poëme
Seruant à ton plaisir m'obligera moy-mesme,
Or pour le grand dessein où i'engage mes vers,
Il faut que tes destins me soiët mieux descouuerts
Que i'entre dans ton ame, & que de là ie tire
La matiere du liure où ie te veux descrire:
Mon trauail sera long, & depuis ton berceau,
Possible durera iusques à mon tombeau.
Au raport de mes vers, n'espere pas qu'on croye
Que tu sois descendu du fugitif de Troye:
Car mes inuentions sans prendre rien d'autruy,
Te feront bien sortir d'ausi bon lieu que luy.
Il fut vn vagabond, & quoy qu'on le renõme,
Ie ne sçay s'il posa les fondemens de Rome:

Le conte de sa vie est fort vieux & divers,
Virgile par luy-mesme a desmenty ces vers:
Il le depeint devot, & le confesse traistre
Vers l'amour que leurs Dieux recognoissēt pour
 maistre.
Mais mon dessein n'est pas d'examiner icy
Les deffauts du Troyen, ny du Poëte aussi.
Pleust à Dieu que des miens nos escrivains se
 taisent,
Et qu'à leur gout tardif mes ardeurs ne desplai-
 sent
Toutesfois mon renom n'aura que faire d'eux,
Pourveu que mō travail soit au gré de nous deux:
Si mes esprits lassez perdent iamais haleine,
Ton agreable accueil r'animera ma veine,
En me loüant vn peu tu me feras plaisir,
Et me reschaufferas d'vn plus ardant desir.
Vn regard de mespris me rebutte & me lasse,
Et mon sang le plus chaud en devient tout de
 glace,
Donne moy du repos, & ne viens point choisir
A mes conceptions les lieux ny le loisir.
Ores i'ayme la ville, ores la solitude,
Tantost la promenade, & tantost mon estude:
Bref si tu me tiens pour vn fascheux rimeur,
Tu souffriras vn peu de ma mauuaise humeur.

A MONSIEVR
DV FARGIS.

IE ne my puis resoudre, excuse moy de grace,
Ecriuāt pour autruy ie me sens tout de glace,
Ie t'ay promis chez toy des vers pour vn amant,
Qui se veut faire aider à plaindre son tourment,
Mais pour luy satisfaire, & bien plaindre sa fla-
Ie voudrois parauāt auoir cogneu son ame (me,
Tu sçais biē que chacun a des housts tout diuers,
Qu'il faut à chaque esprit vne sorte de vers,
Et que pour bien ranger le discours & l'estude,
En matiere d'amour ie suis vn peu trop rude:
Il faudroit comme Ouide auoir esté picqué?
On escrit aisement ce qu'on a pratiqué.
Et ie te iure icy sans faire le farouche,   (che?
Que de ce feu d'amour aucun traict ne me tou-
Ie n'entend point les loix, ny les façons d'aimer,
Ny comment Cupidon se mesle de charmer :
Ceste diuinité des Dieux mesme adorée,
Ces traits d'or & de plomb ceste trousse dorée,
Ces aisles, ces brandons, ces carquois, ces appas,
Sont vrayment des mysteres où ie ne pense pas.
La sotte antiquité nous a laissé des fables   (bles,
Qu'vn homme de bon sens ne croit point receua-
Et iamais mon esprit ne trouuera bien sain
Celuy là

Celuy-là qui se plaist d'vn fantosme si vain,
Qui se laisse emporter à des confus mensonges,
Et vient mesme en veillāt s'embarasser de songes.
Le vulgaire qui n'est qu'erreur, qu'illusion,
Trouue du sens caché dans la confusion,
Mesme des plus sçauants : mais non pas des plus sages
Expliquent auiourd'huy ces fabuleux ombrages.
Autrefois les mortels parloient auec les Dieux,
On en voyoit pleuuoir à toute heure des Cieux:
Quelquefois on a veu prophetiser des bestes,
Les arbres de Dodonne estoient aussi Prophetes.
Ces contes sont fascheux à des esprits hardis,
Qui sentent autrement qu'on ne faisoit iadis.
Sur ce propos vn iour i'espere de t'escrire,
Et prendre vn doux loisir pour nous dōner à rire,
Cependant ie te prie encore m'excuser,
Et me laisser ainsi libre à te refuser,
Me permettre tousiours de te fermer l'oreille,
Quand tu me prieras d'vne faueur pareille,
Pense tu quand i'aurois employé tout vn iour,
A bien imaginer des passions d'Amour,
Que mes conceptions seroient bien exprimées
En paroles de choix, bien mises, bien rimées:
L'autre n'y trouueroit possible rien pour luy,
Tant il est malaisé d'écrire pour autruy.
Apres qu'à son plaisir i'aurois donné ma peine,
Ie sçay bien que possible il loüeroit ma veine ;

V

Vrayment ces vers sont beaux, ils sont doux & coulants;
Mais pour ma passion ils sont vn peu trop lents;
I'eusse bien desiré que vous eussiez encore
Mieux loüé sa beauté. car vrayment ie l'honore;
Vous n'auez point parlé du front, ny des cheueux,
Ny de son bel esprit seul object de mes vœux :
Tant seulement six vers encor ie vous supplie,
Mon Dieu que de trauail vous donne ma folie!
Il voudroit que son front fust aux astres pareil,
Que ie la fisse ensemble & l'Aube & le Soleil,
Que i'écriue commēt ses regards sont des armes,
Comme il verse pour elle vn ocean de larmes.
Ces termes égarez offensent mon humeur,
Et ne viennent qu'au sens d'vn nouice rimeur;
Qui reclame Phœbus, quant à moy ie l'abjure,
Et ne recognois rien pour tout que ma nature.

SATYRE PREMIERE.

Qvi que tu sois de grace écoute ma satyre,
Si quelque humeur ioyeuse autre part ne t'attire,
Ayme ma hardiesse, & ne t'offense point,
De mes vers, dont l'aigreur vtilement te point;
Toy que les Elemens ont fait d'air & de boüe,
Ordinaire sujet où le malheur se ioüe.
Sçache que ton filet que le destin ourdit,

Est de moindre importance encor qu'on ne te dit.
Pour ne le point flatter d'vne diuine essence,
Voy la condition de ta sale naissance,
Que tiré tout sanglant de ton premier seiour,
Tu vois en gemissant la lumiere du iour,
Ta bouche n'est qu'aux cris & à la faim ouuerte,
Ta pauure chair naissante est toute découuerte,
Ton esprit ignorant encor ne forme rien,
Et moins qu'vn sens brutal sçait le mal & le biẽ.
A grand peine deux ans t'enseignẽt vn langage,
Et des pieds & des mains te font trouuer vsage,
Heureux au prix de toy les animaux des chãps,
Ils sont les moins hays, comme les moins méchãs.
L'oyselet de son nid à peu de temps s'échappe,
Et ne craint point les airs que son aisle il frappe :
Les poissons en naissant commencent à nager,
Et le poulet éclos chante, & cherche à manger.
Nature douce mere à ces brutales races,
Plus largement qu'à toy leur a donné des graces ;
Leur vie est moins suiette aux fascheux accidens
Qui trauaillent la tienne au dehors & dedans :
La beste ne sent point peste, guerre, ou famine,
Le remors d'vn forfait en son corps ne la mine ;
Elle ignore le mal pour en auoir la peur,
Ne cognoist point l'effroy de l'Acheron trõpeur.
Elle a la teste basse, & les yeux contre terre,
Plus pres de son repos, & plus loing du tonnerre ;
L'ombre des trespassez n'aigrit son souuenir,

T ij

On ne voit à sa mort le desespoir venir:
Elle conte sans bruit & loing de toute enuie
Le terme dont nature a limité sa vie,
Donne la nuict paisible au charmes du sommeil,
Et tous les iours s'égaye aux clartez du Soleil,
Franche de passions, & de tant de trauerses,
Qu'on voit au changement de nos humeurs di-
  uerses.
Ce que veut mon Caprice, à ta raison déplaist,
Ce que tu trouues beau, mon œil le trouue laid:
Vn mesme train de vie au plus constant n'agrée,
La prophane fusche autant que la sacrée.
Ceux qui dans les bourbiers des vices empeschez
Ne suiuent que le mal, n'ayment que les pechez,
Sont tristes bien souuent, & ne leur est possible,
De consommer vne heure en volupté paisible.
Le plus libre du monde est esclaue à son tour,
Souuent le plus barbare est sujet à l'amour:
Et le plus patient que le Soleil éclaire
Se trouue quelquefois emporté de cholere.
Comme Saturne laisse & prend vne saison,
Nostre esprit abandonne & reçoit la raison,
Ie ne sçay quelle humeur nos volontez maistrise,
Et de nos passions est la certaine crise:
Ce qui sert aujourd'huy nous doit nuire demain
On ne tient le bon heur iamais que d'vne main:
Le destin inconstant sans y penser oblige,
Et nous faisant du bruit souuent il nous afflige:

Les riches plus contans ne se sçauroient guarir
De la crainte de perdre & du soin d'acquerir.
Nostre desir changeant suit la course de l'aage,
Tel est graue & pesant qui fut iadis volage,
Et sa masse caduque esclaue du repos
N'ayme plus qu'à resuer, hayt le ioyeux propos:
Vne salle vieillesse en desplaisir confite;
Qui tousiours se chagrine, & tousiours se dépite,
Voit tout à contre-cœur, & ses membres cassez
Se rongent de regret de ses plaisirs passez,
Veut trainer nostre enfance à la fin de la vie,
De mesme sang bouïllant veut estouffer l'enuie.
Vn vieil pere resueur aux nerfs tous refroidis,
Sans plus se souuenir quel il estoit iadis.
Alors que l'impuissance esteint sa conuoitise
Veut que nostre bon sens reuere sa sottise,
Que le sang genereux estouffe sa vigueur,
Et qu'vn esprit bien né se plaise à la rigueur.
Il nous veut attacher nos passions humaines,
Que son malade esprit ne iuge pas bien saines.
Soit par rebellion, ou bien par vn erreur,
Ces repreneurs fascheux me sont tous en horreur.
I'approuue qu'vn chacun suiue en tout la nature
Son Empire est plaisant, & sa loy n'est pas dure:
Ne suiuant que son train iusqu'au dernier momēt
Mesmes dans les malheurs on passe heureusemēt.
Iamais mon iugement ne trouuera blasmable
Celuy-là qui s'attache à ce qu'il trouue aymable,

V i

Qui dans l'estat mortel tient tout indifferent,
Aussi bien mesme fin à l'Acheron nous rend:
La barque de Charon à tous ineuitable,
Non plus que le méchant n'épargne l'équitable.
Iniuste Nautonnier helas! pourquoy sers-tu
Auec mesme auiron le vice & la vertu?
Celuy qui dans les biens a mis toute sa ioye,
Et dont l'esprit auare apres l'argent aboye,
Ou qu'il tourne la terre en refendant la mer,
Ses nauires iamais ne puissent abysmer:
L'autre qui rien du tout que les grādeurs ne prise,
Et qu'vn vif aiguillon de vanité maistrise.
Soit tousiours bien paré, mesure tous ses pas,
S'imagine en soy mesme d'estre ce qu'il n'est pas,
Qu'il fasse voeir vn sceptre à son ame aueuglée,
Et son ambition ne soit iamais reiglée:
Cestuy-cy veut poursuiure vn vain tiltre de vēt,
Qui pour nous maintenir no⁹ perd le plus souuēt,
Il s'attache à l'honneur, suit ce destin seuere.
Qu'vne sotte coustume ignoramment reuere:
De sa condition ie prise le bon-heur,
Et trouue qu'il fait bien de mourir pour l'hōneur.
Vn esprit enragé qui voudroit voir en guerre,
Pour son contentement & le ciel & la terre,
Ne respire brutal que la flame & le fer,
Et qui croit que son ombre estonnera l'enfer,
Qu'il employe au carnage, & la force, & les
charmes,

Et son corps nuict & iour ne soit vestu que
　d'armes;
Vne sauuage humeur, qui dans l'horreur des bois
Des chiens auec le cor anime les abois.
Son dessein innocent heureusement poursuiue,
Et la tranquillité de ceste peine oysiue:
Qu'il trauaille sans cesse à brosser les forests,
Et iamais le butin n'échape de ses rets.
Celuy d'vne beauté d'ineuitable amorce
Retient dans ses liens plus de gré que de force,
Qu'il se flatte en sa peine, & tasche à prolonger
Les soucis qui le vont si doucement ronger,
Qu'il perde rarement l'obiect de ce visage,
Ne destourne iamais son cœur de ceste image,
Ne se souuienne plus du ieu, ny de la Cour,
N'adore aucū des Dieux qu'apres celuy d'amour,
N'ayme rien que ce ioug, & tousiours s'estudie
A tenir en humeur sa chere maladie,
Ne se trouble iamais d'aucun soupçon ialoux,
Se mocque des acquests d'vn impuissant époux,
Qu'il se trouue allegé par la moindre caresse
Des fers les plus pesans dont sa rigueur le presse.
Sauue les mouuemens de ses affections
Ne tasche de brider iamais ses passions.
Si tu veux resister, l'amour te sera pire,
Et ta rebellion estendra son empire:
Amour a quelque but, quelque temps de durer,
Que nostre entendement ne peut pas mesurer:

V iiij

C'est vn fiéureux tourment, qui trauaillant no-
    stre ame,
Luy donne des accez & de glace & de flame,
S'attache à nos esprits comme la fiéure au corps,
Iusqu'à ce que l'humeur en soit toute dehors.
Contre ses longs efforts la resistance est vaine
Qui ne peut l'éuiter il doit aymer sa peine.
L'esclaue patient n'est qu'à demy dompté,
Il veut à sa contrainte vnir sa volonté.
Le sanglier enragé, qui d'vne dent pointuë
Dans son gosier sanglant mort l'épieu qui le tuë
Se nuit pour se deffendre, & d'vn aueugle effort
Se trauaille luy mesme, & se donne la mort
Ainsi l'homme souuent, s'obstine à se destruire
Et de sa propre main il prend peine à se nuire.
Celuy qui de nature, & de l'amour des cieux
Entrant en la lumiere est nay moins vicieux,
Lors que plus son Genie aux vertus le conuie,
Il force sa nature, & fait toute autre vie,
Imitateur d'autruy ne suit plus ses humeurs,
S'égare pour plaisir du train des bonnes mœurs
S'il est nay liberal, au discours d'vn auare
Il taschera d'esteindre vne vertu si rare;
Si son esprit est haut, il le veut faire bas,
S'il est propre à l'estude, il parle des combats.
Ie croy que les destins ne font venir personne
En l'estre des mortels qui n'ayt l'ame assez bonne,
Mais on la vient corrompre, & le celeste feu

Qui luit à la raison ne nous dure que peu:
Car l'imitation rompt nostre bonne trame,
Et tousiours chez autruy fait demeurer nostre
 ame.
Ie pense que chacun auroit assez d'esprit,
Suyuant le libre train que Nature prescrit.
A qui ne sçait farder, ny le cœur, ny la face,
L'impertinence mesme a souuent bonne grace.
Qui suyura son Genie, & gardera sa foy,
Pour viure bien-heureux, il viura comme moy.

SATYRE SECONDE.

COgnois-tu ce fascheux, qui côtre la fortune
 Aboye impudemment comme vn chien à
 la Lune?
Et qui voudroit ce semble en destourner le cours
Par l'importunité d'vn outrageux discours:
D'vne sotte malice en son ame il s'afflige,
Quand la faueur du Roy ses fauoris oblige.
Vn homme, dont le nom est à peine cogneu,
D'vn pays estranger nouuellement venu,
Que la fortune aueugle en promenant sa rouë,
Tira sans y penser d'vne orniere de bouë
Malgré toute l'enuie au dessus du malheur,
D'vn credit insolent gourmé de la valeur:
Et nous le permettons, & le François enduré

Qu'à ses propres dépens ceste grandeur luy dure.
Nos Princes autrefois estoient bien plus hardis,
Où se cache aujourd'huy la vertu de iadis?
Apprends malicieux comme tu sçais mal viure,
Qu'vne fortune est d'or & que l'autre est de
 cuyure,
Que le sort à des loix qu'on ne sçauroit forcer,
Que son compas est droit, qu'on ne le peut fausser.
Nous venons tous du ciel pour posseder la terre,
La faueur s'ouure aux vns, aux autres se reserre:
Vne necessité que le ciel establit,
Deshonore les vns, les autres establit:
Vn ignoble souuent de riches biens herite,
L'autre dans l'hospital est tout plein de merite.
Pour trouuer le meilleur, il faudroit bien choisir:
Ne crois point que les Dieux soient si plains de
 loisir. (gne,
Encor si chaque infame estoit marqué d'vn si-
Qui de toutes vertus le fist trouuer indigne,
Les Roys qui sous les Dieux disposent du bon-
 heur,
Enrichiroient tousiours le merite & l'honneur:
Que si l'ame des Dieux est la mesme iustice,
Si ce qui leur déplaist porte le nom de vice,
Les Roys qui sont leurs fils & Lieutenans icy,
Peuuent iuger des bons, & des mauuais aussi.
Et sans flatter mon Roy, ie trouue bien estrange
Qu'vn vulgaire ignorant & tiré de la fange,

Contre sa majesté se monstre injurieux
Dessus ses actions portant l'œil curieux.
Quant à moy ie repute vne faueur bien mise
Enuers le plus chetif que le Roy fauorise,
Quoy que tousiours bien pauure, & tousiours
 dedaigné
Sur mon esprit l'enuie encor n'ait rien gaigné:
Qu'vn homme de trois iours, de soye & d'or se
 couure,
Du bruit de sa carrosse importune le Louure;
Qu'vn estranger heureux se mocque des Frãçois,
Qui ait mille suiuans, pourueu que ie ne sois,
Ie leur fais ce souhait en mon humeur hardie,
Ie ne crains point faillir, quoy que ma Muse die :
Ma liberté dit tout sans toutefois nommer
Par vne vaine aigreur ceux que ie veux blas-
 mer,
Aussi n'attends iamais que ie te fasse rire
D'vn vers, que sans danger ie ne sçaurois écrire.
Ceux-là sont fols vrayment qui vendent vn bon
 mot
De cent coups de baston que fait donner vn sot;
Esclaues imprudens de leur humeur mauuaise,
Ne sçauent mediter vn vers qu'il ne déplaise.
Des pasquins contre aucuns ie ne compose icy,
Et ne sçaurois souffrir des iniures aussi.
Le Dieu des vers m'inspire vne modeste flame,
Qui n'est propre à donner ny receuoir du blasme:

Ie hay la medisance & ne puis consentir
De gaigner auec peine vn triste repentir.
Chacun qui voit mes vers, s'il a les yeux d'vn
    homme, (me.
Cognoistra son portraict combien qu'on ne le nō-
Qui ne lict ma satyre, il n'en est pas tancé,
Plusieurs s'en fascheront à qui ie n'ay pensé.
Qui hait trop la laideur de son vilain visage,
Il ne deuroit iamais en regarder l'image:
Qui craint d'estre repris, il n'a qu'à se cacher
Et de là mon dessein n'est plus de le facher.

ELEGIE.

CHere Philis, i'ay bien peur que tu meure:
Dans ce desert si triste où tu demeures.
Helas! quel sort te peut là retenir?
A quoy se peut ton ame entretenir?
Ta fantaisie est-elle point passée?
L'aurois tu bien encor en ta pensée
Te souuient-il de la Cour ny de moy,
Et de m'auoir donné iadis ta foy
S'il t'en souuient Philis ie te conjure
Par tous les droicts d'amour & de nature,
Fais moy l'honneur de t'asseurer aussi
Que ie languis de mon premier soucy.
Si tu sçauois à quel point de folie
M'a fait venir ceste melancholie;

Si tu sçauois à quoy ie suis reduict,
En quel trauail mon ame est iour & nuict,
Quoy que t'ait dit de moy la deffiance,
Ta ialousie ou ton impatience :
Tu m'aymerois, & sçachant mes ennuys,
Tu me pleindrois en l'estat où ie suis ;
Pasle, deffait, & sec comme vne idole,
Changé d'humeur, de face, de parole :
Tousiours ie resue en mon affliction,
Sans nul desir de consolation ;
Ie ne veux pas que personne s'employe
A r'animer nos esprits ny ma ioye :
Car sans te faire vn peu de trahison,
Ie ne sçaurois chercher ma guarison.
Puis qu'il est vray que i'ay cét aduantage,
Que mon seruice à gaigné ton courage,
Et que parmy tant d'aymables amans
Mon seul object touche tes sentimens :
Ie serois bien d'vn naturel barbare,
Bien moins ciuil qu'vn Scythe, qu'vn Tartare,
Si ie n'aymois le bien de ton amour
Plus cherement que la clarté du iour.
Le ciel m'enuoye vn traict de son tonnerre,
Et sous mes pieds fasse creuer la terre :
Dés le moment d'vn sort injurieux
De ma memoire effacera tes yeux ;
Helas comment trouueray-ie en ma vie
Quelque sujet qui m'en donnast enuie ;

Qu'elle beauté me sçauroit obliger
A divertir ma flame ou la changer?
Dedans la tienne où loge ma fortune,
Venus a mis ses trois Graces en vne:
Amour luy mesme avec tous ses attraits,
Comme il est peint dans les plus beaux pourtraits
Rapporte à peine vne petite trace
Du vif éclat qui reluit dans ta face:
Et tes beaux yeux, où s'est lié mon sort,
Touchent les cœurs d'vn mouuement si fort,
Que si le ciel d'vne pareille flame
Nous inspiroit sa volonté dans l'ame,
Tous les mortels d'vne inuincible foy
Obeyroient à la diuine loy
Ton front paroit, comme aupres de la nuë,
Paroist au ciel Diane toute nuë,
Plus vny qu'elle, & qu'on ne voit gasté
D'aucune tache empreinte en sa beauté:
Vn teint vermeil, & frais comme l'Aurore,
Lors qu'elle vient des riuages du More,
Sur ton visage a semé tant d'appas,
Qu'il faut t'aimer ou bien ne te voir pas.
Amour sçachant de quels traicts est pourueüe
Ceste beauté, s'est fait oster la veüe:
Ie n'ose point hazarder ses esprits
A la mercy du charme qui m'a pris:
Et tel qu'il est, imperieux & braue,
Il meurt de peur de deuenir esclaue.

O cher tyran des hommes & des Dieux,
Aueugle-toy de grace encor mieux;
Demeure ainsi dans ta premiere crainte,
Et ne la vois iamais viue ny peinte:
Tu ne sçaurois regarder vn moment
De ses beautez l'ombre tant seulement,
Sans t'embrazer, sans trouuer la ruine
De ton empire en la flame diuine.
Que si l'effort de ton cœur indompté
De tes appas sçauoit ta liberté,
Tu te plaindrois d'auoir l'ame trop dure,
Et maudirois ta force & ta nature:
Car le-bon-heur d'aymer en si beau lieu,
Passe la gloire & le repos d'vn Dieu.
Que penses tu que le Soleil est ayse,
Lors qu'vn rayon de sa clarté la baise;
Lors que Phillis regarde son flambeau
D'vn air ioyeux, le iour en est plus beau:
Et quand Phillis luy fait mauuais visage,
Le iour est triste & chargé de nuage:
L'air glorieux de former ses souspirs
Entre en sa bouche auecques des zephirs
Tous embausmez des roses de l'Aurore
Et tous couuerts des richesse de Flore,
Zephir doux vent, doux createur des lys,
S'il te souuient encores de Phillis,
Ranime là fais tant qu'elle reuienne
Pour te baiser, & me laisse la mienne.

Mais les discours qu'on nous a fait de toy,
En mon esprit n'ont iamais eu de foy :
Ton feint amour, tes fausses aduantures
Ne sont que vent, & que vaines figures :
Mais il est vray que ie suis bien atteint,
Et que mon mal ne sçauroit estre feint.
Que pleust aux Dieux que le discours des fables,
Trouuast en moy ses effects veritables,
Et que le sort me voulust transformer
En quelque object qui ne sceust rien aymer:
Que ie mourusse, ou qu'il me fust possible
De deuenir vne chose insensible,
Vn vent, vne ombre, vne fleur, vn rocher,
Qu'aucun desir ne peust iamais toucher.
O vous amans qui n'estes plus en vie,
Esprits heureux qui n'estes plus en vie,
La bas noyant vos maux en vos erreurs,
Vous trouuez bien plus douces vos fureurs.
Tristes forçats qui remplissez ce gouffre,
Souffrez vous bien les peines que ie souffre?
Pasles sujets des éternelles nuicts,
Estes-vous bien aussi morts que ie suis?
O mon triste & fidele Genie,
Quand tu verras ma trame desunie,
Et que mon ame ira toucher les bords
De la riuiere où passent tous les morts ;
Volle au desert où ma Phillis demeure,
Dy luy qu'en fin le ciel veut que ie meure,

ne la

Que la rigueur de mon injuste sort
Consent en fin de me donner la mort.
Tu la verras peut estre vn peu touchee
Et de ma mort aucunement faschee.
Va donc Genie, il est temps de partir
Vois que mon ame est preste de sortir
Mais mon Genie arreste toy, ie resue,
Ceste douleur me donne vn peu de trefue;
I'entends Philis, son visage me rit,
Le souuenir de ses yeux me guerit,
Comment, mourir, non reprenons courage,
Vn teinct plus vif remonte en mon visage,
Ma force esteinte est preste à s'animer,
Et tout mon sang vient à se r'allumer.
Amour m'esmeut, ie ne suis plus si blesme
Phillis m'ayma que i'estois tout de mesme:
Car ie sçay bien qu'encore elle verroit
En mes regards des traits qu'elle aymeroit.
Que si l'excez de ma douceur fatale
Rend quelquefois ce corps hydeux & pasle,
Cela, Phillis deuroit plus animer
Ce beau desir qui te pousse à m'aymer:
Mon mal me rend ainsi desagreable,
Pour trop aymer ie deuiens moins aymable,
Ton œil me rend, ou plus laid, ou plus beau,
Comme il m'approche, ou tire du tombeau.

EN fin guery d'vne amitié funeste,
A mon esprit desormais il ne reste
Qu'vn sentiment de iuste déplaisir,
D'auoir languy d'vn si mauuais desir;
Bien malheureux d'auoir dans la pensee
Le souuenir de ma fureur passee,
Qui fut honteuse, & dont ie m'en repens,
Doresnauant plus sage à mes dépens:
Que si iamais mon iugement s'oublie,
Iu squ'à r'entrer en semblable folie,
Dieux qui vengez les crimes des humains,
Punissez moy si vous auez des mains,
Si vous auez pouuoir sur la tempeste,
Ne la poussez ailleurs que sur ma teste.
Et vous beaux yeux plus aymez que le iour,
Qui remplissez tous mes esprits d'Amour,
Pour penitence octroyez moy de grace,
Mourans pour vous que mon peché s'efface,
Que ie reprenne en vos diuins appas
D'vn lasche crime vn glorieux trespas:
Et quand mon ame en vos liens captiue
Pour mieux souffrir obtiendra que ie viue,
Que le regret d'auoir esté si sot,
Et sans le bien de vous seruir plus tost,
Chaque moment reproche à mon courage

Le deshonneur de mon premier seruage.
Faictes le donc beaux yeux ie le consens :
Mais ie demande vn mal que ie ressens :
Ie suis desia dans ce supplice mesme
Prest de mourir depuis que ie vous ayme,
Le souuenir d'auoir porté des fers,
Si malheureux me tient dans les enfers.
A chaque fois que ce bel œil m'enuoye
Ses doux regards pleins d'honneur & de ioye,
Où Venus rit, où ses petits Amours
Passent le temps à se baizer toūsiours,
Les vains souspirs d'vne contraincte flame,
Me font ainsi discourir en mon ame.
Pauure abuzé que i'eus mauuais conseil,
Que i'ay bien pris la nuict pour le Soleil,
Que mon esprit fut autrefois facile,
Et que l'erreur m'e trouua bien docile,
Que ie fus lourd, que ie fus insensé,
Mon iugement en est tout offensé :
Les faux attraits à qui ie fais hommage
Qu'ont ils d'égal à ce diuin visage?
Ce n'est qu'horreur au pris de ta beauté,
A qui ie viens donner ma liberté.
Dieux que l'amour estoit bien en cholere,
De m'obliger au soucy de luy plaire,
Que mes destins sont bien mes ennemys,
Qui m'ont trahy de me l'auoir permis.
Vous qui m'ostez ceste mauuaise enuie,
Qui banissez la honte de ma vie,

Chere Amaranthe, à qui ie dois le bien
D'auoir rompu cét infame lien,
Gardez qu'Amour ne me soit plus contraire,
Que mon destin ne soit mon aduersaire.
Dites aux Dieux, vous qui les gouuernez
Et leur esprit en vos yeux retenez,
Que si mon ame est encore capable
D'vn autre Amour si lasche & si coulpable,
Ils n'auront point de tonnerre si fort,
Qui ne me donne vne trop douce mort.
Mais ou l'Amour trouueroit-il des armes?
Quelle beauté luy fournira des charmes,
Pour dégager encore mes esprits
Des beaux liens où ie demeure pris?
Autre que vous n'a rien que ie desire,
Vous estes seule au monde que i'admire:
Ie vous adore & iure vos beaux yeux,
Qu'vn Paradis ne me plairoit pas mieux.
Que si mes vœux rendoient iamais possible
Qu'à vos regards mon ame fust visible:
Vous y verriez les plus beaux mouuemens
Qu'amour iamais fit naistre à des amans,
Vous y verriez la douce frenaisie
Dont vous auez ma volonté saisie;
Mille pensers à vos yeux incognus
D'vn grand respect iusqu'icy retenus:
Vous y verriez vn cœur sans artifice,
Se presentant luy-mesme en sacrifice,

Et qui se croit mourir assez heureux,
Si vous croyez qu'il fist bien l'amoureux.
Il est trop vray, ma peine est assez claire,
Et c'est en vain que ie la pense taire.
Qui ne cognoist à mes yeux languissans,
A mes souspirs sans cesse ranaissans,
Qu'vne fureur secrette me deuore,
Que ie n'ay sceu vous découurir encore?
Bien que pressé de ne la plus celer,
Auprés de vous ie ne sçaurois parler.
Ce que ie voy reluire en ce visage
Me faillir la voix & le courage:
Mais si ie puis iamais me r'asseurer
Ou si ie puis en fin moins souspirer,
Ie parleray, ie vous diray ma peine,
Qu'autre que moy iugeroit inhumaine:
Mais que ie sens plus douce mille fois,
Que ie ne croy la fortune des Roys.

Avssi souuent qu'amour faict penser à mon ame
Combien il mit d'attraits dans les yeux de ma
 Dame.
Combien c'est de l'honneur d'aymer en si bon lieu,
Ie m'estime aussi grand & plus heureux qu'vn Dieu
Amaranthe, Phillis, Caliste, Pasithee;
Ie hay ceste noblesse à vos noms affectee:
Ces titres qu'on vous faict auecques tant d'appas

Tesmoignent qu'en effect vos yeux n'en auoient pas.
Au sentiment diuin de ma douce furie,
Le plus beau nom du monde est le nom de Marie,
Quelque soucy qui m'ait enuelopé l'esprit,
En l'oyant proferer, ce beau nom me guerit,
Mon sang en est esmeu, mon ame en est touchee
Par des charmes secrets d'vne vertu cachee :
Ie la nomme tousiours, ie ne m'en puis tenir,
Ie n'ay dedans le cœur autre ressouuenir.
Ie ne cognois plus rien, ie ne voy plus personne,
Pleust a Dieu qu'elle sceust le mal qu'elle me donne
Qu'vn bon Ange voulust examiner mes sens,
Et qu'il luy rapporta au vray ce que ie sens,
Qu'amour eust prins le soing de dire à ceste belle,
Si ie suis vn moment sans souspirer pour elle:
Si mes desirs luy font aucune trahison,
Si ie pensay iamais à rompre ma prison.
Ie iure par l'esclat de ce diuin visage,
Que ie serois marry de deuenir si sage.
En l'estat ou ie suis aueugle & furieux,
Tout bon aduis me chocque & m'est iniurieux.
Quand le meilleur amy que ie pourrois auoir,
Touché de sentiment de ce commun deuoir,
A m'oster cét Amour emploiroit sa peine,
Il n'auroit trauaillé que pour gaigner ma hayne :
En telle bien veillance vn Dieu m'offenceroit,
Et ie me vengerois du bien qu'il me feroit.
Qui me veut obliger, il faut qu'il me trahisse,

Qu'il prenne son plaisir à voir que ie perisse,
Honorez mes fureurs, vantez ma lascheté,
Mesprisez deuant moy l'honneur, la liberté;
Consentez que ie pleure, aymez que ie souspire,
Et vous m'obligerez de plus que d'vn Empire.
Mais non reprochez moy ma honteuse douleur,
Dictes combien l'amour m'apporte de malheur;
Que pour vn faux plaisir ie perds ma renommee,
Que mes esprits n'ont plus leur force accoustumee;
Que ie deuiens fascheux, sans courage, & brutal:
Bref que pour cet amour tout m'est rendu fatal.
Faictes le pour tuer l'ardeur qui me consume,
Car ie cognois qu'ainsi ma flamme se r'alume,
Plus on presse mon mal, plus il fuit au dedans,
Et mes desirs en sont mille fois plus ardans.
A l'abord d'vn censeur ie sens que mon martyre,
De dépit & d'horreur dans mes os se retire.
Amour ne faict alors que renforcer ses traicts,
Et donne à ma maistresse encore plus d'attraits.
Ainsi ie trouue bon que chacun me censure,
Afin que mon tourment dauantage me dure.
Pour conseruer mon mal ie fais ce que ie puis,
Et me croyant heureux sans doute ie le suis:
Ie ne recherche point de Dieux, ny de fortune,
Ce qu'ils font au dessous, ou par dessus la Lune,
Pour le bien des mortels: tout m'est indifferent,
Excepté le plaisir que ma peine me rend.
Ie croy que mon seruage est digne de louange,

X iiij

Ie croy que ma maistresse est belle comme vn Ange,
Qu'elle merite bien d'auoir lié ma foy,
S'il est vray que son ame ait de l'amour pour moy
Elle me l'a iuré, la promesse est vn gage,
Où la foy tient le cœur auecque le langage.
Ie suis bien peu deuot d'auoir quitté ses yeux,
Ie suis trop nonchalant d'vn bien si precieux.
Ie ne deurois iamais esloigner ce visage,
Qu'apres que de mes sens i'auray perdu l'vsage,
Aussi bien mes esprits loin de ses doux regards,
N'ont que melancholie, & mal de toutes parts:
Le seul ressouuenir des beautez de ma Dame,
Est l'vnique entretien qui resiouyt mon ame.
Mais si les immortels me font iamais auoir,
Au moins auant mourir, l'honneur de la reuoir:
Quelque necessité que le Ciel me prescriue,
Quelque si grand malheur que iamais m'en arriue,
Ie me suis resolu d'attendre que le sort
Aupres de ses beautez fasse venir ma mort.
Si tandis ie souffrois le coup des destinees,
I'aurois bien du regret à mes ieunes annees,
Mon ombre ne feroit qu'iniurier les Dieux,
Et plaindre incessamment l'absence de vos yeux.

ELEGIE.

Mon ame est triste, & ma face abbatuë,
Ie n'en puis plus, ta disgrace me tuë,
Croy que ie t'ayme, & que pour te fascher,
I'ay ton plaisir & mon repos trop cher;
Que si ie viens iamais à te desplaire,
Ie ne veux point que le Soleil m'esclaire:
Et si les Dieux ont si peu de pitié
Que de m'oster un iour ton amitié,
Il ne faut point d'autre coup de tonnerre,
Pour me bannir du Ciel & de la terre.
Hier pressé bien fort de ma douleur,
En souspirant mon innocent malheur,
Ie suppliois Lisandre de te dire,
Que ton courroux aux desespoir me tire,
Et si bien tost il ne s'en va cesser,
Tu n'auras plus à qui te courroucer:
Car mon esprit consommé de ta hayne
Ne peut souffrir dauantage de peine.
Sans plus de mal, ie cognois bien pourquoy,
Ton doux regard s'est destourné de moy,
Et que ma faute est assez pardonnable,
Ou tu rendras ton amitié coulpable,
Voy donc de grace, auant que te venger,

Que ton amour, ou mon crime est leger,
Que i'ay du droict assez pour me deffendre,
Si tu ne prens plaisir de me reprendre :
Car en tel cas ie me veux accuser,
Et mon pardon moy-mesme refuser,
Ie diray tout pour flatter ta colere,
I'ay si tu veux assassiné mon pere,
Mesdit des Dieux, empoisonné l'Autel,
I'ay plus failly que ne peut vn mortel :
Mais si iamais tu me donnois licence
De te presser à bien voir mon offence,
Ie iugerois que ie suis trop puny,
Pour vn moment de ta grace banny.
Lors que le Ciel de tes faueurs me priue,
Comment crois-tu mon Ange que ie viue ?
Ce qui me plaist de tous costez me fuit,
En toutes parts tout me choque & me nuit,
Ie ne voy rien que des obiects funebres ;
Comme mes yeux, mon ame est en tenebres :
Mon ame porte vn vestement de dueil,
Tous mes esprits sont comme en vn cercueil :
Lors ma memoire est toute enseuelie,
Mon iugement suit ma melancolie :
Tantost ie prens le soir pour le matin,
Tantost ie prends le Grec pour le Latin ;
Soit vers ou prose à quoy que ie trauaille
Ie ne puis rien imaginer qui vaille.
Prends en pitié, redonne la clarté

A mon esprit, veuds luy la liberté.
Que me veux tu ie confesse mon crime,
J'ay merité que le foudre m'abysme.
Puis qu'il te plaist ie t'ay manqué de foy,
Ie me repens, & ie ne sçay pourquoy.
Il est bien vray qu'aux yeux du populaire
Ce que i'ay fait paroistra temeraire,
Et me traictant comme vn esprit abiect,
Ce long courroux semble auoir du subiect.
Mais si tu veux considerer encore
Ce que ie suis, à quel point ie t'honore,
A quel degré mon amitié s'estent,
Ce souuenir ne t'ennuyra pas tant,
Ie ne veux point m'ayder de mon merite,
Pour excuser ma faute qui t'irrite,
Ny mandiant vn estranger appuy
Deuoir ma paix à la fureur d'autruy :
Il ne faut point qu'autre que moy te trace
Honteusement vn retour a ta grace :
Si c'est Lisandre à qui ie dois ce bien,
Mon repentir ne m'a seruy de rien,
Si c'est luy seul pour qui tu me pardonnes,
C'est desormais à luy que tu me donnes,
Et que tu veux laisser à sa mercy,
De me sauuer de me perdre aussi.
Mais s'il te reste encore quelque flame,
Des beaux desirs que ie t'ay veu dans l'ame,
Si tu n'as point perdu ceste bonté,

Si tu n'as point changé de volonté.
Ie suis certain que tu seras bien aise,
Qu'autre que toy ton cœur ne me rapaise:
Et ie serois marry qu'autre que nous,
Eust iamais sceu ma faute, & ton courroux.
Tu me diras que ta hayne estoit feinte,
Qu'en ce dépit mon ame estoit contrainte.
Que tu voulois esprouuer seulement,
Si ton courroux me pressoit mollement,
Si le refus de ta douce caresse,
M'obligeroit à changer de maistresse;
Lors par le Ciel, par l'honneur de ton nom,
Par tes beaux yeux ie iureray que non,
Que l'amitié de tous les Roys du monde,
Tous les presens de la terre & de l'onde,
L'amour du Ciel, la crainte des enfes,
Ne me sçauroient faire quitter mes fers:
Ne me sçauroient arracher le courage,
Ce bel esprit & ce diuin visage.
Comme les cœurs se plaisent à l'amour,
Comme les yeux sont aises d'vn beau iour,
Comme vn printemps tout l'Vniuers recree,
Ainsi l'esclat de ta beauté m'agree,
L'eau de la Seine arrestera son flux,
Le temps mourra, le Ciel ne sera plus,
Et l'Vniuers aura changé de face,
Auparauant que cett' humeur me passe.

ODE.

L'Infidelité me deplaist
Et mon amour iuge qu'elle est
Le plus noir crime de la terre.
Lors que les Dieux firent venir
Les premiers esclats du tonnerre,
Ce ne fut que pour la punir.

La Deesse qui fait aymer,
Des flots de l'inconstante mer
Sortit à la clarté du monde.
Or Venus si ton doux flambeau
Fust venu d'ailleurs que de l'onde,
Sans doute il eust esté plus beau.

Ce qu'vn hyuer a fait mourir,
Vn printemps le fait refleurir,
Le Destin change toute chose,
Mon amitié tant seulement,
Vos beaux lys & vos belles roses
Dureront eternellement.

ODE.

EN fin mon amitié se lasse,
Ie suis forcé de me guerir,
L'amour qui me faisoit perir
Tous les iours peu à peu se passe.
I'ay r'appellé mon iugement,
I'ay fait veu d'aymer sagement,
Ie rougis de ma seruitude,
Et proteste deuant les Dieux
Que ie hay ton ingratitude
Plus que ie n'ay chery tes yeux.

  Ie n'ay plus le soing de te plaire
Mes charmes sont esuanouis,
Desormais ie me resiouys
De ta haine & de ta cholere.
Ceste lascheté d'endurer
Ne me sçauroit guere durer:
Ie veux estre exempt de souffrance
Aussi bien que toy de pitié,
Et viure auec l'indifference
Dont tu traictes ton amitié.

  Iamais douleur insuportable
Iusques à mon mal n'empira:

Jamais esprit ne souspira
D'vn trauail si peu profitable :
Il vis trop amoureusement,
Ie sers trop malheureusement,
Ma belle ne veut point entendre
Le mal qu'elle me faict sentir,
Et me deffend de rien pretendre
Que la honte & le repentir.

O mes Dieux, ô mon influence,
Regardez la peine ou ie suis;
Sans faire vn crime ie ne puis
Esperer vne recompense,
O Dieux qui gouuernez nos cœurs,
Si vous n'estes des Dieux mocqueurs :
Ou des Dieux sans misericorde :
Remettez moy dans ma maison,
Ou faictes en fin qu'on m'accorde
Ou la mort, ou la guerison.

ODE.

IE n'ay repos ny nuict ny iour,
Ie brusle, ie me meurs d'amour.
Tout me nuit, personne ne m'ayde,
Le mal m'oste le iugement,

Et plus ie cherche de remede,
Moins ie trouue d'allegement.

Ie suis desesperé, i'enrage,
Qui me veux consoler m'outrage,
Si ie pense à ma guerison
Ie tremble de ceste esperance,
Ie me fasche de ma prison,
Et ne crains ma deliurance.

Orgueilleuse & belle qu'elle est
Elle me tue, elle me plaist,
Ses faueurs qui me sont si cheres,
Quelquesfois flattent mon tourment,
Quelquesfois elle a des choleres
Qui me poussent au monument.

Mes amoureuses fantaisies,
Mes passions, mes frenaisies,
Qu'ay-ie plus encore à souffrir?
Dieux, Destins, Amour, ma Maistresse,
Ne dois-ie iamais ny guerir,
Ny mourir du trait qui me blesse?

Mais suis-ie point dans vn tombeau,
Mes yeux ont perdu leur flambeau,
Et mon ame Iris la rauie.
Encore voudrois-ie que le sort,
Me fist auoir plus d'vne vie,

Afin d'auoir plus d'vne mort.

 Pleuſt aux Dieux qui me firent naiſtre,
Qu'ils euſſent retenu mon eſtre
Dans le froid repos du sommeil,
Que ce corps n'euſt iamais eu d'ame
Et que l'amour ou le Soleil
Ne m'euſſent point d'oné leur flame.

 Tout ne m'apporte que du mal,
Mon propre demon m'eſt fatal,
Tous les Aſtres me ſont funeſtes,
I'ay beau recourir aux autels,
Ie ſens pour moy les celeſtes,
Sont foibles comme les mortels.

 O Deſtins tirez moy de peine,
Dites moy ſi ceſte inhumaine
Conſent à mon affliction,
Ie beniray ſon iniuſtice,
Et n'auray d'autre paſſion,
Que de courir à mon ſupplice.

 Las ! ie ne ſçay ce que ie veux,
Mon ame eſt contraire à mes vœux,
Ce que ie crains ie le demande,
Ie cherche mon contentement,
Et quad i'ay du mal i'apprehende
Qu'il finiſſe trop promptement.

Y

ODE.

Dis moy Thirsis, sans vanité,
Remarques-tu que la beauté,
Qui tient ton esprit & ta vie,
Ait pour toy quelque peu d'amour?
Cognois-tu bien qu'elle ait envie
De te le tesmoigner vn iour?

 Elle est si parfaite & si belle,
Que sans blasme d'estre cruelle,
Elle peut destourner ses yeux
Des mortels, & de leurs offrandes,
Et mesme refuser aux Dieux
L'amitié que tu luy demandes.

 Mais faut-il aussi aduoüer,
Que tout ce qu'on sçauroit loüer
En tes perfections abonde,
Et qu'elle se doit estimer
La premiere beauté du monde,
Pource que tu la veux aimer.

 S'il est vray qu'vne mesme flame
Vous ait mis des desirs dans l'ame,
Ie te loue d'estre amoureux,
Tu fais bien d'essuyer tes larmes,

Et de te croire bien-heureux
Depuis qu'on a quitté les armes.

   Que ton amour eut de profit,
Du monstre que le Roy defit,
Tout le monde alloit à la guerre,
Et chacun s'estonna de voir
Le plus braue homme de la terre
Si paresseux à ce deuoir.

   Ie disois pallissant de honte:
Il n'a qu'vne valeur trop prompte,
Mais ce courage est endormy,
C'est en vain que l'honneur le phesse,
Il hait trop peu cest ennemy,
Et cherit trop ceste maistresse.

ODE.

Vn corbeau deuant moy croasse,
  Vne ombre offusque mes regards,
Deux bellettes, & deux renards,
Trauersent l'endroit où ie passe:
Les pieds faillent à mon cheual,
Mon laquais tombe du haut mal,
I'entens craqueter le tonnerre,

Vn esprit se presente à moy,
I'oy Charon qui m'appelle à soy,
Ie voy le centre de la terre.
 Ce ruisseau remonte en sa source
Vn bœuf grauit sur vn clocher,
Le sang coule de ce rocher,
Vn aspic s'accouple d'une ourse,
Sur le haut d'vne vieille tour,
Vn serpent dechire vn vautour,
Le feu brusle dedans la glace
Le Soleil est deuenu noir
Ie voy la Lune qui va choir,
Cet arbre est sorty de sa place.

SONNET.

SI i'estois dans vn bois poursuiuy d'vn lion,
Si i'estois à la mer au fort de la tempeste,
Si les Dieux irritez vouloient presser ma teste
Du faix du Mont Olympe & du mont Pelion.
 Si ie voyois le iour que veid Deucalion,
Où la mort ne cuida laisser homme ny beste,
Si pour me deuorer ie voyois tout preste
La rage des flambeaux qui brusloient Ilion.
 Ie verrois ces dangers auec moins d'ennuy
Que les maux violets que ie souffre auiourd'huy,

Pour vn mauuais regard que m'a donné mon
   Ange.
Ie vay desia sur moy mille foudres pleuuoir,
De la mort de son fils Dieu contre moy se venge
Depuis que ma Philis se fasche de me voir.

SONNET.

Les Parques ont le teint plus gay que mon vi-
   sage.
Ie croy que les dānez sont plus heureux que moy:
Aussi le vieux tyran qui leur donne la loy,
Des peines que ie sens n'a iamais eu l'vsage,
   Les iours les plus serains pour moy sont pleins
   d'orage,
Les obiects les plus beaux pour moy sont pleins
   d'effroy,
Et du plus doux accueil que me fasse le Roy,
Mon esprit incensé croit souffrir vn outrage.
   Ton iniuste mespris m'a faict ceste douleur,
Depuis incessamment ie resue à mon malheur,
Et rien plus que la mort ne me peut faire enuie,
Voyez si mon malheur s'obstine à me punir,
Ie pense que la mort refuse de venir,
Pource qu'elle n'est point si triste que ma vie.

SONNET.

Qui que tu sois bien grand & bien heureux sans doute
Puis que Deheins en parle, & qu'il t'estime tant
Voy la trouppe des sœurs, qui se dispose toute,
A courre auecques toy sur l'Empire flotant,
    Thetis ne frappera ta nef qu'en la flattant,
Tu choisiras les vents, & la celeste voute,
De tous ces feux ioyeux sur ton chef esclattant,
Caressera tes yeux, & guidera ta route.
    Quelque terre incogneue où tu viendras à bord,
Ses vers cognus par tout seront ton passeport :
Mais non ne les préns pas auecque toy dãs l'onde,
Le Soleil qui ne vit iamais rien de si beau,
Enchanté parmy nous s'amuseroit dans l'eau,
Et d'vne longue nuict aueugleroit le monde.

SONNET.

Ton orgueil peut durer au plus deux ou trois ans :
Apres ceste beauté ne sera plus si viue,
Tu verras que ta flam: alors sera tardiue,

Et que tu deuiendras l'obiect des medisans.
 Tu seras le refus de tous les courtisans;
Les plus sots laisseront ta passion oysiue,
Et tes desirs honteux d'vne amitié lasciue
Tenteront vn valet à force de presens.
Tu chercheras à qui te donner pour maistresse;
On craindra ton abord, on fuira ta caresse;
Vn chacun par tout te donnera congé,
Tu reuiendras à moy, ie n'en feray nul compte,
Tu pleureras d'amour, ie riray de ta honte:
Lors tu seras punie, & ie seray vengé.

SONNET.

Vos rigueurs me pressoient d'vne douleur si forte,
 Que si vostre present receu si cherement,
Encor vn iour ou d'eux eust tardé seulement,
Vous n'eussiez obligé qu'vne personne morte.
 Iamais esprit ne fut trauaillé de la sorte,
Tout ce que ie faisois aigrissoit mon tourment,
Et pour me secourir i'essayois vainement,
Tout ce que la raison aux plus sages apporte.
 En fin ayant baizé dans ce don precieux

La trace de vos mains, & celle de vos yeux,
I'ay repris ma santé plus qu'à demy rauie,
Cloris vous estes bien maistresse de mon sort:
Car ayant eu pouuoir de me donner la vie,
Vous auez bien pouuoir de me donner la mort.

SONNET.

Depuis qu'on m'a donné licence d'esperer,
Ie me trouue obligé d'aymer ma seruitude
Ie n'accuseray plus Cloris d'ingratitude,
Puis qu'elle me permet l'honneur de l'adorer,
   Ie croy qu'apres cela tout me doit prosperer,
Que mon amour sera franc de solicitude,
Et que le sort humain n'a point d'inquietude,
Dont mes felicitez se puissent alterer.
   I'espere desormais de viure sans enuie,
Parmy tous les plaisirs que peut donner la vie,
Ie voy mes plus grands maux entierement gueris,
Mon ame mocque toy des feux que tu souspires,
I'espere des thresors, i'espere des Empires,
Et si n'espere rien que de seruir Cloris.

SONNET.

ME dois-ie taire encor Amour, qu'elle apparence?
Iamais esprit ne fut forcé comme le mien :
Il faut ou denoüer, ou rompre ce lien,
Et d'vn dernier effort tenter ma deliurance.

Trop de discretion nuit à mon esperance :
En fin ie veux sçauoir, ou mon mal, ou mon bien,
Et quitter ce respect qui ne sert plus de rien,
Que d'vn sot exercice à ma perseuerance.

Mon amour ne veux plus seruir si laschement,
Elle ostera bien tost ce foible empeschement,
Rien plus ne me sçauroit obliger à me taire.

Philis se rit d'vn mal qu'elle me void celer,
Et me iuge vn enfant qui ne sçauroit rien faire,
Puis que comme vn enfant ie ne sçaurois parler.

SONNET.

L'Autre iour inspiré d'vne diuine flame,
I'entray dedans vn Temple, où tout religieux
Examinant de pres mes actes vicieux,
Vn repentir profond fait souspirer mon ame.
　Tandis qu'à mon secours tous les Dieux ie reclame,
Ie vy venir Phillis: quand i'apperceus ses yeux,
Ie m'escriay tout haut: Ce sont icy mes Dieux,
Ce Temple & cest Autel appartient à ma Dame.
　Les Dieux iniuriez de ce crime d'Amour
Conspirent par vengeance à me rauir le iour,
Mais que sans plus tarder leur flame me confonde.
　O mort quand tu voudras ie suis prest à partir;
Car ie suis asseuré que ie mourray martyr,
Pour auoir adoré le plus bel œil du monde.

SONNET.

Si quelques-fois Amour permet que ie respire,
Et que pour vn moment i'escoute ma raison,
Mon esprit aussi tost pense à ma guarison,
Taschant de m'affranchir de ce fascheux Empire.

Il est vray que mon mal ne peut deuenir pire,
Qu'vn esclaue seroit honteux de ma prison,
Et que les plus damnez à ma comparaison
Trouueroient iustement des matieres pour rire,

Cloris d'vn œil riant, & d'vn cœur sans re-
  mords,
Me tient dans les tourmens pires que mille morts
Sans espoir que iamais sa cruauté s'amende.

Helas, apres auoir à mes douleurs songé,
Ie voudrois me resoudre à demander congé:
Mais i'ay peur d'obtenir le don que ie demande.

SONNET.

Qvelque si doux espoir où ma raison s'appuye,
Vn mal si descouuert ne se sçauroit cacher,

J'emporte malheureux, quelque part où ie fuye,
Vn trait qu'aucun secours ne me peut arracher.
　Ie viens dans vn desert mes larmes épancher,
Où la terre languit où le Soleil s'ennuye,
Et d'vn torrent de pleurs qu'on ne peut estancher
Couure l'air de vapeurs, & la terre de pluye.
Parmy ces tristes lieux trainãt mes longs regrets
Ie me promene seul dans l'horreur des forests,
Où le funeste orfraye, & le hibou se perchent,
Là le seul reconfort qui peut m'entretenir,
C'est de ne craindre point que les viuans me
　　cherchent,
Où le flambeau du iour n'osa iamais venir.

SONNET.

IE passe mon exil parmy de tristes lieux,
　Où rien de plus courtois qu'vn loup ne m'auoi-
　　sine,
Où des arbres puants formillent d'Escurieux,
Où tout le reuenu n'est qu'vn peu de resine.
　Où les maisons n'ont rien plus froid que la cui-
Où le plus fortuné craint de deuenir vieux,
Ou la sterilité faict mourir la lesine.
Où tous les Elemens sont mal voulus des Cieux.
Où le Soleil contraint de plaire aux destinees,

Pour estendre mes maux alonge ses iournees,
Et me faict plus durer le temps de la moitié :
Mais il peut bien changer le cours de sa lumiere,
Puis que le Roy perdant sa bonté coustumiere
A destourné pour moy le cours de sa pitié.

SONNET.

Courtisans qui passez vos iours dans les delices
Qui n'esloignez iamais la demeure des Roys,
Qui ne sçauez que c'est de la rigueur des loix,
Vous seuls à qui le Ciel a caché ses malices :
Si vous trouuez mauuais qu'au fort de mes supplices,
Les souspirs & les pleurs m'eschappent quelquefois
Parlez à ces rochers, venez dedans ces bois,
Qui de mon desespoir vont estre les complices.
Vous verrez que mes maux sont sans comparaison
Et que i'inuoque en vain le temps & la raison
Aux tourmens infinis que le destin m'ordonne :
Ie sens de tous costez mon espoir assailly ;
Pourquoy veux-ie esperer aussi qu'on me pardonne ?
On ne pardonne point à qui n'a point failly.

SONNET.

Esprits qui cognoissez le cours de la nature
Vous seuls à qui le Ciel apprend sa volonté,
Et dont les sentimens trouuent de la clarté
Dans la plus noire nuict d'vne chose future.
  Celestes qui voyez mon ame à la torture,
Qui sçauez le dedale ou le sort m'a ietté?
Quand est-ce que ie dois r'auoir ma liberté?
Dictes moy qui de vous entend mon aduenture?
  Ange qui que tu sois, veille songer à moy:
Et lors que tu seras de garde aupres du Roy,
De qui le cœur deuot est tousiours en priere,
Arreste moy le cours de son inimitié,
Et dis luy que s'il veut exercer sa pitié,
Il n'en trouua iamais de si belle matiere:

SONNET.

Vous donc l'ame diuine aspire aux choses
    sainctes,
Et que le Ciel a fait l'obiect de son amour:

Verserez vous des pleurs, & ferez vous des plainctes,
Quand pour l'amour de Dieu vous laisserez le iour?
Les coulpables esprits ont tousiours mille craintes
Lors qu'il leur faut quitter ce vitieux seiour,
De leurs yeux criminels auecques des contrainctes;
Approchent de l'esclat de la celeste Cour.
  Mais vostre espoux, qui sceut parfaictement bien viure
S'est pleu dans les assauts que le trespas nous liure
Il est dedans le Ciel, ou vous irez aussi,
Il est ou vos pensers incessamment seiournent:
Pourquoy donc voulez vous que ses esprits retournent;
Ils sont plus auec vous que s'ils estoient icy.

EPIGRAMME.

CEste femme a faict comme Troye,
De braues gens sans aucun fruict
Furent dix ans à ceste proye,
Vn cheual n'y fut qu'vne nuict.

EPIGRAMME.

IE doute que ce fils prospere,
Mars & l'Amour en sont ialoux,
Pource qu'il est beau comme vous,
Et courageux comme son Pere.

EPIGRAMME.

GRace à ce Comte liberal,
Et à la guerre de Mirande:
Ie suis Poëte & Caporal,
O Dieux que ma fortune est grande!
O combien ie reçois d'honneur
Des sentinelles que ie pose!
  Le sentiment de ce bon-heur
Faict que iamais ie ne repose:
Si ie couche sur le paué,
Ie n'en suis que plustost leué
Parmy les troupes de la guerre,
Ie n'ay point un repos en l'air:
Car mon lict ne sçauroit branler
Que par un branlement de terre.

SVR LE BALLET DV ROY.

LE FORGERON POVR LE ROY.

IE ne suis point industrieux
Comme ce Forgeron des Dieux,
Dont les subtilitez nuisibles
Pour vn chef d'œuure de son art,
Dessoubs des filets inuisibles
Firent voir qu'il estoit cornard.

Cet infame aux creux Aetneans
Dessus les tombeaux des Geans,
Enyuré de souffre & de flamme,
Forgeoit des armes pour autruy,
Cependant que Mars & sa femme
Faisoit des forgerons pour luy.

Ie suis vn Forgeron nouueau,
Qui sans enclume & sans marteau
Forge vn tonnerre a ma parole,
Et du seul regard de mes yeux.
Fais partir vn esclair qui vole,
Plus puissant que celuy des Cieux.

Les plus rebelles des humains
Subiuguez des traits de mes mains
Ont fait esmerueiller l'Europe,
Et Vulcan auoue aisément
De n'auoir iamais veu Cyclope
Battre le fer si rudement.

Le dard qu'amour me fait forger,
Sans desplaisir & sans danger
Penetre au fond de la pensee.
Et la Dame qu'il veut toucher
En est si doucement blessee,
Qu'elle n'en peut hayr l'archer.

Mais les flesches de mon courroux,
Fortes qu'elles sont à tous,
Font trembler le Dieu de la guerre,
Et rien ne la fait habiter
Dans un Cie' si loing de la terre,
Que le soing de les éuiter.

POVR MONSEIGNEVR LE DVC DE LVYNES.

APPOLLON EN THESALIE.

Esloigné du celeste Empire,
Et du siege de la clarté,
N'attendez point que ie souspire:
Car les faueurs du Roy dont ie suis arresté.
Font que mon destin n'est pas pire,
Et que i'ay plus d'honneur, & plus de liberté.

Au rauissement qui me reste
Parmy ces agreables lieux,
Ie croy que la maison celeste
Ne se doit point nommer la demeure des Dieux,
Pour moy ie la iuge funeste,
Et ce nouueau seiour me plaist mille fois mieux.

Ce prince à les vertus parfaictes,
Ses appas ont gaigné ma foy:
Iupiter faict bien les tempestes,
Et quoy que ces mortels tremblent dessous sa loy,
On ne celebre point ses festes
Auec tant de respect qu'on sert ce ieune Roy.

Z ij

A voir comme quoy tout succede
A ses desseins aduantureux,
Et qu'on ne sçait point de remede
Pour ceux que sa cholere a rendu malheureux;
Sa faueur à qui la possede,
Rend le sort à son gré propice ou rigoureux.

VN BERGER PROPHETE.

IE vis dans ces lieux innocens,
Où les esprits les plus puissans
Quittant leurs grandeurs souueraines,
Suiuent ma prophetique voix
Dans le silence de nos bois,
Et dans le bruict de nos fontaines.

Icy mon desir est ma loy,
Mon entendement est mon Roy,
Ie preside à mes aduentures:
Et comme si quelqu'vn des Dieux
M'eust presté son ame & ses yeux,
Ie comprends les choses futures.

I'ay veu quand des esprits mutins
Sollicitoient nos bons destins
A quitter le soin de la France,
Et deuiné que leur mal-heur

Trouueroit dans nostre valeur
Le tombeau de leur esperance.

Ie voy bien qu'vn ieune Potentat
Bornera bien tost son Estat
Du plus large tour de Neptune,
Et son bon-heur sans estre vain
Pourra voir auecques desdain
Les caresses de la fortune.

APOLLON CHAMPION.

Moy de qui les rayons font les traits du tonnerre
Et de qui l'Vniuers adore les Autels:
　Moy dont les plus grands Dieux redouteroient la
　　guerre,
Puis-ie sans deshonneur me prendre à des mortels ?
I'attaque malgré moy leur orgueilleuse enuie,
Leur audace a vaincu ma nature & le sort
Car ma vertu qui n'est que pour donner la vie,
Est auiourd'huy forcé à leur donner la mort.
　I'affranchis mes Autels de ces fascheux obstacles
Et foulant ces brigands que mes traicts vont pu-
　　nir,
Chacun d'oresnauant viendra vers mes oracles,
Et preuiendra le mal qui luy peut aduenir.

C'est moy qui penetrant la dureté des arbres
Arrache de leur cœur vne sçauante voix,
Qui fais taires les vents, qui fais parler les marbres,
Et qui trace au destin la conduitte des Roys.

C'est moy dont la chaleur donne la vie aux roses,
Et fais ressusciter les fruicts enseuelis,
Ie donne la duree & la couleur aux choses,
Et fais viure l'esclat de la blancheur des lys.

Si peu ie m'absente, vn manteau de tenebres,
Tient d'vne froide horreur Ciel & terre couuerts,
Les vergers les plus beaux sont des obiects funebres,
Et quand mon œil est clos tout meurt en l'Vniuers.

BALET.

Venus aux Reynes.

Lors que ie sortis de la mer
Moins couuertes d'eaux que de flames
La beauté qui me fait aymer
Me destina Reyne des ames,
Et me dit que ie cederois
A vos yeux qu'elle a fait mes Roys.

Le Soleil monstrant son flambeau,
Par Cythere & par Amathonte,
Lors qu'il eut veu le mien si beau,

Il fallit à mourir de honte:
Mais vous emportez auiourd'huy,
L'auantage que i'eus sur luy.

L'estonnement qu'il eut aux Cieux,
Lors que ie me leuay de l'onde,
Ie le ressens deuant vos yeux,
Qui sont les plus beaux yeux du monde:
Astres des esprits bien-heureux,
Dont mes amours sont amoureux.

Mais petits amours, mes appas,
Et mes graces les plus parfaictes,
Belles Reynes sont elle pas
Aux mesmes places où vous estes?
Ie sçay que veritablement
Vostre Cour est leur element.

Les bords de Cypre où mon Autel
Autresfois en si belle estime
M'auoit rendu chasque mortel
Tributaire d'vne victime,
Sont deserts a cause de vous,
Qui receuez les vœux de tous.

Ces Princes qu'vn deuoir d'amour
Retenoit en ma seruitude,
Lassez d'vn si mauuais seiour
En ont faict vne solitude,

Et rendent à vos maiestez
Mon Empire & leurs libertez.

Leur cœur desgouté de mes loix,
Aussi bien que mon visage,
Demande à captiuer des Roys
Quelque plus glorieux seruage:
Vous seules auez des liens
Plus honorables que les miens.
Vos beautez font qu'auec raison
Ces Princes m'ont esté rebelles,
Craignez la mesme trahison,
Quand vous ne serez plus si belles:
Mais si c'est par la seulement,
Ils sont serfs eternellement.

LES NAVTONNIERS.

Les amours plus mignars à nos rament se lient
Les Tritons à l'ennuy nous viennent caresser,
Les vents sont moderez, les vagues s'humilient
Par tous les lieux de l'onde ou nous voulons passer,
Auec nostre dessein va le cours des estoilles,
L'orage ne fait point blesmir nos matelots,
Et iamais Alcion sans regarder nos voiles
Ne commit sa nichee à la mercy des flots.

Nostre Occean est doux comme les eaux d'Euphra-
　te,
Le Pactole & le Tage sont moins riches que luy,
Icy iamais nocher ne craignit le Pirate,
Ny d'vn calme trop long ne ressentit l'ennuy.
　Sous vn climat heureux, loing du bruict du
　Tonnere,
Nous passons à loisir nos iours delicieux,
Et là iamais nostre œil ne desira la terre,
Ny sans quelque desdain ne regarda les Cieux.
　Agreables beautez pour qui l'amour souspire,
Esprouuez auec nous vn si ioyeux destin,
Et nous dirons par tout qu'vn si rare nauire
Ne fut iamais chargé d'vn si rare butin.

LES PRINCES DE CYPRE.

Les lieux que nous auons laissez
Sont beaucoup plus heureux qu'autres lieux de
　la terre,
Le degoust de la paix, ny la peur de la guerre
Iamais ne les a menacez.
　Mars arriuant à la contree,
Que nostre esloignement conuertit en deserts,
Hait le fer & la flamme, & veut que les baisers
Fassent l'honneur de son entree.

Cypre ne peut eſtimer,
Ses riuages feconds que Neptune enuironne,
Sont au milieu des flots la plus belle couronne
Que porte le Roy de la mer.

Cupidon y eſt ſans malice:
Les plus grandes beautez ont le plus d'amitié;
Là iamais vn eſprit qui manque de pitié
Ne ſçauroit manquer de ſupplice.

Les plaiſirs y ſont en vigueur;
La loy de l'Hymenee aux deſirs aſſeruie
Dans le contentement de noſtre douce vie
Ne meſla iamais ſa rigueur.

Comme les Dieux en leur Empire
De tout ce qu'il nous plaiſt nous nous rendons eſpris,
Et pour vne beauté qui n'a que du meſpris,
Iamais noſtre ame ne ſouſpire.

Ce qu'amour faict deſſoubs les eaux,
Eſt vne loy pour nous que le Ciel meſme ordonne,
Accordant à nos feux la liberté qu'il donne
A l'innocence des oyſeaux.

Autour de nos fontaines viues,
Toutes peintes d'azur, & de rayons du iour;
Les zephirs & les eaux parlent touſiours d'amour
Aux Nymphes de ces belles riues.

Noſtre Ciel eſt touſiours ſerain,
Noſtre ioyeux deſtin n'eſt iamais en diſgrace,
Et chez nous le Soleil ne void aucune trace
Du ſiecle de fer ny d'airain.

Nous n'oyons point le bruit des Syrthes,
Le plus fresle vaisseaux se mocque des rochers.
Trouue le vent facile, & conduit les nochers
Iusqu'à l'ombrage de nos myrthes.

Nous ne voyons iamais pleuuoir,
Si ce n'est des rubis eschoppez à l'aurore,
Que nos champs glorieux plus ennoblis encore
Daignent à peine receuoir.

Nostre sort aux Dieux admirable,
Lors qu'vn renom meilleur nous a parlé de vous,
A perdu son estime, & s'est rendu ialoux
Du vostre encor plus desirable.

Aux pieds de vostre Maiesté,
Nos grandeurs mesprisant leur premiere puissance
Mettent au seul honneur de vostre obeyssance,
Tout l'espoir qui leur est resté.

Au nombre des subiects de France,
Auiourd'huy bien heureux nous nous venons ranger,
Et nostre masque osté de ce front estranger
Nous ostera la difference.

LE plus aymable iour qu'ait iamais eu le monde,
Le plus riche printemps que le Soleil ait veu,
Celuy de nos amours, d'attraits le mieux pourueu,
Ny toutes les beautez de la fille de l'onde.

Ce que donne Appollon pour embelir sa sœur,
Aux graces de vos yeux à peine s'accompare,

Ny toutes ces fleurs d'ont dont l'aurore se pare,
Quand elle va baiser son amoureux chasseur.

Qvi voudra pense à des Empires,
Et auecques des vœux mutins,
S'obstine contre ses destins,
Qui tousiours luy deuiennent pires:
Moy ie demande seulement
Du plus sacré vœu de mon ame,
Qu'il plaise aux Dieux & à Madame,
Que ie brusle eternellement.

Mon frere ie me porte bien,
La Muse n'a soucy de rien:
I'ay perdu cest humeur prophane,
On me souffre au coucher du Roy,
Et Phœbus tous les iours chez moy
A des manteaux doublez de pane.

Mon ame incague les destins,
Ie fay tous les iours des festins,
On me va tapisser ma chambre,
Tous mes iours sont des Mardy-gras,
Et ie ne boit point d'hypocras
S'il n'est faict auecques de l'ambre.

Vous Commettez Un grand
                              abus
En prenant Bordier pour
                              Phebus
Il Est trop mal dans
                    fortune
Pour Souffrir Cette Comparaison
Car Phébus a douze
                    maisons
Et le Coquin n'En a pas Une

Si Jacques le Roy du Scavoir
N'a pas trouvé bon de me Voir
En Voicy la Cause Infaillible
C'Est que rien de mon Escript
Il Crut que J'Estois tout Esprit
Et par Conséquent Invisible

LARRISSA.

Ncillabar in ædibus Romani ciuis conseruo Græco adolescente quem infœlix marium fides à libertate patria in exoticam seruitutem egerat: nam quibus indicijs natura signat in fronte, aut genus, aut educationem, nobilitatem stirpis ingenuus iuuenis liberali prorsus vultu præ se ferebat, & quam ingenuis occupationibus ætatem incepisset, tota vitæ suæ ratione monstrabat: tam enim à seruilibus munijs erat alienus, vt si quando veru depromeret, dixisses tenere láceam, si gestandum esset onus, leuioribus impar erat, & viginti pondo vltra milliarium non valebat. Enitebatur tamé ad omnia & difficillimis obsequijs facilem se præbebat, animumque docilem generis oblitum sui seueritati sortis obedientem fecerat. Excruciabat itaque teneros artus inexpertæ seruitutis iugum, & breui postquam seruire cœpit, mollis & delicati corporis vires duriori victu, asperiori cultu languidę marcescunt labore & vigiliis quibus non assueuerant minuuntur & deficiunt. Aurei capilli puta calamistris olim discriminati tunc sordidis & intricatis nodis impexi negligebantur: frontis niueæ venustas ad rugas, & squalorem prope deformata, oculi languidi, genæ diductæ, manus callosæ, macies per vniuersa membra horridulum, & eneruem ad extremam pene tabem perduxerant: animus autem in tanta ruina corporis si qua spirabat aura singultus erant, & suspiria. Dolebam egovicé afflicti, & de Fortunæ tam seua varietate commiseratione illius moesta conquerebar: tum si quando se dederat occasio hortabar ærumnosum, & sæpissime fletibus meis, lachrimosum aut solabar, aut adiuuabam, tum quæ illius erant officia præripiebam, & anxie defungebar, imo quæcumque domi curanda erant ipsa pene sola peragebā. Neque vero illius demum orbire munera, ac laboribus meis otium illi comparare, sed proprio seruitio vltroneum eius mancipium facta socium colere, & demereri conata sum. Enimuero quantumuis nouæ conditionis fato demissa facies aliquid habebat sublimioris genij, & quamlibet nubilo oculorum lumine fulgebat quiddam lucidioris humili, & obscuro meo sideri iure veluti aliquo dominantis. Eminebat itaque ex vultu plane nobili nescio quid in nos imperij, quod meus animus haud inuitus sequebatur: intellexit tamen bene natus iuuenis quantum deberet humanitati meæ, & quoties beneficiū accepit puduit nō potuisse referre, gratiasque verecundus egit iis verbis quibus solet vrbanitas aulica trucioribus animis suppalpari: vt erat ingenium mite, placidi mores, sermo bládus, os amabile, & plane diuinissimi vultus formosa & luculenta maceria breui de misericordia erumnarum in amorem eius lapsa sum. Primò quidem in offensum antea pectus leuiter cœpit sauciari, nec dum penitus admissus Cupido in ipso mentis aditu nascentibus flammis militabat; sensit animus orientem oculis ignem, & hoste gauisus suo vltrò se illi permisit.

Ad lenocinantem huiusmodi fabulam progrediens Larissa omnium aures ad sedulam attentionem erexerat: sed duarum precipue virginum. Illæ autem inaduersione simulata, ne sermoni castis animis refugiendo inuerecundiùs interesse viderentur, faciem ab ore narrantis auerterant, ac iugiter oscitantes, tum conniuentibus oculis, nutanteque capite molliter in somnum tota corporis specie fluere videbantur, viquietis desiderium ementitæ, tuto silentio indulgerent secretæ libidini, ac lasciui sermonis gratissime blandientes il-

A a ij

lecebras mentibus prorsus expertrectis; & vigilantissimis auribus hauriebant. Vibrauit etiam interim altera in conspectum loquentis curioso lumina, sed velut improuisa & obtutu vago in somni recentis imaginibus errantia subinde recondidit. Altera spontaneo lapsu de sede sua commota, tanquam è cubili sub diluculum excitata: Hem! (ait) num illucescit rubor? tamen in parum confirmata fronte vero pudore fictæ verecundiæ latebras indicauit. Risimus, & tantillum in punicantibus virginum malis intuitu morati commentum apparuisse prodidimus. Desierat tamen à sermone Larissa, ac negans verba se vlterius habituram, quæ cuiuspiam supercilium neue per speciem irritarent, veterem nescio quam de Carmenta historiam minabatur, quum Philæsus interceptæ narrationis impatiens: Et hæc (inquit) ô Larissa; soporem tentant haud dubie, quò tui Græculi libidinosam imaginem in somnis amplexari queant: tum imperu iuuenili rugosæ vetulæ marcidas genas exosculatus? Et per tuam te Venerem obtestor (ait) noli tam grauiter nobis irasci: ac diutissime de rancido collo pendulus bellulus puer impetrauit vt pergeret, puellis vero cætera se quàm pudicissime posset absoluturum. Anus pollicita est iussitque propius assiderent sibi: Licet (inquit) iuuenibus quotidie semel insanire. Tum his verbis tanquã data venia motibus improbis, & quiduis audiendi facta copia, virgines haud grauatim morem gerunt, & applicarunt se proximè Larissæ, quæ suas expectantissimas omnibus voces sic recepit.

Sensim in illapsus amor, ac de tenui principio velut in ardente sogete factus valdior, breui sibi per vniuersam animam viam fecit. Iam ex illo in suis primordiis oblectante fallaci cupidine sæuior nescio quis Deus, & de triumpho captiuæ mentis ferocior nos imperium exercere cœpit, deque hospite primo fœliciter in oculis & innocuè diuersanti sensimus incendiarium, qui tepidum venis sanguinem, & exustis voret ossibus medullas. Nihil hic contra, pudor! quàm gemere aut lachrymari potuit, ac quicquid de misera Larissa placeat Tyranno grauius statuere, neue ipsa voluntas ausit reluctari. Quid id est, aut quomodo dicendum haud satis scio, sponte ne an per vim subeatur amoris iugum qui iudicem? quæ subinde querelis illum atque in eodem labore mentis votis etiam prosequuta sim. O pestem, dixi, quoties sapere voluit mens furor, & humani generis pestem! cur tibi tantum de me licuit? tum repente de contumeliis in preces versa: Parce inquam, ô potentissime

Deorum Domine, infania mea eſt quæ te criminatur, ac ſi quid eſt in hoc corde reliquum ſani, Paphium & Idalium venerata quæſo Gliſonem meum mihi conciliato, & quicquid ego vnquam in te patraui ſceleris, feruido paſſerum & columbarum ſanguine roſeis in altaribus tuis diluetur. At vero conſternatis animis, ad vltimum lethali vulnere properantibus non iam cibus, non ſomnus ad leuamé pracuerunt, mentem quæ noſtram impotentiſſima rabie feruolo mancipatam nulla ratio liberauit. Et formoſior inde meus Gliſo (hoc enim erat puero nomen) & gratior loquentis ſermo videri cœpit, oculiſque in oras clarius niteſcentibus illecebræ nouę voluptatis accedebant: nam vbi léta dierum medicina luctus acerbitatem mitigauit, atque animus aſſuetudine malorum obduruit ad dolores enituit vultus priſtino ſplendori reſtitutus tanta pulchritudine, vt Venerem referre potuiſſet eam quam Apelles dicitur effinxiſſe. Interim mihi tacito vulnere pereunti toto corpore langueſcunt vires; & quantum ad ſpeciem formoſi iuuenis noui decoris additum, tantum deceſſum meę formæ illa ętate haud omnino pœnitendę. Quod autem eſt in tormentis amantium acerbius, quæ me incenderat flāma, iam adultior premebatur miſero metu, quumque prouectæ libidinis ferociores essent impetus quá vt vlterius cohiberi possent, minus tamen audax erat tenellus, & amorum inexpertus animus, quàm vt pudoris mei pretiũ tanto repulsæ periculo auderet temerariæ voci committere. Itaque desperandũ fuit quippe in tabescente corpore moriens anima suam sibi sepulturam foderat ni misericordia fatorũ meus amator conclamatę propemodum vitæ meę salutis viam aperuisset: nam vbi pertinaci morbo labefactari vidit eam, cui plurimum debere se voluit, indoles generosi genij haud potuit mœrorem inhibere, imo ne lachrimis quidem pepercit, sed recentis sui casus memor solatiis humanitatis meę rependit officiosam vicem.

Dies erat, quem à Venere nominamus. Illo die ferè subvesperam de reliquiis herilis mensę cibum sumpturi simul accumbimus. Gliso iampridem à fastidio veteris tristitię liberior, cœnam haud ita parcam cœnabat lubens, meque obtutu gemino oculis eius affixam, ac tridua inedia labilem ad cibum indentidem solicitauit. Quicquid ille de me aut teneret, aut loqueretur, videbantur amoris inuitamenta, & insanam mentem multa spe ad cupidinem adiuuabant. quicquid ego de suis affectibus cogitassem, sui mihi videbantur oculi promittere, ac postquam amandi rabies altius in pręcordiis efferbuit, aut pereundum erat, aut tāde experiundum etiā euentu dubio quorsum effrenis audacię primi conatus euaderent. Igitur postero die coepi pudorem pueri solicitare & secreti occasionē nacta adorta sum in meo lectulo meridiantem ibi in lachrymas vberius effusa, Glisco inquam, aut tua basia, aut mea funera liceat erogare hos oculos, & hos quos amplexor poplites obtestor, miserere tua causa peruntis Arrisit serenus amatoris vultus, & primis efflagitationibus statim annuit. Quid plura? rapuit in cubile non recusantem, & repetino casu turbatam ad latus suum applicuit longissimisque basijs periculose gaudio deficientem animauit. O diem numquam rediturę volupratis? nos deinceps liberè clandestinis amoribus indulsimus. Vos dum per ętatem licet, viuite, & fœliciter ductę iuuentutis dulcia flamina ad canos perducite, vt recordatione grata exacta gaudia veluti repetentes querulę senectutis otiosa tędia solamini.

FIN.

OEVVRES
DV SIEVR
THEOPHILE.
SECONDE PARTIE.

Iouxte la copie imprimée
A PARIS,
Chez PIERRE BILLAINE.
ET
IACQVES QVESNEL.

1626.

AV LECTEVR:

CEVX qui veulent ma perte, en font courir de si grands bruits, que i'ay besoin de me monstrer pupliquement, si ie veux qu'on sçache que ie suis au monde. Je ne produis point icy l'impression d'vn trauail si petit & si desaduantageux à ma memoire, afin qu'on le voye: mais afin qu'il fasse voir que Dieu veut que ie viue. Et que le ROY souffre que ie sois à la Cour. Il semble que e fasse vn' imprudence de me plaindre

AV LECTEVR.

de mon malheur, dautant que c'est le diuulguer : I'ay assez d'adresse pour m'en taire, s'il y auoit encore quelqu'vn à le sçauoir : mais il ne se trouue plus personne à qui ie ne doiue satisfaction de ma vie, dont les mauuais & les faux bruits ont rendu les meilleures actions scandaleuses à tout le monde. Ie crains que mon silence ne fasse mon crime : car si ie ne repousse la Calomnie, il semble que ma conscience ne l'oze desad-uoüer. On a suborné des Imprimeurs pour mettre au iour en mon nom des Vers sales & profanes, qui n'ont rien de mon style, ny de mon humeur : I'ay voulu que la Iustice en sceut l'autheur pour le punir : Mais les Libraires n'en con-noissent à ce qu'ils disent, ny le nom, ny le visage, & se trouuent eux mesmes en la peine d'estre chastiez pour cest imposteur : Les Iuges les ont voulu traiter auec

AV LECTEVR.

toute la seuerité que mon bon droict leur a demandée: mais le pouuoir que i'ay eu de me venger m'en a osté l'enuie. Et comme ie n'ay point plaidé pour faire du mal: mais pour en éuiter, i'ay pardonné à des ignorans, qui n'ont abuzé de mon nom, que pour l'vtilité de la vente de leurs Liures. Et me suis contenté d'en faire supprimer les Exemplaires auec la deffense de les r'imprimer. Le soin que i'ay pris en cela pour ma protection, est vn tesmoignage assez euident, que ie ne suis pas cause de ma disgrace, & que ie ne la merite point. Ie voudrois bien que les Censeurs qui sont si diligents à examiner ma vie, fussent au moins capables de croire les actes publics de la Iustice qui font foy de ceste verité. Mais tout ce qui fait à ma iustification, est contre leur dessein, leur chagrin ne si prend qu'au mal, ils ne

AV LECTEVR

me cognoissent que par où ils exercent leur aigreur, & l'inclination qu'ils ont à tout reprendre fait qu'ils craignent plus l'amandement d'vn homme, qu'ils en haissent sa desbauche. Ceste promptitude de rechercher les mauuaises actions d'autruy, & ceste nonchalance à recognoistre les bonnes, est vne fausse preud'hommie, & vne superstition malicieuse qui tient plus de l'hypocrisie que du vray zele. On souffre toutes sortes de desordres, & de blasphemes en la personne de qui que ce soit : mais on fait gloire de diffamer l'innocence en la mienne. Ces calomniateurs qui sont des gens presque incognus, & de la lie du monde ont voulu persuader leur imposture à de saincts personnages de qui ie veux éuiter la haine, & pour l'estime que ie fais de leur vertu, & pour le respect que ie doibs à leur credit, & i'espere

AV LECTEVR.

que l'Enuie trauaillera inutilement à seduire la charité de ces Prelats qui connoissent trop bien le visage de l'erreur, & sçauent que toutes les médisances sont suspectes de fausseté: il est vray que des plus grands & des mieux sensez de la Cour, pource qu'ils sçauent ma vie, en ont parlé fauorablement. Je les nommerois en les remerciant, Mais dans le deshonneur qu'on me procure, ie ne veux pas leur reprocher qu'ils me connoissent, il n'y a pas iusqu'à des Bourgeoises, que ie sçay viure encore dans la penitence de leurs adulteres, qui ne fassent vne deuotion de maudire mon nom, & de persecuter ma vie. L'esprit maling qui souffle la calomnie à mes enuieux, les porte contre moy, au soupçon de quelques crimes où le sens commun ne peut consentir. Je parlerois plus clairement pour ma deffense: Mais la reuerence publique &

AV LECTEVR

ma propre discretion me commandent d'estouffer mes injures, & de cacher à la curiosité des esprits foibles la confusion de quelques accusateurs de peur que ce ne fut vn' instruction pour le crime à tout le monde. Le mal qu'on fait à blasmer vn peché inconnu, c'est qu'on l'enseigne. Et les ames qui sont aisees à se débaucher trouuent là des occasions à se peruertir, il me suffit de me sauuer de leur malice, & de leur faire entendre que si les efforts de leur animosité leur succedent iusqu'à ma ruine, il me restera tousiours vne consolation du remors qui leur en est ineuitable: car ie sçay bien que le dessein de leur persecution n'est pas tant de me sacrifier à la pieté qu'à leur ambition : le peu d'estime qu'on fait de mes Escrits, & les médisanses contre vne reputation de si peu d'importance, sont des outrages qui ne me nuysent guere, &

AV LECTEVR.

qui ne m'affligent pas aussi beaucoup. Mais cett' enuie enragée qui ne me laisse point de fondement pour ma fortune, ny de seureté pour ma vie, me pique veritablement, & me met aux termes d'éclater contre mes ennemis, s'ils me font voir ma perte manifeste, ie me soucieray fort peu du peril qui la pourroit aduancer. Il y a desia long-temps que ma paresse, & ma timidité laissent impunement courir sur moy leur iniustice, ils ont pris à tasche de pousser mes infortunes iusqu'au bout, & me font voir presque à la veille de me bannir moy-mesme pour trouuer vne liberté à mon ressentiment, ie ne demande plus de la vie qu'autant de temps pour me plaindre, qu'ils en ont passé à m'iniurier: ie ne suis point vn faiseur de libelles, & n'offençay iamais personne du moidre trait de plume, & ie croy que selon les hommes,

AV LECTEVR.

i'ay la conscience droite, & l'esprit traittable : si bien que ie suis à deuiner encore, ce qui m'a peu susciter vne si violente, & si longue haine : il est vray que la coustume du siecle est si contraire à mon naturel. Je voy que la conuersation des plus sages les discours ordinaires sont choses feintes & estudiées, ma façon de viure est toute differente. Ceste mignardise de complimens communs, & ces reuerences inutiles qui font aujourd'huy la plus grande partie du discours & des actions des hommes : ce sont des superfluitez où ie ne m'amuse point, & combien qu'elles soient receuës, & comme necessaires, pource qu'elles repugnent entierement à mon humeur : ie ne suis pas capable de m'y assujetir. En vn mot, ma societé n'est bonne qu'à ceux qui ont la hardiesse de viure sans artifice. Le fonds de mon ame a des amorces assez puissantes pour

AV LECTEVR.

ceux qui ozent viure librement auecques moy, & qui se peut aduanturer de me connoistre, ne se sçauroit deffendre de m'aymer, i'ay sans doute trop de liberté à reprendre les fautes d'autruy, peu de gens ont ce malheur. Mais ie ne trouue que moy qui se sente obligé des censures des autres : ce n'est peut-estre pas tant de la docilité de mon esprit & de la facilité de mes mœurs que par vne coustume d'estre repris: car les moindres, ou de condition, ou de merite ont ceste permission sans me fascher, ceste patience de souffrir tant de reprimendes, me donne bien l'importunité d'en receuoir souuent d'injustes, mais i'en tire aussi l'aduantage de reconnoistre beaucoup de choses qu'on blasme bien à propos. Ce petit ramas de mes dernieres fantaisies, que ie presente auiourd'huy, moins pour l'ambition d'accroistre mon honneur, que par la ne-

AV LECTEVR.

cessité de le sauuer, est vne matiere assez ample aux Critiques: mais puis que ce n'est pas vn crime que de faire des mauuais vers, ie suis desia consolé de la honte des miens. Si Dieu me faisoit iamais la grace de traitter des matieres Sainctes, comme mon employ seroit plus digne, mon trauail seroit plus soigneux, & quoy qui me puisse aujourd'huy reüssir de fauorable pour vn ouurage si peu estudié, ie ne m'en flatteray pas beaucoup, car ie sçay bien qu'vn iour ie me repentiray de ce loisir que ie deuois donner à quelque chose de meilleur, & d'vne raison plus meure, considerant les folies de ma ieunesse, ie seray bien aise d'auoir mal trauaillé en vn ouurage superflu, & de m'estre mal acquité d'vne occupation nuisible.

OEVVRES

OEVVRES DE THEOPHILE.

PREMIERE IOVRNEE.

CHAPITRE I.

L'ELEGANCE ordinaire de nos Escriuains est à plus pres selon ces termes.

L'AVRORE toute d'or & d'azur, brodée de perles & de rubis, paroissoit aux portes de l'Orient, & les Estoilles esblouïes d'vne plus viue clarté, laissoient effacer leur blácheur, & deuenoiết peu à peu de la couleur du Ciel, les bestes de la queste reuenoiết aux bois & les hommes à leur trauail, le silence faisoit place au bruit, & les tenebres à la lumiere

Et tout le reste que la vanité des faiseurs de Liures, fait esclater à la faueur de l'ignorance publique.

Il faut que le discours soit ferme, que le sens y soit naturel & facile, le langage expres, & signifiant les affeteries ne sont que mollesse, & qu'artifice qui ne se trouue iamais sans effort, & sans confusion. Ces larcins qu'on appele imitation des Autheurs anciens, se doiuent dire des ornements qui ne sont point à nostre mode. Il faut escrire à la moderne, Demosthene & Virgile, n'ont point escript en nostre temps, & nous ne sçaurions escrire en leur siecle, leurs liures quand il les firent estoient nouueaux, & nous en faisons tous les iours de vieux. L'inuocation des Muses à l'exemple de ces Payens est profane pour nous & ridicule. RONSARD pour la vigueur de l'esprit, & la nuë imagination a mille choses comparables à la magnificence des anciens Grecs & Latins, & à mieux reüssi à leur ressembler qu'alors qu'il les a voulu traduire, & qu'il a pris plaisir à les contrefaire, comme en ce Cytherean, Patarean, par qui le trepied

Tymbrean. Il semble qu'il se veuille rēdre incognu pour paroistre docte, & qu'il affecte vne fausse reputation de nouueau, & hardy Escriuain. Dans ces termes estrangers, il n'est point intelligible pour François. Ces extrauagāces ne font que desgouster les sçauants, & estourdir les foibles. On appelle ceste façon d'vsurper des termes obscurs & impropres, les vns barbarie, & rudesse d'esprit, les autres Pedanterie & suffisance Pour moy ie croy que c'est vn respect & vne passion que Ronsard auoit pour ces anciens à trouuer excellent tout ce qui venoit d'eux, & chercher de la gloire à les imiter par tout. Ie sçay qu'vn Prelat homme de bien est imitable à tout le monde. Il faut estre chaste, comme luy charitable, & sçauāt qui peut, mais vn courtisan pour imiter sa vertu n'a que faire de prēdre, ny le viure, ny les habillemens à sa sorte, il faut comme Homere faire bien vne description: mais non point par ses termes, ny par ses Epithetes, il faut escrire comme il a escrit, mais non pas ce qu'il a escrit. C'est vne deuotion louable, & digne d'vne belle ame, que d'in-

B ij

uoquer au commencement d'vne œuure des puissances souueraines: mais les Chrestiens n'ont que faire d'Apollon ny des Muses, & nos Vers d'aujourd'huy, qui ne se chantent point sur la Lire, ne se doiuent point nommer Liriques non plus que les autres heroïques, puis que nous ne sommes plus au temps des Heros, & toutes ces singeries ne sont ny du plaisir ny du profit d'vn bon entendement. Il est vray que le desgoust de ces superfluitez nous a fait naistre vn autre vice, car les esprits foibles que l'amorce du pillage auoit iettez dans le mestier des Poëtes, de la discretion qu'ils ont euë d'éuiter les extresmes redictes, desia rebattuës par tãt de siecles, se sont trouuez dãs vne grande sterilité, & n'estãs pas d'eux mesmes assez vigoureux, ou assez adroits pour se seruir des obiects qui se presentent à l'imagination, ont creu qu'il n'y auoit plus rien dans la Poësie que matiere de prose, & se sont persuadez, que les figures n'en estoient point, & qu'vne metaphore estoit vne extrauagance, mais comme i'auois dit il estoit iour. Or ces digressions me plaisent, ie me laisse aller à ma fantaisie, & quelque pensée qui se presente, ie n'en destourne point la plume. Ie fais icy vne conuersation diuerse & interrompuë, & non pas des leçons exactes, ny des oraisons auec ordre, ie ne suis ny assez docte ny assez ambitieux pour l'entreprendre. Mon liure ne pretend point d'obliger le Lecteur, car sõ dessein n'est pas de lire pour m'obliger & puis qu'il luy est permis de me blasmer, qu'il me soit permis de luy déplaire.

CHAPITRE II.

Ce iour là, comme le Ciel fut serain, mon esprit se trouua guay, la disposition de l'air se communique à mon humeur, quelque discours qui s'oppose à ceste necessité, le temperament du corps force les mouuemens de l'ame. Quand il pleut, ie suis assoupy & presque chagrin, lors qu'il fait beau, ie trouue toute sorte d'obiects plus agreables; Les arbres, les bastiments, les riuieres, les elements paroissent plus beaux dans la serenité, que dās l'orage: ie cognoy qu'au changement du Climat mes inclinations s'alterent, si c'est vn défaut, il est de la nature, & non pas de mon naturel. Ayant passé l'heure ordinaire de mon sommeil, ie me leuay, & m'aprochant du lict de Sidias, comme ie tirois son rideau il s'esueilla en sursaut, *Per Deum, atque hominum fidem*, me dit-il, laissez moy dormir, i'ay passé la moitié de la nuict apres cest *intrigo de modalibus*, & ce forgeron que vous oyez la bas a continué ceste sonnerie depuis deux heures apres minuict Clitiphõ n'a sceu reposer non plus que moy, il ne fait que sortir de vostre chambre, & s'est fort estonné de vous voir dormir si profondément, Aussi-tost que ie fus habillé: ie passay dans la chambre de Clitiphon, qui d'abord s'escria vers moy: Est-il possible que vous ayez dormy si a repos dans vn affliction si recente, vous ne fustes banny que d'hyer, & vous voila desia guery de ceste peine, c'est auoir les sentimēts bien farouches ou bien hebetez. Ce qui ne me touche, luy dis-je, ny le corps, ny l'ame, ne me donne point de douleur, ie me porte Dieu mercy aſſez bien de l'vn & de l'autre, ſi les banniſſements faiſoient effort à quelqu'vn des ſens, tu me verrois atteint de tous les deſplaiſirs dont la nature, & la raiſon ſont capables : ie ne reſiſte point par Philoſophie aux atteintes du malheur, car c'eſt accroiſtre ſon iniure, & tout le combat que le diſcours fait contre la triſteſſe la rengrege ſans doubte & la prolonge: ſi ie m'apperceuois que i'euſſe du mal, tu me verrois bientoſt ſouſpirer : mais ie ne ſçaurois prendre l'apparence pour l'effect, ny la menace pour le coup, Ceſte diſgrace n'eſt que paroles qui ne ſõt que vent. On ma chaſſé de la Cour ou ie n'auois que faire, ſi on me preſſe encore à ſortir de France, quelque part de l'Europe ou ie veuille aller, mõ nom m'y a fait des cognoiſſances : Ie me ſçais facilemẽt accommoder à toute diuerſité de viures & d'habillements, les Climats & les hõmes me ſont indifferents: i'ay l'eſprit & le corps à la fatigue. Mais touſiours ſerez vous eſtranger & receu dans la ſocieté des autres auec moins de familiarité & d'honneur : Celuy dis-je qui priſe moins la faueur des hom-

B iiij

mes & l'aduantage de la fortune que sa propre vertu, se trouue peu empesché de ces incommoditez ordinaires Si est-ce, disoit Clitiphon, que ce sera vn exil, & vn hôneste homme ne doit pas estre indifferent à l'infamie : si i'ay merité la mienne, luy dis-je, ie serois iniuste de m'en plaindre, & si ie n'en suis pas coulpable, ie suis assez sage pour la mespriser, ne croy point que la ioye qui me reste en cét accident, soit d'aucun estourdissement, ie cognois bien que ie suis sorty de Paris, que le Roy le veut, que mes ennemis en sont aises, que ie pers la presence de mes amis, & qu'en suitte leur affection ne me durera guere, car ils sont hommes & courtisans, à cela voicy mon remede. Ie ne tascheray point de reuenir à la Cour: mais à m'en passer, & au lieu de rentrer dans la grace du Roy, ie penseray à m'oster de sa memoire, ie m'efforceray d'oublier mes amis, car s'ils sont fideles, ils me le pardonneront, & s'ils ne m'aiment guere? i'auray le plaisir d'auoir preuenu leur infidelité, & seray bien-ayse, d'autant que ie les ayme de me rendre coulpable pour les sauuer de ce blasme. Il me semble que ceſt faire des amitiés de bonne ſorte, il faut auoir de la paſſiõ non ſeulement pour les hommes de vertu, pour les belles femmes: mais auſſi pour toute ſorte de belles choſes. J'ayme vn beau iour, des fontaines claires, l'aſpect des montaignes, l'eſtéduë d'vne grande plaine, de belles foreſts, l'Ocean, ſes vagues, ſon calme, ſes riuages: I'ayme encore tout ce qui touche plus particulierement les ſens, la Muſique, les fleurs, les beaux habits, la chaſſe, les beaux cheuaux, les bonnes odeurs, la bonne chere: mais à tout cela mon deſir ne s'attache que pour ſe plaire, & non point pour ſe trauailler, lors que l'vn ou l'autre de ces diuertiſſements occupent entierement vne ame, cela paſſe d'affection en fureur & brutalité; la paſſiõ la plus forte que ie puiſſe auoir ne m'engage iamais au point de ne la pouuoir quitter dans vn iour, ſi i'ayme, c'eſt autant que ie ſuis aymé: & comme la Nature, ny la Fortune ne m'ont pas donné beaucoup de parties à plaire, ceſte paſſion ne m'a iamais gueres continué ny ſon plaiſir ny ſa peine. Ie me tiens plus aſprement à l'eſtude & à la bonne chere qu'à tout le reste. Les Liures m'ont lassé quelquesfois: mais ils ne m'ont iamais estourdi, & le vin m'a souuent resiouy: mais iamais enyuré, la desbauche des femmes & du vin faillit à m'enpieter au sortir des escholes: car mon esprit vn peu precipité auoit franchy la subiection des precepteurs, lors que mes mœurs auoient encore besoin de discipline. Mes compagnons auoient plus d'âge que moy: mais non pas tant de liberté. Ce fut vn pas bien dägereux à mon ame que ceste premiere licence qu'elle trouua apres les contraintes de l'estude. Là ie m'allois plonger dans le vice qui s'ouuroit assez fauorablement à mes jeunes fantaisies: mais les empeschements de ma Fortune destournerent mon inclination, & les trauerses de ma vie ne dönerent pas le loisir à la volupté de me perdre, depuis insensiblement mes desirs les plus libertins se sont attiedis auecques le sang, & leur violence s'esuanouïssant tous les iours auecques l'âge me promet d'oresnauant vne trâquilité bien asseurée, ie n'ayme plus tant ny les festins ny les balets, & me porte aux voluptés les plus secrettes auec beaucoup de mediocrité. Tout à coup Sydias à qui le moindre bruit interrompoit le sommeil nous chanta tout haut ce Vers de Virgile,

Nec Veneris, nec tu vini capiaris amore.

Il croit, dict Clitiphon, auoir tresbien rencôtré, C'est le plus orgueilleux Pedan qui soit en son mestier, nous allasmes à luy & le trouuasmes encore dans son lict: *Nunquid* (nous dit il) *excepistis quem in transuersum parietem vobis vibraui versum, potuitne opportuniùs laudari?* fort bien, luy dit Clitiphon: mais habillez-vous donc, & nous allons vn peu promener dans ce iardin, attendant à des-jeuner: Sydias respondit qu'il s'habilleroit, & des-jeuneroit quand nous voudrions : mais qu'il ne se promeneroit point & que *non poterat satis laudari Turcarum mos, penes quos ambulationes huiusmodi sine consilio pro ridiculis habebantur*, & en suitte de cela il nous eut estourdis de só Latin: mais nous sortismes de là Clitiphon & moy pour aller voir ce iardin que l'hoste entretenoit assez curieusement.

Chap. III.

D'Abord Clitiphon faillit à pasmer de l'odeur des Rozes que nous trouuasmes en abondance dés l'entrée du jardin, & se portant la main au visage le nez bouché, & les yeux clos, il fit cinq ou six pas fort viste pour s'oster d'aupres du rozier, ie croyois que c'estoit vne feinte, ou quelque fantaisie delicate d'vn esprit foible, iusqu'à ce que l'ayant veu pasle & presque deffaillant, ie cogneus que c'estoit vne tache en son naturel, comme il se trouue en des choses semblables, quelques ames ombrageuses en beaucoup d'obiects, il y en a qui sont malades à voir des cerises, d'autres pour regarder du vin. Ie n'ay Dieu mercy aucune de ces mignardises en mon appétit, comme aussi ie me trouue tousiour auec antipathie & horreurs aux serpens, aux rats, aux vers, & à toute sorte de saleté & de pourriture. Ie ne repasserois point par là, dit Clitiphon, deusse-je sauter ces palissades, suis-je pas mal'heureux d'vne si sotte debilité de cerueau, il n'y a point de poison pour moy comme celuy-là, i'ayme bien les œillets, les violettes, ie souffre toute sorte de parfums, mais si i'approche des rozes, tous mes sentimens me quittent à coup: ceste fleur, luy dis-je, c'est l'haleine de vostre mauuais Ange qui vous ensorcele, & vous donne des conuulsions d'vn Demoniaque, les yeux vous ont tourné, vous auez grincé les dents, & ouuert les leures, auec des grimasses toutes pareilles à celles de la fille Obsedée que ie vis dernierement. Ie n'ay point d'autre diable que ceste odeur là, dit Clitiphon, mais si vous m'aymez faictes moy le conte de ceste aduanture: car on dit qu'elle fut plaisante, ie ne m'en suis pas bien ozé resiouïr de peur qu'elle ne fut fausse, & puis que vous auez la reputation d'estre exactement veritable iusques aux moindres choses, apprenez moy comment tout s'est passé, afin que ie m'ose asseurer de le bien sçauoir. Voicy, luy dis-je tout ce qui en est. Le bruit de cest accident alarmoit desja tout le pays, & les plus incredules se

laiſſoient vaincre au rapport d'vne infinité de gens de bien qui croyoient a-
uoir veu veritablement des effects par
deſſus les forces de la nature en la perſonne de ceſte fille la, ie me trouuay par
occaſion dans la ville, où deſ-ja long
temps auparauant elles faiſoit ſon ieu,
& comme on me tient d'vn naturel à
ne croire pas facilement les impoſſibi-
litez, deux de mes amis pour cõuaincre
les doutes que i'auois la deſſus, me
preſſerent de l'aller voir auec promeſ-
ſe de ſe deſabuſer ſi au ſortir de là, ie ne
me trouuois de leur opinion, elle eſtoit
logée aſſez pres des murailles de la ville
dans vne meſchante maiſon où vn
Preſtre la venoit exorcizer reglément
deux fois la ſepmaine. Vne femme fort
vieille & deux petits enfans eſtoient in
ſeparablement aupres d'elle, ce qui me
donna la premiere coniecture de la
tromperie: car d'abord que ie vis dans
ſa chambre que le ſexe & l'aage le plus
foible & le plus timide viuoient en ſeureté aupres de ce diable, ie iugeay qu'il
n'eſtoit pas des plus mauuais. Apres
auoir heurté aſſez fort, vn vieillard qui
nous ouurit la porte, nous dit que la pa

tiente auoit besoin d'vn peu de repos, à cause d'vn trauail extra-ordinaire que luy auoit fait le mauuais esprit vn peu auparauant, mais que reuenant deux heures de là nous pourrions contenter nos curiositez, ie cogneus qu'il demandoit ce terme pour luy donner loisir de preparer ses contenances surnaturelles, & sans m'arrester à son aduertissement, ie montay promptement dans la chambre où estoit la fille auec sa compagnie de la vieille & des petits enfans: la regardant fixement à la veuë, ie la trouuay surprise, & remarquay facilement qu'elle contraignoit son visage, & commençoit à estudier sa posture. A ceste feinte vn peu grossiere, ie ne me sçeus tenir de rire, ce que la vieille trouua tres-mauuais, & me dit que Dieu pourroit punir ma mocquerie par le mesme chastiment de ce pauure corps, ie luy dis que ie riois d'autre chose, & que nous n'estions point de gens incapables de persuasion pour tout ce où nous trouuions quelque apparence, mais que nous demandions quelque tesmoignage visible qui peut faire foy d'vne chose si incroyable. Cependant la Demoniaque commence à s'agiter le corps, à s'effaroucher la veuë, & nous dire presque hors d'haleine qu'elle sentoit là des incredules, & que cela luy alloit bien faire du mal : Insensiblemēt, la voila dans le transport, elle iette à terre vne quenoüille qu'elle tenoit, & passant d'où nous estions dans vn autre chambre, elle se iette à terre, contrefait des grimasses de pendu, des cris de chat, des conuulsions d'Epileptique, se traine sur le ventre, se roule soubs des licts, saute à des fenestres, & se veut precipiter sans l'empeschement des petits enfans deuant qui elle s'arrestoit, court en gromelant quelques mots de Latin mal prononcé, ie luy parlay Latin le plus distinctement qu'il m'estoit possible, mais ie ne vis iamais aucune apparence, qu'elle l'entendit, ie luy dis du Grec, de l'Anglois, de l'Espagnol, & de l'Italien, mais à tout cela ce diable ne trouua iamais à respondre vn son articulé, pour du Gascon, elle ne manqua point d'iniures à me repartir : car elle estoit du pays, & le Prestre venu son Latin trouua de l'intelligēce auecques luy, elle entendoit ses interrogations,

tions, & luy ses responses, en vn mot, selon les termes de leur dialogue, elle renforçoit ou relaschoit ses postures, auec effroy de plusieurs des assistans, dont ie ne pouuois me tenir de me mocquer, protestant que ce diable estoit ignorant pour les langues, & qu'il n'auoit point voyagé, & combien qu'à chaque fois la demoniaque eut des boutades à me sauter aux yeux, ie ne laissay pas d'attendre la fin de son accés, sachant bien qu'à moins de se transformer en quelque chose de plus fort & de plus farouche qu'vne fille, quelque diable que ce fust, ne pouuoit nuire que malaisement, ceste resolution bien aisée que ie tesmoignay en vn accident que tout le monde croyoit si dangereux, fut cause que l'abus ne demeura pas long-temps caché: car les iustes soupçons que donna cét éuenement, permirent à la curiosité de plusieurs d'examiner ce mystere de plus prés, & comme les esprits se deliuroient peu à peu de ceste superstitieuse credulité, les deffiances croissoiēt de plus en plus, iusqu'à ce que le temps leur pro-

C

duisit vn tesmoignage qui osta tout à
faict l'incertitude: car apres auoir esté
traictée par vn bon Medecin, il se trouua que son mal n'estoit qu'vn peu de
melancholie, & beaucoup de feinte. Finissant ainsi ce conte, i'étroüis du bruit
qui se faisoit au logis, & me tournant
vers la porte où nous auions passé, voicy venir Sydias tout en des-ordre, sans
colet & sans chappeau, vn peu sanglant
au visage, nous coniurant par tous les
deuoirs de la societé humaine, de luy
ayder à tirer raison d'vn affront qui luy
venoit d'estre fait auec la plus grande
iniustice du monde, que tous les anciés
bien entendus estoient pour luy, & la
plus part des Modernes, & qu'estce, dit
Clitiphon. Cét ignorant: dit-il, n'a iamais sçeu les voix de Porphire : *O quam
dura res est cum insipiente rem habere.* Mais
quelle est donc vostre querelle, il m'a
voulu soustenir que *odor in pomo non erat
accidens*, & que vous importe-il, luy disie, que ce soit accident ou substance,
autant dit Sydias, qu'il m'importe d'estre homme ou beste, nous rismes de sa
consequence bien qu'elle fut des ordinaires de son discours, & le ramen as-

mes au logis pour accorder leur differrent.

Chap. IV

L'Hoste & ses domestiques estoient empeschez à retenir l'autre, qui estoit en vne cholere furieuse, de ce que Sydias luy auoit donné vn demény, c'estoit vn ieune homme nouuellement sorty des Escholes, qui s'en alloit porter les armes en Holãde, fort chatouilleux sur le point d'honneur, & qui ne vouloit resolument receuoir aucune condition que du duel, il estoit pour dire le vray offencé : car le Pedan luy auoit sanglé le visage d'vne ceinture qu'il portoit ordinairement, & les meurtrisseures que les boucles luy auoient faictes paroissoient bien fort : si bien que nous eusmes beaucoup de peine à le faire consentir de remettre son affaire entre nos mains, & d'auoir esgard qu'il auoit affaire à vn homme de lettres, auec qui tous les aduantages qu'il se pouuoit promettre, ne luy sçau-

C ij

roient donner que peu de reputation & que nous le porterions à luy demander pardon du dementy, Sydias nia que ce fut vn dementy, & qu'il sçauoit mieux le respect qu'il deuoit à Pallas pour traicter si outrageusement son nourrisson, qu'il n'auoit dit autre chose sinon qu'il estoit faux, que *odor in pomo* fut autre chose qu'accident, & qu'il estoit resolu de mourir sur ceste opinion, il falut mettre dans les conditions de l'accord que le soldat auoueroit ceste verité, ce qu'il fit tres-facilement, disant qu'il ne croyoit pas que son honneur dépendit de la frenesie d'vn Philosophe : ceste façon de parler faillit à rebroüiller tout, car le Pedan se piqua de nouueau par cest'iniure, & reprit tout haut que les Philosophes n'estoient point frenetiques, *frenesis enim, inquit ille, est alienatio quædam mentis, & furor animi ratione destituti*, & que *Philosophorum studium in excolenda potissimum ratione versabatur* là dessus nous leur imposames silence, & ordonasmes que Sydias s'excuseroit du dementir, & que l'autre tiendroit *odor in pomo* pour accident, cela conclu nous les fismes embrasser &

boire ensemble. On nous auoit apresté
à des-jeuner en vne salle basse, où il y
auoit des-ja des Alemans & des Italiens
qui mangeoient à diuers escots, les Alemans estoient à la main droicte & les
Italiens à la gauche, & nostre table
estoit au milieu attendant qu'on nous
apportast à des-jeuner: nous acheuions
Clitiphon & moy de rapaiser la fougue
de nostre nouueau soldat, qui ne se
pouuoit pas bien satisfaire sur certains
restes du procedé, & meditoit encore
vne maniere d'esclaircissement, Sydias
qui n'y pensoit plus pour tout, s'approche de la table de ces Alemans, & comme il estoit fort estourdy, & tousiours
curieux sans dessein, ayant consideré
leurs visages & leurs habillemés, il leur
fait vn petit soubsris, & les saluant de la
teste sans oster son chapeau, *Quantum*,
dit-il, *ex vultu & ex amictu licet conijcere,
ego vos exoticos puto*, Ces Messieurs du
Septentrion qui d'vne grauité froide &
nonchalante rebutent d'abord les plus
eschauffez, ne daignerent pas seulemét
respódre le moindre signe à la demande du Pedan, qui n'imputant ce silence
qu'à la stupidité de la nation, continuë

G iij

à leur dire, *Nuper ni fallor appulistis adnostrum littus, adhuc enim vobis vestes sunt indigenæ*, à ceste seconde attaque ils se regardent leurs habits les vns les autres, & se parlans en leur langue ils reietterent quelques regards de trauers sur nostre Pedan, qui cognut bien que ce n'estoit pas là sa conuersation, & se destournant à la main gauche vn peu refroidy de ce premier rebut, comme il estoit à contempler ces Italiens, à peine eut-il loisir d'ouurir la bouche pour les salüer que ces Messieurs se leuent, & d'vne ciuilité extra-ordinaire auec des reuerences profondes, le coniurerent de prendre part à leur petit repas. *Deus bone* [s'escria Sydias] *quam varia sunt hominum ingenia, tot capita, tot sensus, tot populi, tot mores, tot ciuitates, tot iura: Noi altri*, luy dirent-ils *Reuerendissimo signore non parliamo Latino basta à no de saper, il vulgare ma vos signoria pille vn seggio & fara colatione con i suoi seruitori*, Sydias à qui la cognoissance du Latin & du François donnoient assez d'intelligence pour l'Italien, Messieurs, leur dit-il, vous estes bien plus honnestes gens que ces gros Messieurs là, mais vous ne faictes pas si bonne che

re, comment pouuez vous manger des
salades si bon matin? *Herbæ enim (nisi post
rorē) frigidiores sunt, & planè sub meridiem
apponendæ*, & faut que le Soleil ait passé
par dessus: nous le faisons, dirent-ils,
pour nous remettre l'appetit: car nous
fismes hier desbauche, & la teste nous
en fait encore vn peu de mal, *Optimè*, dit
Sydias, *Contraria contrarijs curantur, & cum
dicto*, il s'en reuient à nous qui estions
desia en train de des-jeuner. Clitiphon
se fait donner vn verre à moytié plein,
& porte à Sydias la santé de son Antagoniste, *Ex animo*, dit-il, ie vous feray raison, & tout sur le champ se faict donner le plus grand verre, & le beut plein
iusques aux bords: les Alemans voiants
ceste action si franche, se repentirent
de la mauuaise opinion qu'ils auoient
euë de son esprit, & auec des regards
plus familiers luy vouloient faire entendre qu'ils eussent esté bien aises de
faire cognoissance auecques luy: mesme l'vn d'eux le verre à la main les
yeux tousiours fichez sur Sydias pour
prendre occasion d'estre veu de luy, &
toussant pour se faire apperceuoir,
comme Sydias se fut vn peu destourné,

il se leue & boit à ses bonne graces, le Pedan qui n'estoit pas irreconciliable, le receut de bon cœur, & par là s'introduisant en leur societé, nous vouloit persuader Clitiphon & moy de ioindre nostre escot au leur: Car pour luy c'estoit vn fort beuueur: Mais Clitiphon qui a le cerueau delicat au possible, n'en sçauroit porter vne pinte sans estre inincommodé, non plus que ce ieune Escolier. I'estois entre les deux, & ne suis pas des plus foibles à la desbauche. Mais ie n'ayme que celle où ie ne suis pas contraint. Tous ces Messieurs du Pays bas ont tant de regles & de ceremonies à s'enyurer, que la discipline m'en rebute autant que l'excés, ie me laisse facilement aller à mon appetit: mais les semonces d'autruy ne me persuadent guere, & le mal est, qu'estant vne fois engagé à la table, le vin pipe insensiblement, & les alterations du corps vous mettent l'esprit hors de gamme, si bien que les resolutiõs qu'on faisoit de se retenir de boire, s'oublient en beuuant, & chacun se pique d'abattre son compagnon: ces debordemens font vn grãd changement & vn grand tumulte en noſtre diſpoſition : mais ils ne ſont pas ſi dãgereux à la ſanté qu'on les croit, à les cõtinuer on y ſuccombe; mais à ſi laiſſer quelquefois ſurprendre, on s'ẽ trouue mieux. Les meilleurs Medecins tiennent que s'enyurer vne fois le mois, deſtourne d'autres maladies. Il eſt vray que c'en eſt vne & plus à fuir à cauſe qu'elle eſt honteuſe, & que la raiſon y patit. Ceux qui cherchent leur ſanté par ceſte voye, ſont comme ceux qui recourent à la Magie pour auoir leur Maiſtreſſe, Nous laiſſaſmes donc le Pedan embarqué auec les Alemans, & nous en alaſmes pour voir ſur le port vn Nauire qui eſtoit fraichement arrides Topinanbours, où ie voulois m'enquerir des nouuelles d'vn de mes amis qui deuoit arriuer enuiron ce temps-la.

CHAPITRE V.

Comme nous allions vers la porte du quay, nous rencontrasmes au destour d'vne petite ruë le Sainct Sarement que le Prestre apportoit à vn malade, nous fusmes assez surpris à ceste ceremonie: car nous estions Huguenots & Clitiphon & moy: mais luy sur tout auec vne opiniastreté inuincible, ce qu'il tesmoigna tres-mal à propos en ceste rencontre: car tout le monde se mettāt à genoux en l'honneur de ce sacré Mystere, ie me rangeay contre vne maison nud teste, & vn peu encliné par vne reuerence que ie croiois debuoir à la coustume receuë, & à la religion du Prince (Dieu ne m'auoit pas fait encore la grace de me receuoir au giron de son Eglise) Clitiphon voulut insolemment passer par la ruë où tout le monde estoit prosterné, sans s'humilier d'aucune apparence de salut, vn homme du peuple, comme souuēt ces gens la par vn aueuglement de zele, se laissent plus esmouuoir à la cholere qu'à la pieté, saute à la teste de Clitiphon, luy iette son chapeau par terre, & en suitte se prend à crier au Caluiniste, toute la ruë se souleue, & sans la faueur d'vn vieil homme de robe longue, qui se trouua là inopinemẽt, on l'eut sans doute lapidé, ce bon homme fit semblant de se saisir de la personne de Clitiphon pour le mettre en prison, & en respondit sur sa vie, pour appaiser les plus seditieux, qui commençoient à le trainer vers la maison de ville, où estoient les prisons de ceste ville la. Clitiphon parmy tout ce danger auoit de la peine à se repentir de sa faute: mais le bon homme qui s'estoit beaucoup hazardé pour luy rendre ce bon office, se monstra si sage qu'il ne parut aucunement touché de l'obstination brutale où Clitiphon perseueroit tousiours, seulement il le pria deux ou trois fois de se contraindre vn peu deuant ce peuple, pour n'estre pas occasion de nous faire tous assommer. Car nous estions enuironnez desia de plus de deux cens personnes, qui ne nous quitterent point iusqu'à ce que ce bon vieillard l'eut conduit chez le Magiſtrat, & s'eſtant obligé de pourſuiure la punition d'vn crime ſi ſcandaleux, il laiſſa tous ces mutins dans la ruë, & ſe r'enferma auec nous chez le Magiſtrat, qui pour l'amour de noſtre Introducteur nous reçeut fauorablement. Ayant ouy le ſubiect de noſtre viſite, il nous ordonna de paſſer trois ou quatre heures dans ſon logis, attendant qu'il euſt loiſir de r'appaiſer l'émotion populaire. Prenant pour ceſt effect ſa robe Magiſtrale, il ſort auec le vieil bon homme pour trauailler à noſtre paix, & nous met dans vne chambre où ſa femme & vne ſienne ſœur tres-belle fille vindrent pour nous entretenir, en attendant le retour du Maiſtre du logis. Ceſte femme offrit à Clitiphon des habits à changer, car les ſiens eſtoient en deſordre, nous la remerciaſmes de ceſte courtoiſie, & priſmes vn Lacquais pour aller querir vn deſabiller pour Clitiphon à l'Hoſtellerie, elle ſe deſroba vn peu de nous pour dire tout bellement à ſon Lacquais qu'il aduertit à noſtre logis que nous n'y diſnerions pas, nous fiſmes ſemblant de ne le pas ouyr, voyant bien que nous ne pouuiõs pas nous en deffendre, puis que nous auions long-temps à nous cacher là dedans. Ceste importunité nous estoit ineuitable, car toute la ceremonie & les honnestetez qu'on fait à refuser vne chose necessaire, tiennēt quelque chose d'vne hypocrisie qui dement la ciuilité, & qui efface tout le compliment: apres qu'elle nous eut faict asseoir dans des sieges tres-beaux, car tout esclatoit la dedans & sentoit son bien, elle prit plaisir à m'ouyr raconter nostre aduanture, & ne se pouuoit tenir de me soubsrire de la punition de Clitiphon, qui ne s'attendoit guere à nos discours: car il tournoit ses yeux de fois à autre sur ceste fille, qui auoit veritablement dequoy amuser la veuë d'vn hõneste homme: mais il y auoit parmy les attraicts de son visage vne froideur de modestie & de chasteté si bien peinte, qu'elle obligeoit à aymer beaucoup, mais à ne guere esperer: i'y auois pris garde à la desrobée aussi biē que mon cōpagnon: & i'ay ce bon-heur que dés le premier pas que mon esprit veut faire vers quelque passion, vne petit estincelle de iugemēt s'ingere à me donner conseil, & me deſtourne ordinairement d'vn deſſein où ie voy de la difficulté à pourſuiure vn plaiſir, & de l'incertitude à l'atteindre. La Maiſtreſſe du logis apres nous auoir mis en diſcours auecques ſa ſœur, s'en alla pour diſpoſer ſes gens à nous faire chere, comme on nous la fit tres-bonne. Auſſi-toſt qu'elle fut ſortie, Clitiphon ſe tourna vers l'autre. Et ſe mettans la deſſus à cageoler, ils ſe piquent tous deux de rencontres, & du bien dire ordinaire de ceux qui font l'amour, à quoy ie n'ay ſceu iamais encore accommoder la rudeſſe de mon eſprit. Ce qui interrompit ceſte premiere conuerſation, fut le retour du Lacquais qui amenoit le valet de chãbre de Clitiphon auec ſon deſabiller, & nous dit qu'vn honneſte homme de ceſte hoſtelerie nommé Monſieur Sydias auoit beu tout deuant luy à noſtre ſanté, & luy auoit donné vn billet pour nous apporter, que ie pris, & voulois differer à le lire deuãt ceſte Damoiſelle, ſçachant bien que i'y trouuerois des impertinences à ſon ordinaire, Clitiphon me l'arracha des mains, & pour prẽdre occaſion de faire quelque commencemēt d'vne confidence auec elle, le luy presenta pour le voir, ce qu'elle m'ayant remis, ie me vis obligé de le lire, il estoit moitié Latin, moitié François, comme tous ses discours, & voicy ce que c'estoit. *A quo me vobis socij charißimi. misera mea sors eripuit, ingressus sum periculosißimum mare, atque ideo quæso vos*, Messieurs mes bons amis, de prier Dieu qu'il luy plaise auoir pitié de mō ame: car ie vois bien que nous sommes perdus, *Iam mihi cernuntur trepidis delubra moueri sedibus, atque adeò vnà Eurusque, Notusque ruunt, & iam exonerata nauis, & quidquid vestium & mercium fuit, in mare proieiectum vix nudos nos ferè sustinet.* Il me va souuenir que nous l'auions laissé en train de boire, & demande au Laquais en quelle posture il l'auoit trouué, qui se retenant par respect de nous le dire, nous fit assez cognoistre, que ce Pedan estoit en desordre, Clitiphon le presse de nous dire en quel estat il l'auoit laissé, le garçon nous dit ingenuement, qu'ils estoient quatre ou cinq qui croyoient aller faire naufrage, comme s'ils eussent esté dans vn Nauire bien en peril, ils iettoient les meubles de la

maison par les fenestres, croyant que c'estoit de la marchandise du vaisseau qu'il falloit ietter dans la mer, & que parmy ceste espouuāte, ils ne laissoient pas de boire par interualles, de se coucher, de pisser deuant tout le mōde, & de vomir les vns sur les autres, à quoy la Damoiselle tournant la teste nous obligea de l'entretenir d'autres choses. Clitiphon alloit reprendre sa pointe quand voicy le Magistrat reuenu de la ville, auec de bōnes nouuelles pour nous, il nous dit qu'il auoit assoupy ce tumulte, mais que pour la liberté de sortir, nous ne pouuiōs l'auoir qu'apres disner, que luy mesme nous vouloit ramener à nostre logis, Clitiphon commēça lors à se repentir de sa faute, pour la peine que si honnestes gens auoient prise à la reparer, ce Magistrat estoit vn peu ceremonieux: car il passoit desia midy, & le disner commençoit à deuenir froid, qu'ils estoient encore à l'entrée de la chambre où l'on auoit seruy, disputant la porte, & comme nous estions venus sur le seüil, ils se retirerēt tout à coup, & se considerans l'vn l'autre. Allons donc, Monsieur, Monsieur
ie n'ay

ie n'ay garde, ce sera apres vous ; Iesus Monsieur que dites vous? i'aymerois mieux mourir, Monsieur ie ne sçaurois pas vous repartir, mais ie sçaurois bien me tenir icy tout aujourd'huy, Monsieur ie ne sçay pas beaucoup de ciuilité, mais ie ne l'ignore pas iusques à ce pointe là, Monsieur en vn mot ie veux estre obey ceans, le Charbonnier fut Maistre dans son logis: i'estois vn peu à part baissant la veuë de hôte, & haussant les espaules en se mocquant, & en souffrant beaucoup de leur honnesteté fort à contre-temps, à la fin voyant que cela tiroit de longue, & que les viandes se gastoient, ie fis signe à Clitiphon qu'il se laissast vaincre, il deffera cela à mon impatience, & passant le premier ne se peust empescher de dire encore, Monsieur, i'ayme mieux estre sot qu'importun, puis qu'il vous plaist que ie faille, ie merite que vous me le pardonniez, ie passay aussi à la faueur de ses complimens, & d'abord que ie fus dans la chambre, ie quittay mon manteau, & me fis donner à lauer aupres du buffet pour éuiter la ceremonie, & par la, les obliger à n'en point

D

faire, ce qui me reüssit, Clitiphon laua auec les femmes: ceste Maistresse luy donnoit tousiours dãs la veuë, & comme nous fusmes à table, il ne se pouuoit tenir de la regarder auec vne passion si apparente, qu'il estoit aisé à tout le monde de s'en aperceuoir, & que la fille & luy en rougirent deux ou trois fois, pour moy ie ne m'amusois qu'à manger de bon appetit, & disois à nostre Hoste en passant quelque mot de sa bonne chere: car tout y estoit delicat, & fort bien appresté. Lors qu'en des repas on a la liberté de parler de la chere qu'on fait, on se traitte ce me semble auec plus de plaisir, & les tables des grands Seigneurs sont odieuses, en ce qu'on passe presque le repas sans dire mot, leurs ordinaires qui pourroient passer pour festins, si on auoit la licence de les gouster, sont tousiours affamez pour moi à cause de la ceremonie: car i'y trouue de si grandes contraintes, & tant de degousts, qu'au sortir de la table, il me semble que ie viens de disner dans ces Chasteaux enchantez, où les viandes n'estoient qu'illusions, par où la foiblesse de la veuë trompe les dents & l'eſtomach. Autrefois la bonne chere a eſté le plaiſir des honneſtes gens, Homere introduit preſque tous ces Heros grands mangeurs & grãds beuueurs, & la raiſon y eſt naturelle, Car vne compoſition robuſte comme elle diſſipe beaucoup d'eſprits, elle a beſoin de beaucoup d'alimens pour la reparer, pour moy ſi peu d'apetit que ma ſanté me dõne, ie l'employe aſſez ſenſiblement, & ſuis bien aiſe que l'on ne me preſſe point à mon repas. Ce Magiſtrat me fit ceſte complaiſance, car comme Clitiphon s'amuſe à reſver ſur le viſage de ceſte nouuelle Maiſtreſſe, l'Hoſte & moy parmy les deuis & les ragouſts. Nous fuſmes à table iuſqu'à trois heures apres midy. De là, il nous falut retirer à noſtre logis, ce que nous fiſmes vn peu pluſtoſt ſans doute que noſtre Amoureux n'euſt voulu.

D ij

CHAPITRE VI.

J'Estois en vne grande impatience de sçauoir à quoy en estoit la conferẽce de nos beuueurs, & aussi tost que ie fus dans l'Hostelerie, i'entray dans la salle où nous auions desieuné, pour voir s'ils estoient encore à la desbauche. Mais ie les trouuay l'vn endormy le nez sur son assiette, l'autre renuersé sur le banc, Sydias couché tout plat sur les carreaux, la moitié des escuelles à terre, presque vn muid de vin ou vomy, ou renuersé, vne musique de ronflemens, vne odeur de Tobac, des chandelles allumées comme deuant des morts, bref tout m'aparoissoit d'vn visage si estranger, que si ie ne me fusse retiré de là, ie m'allois imaginer de n'estre plus en France, tant cela tenoit des ceramesses du Pays-bas : i'allois pour faire rire Clitiphon de ce spectacle, car d'abord que nous fusmes de retour de chez le Magistrat, il s'estoit enfermé dans vne chambre, où ie vins à heurter assez fort, auant qu'il voulut respondre, à la fin me recognoissant à la voix il m'ouurit la porte, & plia, comme i'entrois, vn papier, qu'il mit à la desrobée dans sa pochette: mais non pas si finement que ie n'y prinse garde, sans luy faire pourtant cognoistre que ie l'auois aperçeu: car ie suis homme de peu de curiosité, & laisse tousiours mes amis dans leur secret, d'autant que ie ne crois qu'aucune amitié puisse iamais adiouster vne confidéce au poinct de n'auoir quelque chose de reserué : les gens de bien qui viennent à s'aymer parfaictement, ne se doiuent rien cacher de ce qui leur importe, & dont le secret peut donner de la ialousie à son amy : mais il ne laisse pas de se trouuer bien souuent des choses particulieres, que le respect & la consideration de l'amitié ne veut pas que l'on communique, ie ne m'offenceray iamais que mon amy dans ses affaires domestiques, ne me fasse point son confident, il peut ouurir & fermer toute sorte de lettres deuant moy, sans que ie l'espie seulement d'vn regard: mais s'il auoit vn dessein ou de mariage, ou de voyage, sans me le faire sçauoir, ie ne croirois plus estre en ses bonnes

D ii

graces, & luy rendrois la pareille de ses
deffiances. L'affaire de Clitiphon n'estoit
point de cest importance là, ie me
doutois bien à plus pres que ce pouuoit
estre, voyant dans son visage qu'il estoit
en peine de sa feinte, soit qu'il se sentit
rougir, ou qu'il eust aperceu que ie l'auois
desconuert, si bien qu'il ne me le
fit pas long temps: car apres m'auoir dit
la premiere fois qu'il estoit là à faire vn
calcul de quelques petites despences
pour venir à certains comptes qu'il alla
controuuer, il vid que ie fis semblant de
croire trop facilement pour en croire
rien du tout, & me disposant à luy donner
le loisir de faire ses suputations, i'allois
sortir qu'il me pria d'arrester, pour
me dire au vray ce qui l'amusoit là, à
condition que ie ne m'en mocquerois
point, ce que luy ayant promis, il tire de
sa pochette quelques moitiez de vers &
de proses, d'où il vouloit r'assembler vn
present pour ceste Maistresse. Est-il bien
vray, luy dis-ie, que vous soyez pris? seriez
vous si fol que d'estre Amoureux? ie
ne le suis pas, dit-il, au point qu'il paroist
peut estre à ma contenance: mais à
la verité ceste fantasie me passe fort a-

greablement dans l'esprit, & ceste resuerie commence à me desrober le goust des obiects que ie trouuois auparauant les plus aimables, ie ne sçaurois me souuenir d'elle qu'auec vn peu d'émotion, & pour si peu de temps que ie l'ay veuë, i'ay toute ceste idée si bien imprimée dans le cœur, qu'il n'y a point de traict si caché dans son visage, ou de mouuemens si diuers en ses regards, qui ne soient presens à mon imagination, ceste taille, ceste parole, ce rire, ceste façon de cheminer, ie les vois mieux que ie ne faisois tantost: car mes yeux l'ont mis bien fidelement dans mon ame, & mon ame la remet incessamment deuãt mes yeux. Ceux qui se sont imaginez d'auoir parlé à des diuinitez corporelles, songeoient sans doubte à leur Maistresse, car on ne voit en absence rien si clairement que cela. A ce petit discours qu'il me poussa precipitament, & qu'il monstroit bien partir du profond du cœur, il me sembla voir vn homme qui commence à s'estendre, & baille du premier accez de sa fiebure, & iugeay bien qu'à la fin il faudroit que ceste maladie print son cours, ie ne laissay pas de luy repre-

D iiij

senter que c'estoit la le commencement d'vn dessein qui engage les hômes aux affaires les plus importantes de la vie, & qu'on se deuoit donner le loisir d'examiner vn peu ceste entreprinse, tout ce qui nous surprent pour nous engager, ne se porte que bien rarement à nostre aduantage. Ceste aduanture luy dy-ie si inopinée, n'est peut estre pas de vostre bon genie, voyez que desia vous commencez à vous en treuuer mal, la melancholie vous saisit, les souspirs vous eschappent, vous ne mangez plus qu'auec degoust, vous n'auez plus vn sommeil qu'interrompu, ny des songes qu'auec des vapeurs mal digerées, qui ne vous representent que precipices, & que visions d'espouuentemens : ne laissez pas gaigner le mal plus auant, couppez luy la racine tandis qu'elle est encore foible, aussi bien possible trauaillerez vous à ceste recherche inutilement: ce sera, peut-estre, quelque esprit capricieux, sur qui vous ne pourrez poser aucun fondement de vostre poursuite, ou quelque humeur deffiante que vous ne pourrez iamais asseurer de la verité de vostre affection, ou quelque naturel de-

licat & superbe, à qui ny la vertu, ny la
passion ne sçauroit iamais rendre agreable, & qui ne se trouuant honoré que
de soy-mesme, se desoblige de l'amitié
& du respect qu'on luy veut rendre. Peut
estre comme à sa mine elle est assez froide, & semble auoir du iugement, elle
souffrira bien que vous la seruiez, & ne
se faisant au fonds que rire de vostre
mal, vous laissera vieillir sans recompense. Mon amy vous courez danger
de tous ces inconueniens-là. Au reste ie
ne suis pas si peu complaisant à la passion
de mes amis, que si i'auois la liberté de
demeurer en ceste ville, ie ne fusse bien
ayse de vous y tenir compagnie : car ie
voy que cecy s'en va rôpre vostre voyage, & que vous n'estes pas prest à partir
d'icy demain. Là commençant à me respondre par vn serment, il me proteste
qu'il seroit à Tours si tost que moy, &
que dans trois iours il prendroit la poste
pour me rateindre, qu'il me supplioit
de luy donner ce temps-là, & de pardonner ceste necessité à la foiblesse de son
esprit, qui s'estoit veritablement laissé
prendre, & ne se sentoit pas capable de
se deliurer si promptement. Cependant

puis que vous me donnez vne sorte de congé en ceste desbauche, plutost comme vne approbation à ce diuertissement de mon ame, acheuez ie vous supplie l'obligation que ie vous ay de m'approuuer en ma frenesie, & pour la faire mieux reüssir, puis que les vers ne vous coustent rien, & que tout le monde, & moy particulierement les estiment tant, donnez moy vn Quatrain de vostre façon qui luy touche quelque chose de mon affection, & de sa beauté: Et commét, luy dis-ie, voudriez vous emprunter les habits d'vn autre pour vous parer deuant vostre Maistresse, & vous farder le visage pour luy plaire. Cela est encore plus estrange d'auoir des imaginatiós empruntées pour luy discourir, & sachez, ie vous prie que les pensées d'vn autre ne se rapportent iamais si bien à nos sentimens, & qu'il faut estre Amoureux pour les sçauoir dire. Pour exprimer vostre fantaisie, il faudroit que vostre Maistresse me parut aussi belle qu'elle vous semble: Les plus excelléts traicts de la Poësie, sont à bien peindre vne naïfueté: Vous ferez mieux cela auec vn souspir que ie ne sçaurois auec tout l'artifice. Le plus nonchalament que vous luy pourrez efcrire, & auec plus de defordre luy perfuadera mieux que vous auez l'efprit diuerty, Et que l'amour ne vous laiffe pas la liberté du difcours, fi bien qu'autant de fautes que vous ferez, feront autant de marques de voftre paffion, & des fubiets de vous faire aymer. Voila, ce me dit il, le plus honnefte refus que ie pouuois efperer de vous, donnez moy pour le moins ceramas de vos dernieres Poëfies qu'on n'a point encores veuës, afin que i'en tire fi ie puis quelque chofe à mon fubieƈt, ce que ie fis facilement, & commençay à prendre refolution de luy laiffer faire l'amour, & de partir le lendemain auecques Sydias.

AV ROY:
SVR SON RETOVR
DV LANGVEDOC.

Evne & victorieux Monarque
Dont les exploicts si glorieux
Ont donné de l'enuie aux Dieux,
Et de la frayeur à la Parque;
Qu'attendez vous plus des Destins?
C'est assés puny de mutins.
C'est assés desmoli de Villes,
Nous sçauons bien que desormais
La fureur des guerres ciuiles
Ne nous sçauroit oster la paix.
 Laissez là ces terres Estranges
Où vous faites tant de deserts,
Boisset prepare des concerts,
Et moy des vers à vos loüanges:
Paris ne fut iamais si beau,
Les sources de Fontainebleau,

Rompant leurs petits flots de verre
Contre les murs de leurs rampars
Ne murmurent que de la guerre
Qui les priue de vos regards.

    Dans les allegresses pupliques,
Mesme en celebrant vos vertus
Nos visages sont abatus,
Et nos ames Melancholiques,
Vos exploits qu'on nous fait oüir
Ne peuuent sans nous resiouir,
Vous donner de la renommée,
Et ne peuuent sans nous fascher
Exposer au sort de l'armée
Vn Roy que nous auons si cher.

    Dans ce sanglant mestier des armes
Où vos bras sont trop exercez,
D'autant de sang que vous versez,
Le peuple verse icy de larmes,
Le Demon ennemy du iour,
Noye les Astres de la Cour
Dans l'horreur de ses fleuues sombres,
Partage vostre Estat aux morts,
Bastit l'Empire de ses ombres
De la ruine de nos corps.

    Si les fureurs estoient hardies
A ce point que leur cruauté
Attaqua vostre majesté,
De leurs funestes maladies,

Quelle si secourable main
Peut fournir le secours humain,
Ou quell' assistance divine,
Vous pourroit si soudain guerir,
Que la peur de nostre ruine
Ne nous eust plustost fait mourir.

    Revenez au sein de la France,
C'est où les Astres les plus doux
Encore pour l'amour de vous
Adouciront leur influence,
Tous les plus gracieux climats,
Qui sans gresles & sans frimats,
Peuvent accomplir leur année,
Dans leur plus favorable iour,
N'ont rien d'esgal à la iournée
De vostre bien-heureux retour.

    Vostre Demon tenant la guerre
Reduite à sa devotion,
Laisse gronder l'Ambition
Des plus vaillans Roys de la terre,
On n'en voit point du temps passé,
De qui le renom effacé
Ne vous rende vn muet hommage
Et le marbre devant vos Lys,
Est honteux de servir d'Image
A leurs exploits ensevelis.

ELEGIE.

SOVVERAIN qui regis l'influence des vers,
Aussi bien que tu fais mouuoir tout l'Vniuers,
Ame de nos esprits qui dans nostre naissance
Inspiras vn rayon de ta diuine essence.
Pourquoy ne m'as-tu fait les sentimẽs meilleurs?
Pourquoy tes beaux tresors sont-ils coulez ailleurs?
Ie voy de toutes parts des escriuains sans nombre,
Dont la grãdeur a mis mon petit nom à l'ombre.
Ie n'ay qu'vn pauure fõds d'vn mediocre esprit,
Où ie vay cultiuer ce que le ciel m'apprit,
Des tristes sons rimeurs, d'vn style qui se treine,
Espuisant tous les iours ma languissante veine,
Si i'auois la vigueur de ces fameux Latins,
Ou l'esprit de celuy qui força les Destins :
Qui vit à ses chansons les Parques desarmées,
Et de tous les damnez, les tortures charmées,
Quand pour l'amour de luy le Prince des Enfers,
Laissa viure Euricide, & la tira des fers,
Ou si c'est trop d'auoir ces merueilleux genies,
Qu'à nostre siecle infame à bon droit tu dénies.
Ie me contenterois d'égaler en mon art

La douceur

La douceur de Malherbe ou l'ardeur de Ronsard,
Et mille autres encore, à qui ie fais hommage,
Et de qui ie ne suis que l'ombre & que l'image.
Ie donnerois ma plume à ces soins violans,
A peindre ces sanglots & ces desirs bruslans,
Que depuis peu de iours quelque demon allume
Dans mon sang où l'Amour se plaist & me consume.
Si mes vers retenoient encore la ferueur
Qui les fit autrefois naistre pour la faueur,
Et tant d'écrits perdus que pour chanter leur flame,
Mille de mes amis m'ont arraché de l'ame.
O Cloris qui te sçais si bien faire adorer!
Qui l'ame par les yeux m'as peu si bien tirer,
Beauté que desormais ie nommeray mon Ange,
Ie les consacrerois sans doute à ta loüange,
I'ay si peur que ma Muse ait perdu ces appas,
A flatter vainement ceux que ie n'aime pas,
Que ma plus belle ardeur aujourd'huy se retire,
M'estant si necessaire à ce nouueau martyre,
Et qu'au meilleur besoin mes esprits finissans,
Ne me fournissent plus que de vers languissans,
Mon esprit épuisé dans des trauaux funestes
N'aura pour ton sujet rien gardé que des restes.
Cloris ie le confesse & qu'en ce beau dessein
Mon ardeur s'amortit en mon timide sein,

E.

Mais le feu de l'amour qui s'est rendu le maistre,
De tous mes sentimens la peut faire renaistre,
Et sa douce fureur par vn traict de tes yeux,
Peut rendre à mon esprit ce qu'il auoit de mieux.
Ainsi sur cet espoir dont ta beauté me flatte,
Ta beauté dont le feu par tous moyens esclate :
Encore mon esprit oze se faire fort
De sauuer ton merite & mon nom de la mort.
Ie conçois vn Poëme en l'ardeur qui me pique,
De ce vaste dessein qu'on appelle heroïque :
Ie sçay que les François n'ont pas encor appris
De pousser dans ces champs leurs delicats esprits,
Ie me veux engager à ce penible ouurage,
Car tu m'en fourniras la force & le courage,
Si ie suis le premier à ce diuin effort,
Ce n'est à mon aduis que le plaisir du sort,
Qui voulant que premier ceste œuure i'escriuisse,
Voulut que le premier ceste beauté ie visse,
Et que dans tes appas ie prinsse vne chaleur,
Où les sœurs d'Apollon n'ont rien donné du leur,
Où rien que ton objet ma passion n'allume,
Où ie n'ay que ta main pour conduire ma plume,
O dieux pourray-ie bien sans vous fascher vn peu !

Suiure les mouuemens de mon aueugle feu !
Desia comme l'amour m'engage à la furie,
Ie croy que l'adorer n'est pas idolatrie,
Deusse-ie depiter vostre diuin couroux,
Tout ce que i'en veux dire est au dessous de
 vous,
S'il vous plaist que le monde vniquement vous
 ayme,
Si vous voulez purger la terre du blaspheme,
Faire que les mortels rendent la liberté
De leurs desirs peruers à vostre volonté,
Sans les espouuanter de l'éclat du tonnerre,
Changez-vous en Cloris, & venez sur la terre,
Alors de vostre Amour ils seront tous rauis,
Alors absolument vous en serez seruis,
Il est vray que tout cede à l'amoureuse peine,
Que Paris & sa ville ont bruslé pour Helene,
Et les antiquitez font voir aux curieux,
Que l'Aube mist Titon dans le siege des dieux,
Et de tant de beautez qui furent les Maistresses
De l'aisné de Saturne on en fait des deesses,
Qui n'ont esté pourtant non plus que leur A-
mant,
Que le triste butin d'vn mortel monument,
Mais d'autant que l'amour est le bien de la vie,
Qui seul ne peut iamais esteindre son enuie,
Qui tousiours dans la peine espere le plaisir,
Qui dans la resistance augmente le desir,
E iij

Et que les corps humains de ceste douce flame,
Suiuẽt iusqu'à la fin les derniers traits de l'Ame.
On a creu de l'Amour qu'il estoit immortel,
Et qu'aussi son sujet ne peut estre que tel,
Ainsi ces dieux Païens furent ce que nous sommes,
Ainsi les vrais Amans seront plus que les hommes,
Pour moy qui n'ay souffert que d'vn iour seulement
Ie n'oze m'asseurer de passer pour Amant,
Ie ne sçay si l'Amour me croit de son Empire,
Depuis si peu de temps qu'il voit que ie souspire,
Il faut bien que ce soit vn objet violent,
Pour me donner si tost vn desir si bruslant,
Ou que mon ame soit d'vne matiere aisee,
Et d'vne humeur bien prompte à se voir embrasee,
Ce feu brusle si viste à force qu'il me plaist,
Qu'à peine ay ie loisir de regarder qu'il est,
Les dieux qui peuuent tout auec les Destinees,
S'aident de mille maux & de beaucoup d'annees,
Et faut que des soleils l'vn l'autre se suiuans,
A force d'éclairer esteignent les viuans,
Qu'vn siecle ce flambeau passe sur nostre vie,
Et Cloris d'vn trait d'œil me l'a desia rauie.
Mes sens enueloppez dans vn profond sommeil,

Ne sçauent plus que c'est des clartez du soleil,
Mes premiers sentimens sont dans la sepulture,
Ton amour, ô Cloris, a changé ma nature,
L'éclat des diamans ny du plus beau metal,
Bacchus ton Dieu qu'il est, riant dans le crystal,
Au prix de tes regards n'ont point trouué la
 voye,
Qui conduit dans mon ame vne parfaite ioye,
Si le sort me donnoit la qualité de Roy,
Si les plus chers plaisirs s'adressoiët tous à moy,
Si i'estois Empereur de la terre & de l'onde,
Si de ma propre main i' auois basty le monde,
Et comme le soleil de mes regards produict
Tout ce que l'vniuers a de fleur & de fruict,
Si cela m'arriuoit ie n'aurois pas tant d'aise,
Ni tant de vanité que si Cloris me baise,
Mais i'entens d'vn baiser où le cœur puisse aller,
Auec les mouuemens des yeux & du parler,
Que son ame sans peine auec moy s'entretienne,
Et que sa volonté seconde vn peu la mienne.
Amans qui vous piquez vers vn object forcé,
Qui ne sçauez que c'est d'vn baiser bien pressé,
Qui ne trouuez l'amour que dans la tyrannie,
Et n'aymez les faueurs qu'entant qu'on le vous
 nie,
Que vous estes heureux en vos lasches desirs,
Puis que mesme vos maux font naistre vos
 plaisirs.

Pour moy chere Cloris, ie n'en suis pas de mesme,
Ie ne sçaurois aymer si ie ne voy qu'on m'ay-
  me,
Et si peu qu'on refuse à ma saincte amitié,
Ie sens que mon ardeur decroist de la moitié,
I'entens que le salaire égale mon seruice,
Ie pense qu'autrement la constance est vn vice,
Qu' Amour hait les esprits qui luy sont trop de-
  uots,
Et que la patience est la vertu des sots,
Ce que ie dis Cloris auec plus d'asseurance,
Dautant que ie te voy flater mon esperance,
Et que pour nous tenir dans cet heureux lien,
Ie voy desia d'accord ton esprit & le mien,
Aymons-nous ie te prie, & lors que mon vi-
  sage
Tu voudra rebuter, ou mon poil, ou mon age,
Regarde en mon esprit où i'ay mis ton tableau,
Lors tu verras en moy quelque chose de beau,
Tu te verras logée en vn petit Empire,
Où l'esprit de l'amour auecques moy souspire,
Il se tient glorieux de receuoir ta loy,
Et semble qu'il poursuit mesme dessein que moy
Si ie vay dans tes yeux il y va prendre place,
Ie ne voy là dedans que ses traicts & ma face,
Ie doubte s'il y fait ou mon bien ou mon mal,
Et ne sçay plus s'il est mon maistre ou mon ri-
  ual:

Ie cognois bien l'Amour, ie sçay qu'il est perfide
Et si pour le chasser ie suis vn peu timide,
Ie luy feray tousiours vn traictement humain,
Puis que ie l'ay receu d'vne si bonne main.
Puis que c'est toy Cloris, apres l'auoir fait naistre,
Qui l'as mis dans mon ame, où ton œil est le maistre,
Où tu vis absoluë en tes commandemens,
Où ton vouloir preside à tous mes sentimens,
C'est par toy que ces vers d'vne veine animée,
S'en vont à ma faueur flater la renommée,
Mais ie diray par tout que tes seules beautez
Ont esté le Demon qui me les a dictez,
Et tant que tes regards luyront à ma pensée,
Sans ouurir vne veine aucunement forcee.
Ma Muse se promet de meriter vn iour,
Que ses vers soient nommez les fruicts de ton Amour,
Autant que ton humeur ayme la Poësie,
Ie te prie, ô Cloris, aide ma frenesie:
Et puis que ie m'engage à ce diuin proiect,
Ne te lasse iamais de me seruir d'obiect,
Auiourd'huy donne moy tes beaux cheueux à peindre,
Tu verras vne plume au Pactole se teindre,
Et d'vne lettre d'or grauer selon mes veux,
Mon ame entrelassée auecques tes cheueux.

E iiij

Ie ne veux point laisser ma passion visiue,
Ma veine est pour Cloris & sans fonds & sans
 riue.
Demain ie descriray ses yeux & ce beau front,
Pour elle mon genie est abondant & prompt,
Et pour voir que ma veine en ce subiet tarisse,
Il faudra veoir plutost que sa beauté perisse,
Que mes yeux dans ses yeux ne trouuent plus
 d'Amour,
C'est à dire, il faut voir perir l'Astre du iour:
Car ie ne pense point que ses attraicts succom-
 bent
Soubs l'iniure des ans, tant que les Cieux ne tom-
 bent,
Ils se r'enforceront au lieu defaillir.
Comme l'or s'embellit à force de vieillir.
Et comme le Soleil à qui le vieil vsage,
N'a point osté l'ardeur, ny changé le visage,
Toutefois il n'importe à mon contentement,
Que mon Soleil esclaire ou meure promptement:
Puis que desia ma vie à demy consommée,
Ne se peut asseurer d'estre long-temps aimée,
Que ie doibs defaillir à ce diuin flambeau,
Et perdre auecque moy sa memoire au tombeau
Mais tandis que le Ciel me souffrira de viure,
Et que le traict d'Amour me daignera pour
 suiure   (mant,
Ie me veux consommer dans ce plaisir char-

Et me resouls de vivre & mourir en aymant,
Ie sçay bien que Cloris ne me veut pas contrain-
dre
Au soin perpetuel de servir & de craindre,
Qu'elle a des mouuemens subiets à la pitié.
Et qu'au moins sa raison songe à mon amitié.
Cloris si ie venois aueuglé de tes charmes.
Le cœur tout en souspirs, & les yeux tous en lar-
mes,
Demander instamment vn Amoureux plaisir,
Ie croy que ton amour m'en laisseroit choisir:
Maintenant que le Ciel despoüille les nuages.
Que le front du printemps menasse les orages,
Que les champs comme toy paroissent embellis,
De quantité d'œillets, de rozes & de lis:
Que tout est sur la terre, & qu'vn humeur fe-
conde,
Qu'attire le Soleil, fait raieunir le monde,
Comme si i'auois part à la fureur des Cieux,
Qui redonne l'enfance à ces bocages vieux.
Et que ce renouueau qui rend tout agreable,
Me rendit à tes yeux plus ieune & plus aima
ble,
Ie te veux coniurer auec des vœux discrets,
De passer auec moy quelques momens secrets
Nous irons dans des bois sous des feuillages
sombres,
Où iamais le soleil n'a sçeu forcer les ombres,

Personne là dedans n'entendra nos Amours:
Car ie veux que les vents respectent nos dis-
cours,
Et que chaque ruisseau plus vistement s'en-
fuye,
Deduant tes regards, de peur qu'il ne t'ennuye,
Maintenant que le Roy s'esloigne de Paris,
Suiuy de tant de gens au carnage nourris,
Qui dans ces chauds climats vont requerir les
restes
Du danger des combats & de celuy des pestes.
Il faut que ie le suiue, & Dieu sans me punir,
Cloris ne te sçauroit empescher d'y venir,
Si tu fais ce voyage, & mon amour te prie
D'y ramener tes yeux, car c'est là ma patrie:
C'est où les rais du iour daignerent deualer,
Pour faire viure vn cœur que tu deuois brus-
ler,
Là tu verras vn fond où le Paisan moissone
Mais petits reuenus sur les bords de Garonne,
Le fleuue de Garonne où des petits ruisseaux,
Au trauers de mes prez vont apporter leurs
eaux,
Où des saules espais leurs rameaux verds abais-
sent,
Pleins d'ombre & de frescheur sur mes trou-
peaux qui paissent,
Cloris si tu venois dans ce petit logis,

combien qu'à te l'offrir de si loin ie rougis,
Si ceste occasion permet que tu l'approches,
Tu le verras assis entre vn fleuue & des ro-
ches.
Où sans doubte il falloit que l'Amour habitast,
Auant que pour le ciel la terre il ne quitast,
Dans ce petit espace vne assez bonne terre,
Si ie la puis sauuer du butin de la guerre,
Nous fournira des fruicts aussi delicieux,
Qui sçauroient contenter ou ton goust ou tes
yeux,
Mais afin que mon bien d'aucun fard ne se
voile,
Mes plats y sont d'estain & mes rideaux de
toile,
Vn petit pauillon dont le vieil bastiment
Fut massonné de brique & de mauuais ciment,
Monstre assez qu'il n'est pas orgueilleux de nos
tiltres,
Ses chambres n'ont plancher, toict, ny portes,
ny vitres,
Par où les vents d'Hyuer s'introduisans vn peu,
Ne puissent venir veoir si nous auons du feu,
Ie ne veux point mentir, & quand le sort auare
Qui me traicte si mal m'eust esté plus barbare.
Et qu'il m'eust fait sortir d'vn sang moins re-
cogneu,
Ie te confesserois d'où ie serois venu,

Que i'ay bien plus de peine à defcouurir ma face,
Deuant tes yeux fi beaux qu'à te monftrer ma race.
Dans l'eftat où ie fuis i'ay bien plus de raifon,
Ie iure les rayons dont ta beauté m'efclaire,
Que le but de mon ame eft le foin de te plaire,
Et que i'ayme fi fort ta veuë & tes propos,
Qu'à ton fujet la nuict eft pour moy fans repos,
Et fans faire l'amour à la façon commune,
Sans accufer pour toy le ciel ny la fortune,
Sans me plaindre fi fort i'ay ce coup plus profond,
Que les autres mortels i'ayme mieux qu'ils ne font,
Et fi ton cœur n'en tire vne preuue affez bonne,
De ces vers infenfez que mon amour te donne,
Pour m'en iuftifier à tes yeux adorez,
Ie reprendray le fang d'où ie les ay tirez,
Si ton humeur eftoit de me le voir refpandre,
Et qu'autrement ton cœur ne me vonlut entendre.

ELEGIE.

Loris, lors que ie songe en te voyant si belle,
Que ta vie est subiette à la loy naturelle,
Et qu'à la fin les traicts d'vn visage si beau,
Auec tout leur esclat iront dans le tombeau,
Sans espoir que la mort nous laisse en la pensee,
Aucun ressentiment de l'amitié passee,
Ie suis tout rebuté de l'aise & du soucy
Que nous fait le destin qui nous gouuerne icy,
Et tombant tout à coup dans la melancholie,
Ie commence à blasmer vn peu nostre folie,
Et fay vœu de bon cœur de m'arracher vn iour,
La chere resuerie où m'occupe l'amour.
Aussi bien faudra-t'il qu'vne vieillesse infame,
Nous gele dans le sang les mouuemens de l'ame,
Et que l'âge ensuiuant ses reuolutions,
Nous oste la lumiere auec les passions.
Ainsi ie me resous de songer à ma vie,
Tandis que la raison m'en faict venir l'enuie.
Ie veux prendre vn obiect ou mon libre desir
Discerne la douleur d'auecques le plaisir,
Où mes sens tous entiers sans fraude & sans contrainte,
Ne s'embarrassent plus ny d'espoir ny de crainte,
Et de sa vaine erreur mon cœur desabusant,
Ie gousteray le bien que ie verray present.
Ie prendray les douceurs à quoy ie suis sensible,

Le plus abondamment qu'il me sera possible,
Dieu nous a tant donné de diuertissemens,
Que c'est vne fureur de chercher qu'en nous mesme,
Quelqu'vn que nous aymions, & quelqu'vn qui nous ayme.
Le cœur le mieux donné tient tousiours à demy,
Chacun s'ayme vn peu mieux tousiours que son amy,
On les suit rarement dedans la sepulture,
Le droit de l'amitié cede aux Loix de nature :
Pour moy si ie voyois en l'humeur où ie suis,
Ton ame s'enuoler aux eternelles nuicts,
Quoy que puisse enuers moy l'vsage de tes charmes,
Ie m'en consolerois auec vn peu de larmes,
N'attends pas que l'Amour aueugle aille suiuant,
Dans l'horreur de la nuict, des ombres & du vent.
Ceux qui iurent d'auoir l'ame encore assez forte,
Pour viure dans les yeux d'vne Maistresse morte,
N'ont pas pris le loisir de voir tous les efforts,
Que fait la mort hideuse à consumer vn corps,
Quand les sens peruertis sortent de leur vsage,
Qu'vne laideur visible efface le visage,
Que l'esprit defaillant & les membres perclus,
En se disant adieu ne se cognoissent plus,
Que dedans vn moment apres la vie esteinte,
La face sur son cuir n'est pas seulement peinte,
Et que l'infirmité de la puante chair,

Nous fait ouurir la terre afin de la cacher.
Il faut eſtre animé d'vne fureur bien viue,
Ayant conſideré comme la mort arriue.
Et comme tout l'obiect de noſtre Amour perit,
Si par vn tel remede vne ame ne guerit,
Cloris tu vois qu'vn iour il faudra qu'il ad-
uienne,
Que le deſtin rauiſſe & ta vie et la mienne,
Mais ſans te voir le corps ny l'eſprit depery,
Le Ciel en ſoit loüé, Cloris ie ſuis guery,
Mon ame en me dictant les vers que ie t'enuoye,
Me vient de plus en plus reſſuſciter la ioye,
Je ſens que mon eſprit reprend la liberté,
Que mes yeux deſuoilez cognoiſſent la clarté,
Que l'obiect d'vn beau iour, d'vn pré, d'vne fon-
taine,
De voir comme Garonne en l'Ocean ſe traine,
De prendre dans mon Iſle en ſes longs prome-
noirs,
La paiſible fraiſcheur de ſes ombrages noirs :
Me plaiſt mieux auiourd'huy que le charme inu-
tile,
Des attraicts dont Amour te faict voir ſi fer-
tile,
Languir inceſſamment apres vne beauté,
Et ne ſe rebuter d'aucune cruauté,
Gaigner au pris du ſang vne foible eſperance
D'vn plaiſir paſſager qui n'eſt qu'en apparence,
Se rendre l'eſprit mol, le courage abatu,
Ne mettre en aucun prix l'honneur ny la vertu,
Pour conſeruer ſon mal, mettre tout en vſage,
Se peindre inceſſamment & l'ame & le viſage,

*Cela tient d'vn esprit où le Ciel n'a point mis
Ce que son influence inspire à ses amis.
Pour moy que la raison esclaire en quelque sorte,
Je ne sçaurois porter vne fureur si forte,
Et desja tu peux voir au train de cet escrit,
Comme la guarison auance mon esprit :
Car insensiblement ma Muse vn peu legere
A passé dessus toy sa plume passagere,
Et destournant mon cœur de son premier obiect,
Dés le commencement i'ay changé de subiect,
Emporté du plaisir de voir ma veine aysee,
Seurement aborder ma flamme rapaisee,
Et iouer à son gré sur les propos d'aymer,
Sans auoir auiourd'huy pour but que de rimer,
Et sans te demander que son bel œil esclaire,
Ces vers où ie n'ay pris aucun soin de te plaire.*

STANCES.

Aintenant que Cloris a iuré de me
   plaire,
   Et de m'aymer mieux que deuant,
   Ie despite le sort, & crains moins sa
   cholere,
Que le Soleil ne craint le vent.

   Cloris renouuellant ma chaisne presque vsee,
Et renforçant mes doux liens,
M'a rendu plus heureux que l'amy de Thesee,
Quand Pluton relascha les siens.

   Desja ma liberté faisoit trembler mon ame,
Mon salut me faisoit perir,

Je mourois du regret d'auoir tué ma flamme,
Combien qu'elle me fit mourir.
 Sortant de ma prison, ie me trouuois sau-
  uage,
I'estois tout esbloüy du iour,
De tous mes sentimens i'auois perdu l'vsage,
En perdant celuy de l'Amour.
 Ainsi l'oyseau de cage alors qu'il se deliure,
Pour se remettre dans les bois,
Trouue qu'il a perdu l'vsage de son viure,
De ses aisles, & de sa voix.
 Dieux où cet aduanture auoit porté ma vie,
Je fremissois de son orgueil,
Cependant ie sentois que ie mourois d'enuie,
De l'adorer iusqu'au cercueil.
 Cloris trauaillez bien a denoüer ma chesne,
Mon ioug est tresbien asseuré,
Vous seriez fort long temps pour me mettre en
  la peine,
Dont vous m'auez si tost tiré.
 Ie ne suis si fol que d'escouter encore
Les censures de ma raison,
Et combien que mon mal eut besoin d'Ellebore
Je prendrois plutost du poison.

SONNET.

ON n'auoit point posé les fondemens de
 Rome,
On n'auoit point parlé du siege d'Ilion,
La terre n'auoit point receu Deucalion,
Ny Babel diuisé le langage de l'homme.

F

Les sœurs de Phaëton ne pleuroient point la gomme,
Les Geans n'auoyent point monté sur Pelion,
Et celuy qui causa nostre rebellion,
N'auoit pas mis la dent sur la premiere pomme.
  Cypre n'auoit point veu ses riues escumer,
De ce germe diuin qui tomba dans la mer,
Quãd la mere d'Amour voulut sortir de l'onde.
  Bref nous ne sçauons point des siecles assez vieux,
Depuis qu'on a cogneu l'origine du monde,
De qui l'antiquité ne le cede à vos yeux.

SONNET.

Inistre du repos, sommeil pere des songes,
Pourquoy t'a t'on nommé l'Image de la mort
Que ces faiseurs de vers t'ont jadis fait de tort
De le persuader auecques leur mensonges.
Faut-il pas confesser qu'en layse où tu nous plonges,
Nos esprits sont rauis par vn si doux transport,
Qu'au lieu de racourcir à la fureur du sort,
Les plaisirs de nos iours, sommeil tu les alonges.
  Dans ce petit moment, ô songes rauissans,
Qu'amour vous a permis d'entretenir mes sens,
J'ay tenu dans mon lict Elise toute nuë.
  Sommeil, ceux qui t'ont fait l'Image du trespas,
Quand ils ont peint la mort ils ne l'ont point cognuë,

Car vrayment son portraict ne luy ressemble pas.

SONNET.

Av moins ay ie songé que ie vous ay baisee,
Et bien que tout l'Amour ne s'en soit pas allé,
Ce feu qui dans mes sens à doucement coulé,
Rend en quelque façon ma flamme rapaisee.

Apres ce doux effort mon ame reposee,
Peut rire du plaisir qu'elle vous a volé,
Et de tant de refus à demy consolé,
Je trouue desormais ma guerison aysee.

Mes sens desja remis commencent à dormir,
Le sommeil qui deux nuicts m'auoit laissé gemir,
En fin dedans mes yeux vous fait quitter la place;

Et quoy qu'il soit si froid au iugement de tous,
Il a rompu pour moy son naturel de glace,
Et s'est monstré plus chaud & plus humain que vous.

SONNET.

D'Vn sommeil plus tranquille à mes Amours resuant,
J'esueille auant le iour mes yeux & ma pensee,
Et ceste longue nuict si durement passee,
Ie me trouue estonné dequoy ie suis viuant.

Demy desesperé ie iure en me leuant,
D'arracher c'est obiect à mon ame insensee,

F ij

Et soudain de ses vœux ma raison offencee,
Se desdit & me laisse aussi fol que deuant.

Ie sçay bien que la mort suit de pres ma folie,
Mais ie voy tant d'appas en ma melancholie,
Que mon esprit ne peut souffrir sa guerison.

Chacun à son plaisir doibt gouuerner son ame,
Mithridate autrefois a vescu de poison,
Les Lestrigons de sang, et moy ie vis de flame.

SONNET.

CHere Isis tes beautez ont troublé la nature,
Tes yeux ont mis l'Amour dans son aueu-
 glement,
Et les Dieux occupez apres toy seulement,
Laissant l'estat du monde errer à l'aduanture.

Voyans dans le Soleil tes regards en peinture,
Ils en sentent leur cœur touché si viuement,
Que s'ils n'estoient clouez si fort au firmament,
Ils descendroient bien tost pour veoir leur crea-
 ture.

Croy moy qu'en ceste humeur ils ont peu de soucy,
Ou du bien ou du mal que nous faisons icy,
Et tandis que le Ciel endure que tu m'aimes,
Tu peus bien dans mon lict impunement coucher,
Isis que craindrois-tu, puis que les Dieux eux-
 mesmes,
S'estimeroient heureux de te faire pecher.

SONNET.

Sacrez murs du Soleil où i'adoray Philis,
Doux seiour où mon ame estoit iadis charmee,
Qui n'est plus auiourd'huy soubs nos toicts desmolis
Que le sanglant butin d'une orgueilleuse armee.
Ornemens de l'autel qui n'estes que fumees,
Grand Temple ruiné, mysteres abolis,
Effroyables obiects d'une ville allumee,
Palais, hommes, cheuaux, ensemble enseuelis.
Fossez larges & creux tous comblez de murailles,
Spectacles de frayeur, de cris, de funerailles,
Fleuue par où le sang ne cesse de courir,
Charniers où les Corbeaux, & Loups vont tous repaistre,
Clerac pour une fois que vous m'auez fait naistre,
Helas! combien de fois me faites vous mourir.

POVR VNE AMANTE IRRITEE.

Eux qui tirent le cœur par les traicts du visage,
Remarquent dans le tien des signes de valeur,
Mais côme la vaillance est tousiours un presage,
Qui promet de la gloire auecque du malheur.

J'espere que la mort auecques sa pasleur,
Couurira tes beautez de sa funeste Image,
Et que ton ieune sang tout remply de chaleur,
Viendra faire à ton dam preuue de ton courage.
 Un iour que tu voudras combattre au premier
  rang,
Je te verray couuert de poussiere & de sang,
Et le cœur trauersé d'vne mortelle playe.
 Tourner ces traistres yeux deuers tō monumēt,
Lors pour te faire veoir que ma vengeance est
 vraye,
Je n'en ietteray pas vn souspir seulement.

POVR VNE AMANTE CAPTIVE.

Yrannique respect, triste & fascheux de-
 uoir,
Qui tiens si rudement mes volontez contraintes,
Dois-ie mourir icy sans que ie puisse auoir
Autre soulagement que celuy de mes plaintes?
 Souffriray-ie ô Thirsis! mon cœur gelé de
  craintes,
Dans le desir bruslant que i'ay de te reuoir,
Loix que ma passion deuoit auoir enfraintes,
Garderez vous tousiours ce rigoureux pouuoir?
 Je crois que le Tyran qui d'eternelles flames
Donne le chastiment ordonné pour les ames,
Quand ie serois esclaue au fonds de ses Enfers.
 S'il sçauoit le subiect de mon impatience,
Sentiroit me voyant blesser sa conscience,
S'il ne me permettoit de sortir de mes fers.

ELEGIE.

Ans ce climat barbare, où le Destin me range,
Me rendant mon pays comme vn pays estrange,
Desloges ie ne sçay quel estourdissement
Assoupit les aigreurs de mon bannissement,
Ie n'ay point souspiré depuis l'heure funeste,
Que ie receus ce traict de la fureur Celeste.
Ton ame en fut touchee, et gemit sous l'effort
Que me fit la rigueur de mon iniuste sort.
Mon Maistre en eut aussi de bien viues atteintes,
Et vos ressentimens n'attendoient pas mes plaintes.
Moy voyant mon desastre auec vostre amitié,
I'eus vn peu de douleur & beaucoup de pitié,
Ie sentis mon malheur: mais le soucy visible
De vostre affection me fut bien plus sensible,
Mõ cœur pressé du mal, cõme en deux se fendit,
Et sur luy tout mon fiel alors se respandit,
Mon courage esblouy laissa tomber les armes,
Et mon œil fut honteux de n'auoir point de larmes,
Mais depuis le moment que ie te dis adieu,
Soudain que mes regards eurent changé de lieu,
Mon esprit r'asseuré reuint à sa coustume,
Et soudain que mon cœur perdit son amertume,
Ie veis tous mes soucis en l'air s'euanoüir,

F iiij

Et trouuay dans moy mesme en quoy me res-
iouyr.
L'obiect de ce chagrin m'eschappe comme vn
songe,
Et ce vray desplaisir me parut vn mensonge,
Comme dans nos cerueaux l'Image d'vn penser
Quelquefois se dissipe, & ne faict que passer,
L'imagination ne le sçait plus refraindre,
Et la memoire aussi ne la peut pas atteindre,
L'ombre de cest ennuy s'éuanoüit si bien,
Que ie m'en trouue quitte, & n'y cognois plus
rien,
Desloges, rien de tel iamais ne t'importune.
Iamais rien de pareil n'arriue à ta fortune,
Jamais tel accident n'esprouue ta raison,
Iamais vn tel oyseau ne volle en ta maison:
Ie sçay bien que ton ame & sage & courageuse,
T'a fait voir la mer calme, & la mer orageuse,
Et que ton front esgal au changement des flots,
Veid mille fois changer le front des matelots,
Quand ces desseins hardis te firent prendre enuie
D'aller de-là la ligne abandonner ta vie,
Ie sçay dans quel danger la fortune t'a mis.
Et combien ta valeur a choqué d'ennemis.
Que tu ris des malheurs dont les mortels souspi-
rent,
Et des traits les plus forts que les destins nous
tirent,
Mais tousiours vaut-il mieux viure paisible-
ment,
D'autant que le repos vaut mieux que le tour-
ment,

L'effort de la raison, & ce combat farouche,
Contre nos sentimens quand la douleur nous
    touche,
Importune la vie, & son fascheux secours,
Nuit plus que si le mal prenoit son iuste cours,
Qui retient vn souspir, s'atriste dauantage,
Un tourment qu'on estouffe estourdit le courage,
Et si iamais l'obiect de quelque desplaisir,
De ses tristes appas t'estoit venu saisir,
Plains toy, ne force rien, fay que ton ame es-
    clate,
Et sçache qu'en pleurant vne douleur se flatte,
Mais ces remedes là ne te font pas besoin,
Les matieres de pleurs te touchent de trop loin,
L'Astre qu'on veid reluire au poinct de ta
    naissance,
D'vne meilleure forme a basty ton essence,
Le Ciel te void tousiours le visage serain,
Comme si le destin t'eust fait l'ame d'airain,
Toute sorte de maux, ton esprit les desfie,
Sans besoin du secours de la Philosophie,
Mais moy qui vois mon Astre en si mauuais
    sentier,
Qui ne goustay iamais vn seul plaisir entier,
Qui sens que tout me choque, & qui ne void per-
    sonne
M'assister aux assaults que fortune me donne,
Suis-ie pas bien-heureux qu'au fort de mon mal-
    heur,
Ie n'aye ressenti tant soit peu de douleur,
Bien que ie soy banny peu s'en faut du Royaume,
Qu'icy ie ne voy plus, ny dez, ny ieu de paulme.

Ie ne void rien que champs, que riuieres
 que prez,
Où le plus doux rozier me pût comme cyprez.
Où ie n'ay plus l'aspect de la place Royale,
Où ie ne puis aller boire frais en ta salle,
Où mon Maistre n'est pas, où ne vient point la
 Cour,
Où ie ne sçaurois voir ny toy, ny Liancour,
Ie ne sçay comme quoy ma sauuage nature
Peut sans estonnement souffrir ceste auanture,
Mon œil n'a point regret au lieu que i'ay laissé,
Mon ame ne plaint point le temps qu'elle a
 passé.
Au lieu de tant de pompes où la Cour vous
 amuse,
Icy ie n'entretiens que Bacchus & la Muse,
Qui tous deux liberaux auec leurs doux presens
A leur deuotion tiennent mes ieunes ans,
Innocent que ie suis plein de repos dans l'ame,
Qui tiens indifferẽt qu'on me loüe ou me blasme:
Qui fais ce qui me plaist, qui vis cõme ie veux,
Qui plaindrois au destin le moindre de mes
 vœux,
Qui ris de la Fortune, & couché dans la boüe,
Me mocque des captifs qu'elle attache à sa
 roüe,
Icy comme à la Cour i'ay le sort tout pareil,
Et voids couler mes iours soubs vn mesme Soleil,
Que si nostre Siluandre à l'esprit prophetique,
Si les euenemens suiuent sa pronostique,
Et que c'est au siny, quelqu'vn ait le credit,
De faire reüssir le bien qu'il m'a predit,

On verra que Paris n'a point changé de place,
Et que mes sentimens n'ont point changé de face,
Or côme dans la Cour i'estois plus Courtisan,
Sçache que dãs les chãps ie ne suis point Paysan,
Et que mes passions aucunement ne cedent
A la contagion des lieux qui me possedent.
Mõ sens en toutes parts suiuãt vn mesme cours,
Tu me verras tout tel que tu m'as veu tousiours,
Que si mon long exil doit borner ma demeure,
Quelque part où ce soit, si faut il que ie meure,
Et quoy que fasse Flax et les plus fauoris,
Le Ciel n'est pas plus loin d'icy que de Paris.

ODE.

PERCIDE ie me sens heureux
De ma nouuelle seruitude,
Vous n'auez point d'ingratitude,
Qui rebute vn cœur amoureux
Il est bien vray que ie me fache,
Du fard où vostre teint se cache,
Nature a mis tout son credit
A vous faire entierement belle,
L'Art qui pense mieux faire qu'elle,
Me desplaist & vous enlaidit.

L'esclat, la force, & la peinture,
De tant & de si belle fleurs,
Que l'Aurore auecque ses pleurs,
Tire du sein de la Nature,
Sans fard & sans desguisement,

Nous donne bien plus aisément,
Le plaisir d'vne odeur naïfue,
Leur obiect nous contente mieux,
Et se monstre deuant nos yeux,
Auec vne couleur plus viue.

Le oyseaux qui sont si bien teints,
Ne couurent point d'vne autre Image
Le lustre d'vn si beau plumage,
Dont la nature les a peints,
Et leur celeste melodie,
Plus aimable qu'en Arcadie,
N'estoient les flageolets des Dieux,
Prend elle mesme ses mesures,
Choisit les tons, faict les cesures,
Mieux que l'Art le plus curieux.

L'eau de sa naturelle source,
Trouue assez de canaux ouerts,
La facilité de sa cource,
Ses riuages sont verdissans,
Où des arbrisseaux fleurissans
Ont tousiours la racine fresche,
L'herbe y croist iusqu'à leur grauier,
Mais vne herbe que le bouuier
N'apporta iamais à sa creche.

Ces petits cailloux bigarez,
En des diuersitez si belles,
Où trouueroient-ils des modelles,
Qui les feissent mieux figurez,

La Nature est inimitable,
Et dans sa beauté veritable,
Elle esclatte si viuement,
Que l'Art gaste tous ses ouurages,
Et luy fait plustost mille outrages,
Qu'il ne luy donne vn ornement.

L'Art ennemy de la franchise,
Ne veut point estre recogneu,
Mais l'amour qui ne va que nud,
Ne souffre point qu'on se desguise.
Les Nymphes au sortir des eaux,
D'vn peu de ionc & de roseaux,
Se font la coiffure & la robbe:
Et les yeux du Satyre ont droict,
De regretter encore l'endroict,
Que le vestement leur desrobbe.

Si vous sçauiez que peut l'effort
De vostre beauté naturelle,
Et combien de vainqueurs pour elle
Implorent l'aide de la mort
Vous casseriez ces pots de terre
De bois, de coquille, de verre,
Où vous renfermez vos onguens
La nuict vous quitteriez le masque,
Et perdriez cet humeur fantasque
De dormir auecque vos gans.

Lors que vous serez hors d'vsage,
Et que l'iniure de vos ans

Appellera les courtisans,
A l'Amour d'vn plus beau visage,
Quand vos appas seront ostez,
Que les rides de tous costez
Auront coupé ce front d'albastre,
Taschez lors d'excroquer l'Amour,
Et si vous pouuez chaque iour,
Faictes vous de cire ou de plastre.

   Si le Ciel me fait viure assez,
Pour voir la fin de vostre gloire,
Et me punir de la memoire
De nos contentemens passez,
Ie croy que ie seray bien aise,
Ne trouuant plus rien qui me plaise,
Au visage que vous aurez,
De reuoir l'Amour & les Graces,
Et d'en aller baiser les traces,
Sur le fard dont vous vserez,

   Mais auiourd'huy belle Perside,
Vos ieunes yeux seront tesmoins,
Qu'il faut vn siecle pour le moins,
Pour vous amener vne ride,
L'Aurore qui dedans mes vers,
Voit apprendre à tout l'vniuers,
Que vostre beauté la surmonte,
Arrachant de ces beaux habits,
Et les perles & les rubis,
Elle pleure & rougit de honte.

L'Aube n'est point rouge au matin,
D'autant que Titon l'a baisee,
Et ne verse point sa rosee,
Pour la marjolaine & le tin.
La rougeur qui paroist en elle,
C'est de voir Perside trop belle
Et l'humidité de ses pleurs,
Quoy que chante la Poësie,
Ce sont des pleurs de jalousie,
Et des marques de ses douleurs.

ELEGIE.

DEPVIS ce triste iour qu'vn adieu malheureux,
M'osta le cher obiect de mes yeux amoureux,
Mon ame de mes sens fut toute des-vnie,
Et priué que ie fus de vostre compagnie,
Ie me trouuay si seul auecques tant d'effroy,
Que ie me creus moymesme estre esloigné de moy,
La clarté du Soleil ne m'estoit point visible.
La douceur de la nuict ne m'estoit point sensible,
Ie sentois du poison en mes plus doux repas,
Et des gouffres par tout où se portoient mes pas.
Depuis rien que la mort n'accompagna ma vie,
Tant me cousta l'honneur de vous auoir suiuie,
O Dieux qui disposez de nos contentements,
Les donez vous tousiours auecques des tourmés,

Ne se peut-il iamais qu'vn bon succez arriue,
A l'estat des mortels qu'vn mauuais ne le suiue,
Meslez vous de l'horreur au sort plus gracieux,
De celuy des humains que vous aymez le mieux?
Icy vostre puissance est en vain appellee,
Comme vn corps à son ombre, vn costau sa valee,
Ainsi que le Soleil est suiuy de la nuict,
Tousiours le plus grand bien a du mal qui le suit,
Lors que le beau Paris accompagnoit Helene,
Son ame de plaisir voit la fortune pleine,
Mais le sort, ce bonheur cruellement vangea,
Car comme auec le temps la fortune changea,
De sa prosperité nasquit vne misere,
Qui fit brusler sa ville, et massacrer son pere,
Bien que dans ce carnage on veid tant de mal-
  heurs,
Qu'on versa dans le feu tant de sang & de
  pleurs,
Ie iure par l'esclat de vostre beau visage,
Que pour l'amour de vous ie souffre dauantage,
Car si long temps absent des graces de vos yeux,
Il me semble qu'on m'a chassé d'aupres des
  Dieux,
Et que ie suis tombé par vn coup de tonnerre,
Du plus haut lieu du Ciel, au plus bas de la
  terre,
Depuis tous mes plaisirs dorment dans le cer-
  cueil,
Aussi vraiement depuis ie suis vestu de dueil,
Ie suis chagrin par tout où le plaisir abonde,
Ie n'ay plus nul soucy que de deplaire au mõde,
Comme sans me flatter ie vous proteste icy,

Q4

Que le monde ne faict que me desplaire aussi,
Au milieu de Paris ie me suis fait Hermite,
Dedans vn seul obiect mon esprit se limite,
Quelque part où mes yeux me pensent diuertir.
Ie traine vne prison d'où ie ne puis sortir,
I'ay le feu dans les os, & l'ame deschiree,
De ceste fleche d'or que vous m'auez tiree,
Quelque tentation qui se presente à moy,
Son appas ne me sert qu'à renforcer ma foy.
L'ordinaire secours que la raison apporte,
Pour rendre à tout le moins ma passion moins
　forte,
L'irrite dauantage, & me fait mieux souffrir
Vn tourmēt qui m'oblige en me faisant mourir,
Contre vn dessein prudent s'obstine mon courage
Ainsi que le rocher s'endurcit à l'orage.
J'aime ma frenaisie, & ne sçaurois aimer
Aucun de mes amis qui la voudroiēt blasmer,
Aussi ne crois ie point que la raison consente
De m'approcher tandis que vous serez absente
J'entens que ma pensée esprouue incessamment,
Tout ce que peut l'ennuy sur vn fidelle Amant,
J'entens que le Soleil auecques moy s'ennuye,
Que l'air soit couuert d'ōbre, & la terre de pluye,
Que parmy le sommeil, de tristes visions
Enuelopent mon Ame en leurs illusions,
Que tous mes sentimens soiēt meslez d'vne rage,
Qu'au lict ie m'imagine estre dans vn naufrage,
Tomber d'vn precipice, & voir mille serpens,
Dans vn cachot obscur autour de moy rampans.
Aussi bien, loin de vous vne vie inhumaine,
Sans doute me sera plus aimable & plus saine,

Car ie ne puis songer seulement au plaisir,
Qu'vne mort ne me vienne incontinant saisir,
Mais quand le Ciel lassé du tourment qu'il me liure,
Sous vn meilleur aspect m'ordonnera de viure
Et qu'en leur changement les Astres inconstans
Me pourront amener vn fauorable temps,
Mon ame à vostre obiect se trouuera changee,
Et de tous ces malheurs incontinent vengee,
Quand mes esprits seroyent dans vn mortel sommeil,
Vos regards me rendront la clarté du Soleil,
Dessus moy vostre voix agiter de la sorte,
Que le Zephire agist sur la campagne morte,
Voycz comment Philis renaist à son abord,
Desja l'Hyuer contre elle a finy son effort.
Desormais nous voyons espanouir les roses,
La vigueur du Printemps reuerdit toutes choses,
Le Ciel en est plus gay, les iours en sont plus beaux,
L'Aurore en s'abillant escoute les oyseaux,
Les animaux des champs qu'aucun soucy n'outrage,
Sentent renoueler & leur sang & leur âge,
Et suiuant leur nature & l'appetit des sens,
Cultiuent sans remords des plaisirs innocens.
Moy seul dans la saison ou chacun se contente,
Accablé des douleurs d'vne cruelle attente,
Languy sans reconfort, & tout seul dans l'Hyuer,
Ne void point le Printẽps qui me puisse arriuer,

Seul ie void les forests encores desolees,
Les parterres deserts, les rivieres gelees,
Et comme ensorcelé ne puis gouster le fruict,
Qu'à la faueur de tous ceste saison produict,
Mais lors que le Soleil adoré de mon ame,
Du feu de ses rayons r'eschauffera ma flame,
Mon Printemps reuiendra, mais mille fois plus
  beau,
Que n'en donne aux mortels le celeste flambeau,
Si iamais le destin permet que ie la voye,
Plus que tous les mortels, tout seul i'auray de
  ioye,
O Dieux! pour deffier l'horreur du monument,
Je ne demande rien que cela seulement.

ELEGIE.

Ruelle à quel propos prolonges tu ma
  peine,
Qui t'a sollicitee à renoüer ma chesne,
Quel demon ennemy de mes contente-
  mens,
Me vient remettre encore en tes enchantemens;
Mon mal alloit finir, & desja ma pensee
Ne gardoit plus de toy qu'vne Image effacee.
Ma fieure n'auoit plus que ce frisson leger,
Qui du dernier accez acheue le danger:
Encore vn iour ou deux de ton ingratitude,
Et i'allois pour iamais sortir de seruitude,
Ce n'estoit plus l'Amour qui guidoit mon de-
  sir,

G ij

Il m'auoit acheué sa peine & son plaisir,
Ie songeois aux douceurs que ce Printemps pre-
sente,
Mes yeux trouuoient desia la campagne plai-
sante,
Nous auons faict dessein mon cher Damon &
moy,
D'estre absent quelques iours de Paris, & de
toy,
Pour faire esuanouïr les restes de la flamme,
Qui si subitement ont r'allumé mon ame,
Tout du premier obiect ses charmes inhumains
Ont reblessé mon cœur & r'attaché mes mains,
Il n'a fallu qu'vn mot de ceste voix traistresse,
Que voir encore vn coup les yeux de ma Mai-
stresse.
Au moins s'il se pouuoit qu'vn desir mutuel
Nous eust lié tous deux d'vn ioug perpetuel,
Que iamais son caprice, & iamais ma cholere,
N'alterast en nos cœurs le soucy de nous plaire,
Iamais de nos plaisirs n'interrompist le cours,
Ie serois bien-heureux de l'adorer tousiours,
Lors qu'à l'extremité ma passion pressee,
Se void de ton accueil tant soit peu caressee,
Et que ta complaisance ou d'aise ou de pitié,
Ne laisse pas long temps languir mon amitié,
Ie sens dans mes esprits se respandre vne ioye,
Qui passe tous les biens que la Fortune enuoye,

Si Dieu me faisoit Roy ie serois moins content,
L'Empire du Soleil ne me plairoit pas tant,
Au sortir des plaisirs que ta beauté me donne,
Ie foulerois aux pieds l'esclat d'vne couronne,
Et dans les vanitez où tu me viens rauir,
Ie tiendrois glorieux vn Roy de me seruir,
Sans toy pour m'enrichir Nature est infertile,
Et pour me resiouir Paris mesme inutile,
Toy seule es le Tresor & l'obiect precieux,
Où veillent sans repos mon esprit & mes yeux,
Et selon que ton œil me rebute ou me flatte,
Dans le mien où la ioye ou la fureur esclate,
Quand mes desirs pressez du feu qui les poursuit.
Cherchent dans tes faueurs vne amoureuse nuict,
Si peu que ton humeur refuse à mon enuie,
Tu fais pis mille fois que m'arracher la vie,
Souuiens toy ie te prie à quel point de douleur
Me fit venir l'excez de mon dernier malheur,
Combien que mon respect auecque des contrainctes,
Se veulent efforcer de retenir mes plaintes,
Tu sçais dans quels tourmens i'attendis le Soleil,
Et par quels accidens ie rompis ton sommeil,
Panché dessus les bords d'vn gouffre ineuitable,
Tu me vis supporter vn mal insupportable,

G iij

Vn mal où mon destin se faisoit consentir,
Quoy qu'il t'en preparast vn peu de repentir,
Dans le ressentiment de ce cruel outrage,
Ma maison par despit esueilla mon courage,
Ie fis lors vn dessein de separer de moy
Ceste part de mon cœur qui vit auecque toy,
De ne songer iamais à retrouuer la trace,
Par où desia souuent i'auois cherché ta grace,
Damon estoit tousiours aupres de mon esprit,
Pour l'assister, au cas que son mal le reprit,
Ie r'appellois desia, le ieu, la bonne chere,
Ma douleur tous les iours deuenoit plus legere,
Ie dormis la moitié de la seconde nuict,
L'absence trauailloit auec beaucoup de fruict,
Desia d'autres beautez auec assez de charmes,
Diuertissoient ma peine & tarissoient mes lar-
  mes,
Leur naturel facile à mon affection,
Auoit mis ton esclaue à leur deuotion,
Et comme vne amitié par vne autre s'efface,
Chez moy d'autres obiects auoient gaigné ta
  place,
Lors que ta repentance ou plutost ton orgueil,
Irrité que mes maux estoient dans le cercueil,
Me ramena tes yeux qui chez moy retrouue-
  rent
La mesme intelligence alors qu'ils arriuerent,
Tes regards n'eurent pas examiné les miens,

Que ie me retrouuay dans mes premiers liens,
Ma raison se desdit, mes sens à ton entree
Sentent qu'vn nouueau mal les blesse & les re-
　cree,
Et du mesme moment qu'ils ont cogneu leurs
　fers,
Ils n'ont peu s'empescher qu'ils ne s'y soyent
　offerts.
Caliste s'il est vray que ton cœur soit sensible,
Au feu qui me consume & qui t'est biē visible,
S'il est vray que tes yeux lors qu'ils me vont
　blesser,
Ont de la confidence auecque ton penser,
Que ma possession te donne vn peu de gloire,
Que iamais mon obiect ait flatté ta memoire,
Ainsi que tes regards, ta voix & tō beau teint
Ont leur pourtraict fidelle en mon cœur bien
　empreint.
Considere souuent quel plaisir, quelle peine,
Me fait cōme tu veux ton Amour ou ta haine,
Pardonne à ma fureur vne importunité,
Qu'elle ne te fait point auec impunité:
Car ie veux que le Ciel m'accable du tonnerre,
Si tousiours ma raison ne luy faict point la
　guerre,
Et ie croy que le temps m'afsistera si bien,
Qu'en fin i'accorderay ton desir & le mien.

G iiij

ELEGIE.

A Monsievr de Pese¹.

Nique confident de ma nouuel-
le flame,
Toy seul que i'ay laißé lire au
fonds de mon ame,
Toy chez qui mon secret de-
meure sans danger,
Qui sçais comme tu doibs me plaindre & me
vanger,
Escoute ie te prie vne plainte forcee
Qu'vn vif ressentiment arrache à ma pensee
Celle à qui i'ay donné mon ame à gouuerner,
Fait le pis qu'elle peut, afin de la damner,
Tous les iours son orgueil contre sa conscience,
Par de nouueaux affronts combat ma patience:
Ie ne puis plus porter la pesanteur des fers,
Que i'ay depuis deux ans honteusement souf-
ferts,
Helas! quand ma raison remet en ma memoire,
Ce que tu me disois au riuage du Loire,
Lors qu'auec tant d'honneur & de bon trai-
ctement,
Tu voulois diuertir mon mescontentement,

Ie me veux repentir d'auoir esté rebelle
A ton opinion, quoy qu'elle fust cruelle,
Quoy que ce fust m'oster la lumiere du iour,
Tu m'aurois faict plaisir de me guerir d'A-
　mour,
Si tu sçauois combien cela me fait de peine,
Combien ceste fureur deguise vne ame saine,
Combien ceste molesse enchante la vertu,
Soubs quel effort l'esprit y demeure abatu,
Et comment l'honneur mesme y compatist en-
　core,
Tu maudirois pour moy la beauté que i'adore,
Mais auec qui bien tost ie t'oserois iurer,
Viure indifferemment au lieu de l'adorer,
Ie sens que ma raison fremit de mes supplices,
Que mon affection se rend à ses malices,
Elle est insupportable en sa legereté,
Elle a trop peu de soin, & trop de liberté,
Elle void dans mon ame, & sans m'ouurir la
　sienne,
Elle veut posseder absolument la mienne,
Tu sçais comment l'Amour peut forcer quel-
　quefois,
A trahir le deuoir & transgresser les loix,
Et que sans le secret de deux esprits fidelles,
Toutes les passions sont vn peu criminelles,
Qu'il est bien dangereux de viure en confident,
Auec qui sans dessein nous perd en ce perdant,

Caliste sourde au bruict d'vne mauuaise estime,
Cherche des vanitez à publier vn crime,
M'a quelquefois prié de luy donner des vers,
Où tout le monde veid tous nos desirs ouuerts
De luy faire vne Image où cet humeur lasciue,
Apres nos derniers iours parust encore viue,
Vrayment ie suis heureux qu'elle m'ait conten-
té,
Par toutes les faueurs que donne vne beauté,
Ce souuenir m'en donne vne si chere ioye,
Que mes yeux sont ialoux que personne la voye
Mesme à toy qui me vois & dedans & dehors,
Ie ne te l'ay point dit sans vn peu de remords,
Mais puis qu'elle est d'vne ame à ne pouuoir
rien faire,
Enuers toy ma prudence estoit peu necessaire,
Puis que tout est public en cest esprit leger,
Mon secret ne seruoit qu'à te desobliger,
Ma patiente humeur flattoit son imprudence,
Et ma discretion trompoit ta confidence,
Cher Damon ie t'adiure au nom de l'amitié,
Qui nous a partagé les cœurs par la moitié,
Pardonne à mon erreur : Enfin ie te confesse,
Que ie t'ay moins aymé iadis que ma maistres-
se,
Auiourd'huy que mon cœur panche à sa gue-
rison,
Comparant ta franchise auec sa trahison,

Ses imperfections auecque ton merite,
Ie crains qu'en m'excusant mō peché ne t'irrite,
Depuis que mes regards ont descouuert le iour
Que ie me suis osté le bandeau de l'Amour,
Ie commence à tout voir d'vn differend visage,
Ie r'amene mes sens à leur premier vsage,
Ie cognois de ton cœur qu'il vaut mille fois mieux
Que l'esclat de son teinct ny les traicts de ses yeux.
Damon i'ay veu depuis d'vne claire apparence,
Qu'en toy seul i'ay plus d'aise & d'heur & d'asseurance,
Que ie n'en puis trouuer dans ces liens honteux,
Où le mal est certain & le plaisir douteux,
En la plus belle ardeur où ie puis voir Caliste,
Mon ame y sent tousiours quelque chose de triste?
Tousiours quelque soupçon rebute mon desir,
Et m'empesche d'y prendre vn absolu plaisir,
Dans ces molles fureurs qui m'alloient rendre infame,
Certains enchantemens enuelopoient mon ame,
Tous mes sens esgarez prenoiēt vn autre cours,
Desia ie n'auois rien de libre en mes discours,
Ces plaisirs qu'aime tant nostre commun genie
S'estoient laissé surprendre à ceste Tyrannie,
Ie ne goustois plus rien qui ne me fut amer,

Tant l'esprit par le corps s'estoit laissé char-
mer,
Tu m'as veu quelquefois toute la nuict entiere,
Resuer profondement sans aucune matiere,
N'as-tu point remarqué diminuer mes sens,
N'ay-ie point fait depuis des vers plus languis-
sans,
Croy que i'ay bien souffert, & que cét aduan-
ture,
Auoit si puissamment estourdy ma nature,
Qu'encore vn mois ou deux à force d'endurer,
Mes pauures sens vsez ne pouuoient plus durer,
Si son dernier mespris ne m'eust donné ma gra-
ce,
Ie m'en allois mourir comme mourut le Tasse
Puis que i'en suis sauué : car ces vers sont tes-
moins,
Que ie ne l'aime plus puisque ie l'aime moins,
D'vn sommet releué lors que le pied nous glisse,
On trebuche tousiours du faiste au precipice,
Puis que i'en suis dehors ie te laisse à choisir,
L'obiect que tu voudras prescrire à mon desir,
Et si tu veux complaire à ma derniere enuie,
Cher Damon prens le soin de gouuerner ma vie.

ELEGIE.

E me fais point aymer auecques tant de peine,
Dedans ma paßion garde moy l'ame saine,
Tiens le plaisir des vers dans la fureur d'Amour,
Si i'ay souffert la nuict, console moy le iour,
Quand tu m'auras bleßé permets que ie souspire,
Et quand i'ay souspiré permets moy de l'escrire,
Ce beau feu si subtil qui pour nous faire aymer,
Vient dedans nostre sang afin de l'animer,
S'il est trop violent & s'il a trop de flame,
Il affoiblit le corps, il esblouït nostre ame :
Mais lors qu'à petits traicts le cœur en est espris,
Il nous en rend meilleurs les corps & les esprits,
Ainsi qui n'est saisi de ceste rage extreme,
Qui prend la liberté de sçauoir ce qu'il aime,
Qui s'en fait obliger, & ne se laisse pas
Abuser sottement à de legers appas,

Avec peu de trauail il a bien tost sa proye,
Et de peu de souspirs il achepte sa ioye,
Ainsi dans le tourment, il trouue le bon heur,
Et dans la seruitude, il fait venir l'honneur,
Par fois sa passion se tient vn peu cachee,
Pour auoir le plaisir de se voirr echerchee,
Et s'il veut consentir de se voir mal traicté,
Ce n'est que pour le bien d'estre apres regretté,
Moy qui toute la nuict offusqué de tes char-
 mes,
Les pauots du sommeil ay distillez en larmes,
Et qui m'imaginant ouïr tes doux propos,
N'ay sceu prendre en dormant tant soit peu de
 repos,
Ie meriterois bien que toute la iournee,
On flatast la douleur que la nuict m'a donnee,
Et que Cloris vint faire auec vn doux baiser,
De ses afflictions mon ame reposer,
On dit que le Soleil sortant du sein de l'onde,
Pour rendre l'exercice & la lumiere au mõde,
Dissipe à son resueil ceste confuse erreur,
Des songes de la nuict qui nous faisoient
 horreur,
Mais quand nous guerissons à l'aspect de sa
 flame,
Ces petites frayeurs ne percent point dans l'ame
Ce n'est qu'vn peu de bile & de froide vapeur,
Qui peint legerement des visions de peur,

Car vne passion bien auant imprimée,
Ne s'esuanoüit pas ainsi qu'vne fumee,
Et ceux qui comme moy sont trauaillez d'A-
  mour,
Gardent leur resuerie & la nuict & le iour,
Cloris est le Soleil dont la clarté puissante,
Console à son regard mon ame languissante,
Escarte mes ennuis, dissipe à son abord
Le chagrin de la vie, & la peur de la mort,
Mais depuis peu de iours sa flâme est si tardiue,
Pour estre comme elle est si perçante & si viue,
Que l'ingrate me laisse à petit feu mourir,
Faute d'vn seul regard qui me pourroit guerir,
Donne-moy la raison d'vne amitié si lente,
Cloris'aurois-tu peur que mon ame insolente,
Offrit à ta beauté qu'vn vœu respectueux,
Mes desirs sont ardants, mais ils sont vertueux,
Et ce plaisir lascif où le brutal aspire,
N'est pas le monument du feu que ie souspire,
I'aime à te regarder, & d'estre tout vn iour,
Mourant aupres de toy, sans te parler d'amour,
Si ce n'est que mes yeux au desceu de mon ame,
Fassent estinceler quelque rayon de flame,
Et que mon cœur surpris de trop de passion,
Lasche quelque souspir sans mon intention,
Mon pauure esprit captif, craint si fort ta cho-
  lere,
Qu'il n'ose hazarder mesme de te complaire,

I'aime mieux me fascher de n'auoir point osé,
Que mourir dans l'affront de me voir refusé,
Car nier quelque chose à mon desir fidelle,
Ce seroit me donner vne douleur mortelle,
Et de regret contrainct de me desesperer,
Ie perdrois le plaisir que i'ay de t'adorer,
Il vaut mieux viure encor en ceste incertitude,
Et quoy que le destin garde ma seruitude,
Cependant cet amour me tient les sens ouuerts,
A la facilité de composer des vers,
I'en tire le plaisir de prendre en mon ouurage
Tous les traicts de mon ame & de ton beau vi-
    sage,
Et leurs lineamens pourtraicts dãs mes escrits
M'entretiennẽt tousiours les yeux & les esprits,
Puisque le Ciel t'a mis dedans la fantasie,
Le bonheur de gouster vn peu ma poësie,
Tu verras mon genie à tes yeux complaisant,
T'en faire tous les iours quelque nouueau presẽt,
Ma passion destine vne œuure a ta loüange,
Qui te doit plaire mieux que les thresors du
    Gange,
Et lors que mon trauail te fait songer à moy,
Ie m'estime aussi riche & plus heureux qu'vn
    Roy.
Ce qu'on tient de fortune est vne fausse pompe,
Où nostre infirmité se captiue & se trompe,
Vn iugement bien sain y sent peu de plaisir,
                                    Et n'y

Et n'y soubsmet iamais son glorieux desir,
Ces metaux qu'vn auare auidement enserre,
Comme indignes du iour sont cachez soubs la terre,
Si les thresors estoient comme on dit precieux,
Cloris, les diamans nous tomberoient des cieux,
La perle descendroit auecque la rosee,
Elle ne seroit point aux ondes exposee,
La Mer qui la vomit la tiendroit cherement,
La Mer dont l'ambre mesme est comme vn excrement,
Le Soleil qui faict l'or en auroit des couronnes
Ainsi ie ne veux point, Cloris, que tu me donnes,
Et tu sçais bien aussi que ie ne pense pas,
Que des riches presens soient pour toy des appas
Car vn de mes souspirs que ie te fais entendre,
Vne goutte de pleurs que tu me vois respandre,
Peuuent plus sur ton ame, & te font plus aimer
Que si ie te donnois & la terre & la mer,
Ie te proteste aussi de n'estre point auare,
De tout ce que la mer & la terre ont de rare,
Et qu'vn de tes regards me vaut mille fois mieux.
Que le gouuernement de l'Empire des cieux.

H

ELEGIE.

'AY fait ce que i'ay peu pour
m'arracher de l'ame,
L'importune fureur de ma naiſ-
ſante flame,
I'ay leu toute la nuict, i'ay ioüé tout le iour,
I'ay fait ce que i'ay peu pour me guerir d'A-
mour,
I'ay leu deux ou trois fois tous les ſecrets d'O-
uide,
Et d'vn cruel deſſein à mes Amours perfide,
Gouſtant tous les plaiſirs que peut donner Paris,
I'ay taſché d'eſtouffer l'amitié de Cloris;
I'ay veu cent fois le bal, cent fois la comedie,
I'ay des Luths les plus doux gouſté la melodie,
Mais malgré ma raiſon encore Dieu mercy,
Ces diuertiſſemens ne m'ont point réüſſi,
L'Image de Cloris tous mes deſſeins diſſipe,
Et ſi peu qu'autre part mon ame s'émancipe,
Vn ſacré ſouuenir de ſes beaux yeux abſens,
A leur premier object fait reuenir mes ſens,
Lors que plus vn deſir de liberté me preſſe,
Amour ce confident ruſé de ma Maiſtreſſe,
Luy qui n'a point de foy me fait reſſouuenir,
Que i'ay donné la mienne & qu'il la faut tenir.

*Il me fait vn serment qu'il a m's mon Idee
Dans le cœur de Madame & qu'elle l'a gardee,
Me fait imaginer, mais bien douteusement,
Qu'elle aura souspiré de mon esloignement,
Et que bien tost si l'Art peut suiure la Nature,
Sa beauté me doit faire vn don de sa peinture,
Cela me perce l'ame auec vn traict si cher,
Qu'il me fait receuoir le feu sans me fascher,
Cela remet mon cœur sur ses premieres traces,
Me fait reuoir Cloris auecque tant de graces,
Me rengage si bien que ie me sens heureux,
Quoy qu'auec tant de mal, d'estre encores
 amoureux;
Ie sçay bien qu'elle m'aime, & cet amour fidele,
Demande auec raison que ie despende d'elle,
Et si nostre destin par de si fermes loix
Prescrit aux plus heureux de mourir vne fois,
Qu'vn autre ambitieux se consume à la guerre,
Et meure dans le soin de conquerir la terre,
Pour moy quand il faudra prendre congé du iour,
Puis que Cloris le veut ie veux mourir d'a-
 mour,
Qu'on ne me parle point de son humeur legere,
Ie veux que ces deffauts me la rendẽt plus chere
Ce que fait la raison pour empescher d'aimer,
Ne peut que mes desirs dauantage allumer.
Quoy que dans le trauail mon esprit diminuë,
Que ma vie en deuienne vne mort continuë,*

Que mon sens estourdi relasche sa vigueur,
Et déja sur mon front imprime sa langueur.
(Cependant que Cloris est la viue peinture,
Du plus riche embonpoint que peut donner Na-
 ture)
Que son cœur non chalant ou peut-estre inhu-
 main,
A mon dernier malheur doiue prester la main,
Que souuent d'vn baiser elle me soit auare,
C'est tout vn, il me plaist qu'elle me soit bar-
 bare.
Ie veux pour mon plaisir aimer sa cruauté,
En faueur de ses yeux ie hay ma liberté,
Ie hay mon iugement, & veux qu'on me re-
 proche,
Que i'aime sans sujet vn naturel de roche,
Ie me console assez puis que ie voy les cieux
Endurer comme moy l'Empire de ses yeux,
Que le Soleil ialoux de la voir luire au monde,
Pasle ou rouge tousiours se va cacher sous
 l'onde,
Ie ne sçaurois penser que la fierté des ans,
Que ce vieillard cruel qui mange ses enfans,
Voyant tant de beautez puisse auoir le courage,
Tout impetueux qu'il est, de leur faire vn ou-
 trage,
Et quoy qu'vn siecle entier la conduise au tré-
 pas,

Pour moy tousiours ses yeux auront assez d'ap-
pas,
Mon inclination est assez pure & forte,
Contre le changement que la vieillesse apporte
Quand le ciel par dépit renuerseroit le cours,
Et l'ordre naturel qu'il a prescrit aux iours,
Et que demain pour voir si mes desirs perfides
Se pourroient dementir, il luy donna des rides,
Ma flame dans mon sang en ses plus chauds
boüillons,
Adoreroit son front tout coupé de sillons,
N'y soustient son esclat ny ses yeux sans lumiere
Ne pourroient rien changer de mon humeur pre-
miere,
Que son ame & son corps soient tous couuerts
d'horreur,
Ie veux suiure par tout mon amoureuse erreur.
Toy quelque changement dont la fortune essaye,
De voir en m'affligeant si ta constance est
vraye,
Cloris rend la pareille à ma ferme amitié,
Et ne manque point de foy ny de pitié,
Ie sçay bien qu'aisement tu te pourrois dédire,
Sans qu'il arriue en moy quelque chose de pire,
Pour ce que mes deffauts sont des occasions,
Pour destourner de moy tes inclinations,
Mais pour diminuer ceste amitié sacree,
Et pour rompre la foy que tu m'as tant iuree,

H iij

Mes imperfections sont vn foible sujet,
Car ton amour n'a point ma vertu pour objet,
On dit que les meschans qui d'vne aueugle rage
Pressent ceux qui iamais ne leur ont fait d'ou-
 trage,
Suiuans vn naturel maling qui les espoint,
Persecutant plus fort & ne pardonnans point,
Ne demordent iamais de leur fausse vengeance,
Quand leur courroux n'a point pour obiect vne
 offense,
Ainsi ton amitié qui n'a pour fondement,
Que de suiure enuers moy sa bonté seulement,
Qui ne sçauroit trouuer par où ie suis capable
De la moindre faueur, ny d'où ie suis aimable,
Ne peut trouuer aussi par où se destourner,
Ne peut trouuer ainsi dequoy m'abandonner,
Et sur ceste esperance où mon amour se fonde,
Ie croy viure & mourir le plus heureux du
 monde.

SVR LE BALET DV ROY.

POVR MONSEIGNEVR
LE DVC DE MONTMORENCY.

 Elle pour qui ie veux mourir,
Me fait vn mal si fauorable,
Que si l'on me venoit guerir,
On me rendroit bien miserable.

Vn Roy pour des tourments si doux,
   Quitteroit toutes ses delices,
   Et me voyant seroit jaloux
   De mes fers & de mes supplices.

Aussi pour mieux fauoriser
   Le diuin secret de ma flame,
   Mon front s'est voulu déguiser,
   De peur de découurir mon ame.

C'est ainsi que le Roy des Dieux,
   Picqué de quelque beau visage,
   Prenoit en deualant des cieux,
   Tousiours vn masque à son visage.

Et déguisant sa majesté
Pour complaire à sa frenesie,
Il auoit pour chaque beauté
Vne forme à sa fantaisie.

Pour moy si mes vœux auoient lieu,
On verroit ma figure humaine,
Bien tost se changer en vn Dieu,
Non pas pour moins souffrir de peine.

Mais plustost pour sçauoir ainsi
Conseruer le mal qui me presse,
Et pour estre plus digne aussi,
De l'amitié d'vne Deesse.

Pleust au ciel qu'vn iour seulement,
Iupiter m'eut donné sa face,
Et qu'il voulut pour vn moment,
Me laisser regner en sa place.

I'ordonnerois que les Autels,
Que partout l'Vniuers on dresse,
Pour les Dieux ou pour les mortels,
Ne seroient que pour ma maistresse.

Le temps serf de ses volontez,
Comme moy luy rendant hommage,

Laisseroit viure ses beautez,
Sans leur faire iamais outrage.

Ie commanderois aux zephirs,
De produire vne fleur nouuelle,
Toute de flame & de souspirs,
Où ie serois peint auec elle.

Quelque si cher contentement,
Dont Iupiter nous fasse enuie,
La terre seroit l'élement,
Où nous voudrions passer la vie.

Paris seroit nostre sejour,
Et dans ceste ioye infinie,
Rien que moy, la paix, & l'Amour
Ne seroit en sa compagnie.

LE DESGVISÉ.

POVR MONSIEVR
LE PREMIER.

Ans la felicité des graces de vos
    yeux,
Dont l'éclat m'est si cher, alors
    qu'il me consomme,
Pouuant passer pour vn des Dieux,
Ce que ie suis n'est plus que le semblant d'vn
    homme.

Depuis que ie vous vis, les clartez du Soleil
Ne furent plus pour moy qu'vne lumiere peinte,
La faueur du plus doux sommeil,
Depuis que ie vous sers, n'est pour moy qu'vne
    feinte.

Dans l'estroitte prison où demeure vn a-
    mant,
Et dont ie ne croy pas qu'aucun sort me deliure,
Viure tousiours dans le tourment,
Ce n'est que proprement faire semblant de vi-
    ure.

Mes yeux lors que la nuict aueugle l'vniuers
Semblent estre endormis, & ne voir plus de flame,
Et toutefois ils sont ouuerts,
Mais c'est vers le Soleil qui luy dedans mon ame.

Lors qu'Alcmene eut blessé des traicts de son amour,
Ce Dieu dont les larcins ont esté si celebres :
Nature déguisa le iour,
Et couurit tout le ciel d'vn manteau de tenebres.

Si pour vn beau dessein il faut se deguiser,
Si le secret d'Amour a besoin qu'on le couure :
On ne me sçauroit accuser,
D'estre auiourd'huy le seul qui dissimule au Louure.

THISBE' POVR LE PORTRAICT DE PYRAME.

AV PEINTRE.

*F*Ay-moy de grace vne peinture,
Si tu fis iamais rien de beau,
Toy qui des traits de ton pinceau
Surpasses l'Art & la Nature,
Mais sans prendre plus le loisir,
Que mon impatient desir,
Ne peut accorder à mon ame,
Au moins apporte-moy demain,
Le portraict de l'œil de Pyrame,
Ou celuy de sa belle main.

N'eusse-tu tracé que l'ombrage
De son front ou de ses cheueux,
Ne fais point tant languir mes vœux,
En l'attente de ton ouurage,
Apporte-moy dés aujourd'huy,
Quelque petit semblant de luy;
Peintre n'as-tu rien fait encore,
Tu recherches trop de façon,

Il ne faut que peindre l'Aurore,
Sous l'habit d'vn ieune garçon.

Cognois-tu les lis & les roses,
En sçay-tu faire les pourtraicts,
En vn mot sçay-tu tous les traicts
De toutes les plus belles choses,
As-tu veu ces tableaux hardis,
Qui sur les Autels de Iadis,
Ont porté le pinceau d'Apelle,
Sçache que tu m'offenceras
De ne prendre au plus beau modelle,
Vn portraict que tu luy feras.

Suy tous les plus fameux exemples
Des Peintres morts ou des viuans,
Voy tout ce que les plus sçauans
Ont fait pour embellir nos Temples,
Voy le teint, les yeux & les mains
Dont l'artifice des humains,
A voulu figurer les Anges,
Leur plus superbe monument
Doit quitter toutes ses loüanges,
A l'Image de mon Amant.

Si tu voulois peindre Hyacinthe,
Pour le faire voir au Soleil,
Ou d'vn plus superbe appareil,
Vaincre le Tasse en son Arninthe,

Tu peindrois Pyrame, ou l'Amour,
Ou ce premier esclat du iour,
Lors que sans ride & sans nuage,
Dans le ciel comme en vn tableau,
Il fait luire son beau visage,
Tout fraichement tiré de l'eau.

Sois ie te prie vn peu barbare,
Pour bien faire, ouure moy le sein,
Tu dois apprendre le dessein,
D'vn occupation si rare,
Pleust au ciel qu'il te fut permis,
De le voir comme Amour l'a mis,
Au plus profond de mes pensees,
Car c'est où ses perfections
Paroissent viuement tracees,
Aussi bien que mes passions.

Mais pardonne à ma ialousie,
S'il se peut sans t'injurier,
Laisse toy derechef prier,
De le peindre à ma fantasie,
Ne demande point à le voir,
Car pour bien faire ton deuoir,
Et ne me faire point d'injure,
Tu le peindras comme les Dieux,
De qui tu fais bien la figure,
Sans qu'ils soient presens à tes yeux.

ELEGIE.

Roche de la saison où les plus viues
    fleurs
Laissent éuanoüir leur ame & leurs
    couleurs,
Vn Amant desolé, melancholique, sombre,
Ialoux de son chemin, de ses pas, de son ombre,
Baisoit aux bords de Loire en flattāt son ennuy,
L'Image de Caliste errante auecques luy,
Resuant aupres du fleuue il disoit à son onde,
Si tu vas dans la mer qui va par tout le monde,
Fay-la resouuenir d'apprendre à l'vniuers,
Qu'il n'a rien de si beau que l'objet de mes vers,
Ces fleurs dont le Printemps fait voir tes riues
    peintes,
Au matin sont enuie & le soir sont esteintes :
Mais quelque changement qui te puisse arriuer,
Caliste & ses beautez n'auront iamais d'hyuer.
Ces humides baisers dont tes riues moüillees
Seront pour quelques iours encore chatoüillees,
Arresteront en fin leur amoureuse erreur,
Et s'approchant de toy se gelerent d'horreur,
Alors que tous les flots sont transformez en
    marbres,
Lors que les Aquilons vont déchirer les arbres,
Et que l'eau n'ayant plus humidité ny pois,

Fait prendre le cryſtal, des roches & des bois,
Que l'onde applaniſſant ſes orgueilleuſes boſſes,
Souffre ſans murmurer le fardeau des carroſſes,
Que la neige durcie a pavé les marets,
Confondu les chemins auecque les guerets,
Que l'Hyuer renfroigné d'vn orgueilleux Em-
  pire,
Empeſche les Amours de Flore & de Zephire,
Qu'Endimion vaincu du froid & du ſommeil,
Ne peut tenir parole à la ſœur du Soleil,
Qui cependant touſiours va viſiter ſa place,
Sur le haut d'vn rocher tout heriſſé de glace,
Moy qui d'vn ſort plus humble ou bien plus glo-
  rieux,
Sur les beautez du ciel n'ay point ieté mes yeux,
Qui n'ay iamais cherché ceſte bonne fortune
Qu'Endimion trouuoit aux beautez de la Lune
Durant ceſte ſaiſon où leur ardant deſir
Ne trouue à ſon deſſein ny place ny loiſir.
Ie verray ma Caliſte apres ce long voyage,
Qui plus que cent Hyuers m'a fait ſouffrir d'o-
  rage,
Qui m'a plus ruiné, que de faire abiſmer
Vn vaiſſeau chargé d'or que i'aurois ſur la mer,
Quel outrage plus grand auroit-il peu me faire,
Que me cacher vn mois le ſeul iour qui m'éclaire,
Dieu haſtez donc l'Hyuer, & luy ſoyez teſ-
  moins,

Que le Printemps, l'Automne, & l'Esté va-
lent moins,
Qu'il dépoüille les bois, & de sa froide haleine,
Perde tout ce que donne & le mont & la plaine,
Ce mois qui maintenant retient ceste beauté,
A bien plus d'iniustice & plus de cruauté,
Car l'Hyuer au plus fort de sa plus dure guerre
Nous oste seulement ce que nous rend la terre,
N'emporte que des fruicts, n'estouffe que des
fleurs,
Et sur nostre destin n'estend point ses mal-
heurs,
Où la dure saison qui m'oste ma Maistresse,
Toutes ses cruautez à ma ruyne adresse,
Mon front est plus terny que des lis effacez,
Mon sang est plus gelé que des ruisseaux gla-
cez,
Blois est l'Enfer pour moy, le Loire est le Co-
cite,
Ie ne suis plus viuant si ie ne ressuscite,
Vous qui faignez d'aimer auecque tant de foy,
Trompeurs vous estes bien moins amoureux
que moy,
Courtisans qui par tout ne seruez que de nom-
bre,
Qui n'aimez que le vent, qui ne suiuez que
l'ombre,
Qui traisnez sans plaisir vos iours mal asseurés

Pendans chez la Fortune à des liens dorez,
Vous sçauez mal que c'est des veritables peines,
Que donne vn feu subtil qui fait brusler les
 veines,
Esclaues insensez des pompes de la Cour,
Vous sçauez mal que c'est d'vn veritable A-
mour.

Infidelle Alidor tu feins d'aimer Syluie,
Mais tu pers son obiet, & ne pers point la vie,
Tu chasses tout le iour, tu dors toute la nuict,
Et tu dis que par tout son Image te suit,
Qu'elle est profondemẽt empreinte en ta pensée,
Et que ton ame en est mortellement blessée,
O toy qui ma Caliste auiourd'huy me rauis,
Qui vois ce que ie sens, qui sçais comme ie vis,
Malicieux destin qui me separes d'elle,
Tu respondras pour moy si ie luy suis fidelle,
Si depuis son depart i'eus vn mauuais dessein,
Si ie n'ay tousiours eu des serpens dans le sein,
Tout ce que fait Damon pour diuertir ma peine,
Toute sa bonne chere est importune & vaine,
Ie suis honteux de voir qu'il faille ingratte-
 ment,
Faire mauuaise mine à son bon traittement,
Que ie ne puisse en rien déguiser ma tristesse,
Quoy qu'à me diuertir son amitié me presse,
Aussi tost que ie puis me dérober de luy,
Que ie trouue vn endroict commode à mon en-

nuy,
Afin de digerer plustost mon amertume,
Ie la fais par mes vers distiler à ma plume,
Par fois lors que ie pense escrire mon tourment,
Ie passe tout le iour à resuer seulement,
Et dessus mon papier laissant errer mon ame,
Ie peins cent fois mon nom & celuy de Ma-
  dame,
De penser en penser confusément tiré,
Suiuant le mouuement de mon sens égaré,
Si i'arreste mes yeux sur nos noms que ie trace,
Quelque goutte de pleurs m'eschappe, & les ef-
  face,
Et sans que mon trauail puisse changer d'ob-
  iect,
Mille fois sans dessein ie change de proiect,
Toute ceste beauté dans mes sens ramassée,
Tantost ses doux regards presente en ma pensée,
Quelquefois son beau teinct, & m'offre quel-
  quefois
Les œillets de sa léure, & l'accent de sa voix,
Tantost son bel esprit d'vne superbe Image,
Tout seul de mes escrits veut receuoir l'hom-
  mage
Confus ie me retire, & songe qu'il vaut mieux,
Consoler autrement, & mon ame & mes yeux,
Ie m'en vay dans les champs, pour voir s'il est
  possible,

I ij

Qu'vn bien-heureux hazard me la rendit vi-
sible,
Ie m'en vay sur les bords de ces publiques eaux,
Dôt le dos nuict & iour est chargé de batteaux,
Et tout ce que ie voids descendre sur la riue,
Me fait imaginer que ma Caliste arriue,
Bref contre tout espoir mon œil n'est iamais
las,
De trauailler en vain à chercher du soulas,
Quoy que le temps prescript à ceste longue ab-
sence,
Pour tout ce que ie fais d'vn seul poinct ne s'a-
uance,
Ie veux persuader à mon ardant Amour,
Qu'il void à tous momens l'heure de son retour,
Ainsi dit Mœlibée, & pasle, & las, & triste,
Acheua sa iournée en adorant Caliste.

ODE.

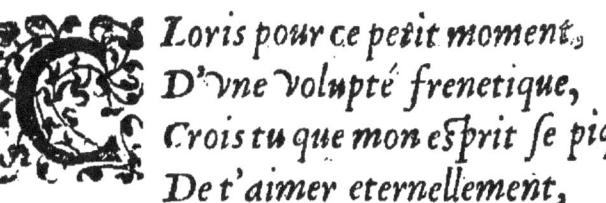

Loris pour ce petit moment,
D'vne volupté frenetique,
Crois tu que mon esprit se pique
De t'aimer eternellement,
Lors que mes ardeurs sont passées
La raison change mes pensées,
Et perdant l'amoureuse erreur,

Ie me trouue dans les tristesses,
Qui font que tes delicatesses,
Commencent à me faire horreur.

   A voir tant fuir ta beauté,
Ie me lasse de la poursuiure,
Et me suis resolu de viure,
Auec vn peu de liberté,
Il ne me faut qu'vne disgrace,
Qu'encore vn traict de ceste audace,
Qui t'a fait tant manquer de foy,
Apres tiens moy pour vn infame,
Si iamais mes yeux ny mon ame,
Songent à s'approcher de toy.

   Ie me trouue prest à te voir,
Auec beaucoup d'indifference,
Et te faire vne reuerence,
Moins d'amitié que de deuoir,
Toutes les complaisances feintes,
Ou tes affections mal peintes,
Ont trompé mes sens hebetez,
Ie le tiens pour foibles feintises,
Et n'appelle plus que sottises,
Ce que ie nommois cruautez.

   Ie ne veux point te descrier,
Apres t'auoir loüé moy mesme,
Ce seroit tacher du blaspheme
L'Autel ou l'on m'a veu prier,
T'ayant prodigué des loüanges,

Que ie ne deuois qu'à des Anges,
Ie ne te les veux point rauir,
Ie les donne à ta tyrannie,
Pour desguiser l'ignominie
Que i'ay soufferte à te seruir.

Ie ne veux point mal à propos
Mes vers ny ton honneur destruire,
Mon dessein n'est pas de te nuire,
Ie ne songe qu'à mon repos,
Encore auras-tu ceste gloire,
Que si la voix de ta memoire
Parle à quelqu'vn de mes douleurs,
On dira que ma seruitude
Respecta ton ingratitude,
Iusqu'au dernier de mes malheurs.

I'ay souffert autant que i'ay peu,
Ie n'ay plus de nerfs pour tes gesnes,
Ny goutte de sang dans mes veines,
Qui ne se brusle à petit feu,
Ie me sens honteux de mes larmes,
Amour n'a desia plus de charmes,
Ie suis pressé de toutes pars,
Et bien-tost, quoy que tu trauailles,
Ie m'arracheray des entrailles
Tout le venin de tes regards.

Sçachant bien que ie meurs d'Amour,
Que ie brusle d'impatience,
As-tu si peu de conscience,

Que de m'abandonner vn iour,
Apres ton ingratte paresse,
Si tu n'as que ceste caresse,
Fatale à ma crudelité,
Puisse tu perir d'vn tonnerre,
Ou que le centre de la terre,
Cache ton infidelité.

 Non ie ne sçaurois plus souffrir,
Ceste liberté de ta vie,
Tout me blasme, & tout me connie,
De me plaindre & de me guerir,
Aussi bien ta beauté se passe,
Mon amitié change de face.
L'ardeur de mes premiers plaisirs,
Perd beaucoup de sa violence,
Ma raison & ta nonchalance,
Ont presque amorty mes desirs.

 Ie sçay bien que la vanité,
Qui te fait plaire en mes supplices,
Cherche encore dans tes malices
Dequoy trahir ma liberté,
Encores tes regards perfides,
Preparent à mes sens timides,
L'effort de leur esclat pipeur,
Et malgré le plus noir outrage,
S'imaginent que mon courage,
Deuant eux n'est qu'vne vapeur.

 Mais ie fay le plus grand sermen

Que peut faire vne ame boüillante,
De la fureur la plus sanglante,
Qui peut tourmenter vn Amant,
Ie iure l'aër, la terre & l'onde,
Ie iure tous les Dieux du monde,
Que ny force ny trahison,
Ny m'outrager ny me complaire,
N'empescheront point ma cholere,
De me donner ma guerison.

  Mon tourment ne m'esmeut en rien,
Ta fierté rit de ma molesse,
Ie ne croy point qu'vne Deesse,
Eut vn orgueil comme le tien,
C'en est fait ie sens que mon ame
Souspire sa derniere flame,
Tous ces regards sont superflus,
Ie ne voy rien, rien ne me touche,
Ie suis sans oreille & sans bouche,
Laisse moy ne me parle plus.

LES

LES
AMOVRS
TRAGIQVES DE
PYRAME ET THISBE.
TRAGEDIE.

M. DC. XXVI.

LES ACTEVRS.

THISBE'.
PYRAME.
BERSIANE.
NARBAL.
LIDIAS.
LE ROY.
SYLLAR.
DISARQVE.
DEVXIS.
LA MERE DE THISBE'.
ET SA CONFIDENTE.

ACTE PREMIER.

THISBE' BERSIANE, NARBAL,
LIDIAS, LE ROY SYLLAR.

SCENE I.

THISBE', BERSIANE.

U bruit & des fascheux auiour-
d'huy separee,
Ma seule fantaisie auec moy re-
tiree,
Ie puis ouurir mon ame à la clarté des Cieux,
Auec la liberté de la voix & des yeux,
Il m'est icy permis de te nommer Pyrame,
Il m'est icy permis de t'appeller mon ame,
Mon ame qu'ay-ie dit? c'est fort mal discourir,
Car l'ame nous fait viure & tu me fais mourir,
Il est vray que la mort que ton amour me liure,
Est aussi seulement ce que i'appelle viure,
Nos esprits sans l'Amour assoupis & pesans,
Cõme dans un sommeil passent nos ieunes ans.

*Auparauāt qu'aymer on ne sçait point l'vsage
Du mouuement des sens ny des traicts du vi-
    sage,
Sans ceste passion les plus lourds animaux
Cognoistroient mieux que nous & les biens
    & les maux.
Nostre destin seroit comme celuy des arbres,
Et les beautez en nous seroient comme des
    marbres,
En qui l'ouurier grauāt l'Image des humains
Ne sçauroit faire agir ny les yeux ny les
    mains,
Vn bel œil dont l'éclat ne luit qu'à l'auāture,
C'est comme le Soleil que cachoit la nature,
Auparauāt qu'il fust entré dans ses maisons,
Et qu'il peust discerner la beauté des saisons,
Moy ie croy seulemēt depuis l'heure premiere,
Que l'Amour me toucha d'auoir veu la lu-
    miere,
Et que mon cœur ne vint à respirer le iour,
Que dés l'heure qu'il vint à souspirer l'A-
    mour
Et combien que le Ciel face couler ma vie,
Dans ceste passion auecqu'vn peu d'enuie,
Que mille empeschemēs cōbattent mes desirs,
Et qu'vn triste succez menasse nos plaisirs,
Que les discours mutins d'vne haine anciēne,
Qu'hommes, Ciel, temps & lieux, nuisent à
    mon dessein,*

Ie ne sçaurois pourtãt me l'arracher du sein,
Et quand ie le pourrois ie serois bien marrie,
Que d'vn si cher tourmẽt mõ ame fut guerie,
Vne telle santé me donneroit la mort, (tort.
Le penser seulement m'en fasche & me faict
BERSIANE.
Comment vous estre ainsi de nous tous esloignee,
Osez vous bien aller sans estre accompagnee?
Tout le monde au logis est en peine de vous,
Et sur tout vostre mere en est en grand courroux.
THISBE.
Pourquoy cela? ma vie est elle si suspecte?
BERSIANE.
Non, mais tousiours les vieux veulent qu'on les respecte,
Vous deuiez pour le moins vn de nous aduertir
Faire quelque semblãt que vous alliez sortir.
THISB.
Sçais tu pas bien que i'ayme à resuer, à me taire,
Et que mon naturel est vn peu solitaire,
Que ie cherche souuent à m'oster hors du bruit
Alors pour dire vray ie hay bien qui me suit,
Quelquefois mon chagrin trouueroit importune,

A iij

La conuersation de la bonne Fortune,
La visite d'vn Dieu me desobligeroit,
Vn rayon du Soleil par fois me fascheroit.
BERS.
La cheute d'vne fueille, vn zephir, vn atosme?
THISB.
Ie te laisse à iuger que feroit vn fantosme,
Et de quelle façon ie me verrois punir,
Qu'vn esprit des Enfers me vint entretenir.
BERS.
A ce compte ie suis desia parmy ce nombre,
THISB.
Iamais homme viuant ne sembla mieux vn ombre,
BERS.
D'où viennent ces desdains?
THISB.
vieux spectre d'ossemens,
Vrayement ie cherche bien tes diuertissemens,
BERS.
Ie cognois bien que c'est de moy qu'elle murmure,
Ie suis donc cest obiect d'Infernale figure,
THISB.
Ie ne dis pas cela, mais tu peux bien penser,
BERS.
Que de mon entretien on se pouuoit passer,

THISB.
Iustement,
BERS.
ie cognois où ie suis peu sensee,
THISB.
Qu'autre chose que toy me tient dans la pẽsee,
BERS.
Ce n'est pas sans suiet, Thisbé que nos soupçõs,
Vous ont fait tous les iours ouyr tant de leçons,
Vostre mere a raison d'auoir l'œil & l'oreille,
Dessus vos actions.
THISB.
n'importe qu'elle y veille,
Ie n'ay rien fait iamais à craindre des tes-
moins,
Mon innocente humeur se mocque de vos soins,
I'en suis esmeuë autant que du bruit d'vne
fueille,
Car ie vis sans reproche,
BERS.
hé! le bon Dieu le vueille,
THISB.
Adieu, cherche quelqu'vn à qui te faire ouyr.
BERS.
On a beau tel secret dans les os enfouyr,
L'amour, l'ambition, l'orgueil, & la cholere,
Sont tousiours sur nos fronts d'vne apparence
claire,

A iiij

I'espere en peu de iours que nous viendrons
 about
De ceste confidence, & que nous sçaurons
 tout.

SCENE II.

NARBAL, LIDIAS.

Malgré moy persister en ce funeste
 Amour,
Apres les droicts du Ciel l'ingrat me doit le
 iour,
Toy qui si laschement flatte sa fantasie,
Tu veux que la raison cede à ta frenesie,
Et me rememorant ce qu'autresfois ie fis,
Tu me veux conseiller la perte de mon fils,
Il est vray qu'autrefois i'ay senty ceste flame,
Lors qu'vn sang plus subtil faisoit agir mon
 ame,
Esclaue que ie suis des naturelles loix,
Comme vn autre en mon temps de ce feu ie
 bruslois,
Mais tousiours mes desseins estoient auecque
 licence,   (cence.
Et mes iustes desirs pleins d'heur & d'inno-

LIDIAS.

Vous en auez depuis perdu le souuenir,
Mais si les mesmes ans pouuoiët vous reuenir,

Et qu'en voſtre faueur la Loy de la Nature,
Vous effaçant l'horreur que fait la ſepulture,
A vos membres caſſez leur force rapportat,
Et remit vos eſprits en leur premier eſtat,
Ie croy que vos rigueurs changeroient bien de termes,
Et que vos ſentimens ne ſeroient plus ſi fermes,
Ce pauure fils à qui vous voulez tant de mal,
Vous verroit transformé de cenſeur en riual,
On ne ſçauroit dompter la paſſion humaine,
Contre Amour la raiſon eſt importune & vaine,
Touſiours l'obiect aymable à droict de nous charmer,
Lors qu'on eſt en eſtat de le pouuoir aymer,
L'ame ſe void bien toſt d'vne beauté forcee,
Par le rapport des yeux auec la penſee.

NARBAL.

Ton eſprit tient encor vn peu de la ſaiſon,
Qui ne void point meurir les fruicts de la raiſon,
Moy qui ſuis bien guery de ceſte humeur volage,
Ayant deſia paſſé tous les degrez de l'âge,
Ie cognois mieux que toy la vie & le deuoir,
Et bien toſt mieux que toy ie luy feray ſçauoir,
Aymer ſans mon congé & s'obſtiner encore,

D'un Amour qui le pert, & qui me des-ho-
nore,
D'un ennemy mortel la fille rechercher,
Ie t'aime mieux le cœur hors du sein arracher,
Tu demordras mutin, ie te feray cognoistre
Le respect que tu dois à ceux qui t'ont faict
naistre,
Et que tu ne dois point suiure ta passion,
Ny faire des desseins sans ma permission.

LIDIAS.

Quand on s'engage au sort d'une pareille af-
faire,
Vne permission n'est iamais necessaire,
On n'y sçauroit pouruoir quãd c'est vn accidẽt,
A cela le plus fin est le plus impudent,
On ne demande point congé d'une aduenture,
S'il en faut demander c'est donc à la nature,
Qui conduit nostre vie, & s'addresser aux
Dieux,
Qui tiennent en leurs mains nos esprits &
nos yeux.

NARBAL.

Ne sçait-il pas qu'il est obligé de me plaire,
Que cest Amour furtif irrite ma cholere,
Qu'il va dans ce proiect mes iours diminuant,
Et fait vn parricide en le continuant,
Les Dieux trouuent-ils bon puis qu'ils sont
equitables,

Qu'on face des forfaits?
LIDIAS.
s'ils sont ils ineuitables,
Les Dieux n'en veulēt point en retirer nos pas,
Mesme puis qu'en Amour le crime a des appas,
Que la rigueur des loix l'entretient & l'aug
 mente,
Les Amans trouuent grace aupres de Rada-
 mante,
Mais vne noire humeur qui meurt des assassins
Vne nature lasche encline à des larcins,
C'est ce qui fait horreur au Ciel & à la terre,
Et surquoy iustement doit tomber le tonnerre,
Ou la necessité d'vn amoureux desir,
Qui de l'ame & du corps n'aspire qu'au plaisir,
Merite qu'on l'assiste, & vouloir sa ruyne,
Tient vn peu d'vne humeur enuieuse & cha-
 grine.
NARBAL.
Tes discours ne sont point assez persuasifs,
Ce mal ne prend qu'aux cœurs mols, delicats,
 oisifs,
Où iamais le bon sens n'a choisi sa demeure,
Où iamais la vertu ne trouue vne bonne heure,
Suffit. Quand la raison le contraire voudroit,
L'Empire paternel conseruera son droit,
Mon pouuoir absolu rompra ceste entreprise,
Et mon authorité luy fera lascher prise.

LIDIAS.

Vous voulez qu'Ixion lié dans les Enfers,
S'arrache de sa rouë, & qu'il brise ses fers,
Qu'vn homme desia mort sa guerison reçoiue,
Que Sisiphe repose, & que Tantale boiue,
Tous nos efforts ne sont que d'vn pouuoir humain,
Qui tend à l'impossible il se trauaille en vain.

SCENE III.

LE ROY, SYLLAR.

C'Est trop faire des vœux, c'est trop verser de larmes,
Il faut auoir recours à de meilleures armes,
Ceste ingrate farouche auecque ses mespris,
A donné trop long temps la gehenne à mes esprits,
La qualité de Roy, l'esclat de ma fortune,
Au lieu de l'attirer la choque & l'importune,
Elle aime mieux ignoble & honteuse qu'elle est
Vn simple citoyen.

SYLLAR.
                  son semblable luy plaist,
LE ROY.
Ie le rendray pourtant si le Soleil m'esclaire,
Seulement auiourd'huy peu capable de plaire.

SYLLAR.
A quel si bon moyen pouuez-vous recourir?
Pour le rendre odieux.
LE ROY.
ie le feray mourir,
Toute autre inuention est douteuse & grossiere
Lors qu'elle le verra sanglant sur la poussiere,
Que les yeux en mourāt les regards à l'enuers,
Hideux sans mouuemēs demeureront ouuers,
Il faut que l'amitié soit bien dans la pensee,
Si par vn tel obiect elle n'en est chassee,
Ie sçay bien que Thisbé sans des viues dou-
    leurs,
Ne verra point sa mort, ny sans beaucoup de
    pleurs,
Mais auecques le temps iusqu'à la moindre
    trace,
La plus forte douleur se dissipe & s'efface,
Ayant veu que l'obiect de son premier amour,
N'aime plus, ne sent rien, n'a plus de part au
    iour,
Elle encore viuante & encore sensible,
A mon affection sera plus accessible.
SYLLAR.
L'aymez-vous iusqu'au poinct de violer la
    Loy?
LE ROY.
Tu sçais que la Iustice est au dessous du Roy.

La raison defaillant la violence est bonne,
A qui sçait bien vser des droicts d'vne Couronne.

SYLLAR.
Mais tousiours vous sçauez que l'equité vaut mieux,

LE ROY.
Les grands Roys doiuent viure à l'exemple des Dieux.

SYLLAR.
Aussi vous ont-ils faicts leurs Lieutenans en terre,

LE ROY.
Leur cholere à son gré fait tomber le tonnerre,
Et quoy qu'ils soient portez ce semble à nous cherir,
Pour monstrer leur puissance ils nous font tous mourir,
Et moy ie tiens du Ciel ma meilleure partie,
Mon ame auec les Dieux à de la sympatie,
I'aime que tout me craigne, & croy que le trespas,
Tousiours est iuste à ceux qui ne me plaisent pas,
Pyrame est en ce rang, sa mort est legitime :
Car déplaire à son Roy, c'est auoir faict vn crime,
Il n'est pas innocent. Ceux que la loy du sort

Rend mal voulus du Prince, ils sont dignes de mort,
Mon Amour l'a conclu. Ce Tyran implacable
En donne aueq moy l'arrest irreuocable,
Il sera ma victime, & ie iure deuant
Qu'aucun ait ietté l'œil sur le Soleil leuant,
D'eusse-ie par ma main executer ma haine,
Son trespas resolu me tirera de peine,
Icy me fera voir cest acte officieux,
Celuy de tous les miens qui m'aimera le mieux,
Icy dois-ie tirer vne preuue asseuree,
De la fidelité qu'on m'a cent fois iuree.
SYLLAR.
Le temps & la raison pourroient-ils point oster
Ces violens desirs
LE ROY.
     rien que les augmenter,
Le temps & la raison feront du feu la glace,
Et m'osteront plustost le cœur hors de sa place.
SYLLAR.
Puis que c'est vn dessein qu'on ne peut diuertir
A quel prix que ce soit il en faut donc sortir,
Sire, me voicy l'ame & la main toute preste,
A quoy que vos desseins ayent destiné ma teste.
LE ROY.
Comment tu me preuiens ha! veritablement,
Ie voy bien que tu veux m'obliger doublement,
Vn plaisir est plus grand qui vient sans qu'on en e

Qui souffre qu'on demande a pris sa recompense,
Mesme quand le besoin de nos desirs pressez,
A qui ne fait le sourd, se faict entendre assez,

Syllar.
Ie m'en vais de ce pas vacquer à l'entreprise,

Le Roy.
O qu'en ton amitié le Ciel me favorise,

Syllar.
Dans deux heures d'icy nous y mettrons la main,

Le Roy.
Il est vray qu'il vaut mieux auiourd'huy que demain,
Ie ne te parle point encores du salaire.

Syllar.
Sire tout mon espoir est l'honneur de vous plaire.

Le Roy.
Ie sçay que tout seruice est digne de loyer.

Syllar..
Il sçait bien comme il faut les hommes employer,
Vne telle action dessus le gain se fonde,
C'est le plus liberal de tous les Rois du monde,
Il en est mieux seruy. L'argent a des ressorts,
Qui font aller par tout nos esprits & nos corps.

ACTE

ACTE DEVXIESME.

THISBE', PYRAME, DISARQVE.

SCENE I

PYRAME, DISARQVE.

IE sçay bien cher amy que ton sage dessein,
Est de m'oster la flame & la mort hors du sein,
De r'amener à soy ma pauure ame esgaree,
Qui s'est depuis deux ans d'auec moy separee
Mais sçache que mon ame abhorre ta raison,
Que ie prends tes conseils pour vne trahison,
Et d'abord que tu viens à me parler d'esteindre
Ce feu dont nuict & iour ie ne fais que me plaindre,
Malgré le sentiment que i'ay de mon erreur,
Et de ton amitié ta voix ma faict horreur,
Ie te hay si tu és ennemy de mon ayse,
Il faut que ton esprit à mon humeur se plaise.
Que tu perde le soin de censurer mes pleurs,
Que ton affection consente à mes malheurs,

B

Et que ton iugement mette son industrie
A conseruer mon mal.

DISARQUE.
mon Dieu quelle furie,

PYRAME.
Autrement ie te tiens barbare & sans pitié,

DISARQUE.
Que vous cognoissez mal les fruits de l'amitié

PYRAME.
Ie veux que mon amy sans feinte & sans re-
serue,
Dedans la passion me complaise & me serue.

DISARQUE.
Et quoy si vostre amy vous auoit veu courir
Dans vn danger mortel ?

PYRAME.
qu'il me laissast mourir,
Le plus sanglant dépit que la Fortune liure
A des desesperez, c'est les forcer de viure.

DISARQUE.
Il est vray qu'vn desir vne fois emporté
Vers vn funeste Amour a plus de fermeté,
On retracte plustost le dessein legitime,
D'vne bonne action que le proiect d'vn crime,
Le mal a plus d'appas, & ce qui plus nous
nuit,
Aueceque plus d'addresse & de vigueur nous
suit,

Vous courez obstiné ce semble à vostre perte,
Quelque difficulté qui vous y soit offerte,
Vos parens obligez d'vn naturel deuoir,
Vous opposent icy leur absolu pouuoir.
PYRAME.
C'est par où mon desir dauantage se picque,
I'aime bien à forcer vne loy tyrannique,
Amour n'a point de maistre, & vos empesche-
 mens
Ne me sont desormais que des allechemens:
C'est vne occasion de me monstrer fidelle,
C'est prouuer à Thisbé que i'ose tout pour elle.
N'as-tu point quelques-fois pris garde à sa
 beauté,
Toy qui par dessus tous aime la nouueauté,
Toy qui depuis les bords d'où le Soleil se leue,
Iusqu'aux flots reculez où la clarté s'acheue,
Des obiects les pl⁹ beaux as fait iuges tes yeux,
En as-tu recogneu qui puissent plaire mieux?
DISARQVE.
Il est certain qu'elle a quelque chose de rare,
PYRAME.
Dis qu'elle a quelque chose à tenir vn barbare.
Celuy que ses regards ne peuuent pas toucher,
Il a des duretez de souche & de rocher,
DISARQVE.
Voila bien des discours de la melancholie.
PYRAME.
     B i

Ie croy que ta raiſon vaut moins que ma folie,
Et que tu viens à tort me plaindre & m'accu-
    ſer
D'vn erreur où les Dieux ſe voudroiët abuſer
Me m'en parle iamais ; ta reſiſtance eſt vaine,
Et ſi tu n'as iuré de t'acquerir ma haine,
Si tu n'as reſolu de rompre auecques moy,
Dedans ma paſſion ne me fais plus la loy,
Tu voudrois que i'aymaſſe à la façon cõmune,
Et qu'vn laſche deſſein de faire ma fortune,
M'amenaſt dans le but de tes intentions.
DISARQVE.
Ie voudrois gouuerner vn peu nos paſſions,
Et vous ſauuer l'eſprit du dãger & du blaſme.
PIRAME.
Eſt-ce à toy ie te prie à gouuerner mon ame,
Ce cœur fut-il par toy la dedans enfermé?
Laiſſe faire à Nature, elle me l'a formé,
C'eſt d'elle dont Thisbé ſe veid auſſi formee,
Pour enflãmer ce cœur, & pour en eſtre aymee,
N'ayans tous deux qu'vn but de peine & de
    plaiſir,
Semblables à l'humeur de l'aage & du deſir,
Et ſi i'oſois flatter encore mon viſage
On nous pourroit tous deux cognoiſtre en vne
    Image,
C'eſt le premier appas dont mon cœur ſouſpira,
C'eſt le premier ..... dont Amour ......

Cher espoir dont mõ ame heureusemẽt se flatte,
Car son œil fauorable à mes regards esclatte,
Me comble de faueur, bref ie suis asseuré,
D'vn amour mutuel elle me l'a iuré,
Mes leures dõt ses mains en ont cueilly le gage
Et pour le cõfirmer d'vn plus pressant langage,
Ses pensers me l'ont dit, ses yeux en sont tes-
  moins:
Car dans tous nos discours la voix parle le
  moins. (sees,
Nous disons d'vn trait d'œil à nos ames bles-
Bien plus qu'vn liure entier n'exprime de pen-
  sees,
Et des souspirs de feu, d'elle à moy repassans,
Mieux que nul cõfident s'expliquent à nos sẽs,
Nous n'auons pas besoin que d'autres intro-
  duisent,
A traitter nos Amours, les arbitres nous
  nuisent
Le meilleur confident ne sert iamais si bien,
Que dans nostre interest il ne mesle le sien,
Selon sa fantasie il aduance ou recule,
L'aueugle mouuement d'vn pauure esprit qui
  brusle,
Pour moy ie ne sçaurois souffrir vn Gouuer-
  neur,
I'ayme mieux reüssir auec moins de bonheur,
Les soings de la prudẽce ont trop d'inquietude

B iij

Mon ame n'a d'obiect sinon ma seruitude,
Où ie trouue mon bien mieux qu'en ma liberté,
Et que i'aime sans doute autant que la clarté.
DISARQVE.
Puis que c'est vne peste à vos os attachee,
Vne fleche mortelle en vostre cœur fichee,
C'est en vain que l'on prend le soin de vous guerir.
PYRAME.
Guerir on ne le peut sans me faire mourir.
DISARQVE.
Au moins prenez bien garde en cest Amour furtiue,
Qu'vn funeste succez à vos desseins n'arriue,
Vous estes espiez & de loin & de pres,
Par des yeux vigilans qu'on y commet expres.
PYRAME.
Toute leur diligence est assez inutile,
L'ame des Amoureux n'est pas si peu subtile,
Nous sçauons bien choisir & le temps & le lieu
Où mesme ne sçauroit nous découurir vn Dieu,
Ne t'en mets point en peine, & seulement endure,
Si tu me veux aimer que ma fureur me dure.
Adieu, laisse moy seul m'entretenir icy,
Voila la nuict qui vient, le Ciel est obscurcy,
Ma maistresse m'attend. Afin de me complaire,

L'autre Soleil s'en va quãd cestui-cy m'esclaire
Priuez de tous moyens de nous parler ailleurs,
Et ne pouuant venir à des accez meilleurs,
Vne petite fente en ceste pierre ouuerte,
Par nous deux seulement encore descouuerte,
Nous fait secrettement aller & reuenir,
Les propos dont Amour nous laisse entretenir,
Car c'est le lieu par où nos passions discrettes,
Donnent vn peu de iour à nos flames secrettes,
Icy cruels parens malgré vos dures loix,
Nous faisons vn passage à nos timides voix,
Icy nos cœurs ouuers malgré vos tyrannies,
Se font entrebaiser vos volontez vnies,
Conseillers inhumains, peres sans amitié,
Voyez comme ce marbre est fendu de pitié,
Et qu'à nostre douleur le sein de ses entrailles
Pour receler nos feux s'entr'ouure les entrailles
Que l'air se prostituë à nos contentemens,
L'air le plus rigoureux de tous les elimens,
Le pere des frimats, la source des orages,
A plus d'humanité que vos brutaux courages,
Mais i'entens quelque bruit, c'est elle sans
   faillir,
Ie sens tous mes esprits d'aise me defaillir,
Elle ne ment iamais, & feroit conscience
De charger son Amant de trop de patience,
Ie voy comme elle approche & marche à pas
   comptez.

                          B iii

Soupçonneuſe elançans ſes yeux de tous coſtez.

SCENE II.

THISBE PIRAME.

THISB.

Es-tu là mon ſoucy
PYRAME.
qui vous a retenuë,
Auiourd'huy pour le moins vous eſtes preue-
nue,
Vous arriuez plus tard que ie ne fis hier,
THISB.
Il eſt vray que ie tort, ie ne le puis nier,
Mais quand ie t'auray dit ce qui m'a deu con-
traindre,
Ie croy que tu ſeras obligé de me plaindre,
Ie te feray pitié, car ie ne penſe pas
Que le mal qu'on m'a faict ſoit moins que le
treſpas.
PYRAME.
Comment, vous a on faict quelque iniure, mon
ame?
Quelqu'vn en ſon abſence a-il bleſſé Pyrame?
Vn Dieu ne le pourroit auec impunité,
THISB.
Ceſte offence n'eſtoit que l'importunité,

D'vne vieille hideuse & sotte creature,
Qui m'a tout auiourd'huy mis l'ame à la tor-
    ture,
Qui m'a faict tant de loix, m'a tant donné
    d'aduis,
Et tant reiteré d'inutiles deuis,
Qu'on tariroit plustost l'humidité de l'onde,
Que ceste humeur chagrine en caquets si fe-
    conde.

PYRAME.
Dictes-moy ie vous prie encore en quoy
    tendoit
Les discours où plus fort la vieille s'estendoit?

THISB.
De rendre vne parfaicte & pleine obeys-
    sance
A ceux à qui ie doy le bien de ma naissance,
De ne me dispenser de prendre aucun plaisir
Que leur commandement ne me le vint choisir
Sur tout de bien deffendre, & l'esprit, & l'o-
    reille,
Des pointes dont amour vn ieune sang recueille,
Que les ieunes esprits n'ont rien de dãgereux,
Au prix que d'escouter vn conseil amoureux:
Que mesme au plus heureux cét appas est fu-
    neste,
Que c'est vn precipice, vn poison, vne peste
Elle vous a donc faict l'amour bien odieux.

THISBE.

Elle me l'a depeint comme il est dans ses yeux.

PYRAME.

Estranges changemens où tombe la Nature,
Vn pauure corps vsé qui n'est que pourriture,
Vne vieille à qui l'aage a seiché les humeurs,
A qui les sens gastez ont peruerty les mœurs,
Vn sang gros & pesant, tousiours froid comme glace,
Si ce n'est qu'vne fieure eschauffe vn peu sa masse,
Vn tronc de nerfs & d'os d'artifice mouuant,
Qu'on ne sçauroit nommer qu'vn fantosme viuant,
Persecute tousiours d'vne ialouse enuie,
Les passetemps heureux de nostre ieune vie,
Ces vieillards dont l'esprit & le corps abbatu
Erigent leur puissance en tiltre de vertu,
Eux-mesmes qui le cours de la nature suiuent,
Qui selon l'appetit de leur vieillesse viuent,
Pretendent contre nous forcer l'ordre du temps,
Et que nous serons vieux en l'aage de vingt ans,
Nos mœurs par leur exemple imprudemment censurent,
Alleguant ce qu'ils sont & non pas ce qu'ils furent,
Au moins ma chere vie en ce sot entretien,

Ie croy que cest esprit n'a rien peu sur le tien.
THISB.
Ces discours m'ont passé plus loin qu'vne nuee,
PYRAME.
Ta bonne volonté n'est pas diminuee,
THISB.
Elle a creu dauantage, on n'a fait que ietter
Du souffre dans la flame afin de l'irriter,
Ie suis d'vn naturel à qui la resistance
Renforce le desir, l'espoir & la constance,
Ie croy qu'on me verroit mourir autant de fois,
Qu'on me force d'ouyr ces importunes vois,
Sinon que mon Amour de plus en plus persiste,
Et brusle dauantage alors qu'on luy resiste,
Et ie n'ay rien de cher comme vne occasion,
De tout ce qui sçauroit nourrir ma passion,
Puis qu'au diuin obiect dont ie suis Amou-
reuse
Le sort veut que ie sois parfaitement heureuse,
Que tu merites bien l'inuiolable foy,
Que iusques au tombeau ie garderay pour toy.
PYRAME.
Et moy si le tombeau laissoit encor' aux ames
Quelque petit rayon de leurs deffunctes flames
Ie n'aurois autre feu que toy dans les Enfers,
Et dedans leurs prisons ie n'aurois que tes fers,
Mais parmy nos discours nous ne prenons pas
garde

Que ce doux entretien dont Amour nous retarde,
S'il est bien mesnagé nous manquera bien tost.
THISB.
Helas ! ne pourrons-nous iamais dire qu'un mot,
Les oyseaux dans les bois ont toute la iournee,
A chanter la fureur qu'Amour leur a donnee :
Les eaux & les Zephirs quand ils se font l'Amour,
Leur rire & leurs souspirs font durer nuict & iour.
PYRAME.
Il se faut retirer de crainte qu'il n'arriue
Que de ce peu de bien encore on ne nous priue.
THISB.
Dans vne heure au plus tard ie reuiës donc icy.
PYRAME.
Et moy ie seray mort, si ie ne viens aussi.

ACTE TROISIESME.

DEVXIS, SYLLAR, PYRAME,
LE ROY.

SCENE I.

DEVXIS, SYLLAR, PYRAME

Yllard ie suis troublé d'vn fune-
ste presage,
Vn glaçon de frayeur m'estraint
tout le courage,
Pensant à tel dessein ie me remets aux yeux
Les iustes iugemens des hommes & des
Dieux.
SYLLAR.
Quoy, tu manque de cœur,
DEVXIS.
ie sens de la contrainte.
En ce que i'entrepres, & non pas de la crainte.
SYLLAR.
Ie cognois ton courage, & c'est la cause aussi
Qui faict que ie t'employe en ceste affaire icy,
Il est beau de tenter vne mort legitime,
Pour quelque grand exploict & qui se faict
sans crime,

On appelle courage vn esprit genereux,
Qui n'est point inhumain comme il n'est point
 peureux,
Qui meurt sur vne breche, & dont les fune-
 railles
Se font chez l'ennemy sous vn bruit de mu-
 railles,
Le trespas est loüable ou ignominieux,
Selon que le suiet est lasche ou glorieux,
Mais pense à quelle fin nous auons pris l'espee,
A quel exploict sera nostre main occupee,
Quoy, sans estre offensez nous nous voulons
 venger,
Quand on n'a point de haine on n'en sçauroit
 forger.

SYLLAR.
Nostre commission donne toute licence.
DEVXIS.
On ne peut sans remords s'en prendre à l'inno-
 cence,
Il ne nous a rien fait nous le voulons tuer.
SYLLAR.
La volonté du Roy se doit effectuer,
DEVXIS.
Si quelque excez leger contentoit sa cholere,
Ie croy que iustement on luy pourroit complai-
 re,
Mais en vn faict semblable, en vne trahison,

Chacun le peut defdire auec trop de raifon.
Syllar.
En defdifant fon Roy quelque iufte apparence
Que puiffe prendre vn peuple il commet vn offence,
Comme les Dieux au Ciel, fur la terre les Rois,
Establiffent auffi des souueraines Loix,
Ils partagent egaux ce que le monde enferre.
Les Dieux font Rois du Ciel, les Rois Dieux de la terre,
Iupiter d'vn clein d'œil fait les Aftres mouuoir,
Et nos Princes fur nous ont le mefme pouuoir,
A la grandeur des Dieux leur grandeur fe figure,
Comme au vouloir des Dieux leur vouloir fe mefure.

Devxis.
Il leur faut obeyr, fi leur commandement
Imite ceux des Dieux qui font tout iuftement.

Syllar.

Enquerir leur fecret tient trop du temeraire,
C'eft aux Rois à le dire, & à nous à le faire,
S'il a mal commandé, l'homicide commis

Tombera sur sa teste, & nous sera remis,
Le deuoir ignorant rend vne ame innocente.
DEVXIS
Mais cognoissant le mal, il faut qu'elle y con-
sente,
Vn deuoir ignorant & quoy ne vois tu pas
Qu'on brasse à l'innocent vn perfide trespas,
Que l'Enfer vn pariel n'en sçauroit faire
naistre.
SYLLAR.
Considerant de pres & l'honeur & le droict,
Tout le monde sans doute icy nous reprendroit:
Mais nous sommes forcez, le Prince le faict
faire,
Il luy faut obeyr, c'est vn point necessaire.
DEVXIS.
Et pourquoy necessaire, il vaut mieux encourir
Sa disgrace eternelle.
SYLLAR.
Il vaut donc mieux mourir.
DEVXIS.
I'aymerois mieux la mort qu'vne hoteuse vie,
De remords criminels incessamment suiuie,
Quand le chiens des enfers auecque ses abbois.
Vient troubler les viuans, ils sont morts
mille fois.
Mais mourant pour l'honneur, on court par
brisees.

D'vn

D'vn bien-heureux repos dans les chāps Eli-
sees,
Les esprits depestrez de vicieux discords,
Qu'ils ont auec nos sens ioyeux, quittent nos
corps.

SYLLAR.

Quelque si doux accueil que Mercure prepare,
Crois qu'vn homme se trouble alors qu'il se se-
pare,
Que les corps tré passez d'vne pierre couuers,
Change les os en poudre, & la charongne en
vers,
Que les esprits errans par les riues funebres,
D'vn Cocite incogneu, ne sont plus que tene-
bres,
Qu'on soit bien dans ce regne où Pluton tient
la Cour,
C'est vn compte, il n'est rien de si beau que le
iour,
Le moindre chien viuant vaut mieux que cent
cohortes,
De Tygres, de Lyons, ou de Pantheres mortes,
Bien que pauure suiet ie prefere mon sort
A celuy-là d'vn Prince ou d'vn Monarque
mort,
Croy moy, suy mon conseil, ne donnōs point nos
testes,
Pour preseruer autruy ne soyons pas si bestes.

C

DEVXIS.
Mourions nous pour cela,
SYLLAR.
croy-tu viure vn moment,
Apres t'estre mocqué de son commandement.
DEVXIS.
Mais le Roy craint-il point la iustice plus
haute,
En nous faisant mourir il descouure sa faute,
Nos testes ne sçauroient venir sur l'eschaf-
faut,
Sans y faire monstrer son criminel deffaut.
SYLLAR.
Pour nous exterminer quand ils en ont enuie,
Les Roys ont cêt moyens pour nous oster la vie.
Nos iours sont dans leurs mains, ils les peu-
uent finir,
Ils peuuent le plus iuste innocemment punir,
Quelque tort que ce soit quand vn Roy nous
accuse,
Sa grande authorité ne manque point d'excuse,
Contre le Prince aux droicts il ne se faut fier,
Le pretexte plus faux le peut iustifier,
Outre qu'au Souuerain la perte de deux hômes
Ne se doit reprocher de deux tels que nous
sommes,
Plusieurs qui ne sont point ainsi Religieux,
Et qu'vn si grand secret rendroit trop glorieux

Ces mouuemens du Roy ne craindront pas de
 suiure,
Apres cela crois-tu qu'il nous souffrist de
 viure,
Nous ne sçaurions fuir de son bras irrité,
L'iniure d'vn supplice à demy merité.

Devxis.

Il faut donc se bannir & bien loing d'vn
 Empire,
A tous les gens de bien, le moins seur & le
 pire.

Syllar.

Voyageant l'Vniuers de l'vn à l'autre bout,
Nous ne sçaurions fuir, les Roys courent par
 tout,
Ils ont de longues mains qui par tout ce bas
 monde, (& l'onde,
Sans se mouuoir d'vn lieu touchent la terre

Devxis

Tu dis vray, ta raison me rend ores confus.

Syllar.

Coulpables vers le Roy, de ce couard refus,
C'est fait de nous aussi, faisant ce qu'il com-
 mande,
Sans doute apres cela nostre fortune est grãde,
Ces Royalles faueurs nos esprits saouleront,
Et dans nos cabinets des flos d'or couleront.

C ij

Devxis.

L'or, ce metail sorcier, corrompt tout par ses charmes,
Deuant luy prosterné, l'honneur met bas les armes,
Il n'est si fort rempart de iustice ou de foy,
Qu'il ne brise, il ne craint ny pieté, ny loy,
L'or veut tout, mesme alors que son appas s'addresse
A des hommes vaillans que la misere presse,
Comme moy mal-heureux que l'horreur de la faim,
Contraint à desirer ce detestable gain,
Monstre de pauureté, ta dent est plus funeste
Que le feu plus cuisant & la plus forte peste,
Le meurtrier que la peur bourrelle incessamment,
Au prix de tes forçats est puny doucement,
Dans les plus grands remords des faits les plus infames,
Sçauoir qu'on a du bien, console fort les ames,
L'argët purge le crime, & nous guerit de tout,

Syllar.

A la fin tout va bien, ie voy qu'il se resout.

Devxis.

Le sort en est ietté, mon ame est exposée
A ce qu'il te plaira, ie voy l'affaire aisee,

SYLLAR.
Il ne faut seulement que le guetter icy.
DEVXIS.
Le voila ce me semble,
SYLLAR.
il me le semble aussi,
DEVXIS.
Donnons
PYRAME.
on ne me peut surprendre,
Assassins vous sçaurez si ie me sçay deffendre
Bien que seul contre deux ie vous feray sentir,
Qu'on ne se prend à moy qu'auec du repentir.
DEVXIS.
O Dieux ie suis blessé.
PYRAME.
si ta main n'est meilleure,
Ce lasche & traistre sang tu vomiras sur l'heure,
Ton sort comme le sien pend au bout de ce fer.
DEVXIS.
O Dieux ! que ie fais bien icy l'experience,
Qu'il ne faut rien tenter contre sa conscience.
PYRAME.
Conscience volleur, ie croy que le remords.
Ne te presse qu'entant que tu vas voir les morts,
Que tu sens la frayeur d'vne peine eternelle,

C iij

Recueillir en mourant ton ame criminelle.
DEVXIS.
Ha! si vous me laissiez vn peu la liberté,
De vous parler auant que perdre la clarté.
PIRAME.
Que me sçaurois tu dire.
DEVXIS.
     vne chose sans doute,
Qui vous pourroit seruir.
PYRAME.
      il faut que ie l'escoute.
Qu'est-ce?
DEVXIS.
   ce qu'on pourroit à peine deuiner,
Le Roy nous a contraint de vous assassiner.
PYRAME.
O Ciel? que m'as tu dit, mais faut il croire vn
  traistre.
DEVXIS.
Ie vous dis ce qui est,
PYRAME.
    mais ce qui ne peut estre,
Dieux, tout mon sang se trouble, il est vray que
 le Roy   (moy,
Aime à ce qu'on ma dit, en mesme lieu que
Helas! ie suis perdu, mon mal est sans remede,
Contre mon Roy, quel Dieu puis-ie trouuer
  qui m'aide.

DEVXIS.

Voyez de vous conduire en cela sagement,
Maintenant ie trespasse auec allegement.

PYRAME.

L'Enfer te soit propice, & sa nuict mal-
heureuse,
Pour vn si bon remords te soit moins rigou-
reuse,
Au reste il faut fuir c'est le meilleur conseil,
Sans faire plus icy, ny repos, ny sommeil.
Quand le courroux des Roys fait esclater leurs
ames,
C'est pis dix mille fois que torrens & que
flammes,
Il faut s'oster delà, mais de necessité,
Thisbé, vous m'en auez souuent sollicité,
Vous m'auez dit cent fois que vous seriez
heureuse,
De suiure loing d'icy ma fortune amoureuse,
Que vous craigniez ce Prince, & que de nostre
Amour,
Quelque malheur au nostre arriueroit vn iour,
Il y faudra pouruoir, & si l'humeur hardie,
De ce courage ardent ne s'est pas refroidi,
Nous nous affranchirons de ses cruelles loix,
Et nous n'aurons que nous, de parens, ny de
Roys

C iiij

SCENE II.

PYRAME DEVXIS,
SYLLAR LE ROY,

A Cét affront, le sang au visage me monte
Que ma condition souffre auiourd'huy de honte,
Sçachans que de ma part tu luy voulois parler,
SYLLAR.
En vain cent fois le iour vous m'y feriez aller.
LE ROY.
Que Thisbé n'a point fait semblant de te cognoistre.
SYLLAR.
Sire, tout aussi tost qu'elle m'a veu paroistre.
Destournãt ses regards surprise à l'impourueu,
Ainsi qu'elle auroit fait d'vn serpent qu'elle eust veu,
Elle s'est engagée en vne compagnie,
A faire des discours d'vne suitte infinie,
Iusqu'à tant qu'elle a peu se desrober de moy.
LE ROY.
Traicter si rudement la passion d'vn Roy,
Faut il que nous ayons, fils des Dieux que nous sommes,

Le sentiment semblable au vulgaire des hõmes
Ingratte si faut-il que ie te mette vn iour,
Dans le choix d'esprouuer ma haine ou mon
   Amour,
Tu sçaurois que ie regne, & que la tyrannie
Me peut bien accorder ce que l'Amour me nie
Ce beau fils despeché, si ton cœur ne demord,
Tu te pourras bien voir sa compagne à la mort,
Mais! voicy de retour mon fidelle ministre,
Ie lis dessus son cœur quelque rapport sinistre,
Il craint de m'aborder, parle & leue les yeux?

SILLAR.
L'affaire va tres-mal.
LE ROY.
        ie n'attendois pas mieux.
SILLAR.
Mon compagnon est mort, & moy couuert de
   playes.
Vous viës faire raport de ces nouuelles vrayes,
Nous auions à peu pres l'ouurage executé,
Que le peuple en fureur dessus nous s'est ietté,
Et d'armes & de cris vne croissante suitte,
A peine m'a donné le loisir de la fuitte,

LE ROY.   (vœux,
C'est trop, ie voy qu'amour se mocque de mes
Que le Ciel par dessein deffend ce que ie veux,
Ie suis au desespoir, mõ ame est trop gehennée,
I'ay gardé dãs le sein la mort toute vne année,

                  C. v

Mes mal-heurs vont sans fin l'vn l'autre se
 suiuans,
La saison de l'Hiuer n'a iamais tant de vents,
Iamais tant de frimats, ni de froid, ni de gresle
Qu'il ne fasse en trois mois quelque beau iour
 pour elle,
Iamais vieillard caduc ne s'est si mal porté
Qu'il n'ait eu dans l'anneé quelque heure de
 santé,
Eolle quelquefois tient tous les vents en bride
Et faict voir aux Nochers le front des eaux
 sans ride,
Et l'astre le plus fier & plus malin des Cieux,
Iamais de mon destin n'a destourné ses yeux,
Ce traistre me donna le sceptre & le courage,
Pour me donner les maux auecques plus d'ou-
 trage,
Mais ie me plains en vain, le Ciel n'a point de
 tort,
Tout homme de courage est maistre de son sort,
Il range la Fortune à son obeyssance,
Son deuoir ne cognoist de Loy que sa puissance,
Mesmes quand c'est vn Roy qui n'a d'autre
 deuoir,
Que de iouyr des droicts d'vn souuerain pou-
 uoir, (lance,
Non, non, mon iugement n'est plus sur la ba-
Syllar tous mes conseils vont à la violance,

Retente une autre fois encores tout le dessein,
Va dans son lict luy mettre un poignard dans le sein,
Dis que c'est de ma part, fay toy donner main forte,
Pour forcer la maison, dis que c'est moy, n'importe,
Controuue quelque crime afin de l'accuser
En mon nom tu pourras tout dire & tout oser.
SILLARD.
Que la fureur des Roys est une chose estrange,
Ils veulent que le Ciel à leur humeur se range,
Que tout leur fasse ioug en ce cruel desir,
S'il se seruoit d'un autre il me feroit plaisir.

ACTE QVATRIESME
PYRAME, THISBE, LA MERE DE THISBE, SA CONFIDENTE.

SCENE I.

PYRAME THISBE.

V voids en quel danger noſtre forˉ
tune eſt miſe,
Que meſme la clarté ne nous eſt
pas permiſe,
En fin ne veux-tu point forcer cette priſon,
Icy l'impatience eſt ioincte à la raiſon,
Le tyran qui deſ-ja faict eſclatter ſa rage,
Afin de l'aſſouuir mettra tout en vſage,
Et poſſible deuant que le flambeau du iour,
Ne faſſe voir demain ſes courſiers de retour,
Nous ſçaurions ce que peut vne fureur vnie,
Auec l'authorité d'vne force impunie.

THISB.

Le conſeil en eſt pris ſans attendre à demain.
Il faut reſolument s'affranchir de ſa main,
Ie ſeray bien-heureuſe ayant de la Fortune,
Et diſgrace, & faueur, auecques toy com-
mune,

Lors que ie n'auray plus d'espions à flatter,
Que ie n'auray parens ny mere à redouter,
Et qu'Amour ennuyé de se monstrer barbare
Ne nous donnera plus de mur qui nous separe,
Que sans empeschemens nos yeux pourront
    passer,
Par tout ou sont venus la voix & le penser,
Lors d'un parfaict plaisir entre les bras com-
    blée,
Mon ame du Tyran ne sera pas troublée,
Lors ie n'auray personne à respecter que toy.
PYRAME.
Lors tu n'auras personne à commander que
    moy,
Dessus mes volontez, la tienne souueraine,
Te donnera tousiours la qualté de Royne,
Thisbé ie iure icy la grace de tes yeux,
Serment qui m'est plus cher que de iurer les
    Dieux,
Que ton affection auiourd'huy me transporte,
Ie ne la croyois pas estre du tout si fort,
Ie doutois que l'on peust aimer si constamment,
Et que tant d'amitié fut pour moy seulement,
Que des objects plus beaux,
THISB.
             n'acheue point Pyrame,
Vn si mauuais soupçon tu blessrois mon ame,
Autre object que le tien, c'est me desobliger

Mõ cœur, & quel plaisir prēds tu de m'affliger.
PYRAME.
Ne crois point que cela trouble ma fantaisie,
Mais laisse à tant d'amour vn peu de ialousie
Non pas pour les mortels, car i'ose m'asseurer
Que tu n'ayme que moy.
THISB.
      tu le peux bien iurer.
PIRAME.
Mais ie me sens ialoux de tout ce qui te touche,
De l'air qui si souuent entre & sort par ta bouche,
Ie croy qu'à ton subiect le Soleil fait le iour,
Auecques les flambeaux, & d'enuie, & d'Amour,
Les fleurs que soubs tes pas tous les chemins produisent,   (nuisent,
Dans l'honneur qu'elles ont de te plaire me
Si ie pouuois complaire à mon ialoux dessein,
I'empescherois tes yeux de regarder ton sein,
Ton ombre suit ton corps de trop pres ce me semble,   (ble,
Car nous deux seulement deuons aller ensem-
Bref vn si rare obiect m'est si doux & si cher,
Que ta main seulement me nuit de te toucher.
THISB.
Hors de l'empeschement qui nous separe icy,
Tu sçauras que tes vœux sont mes desirs aussi,

Que ton mal est celuy dont ie me sens pressée:
Mais la course du iour s'en va des-ia passeé,
La Lune se confond auecque sa clarté,
Il est temps de pouruoir à nostre liberté,
Il faut que nostre suitte à la nuict se hazarde,
Car auec trop de soin tout le iour on me garde.

PIRAME.

C'est tres-bien aduisé quand d'vn sommeil
 profond,
La premiere douceur dans nos veines se fond,
Qu'en ce pesant fardeau tout taciturne &
 sombre,
On n'oyt que le silence, on ne void rien que
 l'ombre,
Il se faut des-ober chacun de sa maison,
Ou plustost se sauuer chacun de la prison.

THISB.

Mais au sortir d'icy pour nous voir en peu
 d'heure.
Quelle assignation trouuerons nous plus seure.

PIRAME.

En attendant le iour, vn lieu propre & bien
 prés,
Il semble que l'Amour me le descouure expres,
Le tombeau de Ninus,

THISB.

 il est vrayement bien proche.

PIRAME.

Là coule vn clair ruisseau tout au pied d'vne roche,
Qui de ses viues eaux entretenant les fleurs,
Maintient à la patrie, & l'ame & les cou-
leurs:
Vn arbre tout aupres, fertile en Meures
blanches,
Nous offre le couuert de ses espaisses branches,
Sçaurions nous rencontrer vn lieu plus à
souhait.

THISB.

Il est le mieux du monde, allons cela vaut fait.

SCENE II.

LA MERE, SA CONFIDENTE.

ENcores de frayeur tous mes cheueux se
dressent,
Ses farrouches regards encor' à moy s'addres-
sent,
Ha! sommeil malheureux en ce songe trôpeur,
Que tu m'as fait, ô Dieux! que tu m'as fait
de peur,
De ceste vision l'image triste & noire,
Auecques trop d'horreur s'attache à ma me-
moire,

J'ay refué tout le iour dans l'apprehenſion,
De ma mauuaiſe nuict,
  LA CONFIDENTE.
     ce n'eſt qu'illuſion.
  LA MERE.
Combien en voyons nous à qui la voix des
 ſonges
A dict des veritez,
  LA CONFIDENTE.
    comme auſſi des menſonges.
  LA MERE.
Cette frayeur me tient pourtant dans les eſ-
 prits,
Trop auant pour auoir ſon preſage à meſpris,
Iamais vne ſi triſte & ſi paſle figure,
Ne ſe preſente à nous ſans vn mauuais au-
 gure,
Vne pareille nuict ne me vient pas ſouuent.
  LA CONFIDENTE.
A qui ſuit la raiſon, le ſonge n'eſt que vent,
Il eſt bon ou mauuais, feinct, vray, ou varia-
 ble,
Selon l'erreur douteux de noſtre eſprit muable.
  LA MERE.
Si tu ſçauois comment ce ſonge eſt apparu,
Comment cent fois la mort par mes os a couru,
De quelque fermeté que ta raiſon ſe vante,
Poſſible prendrois-tu ta part de l'eſpouuante.
        D

LA CONFIDENTE.
S'il ne vous est fascheux de me le faire ouyr.
LA MERE.
Si cét ombre en parlant pouuoit s'esuanouyr,
Et que sa forme errante en corps dans ma couche,
Peust sortir de mon ame en sortant de ma bouche,
Tu me verrois tres-prompte à te faire sçauoir
Ce que mes yeux fermez m'ont clairement fait
LA CONFIDENTE. (voir.
Deschargeant sa douleur dedans l'ame fi-delle,
De quelqu'vn que l'on aime on la sent moins cruelle,
Le plus foible secours que l'on nous puisse of-frir,
Nous fait le mal au moins plus doucement souffrir.
S'il en faut souspirer, qu'auec vous ie souspire.
LA MERE.
Ta curiosité me presse de le dire.
L'heure ou nos corps chargez de grossieres va-peurs,
Suscitent en nos sens des mouuemens trom-peurs,
Estoit des-ia passée, & mon cerueau tran-quile.

S'abbreuuoit des pauots que le sommeil distile,
Sur le poinct que la nuict est proche de finir,
Et le Char de l'Aurore est encor à venir.
LA CONFIDENTE.
Enuiron ce temps-là, l'opinion vulgaire,
Tient que les songes ont la vision plus claire.
LA MERE.
Plusieurs éuenemens me sont des-ia tesmoins,
Que leur incertitude alors trompe le moins.
LA CONFIDENTE.
Nous preserue le Ciel que cestuicy persiste,
A nous prognostiquer son aduenture triste.
LA MERE.
Sçache que iamais songe en son obscurité,
N'a fait voir tant d'horreur, ny tant de verité.
LA CONFIDENTE.
Vrayment à vous ouyr i'en suis desia touchée.
LA MERE.
Le voicy, Dieux! mon ame en est effarouchée,
I'ay veu tout au trauers d'vn bandeau du
    sommeil,
Au milieu d'vn desert l'Eclipse du Soleil,
C'est le premier obiect de la funeste image,
Qui marque à mon dessein vn asseuré dom-
    mage,
En ceste nuict espaisse où par tout l'Vniuers,
Les obiects demeuroient également couuerts,
I'ay senty sous mes pieds ouurir vn peu la terre

D ij

Et de là sourdement bruire aussi le tonnerre,
Vn grand vol de corbeaux sur moy s'est as-
 semblé,
La Lune est deuallée, & le Ciel a tremblé,
L'air s'est couuert d'orages, & dans ceste tem-
 peste,
Quelques gouttes de sang m'ont tombé sur la
 teste,
Vn Lyon l'œil ardant, & le crain herissé,
Dessus mon large col hideusement pressé,
Rugissant sans me voir aupres de la cauerne,
A fait autour de moy deux ou trois fois vn
 cerne,
Certains cris sous-terrains rompus par des
 sanglots,
Comme vn mugissement de riuage & de flots,
Au trauers le silence, & l'horreur des tene-
 bres
M'ont transpercé le cœur de leurs accens fu-
 nebres.

LA CONFIDENTE.

O Dieu ! tant seulement à vous ouyr parler,
Ie sens que tout d'horreur mon cœur se va geler.

LA MERE.

De là tombant à coup, dans des frayeurs plus
 viues,
Il m'a emblé d'errer aux infernales riues,

Où d'vne nuict plus noire encore m'aueuglant
I'ay rencontré d'abord vn corps pasle & san-
glant
Qui me representoit d'vn obiect lamentable,
De ma fille Thisbé, le pourtraict veritable,
Le corps auoit le sein de trois grands coups ou-
uert,
Qui teignoit le linceul dont il estoit couuert,
Aussi tost que ses yeux ont cogneu mon visage,
Quoy qu'ils ne fussent plus que d'ombre & de
nuage,
M'eslançoient des regards auec vn tel effort,
Qu'ils me sembloient des traicts que décochast
la mort,
Puis m'approchant me dit d'vne voix aigre &
forte,
Que cherche-tu tigresse ? & bien me voila
morte,
Tu viens donc inhumaine en ces bords mal-
heureux,
Pour encor espier nos esprits amoureux.
Et me prenant la main tire hors de ma place,
Pour me monstrer Pyrame esté tu sur la glace
Qui par le mesme endroit d'autant de coups,
blessé,
Monstroit qu'vn mesme esprit l'auoit aussi
poussé,
Voy dit-elle barbare en ce piteux spectacle,

G iij

Dequoy nous a seruy ton enuieux obstacle,
Qui te meut de venir troubler nostre amitié,
Icy nostre destin abhorre ta pitié,
L'Enfer plus doux que toy laisse viure nos
 flames,
Va ne reuiens iamais importuner nos ames,
Là son bras m'a poussée, alors tout en sursaut,
Ie me suis esueillée auec vn cry fort haut,
N'est-ce pas là dequoy me donner de l'om-
 brage?
LA CONFIDENTE.
Mais bien dequoy troubler le plus hardy cou-
 rage.
LA MERE.
Vrayment ie me repens d'auoir tancé si fort,
Vne si bonne fille, & cognois que i'ay tort,
Ie veux d'oresnauant d'vne bride moins forte
Retenir les desirs où son aage la porte.
LA CONFIDENTE.
Madame il est bien vray qu'vn peu moins ru-
 dement,
Vous la gouuernerez bien plus commodement,
Comme elle est de bon sang elle a l'humeur al-
 tiere,
La force en vn bon cœur fait moins que la
 priere,
En cét aage à peu pres il me souuient qu'vn
 iour,

Mon pere me voulut destourner d'vn A-
mour,
Qu'il iugeoit peu sortable, & moy bien à ma
sorte,
Sa deffense rendit ma passion si forte,
Que dedans peu de iours il veid bien qu'il fal-
loit,
A la fin s'accorder à ce qu'Amour vouloit,
Ny le respect d'autruy, ny nostre ame elle
mesme,
Ne se peut empescher de suiure ce qu'elle aime.

LA MERE.

Asseure toy d'auoir desormais le plaisir,
De me voir indulgente à son ieune desir.

SCENE III.

THISBE' SEVLE.

DEesse de la Nuict, Lune mere de l'om-
bre,
Me voyant arriuer sous ce fueillage sombre,
Tiens toy dans ton silence, & ne t'offence pas,
De l'Amour effronté qui guide icy mes pas,
Ne me regarde point pour euiter mon aise,

C'est assez qu'icy bas qu'Endimion te baise,
Et sans me quereller d'aucun ialoux soupçon,
Demeure toute seule auecque ton garçon,
Et croy qu'en ce dessein que mon Amour ha-
   zarde,
Ie n'ay d'intention pour rien qui te regarde,
Celuy qui maintenant te fait icy venir,
N'a que trop dans ses yeux dequoy m'entrete-
   nir.
Et toy sacré ruisseau dont le plaisant riuage,
Semble plus accostable en ce qu'il est sauuage,
Redouble à faueur le doux bruit de ton cours,
Tant que tous les Syluains en puissent estre
   sourds,
Et que la vaine Echo de ton bruit assourdie,
Mes amoureux propos à ces bois ne redie,
Mais non, va doucement de peur de resueiller,
Les Nymphes de tes eaux laisse les sommeiller,
L'onde ne leur met pas tant de froideur dans
   l'ame,
Qu'elle ne s'embrasast en regardant Pyrame,
Mais quoy ? ce paresseux est encor à venir,
Ie ne sçay quel subject le peut tant retenir,
Il a bien de l'amour, mais il n'est pas possible,
Qu'il ne ressente au poinct, où ie me voy sen-
   sible,
Ie ne le dis qu'à vous, ruisseaux, antres, fo-
   rests,

A qui mesme Diane a commis ses secrets,
A ma faueur, Echo commande à ceste roche,
De luy toucher vn mot d'vn amoureux repro-
che,
Mais n'oy-je pas de loing ce semble vn peu de
bruit,
I'entreuoy la clarté comme d'vn œil qui luit,
Helas! qu'ay-ie apperceu, Dieux! l'effroyable
beste,
Vn Lyon affamé qui cherche icy sa queste,
Fuy Thisbé les horreurs d'vn si mauuais de-
stin,
Dieux! que Pyrame au moins n'en soit pas le
butin.

ACTE CINQVIESME.

SCENE I

PYRAME SEVL.

E N fin ie suis sorty ; leur prudence importune,
N'a plus à gouuerner, ny moy, ny ma fortune,
Mon Amour ne suit plus que le flambeau d'Amour.
Dans mon aueuglement ie trouue assez de iour,
Belle nuict qui me tends tes ombrageuses toilles :
Ha! vrayement le Soleil vaut mieux que tes estoilles,
Douce & paisible nuict, tu me vaut desormais
Mieux que le plus beau iour ne me valut iamais,
Ie voy que tous mes sens se vont combler de ioye,
Sans qu'ici nul des Dieux ni des mortels me voye,
'is me voici desia proche de ce tombeau,

I'apperçoy le Meurier, i'entends le bruict de l'eau,
Voici le lieu qu' Amour destinoit à Diane,
Ici ne vient iamais rien que moi de prophane,
Solitude, silence, obscurité, sommeil,
N'auez-vous point ici veu luire mon Soleil,
Ombres, où cachez-vous les yeux de ma maistresse?
L'impatient desir de le sçauoir me presse:
Tant de difficultez m'ont tenu prisonnier,
Que ie mourois de peur d'estre icy le dernier;
Mais à ce que ie voy, ie m'y rends à bonne heure,
Puis qu'encore en son lict, mon Aurore demeure,
Attendant qu'elle arriue ici bien à propos,
Le reste de la nuict m'offre son doux repos;
Mais pourrois-ie dormir en mon inquietude,
Quelque sommeil qui regne en ceste solitude,
Depuis que ie la sers, Amour m'a bien instruict,
A passer sans dormir les heures de la nuict,
Le murmure de l'eau, les fleurs de la prairie,
Cependant flatteront vn peu ma resuerie,
O fleurs si vos esprits iamais se transformans,
Despoüillerent les corps des mal-heureux Amans,
S'il en est parmy vous qui se souuienne encore,

D'auoir souffert ailleurs qu'en l'Empire de Flore,
Deux objects de pitié ne soyez point ialoux,
Si la faueur d'Amour m'a traicté mieux que vous,
Et si du temps passé le souuenir vous touche,
Prestez nous sans regret vostre amoureuse couche;
Mais desia la rosée a vos tapis moüillez,
Que dis-ie, c'est du sang qui vous les a soüillez.
D'où peut venir ce sang ? La troupe sanguinaire,
Des Ours & des Lyons, vient icy d'ordinaire:
Vne frayeur me va dans l'ame repassant,
Ie songe aux cris affreux d'vn Hibou menaçant,
Qui m'a tousiours suiuy ces ombrages nocturnes,
Augmentent ma terreur, & ces lieux taciturnes:
Dieux! qu'est-ce que ie voy, i'en suis trop esclaircy,
Sans doute vn grand Lyon a passé par icy,
I'en recognois la trace, & voy sur la poussiere,
Tout le sang que versoit sa gueulle carnassiere:
O Ciel! en quelle horreur en fin ie suis tombé,
Detestable i'arriue aux traces de Thisbé,
Ces traces que ie voy son pied les a formees,

Et celles du Lyon pesle-mesle imprimees,
Parmy cela du sang abondamment esparts,
Ha! ie ne voy qu'orreur, que morts de toutes parts,
Il n'en faut plus douter, mon œil me dit ma perte,
Iustes Dieux se peut-il que vous l'ayez soufferte,
Mais vous n'en sçauiez rien, vous estes de faux Dieux,
C'est moy qui l'ay conduite en ces coulpables lieux,
Moy traistre qui sçauois qu'aupres de ceste source,
Les Ours, & les Lyons font leur sanglante course,
Que la commodité de ce frais abbreuuoir,
Et de ce lieu desert, tousiours les y fait voir,
Infame criminel & desloyal Pyrame,
Qu'as-tu fait de Thisbé, qu'as-tu fait de ton ame,
Comment me suis-ie ainsi de moy-mesme priué?
Elle m'a preuenu, le iour est arriué,
Voy-ie pas que l'aurore en sa pointe premiere,
Espanche au Ciel ouuert sa confuse lumiere,
Soleil voudrois-tu luire apres cét accident,
Cherche pour te cacher vn plus noir Occident,

Toutefois monstre toy ; tu le pourras sans
  honte,
Il n'est plus de Soleil çà bas qui te surmonte,
Thisbé n'est plus au monde, ô bel arbre ! ô ro-
  cher !
O fleurs en quel endroit me la faut-il chercher ?
Beau cristal innocent dont le miroir exprime,
Sur mon front pallissant l'image de mon cri-
  me.
Toy qui dessus tes bords la voyois déchirer,
N'en as-tu quelque membre au moins sçeu
  retirer ?
Traistre tu n'as seruy qu'à r'affraischir la
  gueulle
Du Lyon, luy laissant ma Thisbé toute seule.
Mais pourquoy les cailloux veux-ie icy que-
  reller,
C'est à mon imprudence à qui ie dois parler,
C'est à mes cruautez à qui ie dois la peine,
De la mort la plus iuste, & la plus inhumaine
C'est moy de qui les bras l'a deuoient secourir,
Et qui ne l'ont pas fait, c'est moy qui dois
  mourir,
Sortez à ma faueur de vos demeures creuses,
Pour deschirer ce corps, venez trouppes af-
  freuses,
Mon iuste desespoir vous presse, il vous at-
  tend,

Sans deffence vn butin ce pauure corps vous tend,
Cruels ne cherchez point que dans les bergeries
Quelque innocent aigneau, s'immole à vos furies,
Destournez desormais le cours à vos larcins,
Mangez les criminels, tuez les assassins,
En toy Lyon, mon ame a fait ses funerailles,
Qui digerez desia mon cœur dans ses entrailles,
Reuiens & me fay voir au moins mon ennemy,
Encores tu ne m'as deuoré qu'à demy,
Acheue ton repas ; tu seras moins funeste,
Si tu m'es plus cruel, acheue donc ce reste,
Oste moy le moyen de te iamais punir,
Mais ma douleur te parle en vain de reuenir,
Depuis que ce beau sang passe en ta nourriture
Tes sens ont despouillé leur humaine nature,
Ie croy que ton humeur change de qualité,
Et qu'elle a plus d'amour que de brutalité,
Depuis que sa belle ame est ici respanduë,
L'horreur de ces forests est à iamais perduë,
Les Tigres, les Lyons, les Pantheres, les Ours
Ne produiront ici que de petits Amours,
Et ie croy que Venus verra bien tost escloses,
De ce sang amoureux, mille boutons de roses,
Mon sang dessus le sien par ici coulera,

Mon ame auec la sienne ainsi se me siera,
Qu'il me tarde desia que mon ombre n'arriue,
Rejoindre son esprit sur la mortelle riue:
Au moins si ie trouuois d'vn chef d'œuure si beau,
Quelque saincte relique à mettre en vn tombeau,
Ie ferois dans mon sein vne large ouuerture,
Et sa chair dans la mienne auroit sa sepulture,
Toy son viuant cercueil, reuiens me deuorer,
Cruel Lyon reuiens, ie te veux adorer:
S'il faut que ma Deesse en ton sang se confonde,
Ie te tiens pour l'autel le plus sacré du monde,
O Dieux! si ie ne voy rien d'elle à mon trespas,
Au moins ie baiseray la trace de ses pas,
Et ma leure ensuiuant ceste sanglante route,
Cent fois rebaisera son beau sang goutte à goutte,
Ah! beau sang precieux qui tout froid & tout mort,
Faites dedans mon ame encor vn tel effort,
Vous auez donc quitté vos delicates veines,
Pour acheuer enfin vos tourments, & mes peines,
Puis que le sort me dit que vous l'auez voulu,
Il ne m'y verra pas moins que vous resolu,
Mais que trouuay-ie icy? ceste sanglante toille,

A la

A la pauure deffuncte auoit serui de voille,
O trop cruel tesmoin de mon dernier malheur,
Tesmoin de mon forfait sois le de ma douleur,
Mais quoy dedãs l'obiect d'vn sort si déplorable
Sanglant & deschiré tu m'es encor aimable,
Le faut-il adorer ? il le faut ie le veux,
Il a touché iadis l'or de ses blonds cheueux :
Ce voile a nos amours prestãt son chaste vsage,
Deffendoit au Soleil de baiser son visage,
Il fut en ma faueur soigneux de son beau teint,
Sois-tu d'oresnauant reueré comme sainct,
Et qu'en faueur du sang qui peint nostre in-
  fortune,
La nuict te daigne mettre auec sa robe brune :
Mais ie croy que mon cœur se flatte en sa lan-
  gueur,
Il est temps que ma vie acheue sa rigueur,
Au dessein de mourir dois-ie chercher qui
  m'aide,
Rien que ma main ne s'offre à ce dernier re-
  mede,
Terre si tu voulois t'ouurir dessous mes pas,
Tu me ferois plaisir, mais tu ne le fais pas,
Il semble que ton flanc dauantage se serre,
Dieux ! si vous me vouliez enuoyer le tonnerre
Ie vous serois tenu, mais ò propos honteux,
Mon trespas à m'ouir est encores douteux,
Mon desespoir encor en moy se delibere,

Mais l'estourdissement non la peur le differe:
Voicy dequoy vanger les iniures du sort.
C'est icy mon tonnerre, & mon gouffre, & ma
 mort:
En despit des parens, du Ciel, de la Nature,
Mon supplice fera la fin de ma torture:
Les hommes courageux meurent quand il leur
 plaist,
Aime ce cœur Thisbé tout massacré qu'il est,
Encor vn coup Thisbé par ta derniere playe,
Regarde là dedans si ma douleur est vraye.

SCENE II.

THISBE' SEVLE.

A Peine ay-ie repris mō esprit & ma voix,
Ceste peur m'a fait perdre vn voile que
 i'auois,
Et m'a fait demeurer assez long-temps cachée,
Possible mon Amant m'aura depuis cherchée,
Il doit estre arriué s'il n'a perdu le soin,
De me venir trouuer, car le iour n'est pas loin,
Ie n'entends plus que l'eau que verse la fontai-
 ne,
Le silence profond me rend assez certaine,
Que ie puis approcher la tombe, où cependant
Mon Pyrame languist sans doute en m'atten-
 dant,

La beste qui cerchoit l'eau de ceste vallee,
Ayant esteint sa soif, ores s'en est allee,
Autrement i'entendrois qu'elle feroit du bruict,
Et ses yeux brilleroient au travers de la nuict.
O nuict ie me remets en fin sous ton ombrage,
Pour avoir tant d'amour, i'ay bien peu de cou-
　　rage,
Mais ou mon œil s'abuse en vn obiect trõpeur,
Voicy dequoy r'entrer en ma premiere peur,
Vne subite horreur me prend à l'impourueuë,
Et si l'obscurité peut asseurer ma veuë,
Vn augure incertain, mes soupçons ne dement
Certains pas dans les miens meslez confusé-
　　ment,
Ceste place par tout sanglante & si foulee,
Monstre qu'icy la beste à sa fureur saoullee,
Dieux! ie voy par la terre vn corps qui semble
　　mort,
Mais pourquoy m'effrayer, c'est Pyrame qui
　　dort,
Pour diuertir l'ennuy de son attente oysiue,
Il repose au doux bruit de ceste source vive,
Ce sera maintenant à luy de m'accuser;
Mais ce lieu dur & froid, mal propre à reposer
Que desia la rosee a rendu tout humide,
M'oblige à l'éueiller, Dieux! que ie suis timide,
I'ay son contentement, & son repos si cher,
Que ma voix seulement a peur de le fascher,

E　ij

Il dort si doucement qu'on ne sçauroit à peine
Discerner parmy l'air le bruit de son haleine,
Mais d'où vient qu'immobile, & froid dessous
  ma main,
Il semble mort, Pyrame, ô Dieux ! i'appelle en
  vain,
Il ne respire plus, ce beau corps est de glace,
Helas ! ie voy la mort peinte dessus sa face,
D'une eternelle nuict son bel œil est couuert,
Ie voy d'vn large coup son estomach ouuert,
He ! ne meurs pas si tost, ouure vn peu la pau-
  piere,
Respire encore vn coup ie mourray la premiere,
Ne t'en vas point sans moy, ne me fais point
  ce tort,
Tu ne me responds rien, mon cœur, tu n'es pas
  mort,
Les Dieux ne meurent point la nature est trop
  sage,
Pour laisser ruiner son plus aimable ouurage,
Mais ô foible discours, ô faux soulagement,
La perte que ie fais m'oste le iugement :
Pyrame ne vit plus, ha ! ce souspir l'emporte,
Comment ! il ne vit plus & ie ne suis pas morte ?
Pyrame, s'il te reste encore vn peu de iour,
Si ton esprit me garde encore vn peu d'amour,
Et si le vieux Charon touché de ma misere,
Retarde tant soit peu sa barque à ma priere,

Attends moy ie te prie,& qu'vn mesme trépas
Acheue nos destins,ie m'en vay de ce pas,
Mais tu ne m'attends point, & si peu que ie
 viue
En ce dernier deuoir mon sort veut que ie sui-
 ue :
Coulpable que ie suis de ceste iniuste mort,
Malheureux criminel de la fureur du sort,
Quoy?ie respire encore & regardant Pyrame
Trespassé deuant moy,ie n'ay point perdu l'a-
 me :
Ie voy que le rocher s'est esclatté de dueil,
Pour respandre des pleurs pour m'ouurir vn
 cercueil,
Ce ruisseau fuit d'horreur qu'il a de mon in-
 iure,
Il en est sans repos, ses riues sans verdure,
Mesme au lieu de donner de la rosée aux
 fleurs,
L'Aurore à ce matin n'a versé que des
 pleurs,
En cet arbre touché d'vn desespoir visible,
A bien trouué du sang dans son tronc insensi-
 ble,
Son fruict en a changé, la Lune en a blesmy,
Et la terre a sué du sang qu'il a vomy.
Bel arbre puis qu'au monde apres moy tu de-
 meures,

E iij

Pour mieux faire paroistre au Ciel tes rouges meures,
Et luy monstrer le tort qu'il a fait à mes vœux,
Fay comme moy de grace, arrache tes cheueux,
Ouure toy l'estomach & fay couler à force,
Ceste sanglante humeur par toute ton escorce,
Mais que me sert ton dueil rameaux, prez verdissans,
Qu'à soulager mon mal vous estes impuissans,
Quand bien vous en mourriez on void la destinée,
R'amener vostre vie en r'amenant l'année,
Vne fois tous les ans nous vous voyons mourir,
Vne fois tous les ans nous vous voyons fleurir
Mais mon Pyrame est mort sans espoir qu'il retourne
De ces palles manoirs où son esprit seiourne
Depuis que le Soleil nous void naistre & finir
Le premier des deffuncts est encor à venir,
Et quand les Dieux demain me le feroient reuiure,
Ie me suis resolüe auiourd'huy de le suiure,
I'ay trop d'impatience & puis que le destin,
De nos corps amoureux fait son cruel butin,
Auant que le plaisir que meritoient nos flames,

Dans leurs embraſſemens ait peu meſler nos ames,
Nous les ioindrons là bas & par nos ſainćts accords,
Ne ferons qu'vn eſprit de l'ombre de deux corps,
Et puis qu'à mon ſubiećt ſa belle ame ſommeille,
Mon eſprit innocent luy rendra la pareille,
Toutesfois ie ne puis ſans mourir doublement,
Pyrame s'eſt tué d'vn ſoupçon ſeulement,
Son amitié fidelle vn peu trop violante,
D'autant qu'à ce deuoir il me voyoit trop lente,
Pour auoir ſoupçonné que ie ne l'aymois pas,
Il ne s'eſt peu guerir de moins que du treſpas,
Que donc ton bras ſur moy dauantage demeure,
O mort & s'il ſe peut que plus que luy ie meure
Que ie ſente à la fois poiſon, flammes, & fers,
Sus, qui me vient ouurir la porte des Enfers,
Ha! voicy le poignard qui du ſang de ſon Maiſtre,
S'eſt ſouillé laſchement, il en rougit le traiſtre,
Execrable bourreau ſi tu te veux lauer,
Du crime commencé tu n'as qu'à l'acheuer,

Enfonce là dedans, rend toy plus rude, &
 pousse
Des feux auec ta lame, helas! elle est trop douce,
Ie ne pouuois mourir d'vn coup plus gracieux,
Ny pour vn autre obiect hayr celuy des
 Cieux.

F I N.

RECVEIL
DE
TOVTES LES
PIECES FAITES PAR
Theophile, depvis
sa prise iusques à sa mort.

*Mises par ordre, comme vous voyez
à la Table suiuante.*

A PARIS.

M. DC. XXVI.

TABLE DES PIECES
contenuës en ce Recueil.

Plainéte de Theophile à Tircis	1
La penitence de Theophile.	7
Requeste de Theophile au Roy.	11
Theophilus in Carcere.	21
Apologie de Theophile.	33
Requeste de Theophile à Nosseigneurs de Parlement.	55
Requeste de Theophile à Monseigneur le premier President.	59
Remerciemens de Theophile à Coridon.	63
Theophile à son amy Chiron.	67
Priere de Theophile aux Poëtes de ce temps.	69
Remonstrance de Theophile à Monsieur de Vertamond.	74
La Maison de Siluie par Theophile.	75
Lettre de Theophile à son frere.	112

AV LECTEVR.

AMY Lecteur, on vous a cy-deuant communiqué vn Recueil des pieces faites par Theophile, depuis sa prise: mais ils ne vous ont fait offre, que d'vn amas de discours mal adjancez, supposez & empruntez de plusieurs autres,

Parquoy ayant tout seul eu communication des vrayes pieces que ledit Theophile a faites, depuis sa prise iusques auiourd'huy, ie vous les presente auec asseurance que vous ny trouuerez rien qui ne soit sorty de sa plume. Adieu.

LA PLAINTE
DE THEOPHILE
A SON AMY TIRCIS.

IRCIS, tu cognois bien dans le mal
    qui me presse
Qu'vn peu d'ingratitude est iointe à ta pa-
    resse.
Tout contre mon brasier ie te voy sommeiller,
Et ma cendre & mon mal te deuroit esueiller.

    Tu sçais bien qu'il est vray que mes procez s'acheue,
Qu'on va bien tost brusler mon pourtraict à la Greue,
Que desia mes amis ont trauaillé sans fruict
A preuenir l'horreur de cest infame bruit.

    Que le Roy me delaisse, & qu'en ceste aduenture
Vne iuste douleur doit forcer ma nature:
Que le plus resolu ne peut sans souspirer
Entendre les ennuis où tu me vois durer.

    Sçache aussi que mon ame est presque toute vsée,
Que Cloton tient mes iours au bout de sa fusée,
Qu'il faut que mon espoir se rende à mes malheurs,
Et que mon iugement me conseille mes pleurs.

    Que si mon mauuais sort a finy la duree,
De la saincte amitié que tu m'auois iurée,

                       A

Comment, suiuant le cours du naturel humain,
Tu me vois tresbucher sans me donner la main.
　　Pour le moins fay semblant d'auoir vn peu de peine:
Voyant le precipice où le Destin me traisne,
A fin qu'vn bruit fascheux ne vienne à me blasmer,
D'auoir si mal cognu qui ie deuois aymer.
　　Damon qui nuict & iour pour euiter ce blasme
S'obstine à trauailler & du corps & de l'ame,
M'asseure pour le moins en son petit secours,
Que sa fidelité me durera toussiours.
　　Il ne tient pas à luy que l'iniuste licence
De mes persecuteurs ne cede à l'innocence:
Il fait tout de qu'il peut pour escarter de moy
Les perils qui me font examiner ta foy.
　　Sans eux ie n'aurois veu iamais ton ame ouuerte,
Tousiours ta lascheté m'auroit esté couuerte,
L'excez de mon mal-heur n'est cruel qu'en ce point,
Qu'il me dit, malgré moy, que tu ne m'aymes point.
　　Si le moindre rayon de ta vertu t'esclaire,
Souuiens-toy qu'on t'a veu dans le soin de me plaire,
Et qu'auant la disgrace où tu me vois soubmis
Tu faisois vanité d'estre de mes amis.
　　Regarde que ton cœur se lasche & m'abandonne,
Dés le premier essay que mon mal-heur te donne:
Et que tu sçais mon sort n'estre auiourd'huy batu
Que par des trahisons qu'on fait à ma vertu.
　　Toy mesme qui me vois au fonds de ma pensee,
Qui sçait comme ma vie s'est cy deuant passee,
Et que dans le secret d'vn veritable amour
Mon esprit innocent s'est peint cent fois le iour.
　　Tu sçais que d'aucun tort ton cœur ne me soupçonne,
Que ie n'ay ny trompé, ny fait tort à personne.

Que depuis m'estre instruit en la Romaine Loy,
Mon ame dignement a senty de la Foy.
    Et que l'vnique espoir de mon salut se fonde
En la Croix de celuy qui rachera le monde :
Mon cœur se porte là d'vn mouuement tout droit,
Et croit asseurement ce que l'Eglise croit.
    Bien que des imposteurs qu'vne aueugle ignorance
Oppose absolument aux libertez de France,
Fassent courir des bruits que mon sens libertin
Confond l'Auteur du monde auecque le Destin.
    Et leur impertinence a fait croire à des femmes,
Que i'estois vn Pescheur à suborner les ames :
On dit pis de ma vie, on parle plus de moy,
Que si i'auois traitté d'examiner la Loy.
    On fait voir en mon nom des odieuses rithmes,
Pour perdre vn innocent, & professer des crimes,
Ils ont faict sous mes pas des creux de toutes parts
Ont eu des espions à guetter mes regards.
    Ont destourné de moy ceux dont les bons genies
Tenoient auecque moy leurs volontez vnies,
Ils ont auec Satan contre moy partisé,
A force de mesdire ils m'ont desbatisé
    Sans autre fondement qu'vne enuieuse rage :
Contre des passe-temps où m'a porté mon aage,
Vn plaisir naturel, où mes esprits enclins
Ne laissent point de place à mes desirs malins.
    Vn diuertissement qu'on doit parmettre à l'homme,
Ce que sa Saincteté ne punit pas à Rome :
Car la necessité que la police suit
Punissant ce peché ne fait pas peu de fruit.
    Ce n'est pas vne tache à son diuin Empire :
Car tousiours de deux maux faut euiter le pire,

A ij

Encore ay-ie vn defaut contre qui leur abboy
Esclatte hautement : C'est Tyrcis que ie boy.
   Ils pensent que le vin soit le feu qui m'inspire,
Ceste facilité dont tu me vois escrire :
Et qu'on ne me sçauroit ouyr parler Latin,
Si ce n'est que ie sois à la Pomme de Pin.
   Ils croyent que le vin m'ayant gasté l'haleine
M'a plus fait de bourgeons qu'on n'en peint à Silene,
Ie croy que ma desbauche, en ses plus grands efforts,
Ne m'empescha iamais, ny l'esprit ny le corps.
   Mes plus sobres repas meritent des censures,
Par tout, ma liberté ne font que des morsures,
Il est vray que mon sort en cecy est mauuais,
C'est que beaucoup de gens sçauent ce que ie fais.
   Quelques lieux si cachez, où mon peché se niche,
Aussi tost mon peché au carrefour s'affiche :
Par tout où on me void ie suis toûjours à nu,
Tout le crime que i'ay, c'est d'estre trop cogneu.
   Que malgré ma bonté ceste gloire legere
D'auoir vn peu de bruit, m'a causé de misere ;
Que mon sort estoit doux s'il eust coulé mes ans,
Où les bords de Garonne ont les flots si plaisans.
   Tenant mes iours cachez dans ce lieu solitaire,
Nul que moy ne m'eust fait, ny parler ny me taire,
A ma commodité i'aurois eu le sommeil,
A mon gré i'aurois pris & l'ombre & le Soleil.
   Dans ces valons obscurs, où la mere Nature
A pourueu nos troupeaux d'eternelle pasture,
I'aurois eu le plaisir de boire à petit trais,
D'vn vin clair, petillant, & delicat & frais.
   Qu'vn terroir assez maigre, & tout coupé de roches
Produit heureusement sur des montagnes proches,

Là mes freres & moy pouuoient ioyeusement,
Sans Seigneur ny vassal, viure assez doucement,
    Là tous ces mesdisans, à qui ie suis en proye
N'eussent point enuié, ny censuré ma ioye,
I'aurois suiuy par tout l'obiect de mes desirs,
I'aurois peu consacrer ma plume à mes plaisirs.
    Là d'vne passion, ny ferme, ny legere,
I'aurois donné mon feu aux yeux d'vne bergere,
Dont le cœur innocent eust contenté mes vœux
D'vn bracelet de chanvre, auecque ses cheueux.
    I'aurois dans ce plaisir si bien flatté ma vie,
Que l'orgueil de Caliste en eust creué d'enuie,
I'aurois peint la douceur de nos embrasemens
Par tous les lieux tesmoins de nos embrassemens.
    Et comme ce climat est le plus beau du monde
Ma veine en eust esté mille fois plus feconde :
L'aisle d'vn papillon m'eust plus fourny de vers,
Qu'aniourd'huy ne feroit le bruit de l'Vniuers.
    Et s'il faut malgré moy, que mon esprit se picque
De l'orgueilleux dessein de son Poeme heroïque,
Il faut bien que ie cherche vn plus libre seiour,
Que celuy de Paris, ne celuy de la Cour.
    Si ma condition peut deuenir meilleure,
Que le Roy me permette vne retraitte seure,
Que ie puisse trouuer en France vn petit coin,
Où mes persecuteurs me treuuent assez loin.
    Dans le doux souuenir d'estre sorty de peine
De quelle gayetez nourriray ie ma veine ?
Lors tu seras honteux qu'en mon aduersité
Ie t'aye tant de fois en vain sollicité.
    D'auoir abandonné le train d'vne fortune
Qu'il te falloit auoir auecque moy commune :

Recherche en tes defirs, ores si refroidis
Si tu m'es auiourd'huy, ce que tu fus iadis.

Ie t'eusse fait iadis passer les Pyrenées,
I'eusse attaché tes iours auecque mes annees,
Et conduit tes desseins au cours de mon Destin,
Des bords de l'Occident iusqu'au flot du matin.

Et ie n'ay rien commis, mesme dans mon courage
Qui te puisse obliger à me tourner visage,
Depuis ie n'ay rien fait, & i'en iure les Dieux,
Que d'aymer, ô Tircis, tous les iours vn peu mieux.

Helas, si mon malheur auoit vn peu de crime,
Ma raison trouueroit ta froideur legitime,
Ie me consolerois de ne trouuer dequoy
Ie me peusse en mon mal me venger que de moy.

Vn reste d'amitié fait qu'auiourd'huy i'enrage,
De sentir que celuy que ie cheris m'outrage:
Tu vois bien que le sort sans yeux ne iugement,
Tourne tes volontez auec son changement.

Depuis mon accident tu m'as trouué funeste,
Tu crois que mon abord te doit donner la peste,
Tu m'accuse par tout où tu me vois blasmer
Et tu me hais autant que tu me dois aymer.

Au moins asseure toy, quoy que le temps y face
Qu'vn si perfide orgueil n'aura iamais de grace :
Ie voy bien que mes maux acheueront leurs cours:
Qu'vn Soleil plus heureux acheuera mes iours.

Que ma bonne fortune escrasera l'enuie
Malgré les cruautez qui font gemir ma vie :
Au bout du desespoir paroistra mon bonheur,
Toute ceste infamie accroistra mon honneur.

Ce n'est pas aux enfans d'vne commune race,
Quelque si grand pouuoir, dont le corps me menace,

Quelque trespas honteux, dont le cruel deffein
S'agite contre moy dans leur perfide fein.

Et comme malgré moy tu t'es rendu perfide,
Comme malgré l'honneur, tu t'es monstré timide
Parmy tous mes trauaux, sçache que malgré toy
Ie garderay touſiours mon courage & ma foy.

Et l'obſtination de la malice noire
Auec ma patience augmentera ma gloire.

LA PENITENCE
de Theophile.

Avioudr'huy que les Courtiſans
Les Bourgeois & les artiſans,
Et les peuples de la campagne,
Pour noyer les ſoins du treſpas
Paſſent les exceds d'Allemagne
En leur voluptueux repas.

Que le ieu, la dance & l'amour
Occupent la nuict & le iour,
Des enfans de la douce vie,
Que le cœur le plus deſbauché
Contente la plus molle enuie
Que luy fourniſſe le peché.

Que les plus modeſtes deſirs
Ne reſpirent que les plaiſirs,
Que les luths par toute la terre
Ont fait taire les piſtolets,
Et cacher les Dieux de la guerre
Dans la machine des Balets.

Mon ieu, ma dance & mon feſtin,

Se font auec Sainct Augustin,
Dont l'aymable & saincte lecture
Est icy mon contrepoison
En la miserable aduanture
Des longs ennuis de ma prison.

 Celuy qui d'vn pieux denoir
Employa l'absolu pouuoir
A borner icy mon estude,
L'enuoya pour m'entretenir
Dans ceste estroitte solitude,
Dont il voulut m'entretenir.

 Parmy le celeste entretien
D'vn si beau liure & si Chrestien,
Ie me mesle à la voix des Anges,
Et transporté de cest honneur
Mon esprit donne des loüanges
A qui m'a causé ce bon-heur.

 Ie voy dans ces diuins escrits
Que l'orgueil des plus grands esprits
Ne sert au sien que de Trophee,
Et que la sotte Antiquité
Souspire & languis estouffee
Sous le ioug de la verité.

 Tous ces demons du temps passé,
Dont il a viuement tracé
Les larcins & les adulteres,
Sont moins que fantosmes de nuict
Deuant les glorieux mysteres
Du grand Soleil qui nous reluit.

 Tous ces grands Temples si ventez,
Dont tant de siecles enchantez
Ont suiuy les fameux oracles,

N'ont

N'ont plus de renon ny de lieu,
Et deſormais tous les miracles
Se font en la Cité de Dieu.

Grande lumiere de la Foy,
Qui me donnez ſi bien de quoy
Me conſoler dans ces tenebres,
Mon deſeſpoir le plus mordant,
Et mes ſoucis les plus funebres
Se calment en te regardant.

Ie ne te puis lire ſi peu,
Qu'auſſi toſt vn celeſte feu
Ne me perce au profond de l'ame,
Et que mes ſens faits plus Chreſtiens
Ne me gardent beaucoup de flame
Qui me font eſclatter les tiens.

Ie maudis mes iours deſbauchez,
Et dans l'horreur de mes pechez,
Beniſſant mille fois l'outrage
Qui m'en donne le repentir,
Ie trouue encore en mon courage
Quelque eſpoir de m'en guarentir.

Ceſt eſpoir prend à ſon ſecours
Le ſouuenir de tant de iours,
Dont la ieune & grande licence,
Euſt beſoin dés confeſſions,
Qui chercherent de l'innocence
Pour tes premieres actions.

Grand Sainct pardonne à ce captif,
Qui d'vn emprunt laſche & furtif,
Porte icy ton diuin exemple,
Preſſé d'vn accident mortel,
I'entre tout ſanglant dans le Temple,

Et me sers du droit de l'Autel.

Alors que mes yeux indiscrets
Ont trop percé dans tes secrets,
IESVS m'a mis dans la pensee
Qu'il se fit ouurir le costé,
Et que sa veine fut percee
Pour lauer nostre iniquité.

Esprit heureux puis qu'auiourd'huy
Tu contemples auec luy
Les felicitez eternelles,
Et que tu me vois empesché
Des affections criminelles,
De l'obiect mortel du peché.

Iette vn peu l'œil sur ma prison
Et portant de ton oraison
La foiblesse de ma priere:
Gaigne pour moy son amitié,
Et me rends la digne matiere
Des mouuemens de sa pitié.

Ie confesse que iustement
Vn si rude & si long tourment
Voit tarder sa misericorde,
Mais ny ma plume ny ma voix
N'ont iamais rien fait que n'accorde
La douceur des humaines Loix.

Et puis que Dieu m'a tant aymé
Que d'auoir icy renfermé
Les pauures Muses estonnees,
Sous les aisles du Parlement;
Les meschans perdrons leurs iournees
A me creuser le monument.

Augustin ouure icy tes yeux:

Ie proteſte deuant les Cieux,
La main dans les fueillets du liure,
Où tu m'as attaché les ſens :
Qu'il faut pour m'empeſcher de viure
Faire mourir les innocens.

REQVESTE DE THEOPHILE AV ROY.

AV milieu de mes libertez
Dans vn plain repos de ma vie,
Où mes plus molles volaptez,
Sembloient auoir paſſé l'enuie,
D'vn traict de foudre inopiné
Que ietta le Ciel mutiné,
Deſſus le comble de ma ioye,
Mes deſſeins ſe virent trahis,
Et moy d'vn meſme coup la proye,
De tous ceux que i'auois hays.
    Le viſage des Courtiſans
Se peignit en ceſte aduanture :
Des couleurs dont les meſdiſans,
Voulurent peindre ma Nature,
Du premier traict dont le malheur,
Separa mon deſtin du leur,
Mes amis changerent de face ;
Ils furent tous muets & ſourds,
Et ie ne vis en ma diſgrace,
Rien que moy meſme à mon ſecours.
    Quelques foibles ſolliciteurs,

Faisoyent encor' vn peu de mine,
D'arrester mes persecuteurs,
Sur le penchant de ma ruyne :
Mais en vn peril si pressant,
Leur secours fut si languissant,
Et ma guarison si tardifue,
Que la raison me resolut,
A voir si quelque estrange riue,
M'offriroit vn port de salut.

Ie fus long temps à desseigner,
Où i'irois habiter la Terre,
Et sur le point de m'esloigner,
Mille pleurs me faisoient la guerre :
Car le Soleil qui chaque iour
Fait si viste vn si large tour
Ne visite point de contree,
Où ces chefs de dissentions,
Ne donnent aisément l'entree,
A quelqu'vn de leurs espions.

Apres cinq ou six mois d'erreurs,
Incertain en quel lieu du monde,
Ie pourrois asseoir les terreurs
De ma misere vagabonde,
Vne incroyable trahison,
Me fit rencontrer ma prison,
Où i'auois cherché mon Asyle,
Mon protecteur fut mon sergent,
O grand Dieu qu'il est difficile,
De courre aueq de l'argent.

Le billet d'vn Religieux,
Respecté comme des Patentes,
Fit espier en tant de lieux

Le porteur des Muses errantes,
Qu'à la fin deux meschans Preuosts
Forts grands volleurs, & tres deuots,
Priant Dieu comme des Apostres,
Mirent la main sur mon collet,
Et tous disans leurs Patenostres
Pillerent iusqu'à mon vallet.
 A l'esclat du premier appas,
Esblouys vn peu de la proye,
Ils doutoient si ie n'estois pas
Vn faiseur de fausse monnoye :
Ils m'interrogeoient sur le pris
Des quadruples qu'on m'auoit pris
Qui n'estoient pas au coin de France :
Lors il me print vn tremblement
De crainte que leur ignorance
Me iugeast Preuostablement.
 Ils ne pouuoient s'imaginer
Sans supçon de beaucoup de crimes,
Qu'on trouuast tant à butiner
Sur vn simple faiseur de rimes,
Et quoy que l'or fut bon & beau
Aussi bien au iour qu'au flambeau,
Ils croyoient me voyant sans peine,
Quelque fonds qu'on me desrobat,
Que c'estoient des fueilles de chesne
Auec la marque du Sabat.
 Ils disoient entr'eux sourdement
Que ie parlois auec la Lune
Et que le Diable asseurement
Estoit autheur de ma fortune :
Que pour faire seruice à Dieu

Il falloit bien choisir vn lieu,
Où l'obiect de leur tyrannie
Me fit sans cesse discourir
Du trespas plein d'ignominie.
Qui me deuoit faire perir.

Sans cordon, iartieres ny gans
Au milieu de dix hallebardes
Ie flatois des gueux arrogands
Qu'on m'auoit ordonné pour gardes:
Et nonobstant chargé de fers
On m'enfonce dons les Enfers
D'vne profonde & noire caue,
Où l'on n'a qu'vn peu d'air puant,
Des vapeurs de la froide baue
D'vn vieux mur humide & gluant.

Dedans ce commun lieu de pleurs
Où ie me vis si miserable,
Les assassins & les volleurs
Auoient vn trou plus fauorable:
Tout le monde disoit de moy
Que ie n'auois ny Foy ny Loy,
Qu'on ne cognoissoit point de vice
Où mon ame ne s'adonnat,
Et quelque traict que i'escriuisse
C'estoit pis qu'vn assassinat.

Qu'vn sainct homme de grand esprit,
Enfant du bien heureux Ignace,
Disoit en chese & par escrit
Que i'estois mort par contumace,
Que ie ne m'estois absenté
Que de peur d'estre executé
Aussi bien que mon effigie,

Que ie n'estois qu'vn suborneur,
Et que i'enseignois la magie
Dedans les Cabarets d'honneur.
   Qu'on auoit bandé les ressors
De la noire & forte Machine,
Dont le souple & le vaste corps
Estand ses bras iusqu'à la Chine:
Qu'en France & parmy l'estranger
Ils auoient dequoy se vanger,
Et dequoy forger vne foudre,
Dont le coup me seroit fatal,
En d'eust-il couster plus de poudre
Qu'ils n'en perdirent à Vvital.

   Que le gaillard Pere Guerin.
Qui tous les iours fait dans la chese
Plus de leçons à Tabarin
Qu'à tous les cleres d'vn Diocese,
Ce vieux bastelleur desguisé,
Comme s'il eust bien disposé
Et Terre, & Ciel à ma ruine
Preschoit qu'à peu de iours de là
La iustice humaine & Diuine
M'immoleroit à Loyola.

   Que par le sentiment Crhestien
D'vne charité volontaire,
Infinité de gens de bien
Auoient entrepris mon affaire,
Qu'on estoit si fort irrité
Qu'en despit de la verité,
Que Iesus-Christ a tant aymee,
Pour les interests du Clergé,
Qu me vouloit veoir en fumeé

C'est la maison du Roy d'Angleterre,

Soudain que ie ſerois iugé.
 On employe de par le Roy,
De la force & de l'artifice :
Comme ſi Lucifer pour moy,
Euſt entrepris ſur la Iuſtice,
A Paris ſoudain que i'y fus
I'entendois par des bruits confus
Que tout eſtoit preſt pour me cuire,
Et ie doutois auec raiſon,
Si ce peuple m'alloit conduire
A la Greue ou dans la priſon.

 Icy donc comme en vn tombeau,
Troublé du peril où ie reſue,
Sans compagnie & ſans flambeau,
Touſiours dans le diſcours de Greue
A l'ombre d'vn petit faux iour,
Qui perce vn peu l'obſcure tour,
Où les bourreaux vont à la queſte :
Grand Roy l'honneur de l'Vniuers,
Ie vous preſente la Requeſte
De ce pauure faiſeur de Vers.

 Ie demande premierement,
Qu'on ſupprime ce grand volume
Qui braue trop inſolemment,
La captiuité de ma plume,
Et que Monſieur le Cardinal,
Apres m'auoir fait tant de mal,
Pour l'amour de Dieu ſe retienne ;
Il va contre la charité
Et choque vne vertu Chreſtienne
Quand il choque ma liberté.

 Qu'on remanſtre aux Religiiux,

A qui

A qui mon nom semble vn blaspheme,
Que leur zele est iniurieux,
De vouloir m'oster le Baptesme,
Que les crimes qu'ils ont preschez.
Incogneus aux plus desbauchez,
Sont controuuez pour me destruire,
Et sement vn subtil appas,
Par où l'ame se peut instruire,
Au vice qu'elle ne sçait pas.

   Que si ma plume auoit commis,
Tout le mal qu'ils vous font entendre,
La fureur de mes ennemis,
M'auroit desia reduit en cendre,
Que leurs escris & leurs abois,
Qui desia depuis tant de mois,
Font la guerre à mon innocence,
M'auroient fait faire mon procez,
Si dans ma plus grande licence
Ie n'auois esuité l'excez.

   Que c'est vn procedé nouueau,
Dont Ignace estoit incapable :
De foüiller l'air, la terre & l'eau,
Pour rendre vn innocent coulpable,
Qu'autrefois on a pardonné,
Ce Carnaual desordonné,
De quelques vns de nos Poëtes,
Qui se trouuerent conuaincus,
D'auoir sacrifié des bestes,
Deuant l'Idole de Baccus.

   Qu'à mon exemple nos rimeurs,
Ne prendront point ce priuilege,
Et que mes escrits & mes mœurs,

C

Ont en horreur le sacrilege,
Que mon confesseur soit tesmoin,
Si ie ne rends pas tout le soin,
Qu'vn bon Chrestien doit à l'Eglise,
Et qu'on ne voit qu'en aucun lieu,
Qu'vn vers de ma façon se lise,
Qui soit au deshonneur de Dieu.

 Que l'honneur, la pitié, le droit:
Sont violez en ma poursuitte,
Et que certain Pere voudroit,
N'auoir point empesché ma suitte,
Mais la honte d'auoir manqué
Ce qu'il a si fort attaqué,
Demande qu'on m'aneantisse:
De peur que me rendant au Roy,
Les marques de son iniustice,
Ne suruiuent auecques moy.

 Iuste Roy protecteur des Loix;
Vous sur qui l'equité se fonde,
Qui seul emportez sur les Roys,
Ce tiltre le plus beau du monde.
Voyez auec combien de tort,
Vostre iustice sent l'effort
Du tourment qui me desespere,
En France on n'a iamais souffert,
Ceste procedure estrangere,
Qui vous offense & qui me perd.

 Si i'estois du plus vil mestier,
Qui s'exerce parmy les ruës,
Si i'estois fils d'vn Sauetier,
Ou de vendeuses de Moruës,
On craindroit qu'vn peuple irrité,

Pour punir la temerité
De celuy qui me persecute,
Ne fit auec sedition
Ce que la fureur execute,
Et son aueugle emotion.

 Apres ce iugement mortel
Où l'on a veu ma renommee,
Et mon portrait sur leur Autel
N'estre plus qu'vn peu de fumee,
Falloit-il chercher de nouueau,
Les matieres de mon tombeau,
Falloit-il permettre à l'enuie,
D'employer ses iniustes soins
Pour faire icy languir ma vie,
En l'attente de faux tesmoins.

 Mais quelques peuples si loingtains
Dont la nouuelle intelligence,
Puisse accompagner les desseins,
De leur cruelle diligence,
Que des Lutins, des loups-garoux,
Obeyssans à leur courroux,
Viennent icy pour me confondre,
Dieu qui leur serrera la voix,
Pour mon salut fera respondre,
La saincte authorité des Loix.

 Qui peut auoir assez de front,
Quels fols ont assez de licence,
Pour ne se taire auec affront,
A l'abord de mon innocence?
Et quoy que la canaille ait dit,
Pour l'argent ou pour le credit,
Dont on leur a ietté l'amorce,

C ij

Dans les mouuemens de leurs yeux,
On verra qu'ils parlent par force,
Deuant des Iuges & des Dieux.
 O grand Maistre de l'Vniuers,
Puissant autheur de la Nature,
Qui voyez dans ces cœurs peruers,
L'appareil de leur imposture,
Et vous saincte mere de Dieu,
A qui les noirs creux de ce lieu,
Sont aussi clairs que les estoilles,
Voyez l'horreur où l'on m'a mis ;
Et me desueloppez des toilles,
Dont m'ont enceint mes enemis.
 Sire iettez vn peu vos yeux.
Sur le precipice où ie tombe,
Saincte image du Roy des Cieux,
Rompez les maux où ie succombe,
Si vous ne m'arrachez des mains,
De quelques morgueurs inhumains,
A qui mes maux donnent à viure,
L'Hiuer me donnera secours,
En me tuant il me deliure,
De mille trespas tous les iours :
 Qu'il plaise à vostre Majesté
De se remettre en la memoire
Que par fois mes vers ont esté
Les Messagers de vostre gloire,
Comme pour accomplir mes vœux,
Encor auiourd'huy ie ne veux,
R'auoir ma liberté premiere,
Que pour la mettre en ce deuoir,
Et ne demande la lumiere

Que pour l'honneur de vous reuoir.

Dans ces lieux voüez au malheur,
Le Soleil contre sa nature,
A moins de iour & de chaleur
Que l'on n'en fait à sa peinture,
On n'y void le Ciel que bien peu,
On n'y void ny terre ny feu,
On meurt de l'air qu'on y respire,
Tous les obiects y sont glacez,
Si bien que c'est icy l'Empire
Où les viuans sont trespassez.

Comme Alcide força la mort
Lors qu'il luy fit lascher Thesee,
Vous ferez auec moins d'effort
Chose plus grande & plus aysee,
Signez mon eslargissement ;
Ainsi de trois doigts seulement
Vous abbatrez vingt & deux portes :
Et romprez les barres de fer
De trois grilles qui sont plus fortes
Que toutes celles de l'Enfer.

THEOPHILVS IN CARCERE.

VEtus est & procera ædificij moles à primis Parisiensibus (nisi me fefellit ædituí fides) in nascétis erbis propugnaculum extructu, tam densa vi murorum & portarum tuta, vt ipsius (credo) fulminis impetū illæsus carceris aditus valeat eludere : in ea ego turri totos sex menses nocte vnica, vt in Lestrigonū cœlo, mihi videor exegisse, adeò hic temporis spacia nullo discrimine diuidūtur, Solis radij perpetua velut eclipsi laborantes, altera tantum hora circa meridiem tentant fallere cæcitatem loci, & per remotissimi foraminis sinuosa concaua tenuissimos effundūt luminis tractus, quauis lucernula pallidiores, reliquis horis minutissima candela tanquā fuscum & fuliginosum Vulcanum velut in cornu conclasum gerit, & in tantā tenebrarum vastitatem tam exiguam spargit lucem, vt vix illius ope discussa tantisper caligine, possint oculi in salebroso latibulo gressum dirigere: quam libet autem proximè admota flamma quippiam vel majusculis caracteribus excussum lectione consequi non minimæ sit operæ, & si maximè cōcedatur ampliorem facem in atram adeò obscuritatem accendere, non ferat crassi aëris periculosa tempories: totius enim aut cibi aut olei pinguiores fumos cum anhelitu ducas necesse est, & siue dormias, siue vigiles non nisi morbitum spiritum haurire queas. Istic autem quidquid videris horridum, quidquid calcaueris sordidum, quidquid attigeris asperum, quidquid comederis fætidū, quidquid biberis gelidum est, & ne qua euadendi spe tam ingratæ vitæ molestiæ mihi leniantur, neue diutissimæ seruitutis tædie etiam irritis ad libertatem conatibus solari possim, in istius arcis cellula duabus supra viginti portis arctata latere iubeor; è tam sedula custodia quinis certè validissimus perpetam exitum moliatur, dulce tamen est miseris, quamquam falsò ad meriora niti, nihilo secius, quam si quis in mari medio, mergentibus vndis, incassum obluctetur grauius pereat, nisi liberis ad natatum membris etiam diutius mori naufrago concedatur: est enim aliquid liberum de consequenda libertate cogitare, quod hic solatij nemo sanæ mentis sibi policeri queat, tam crebris ferrorum septis quantūuis angustus densissimi muri, aditus clauditur. spisso cardine, grauibus pessulis, innumeris clauibus, quos melius cuneos dicas vniuersa cōpago tutissimè nectitur, atque in eum modum ferratæ portæ, nullis licet obseratæ clauibus, & obicibus nullis opessulatæ, solo pondere vt mole sua euasuros inhibere posse videantur, dura ligna, surdos lapides, rauca ferra nullis rimulis cuiuspiam aut oculis aut auribus apperta. nulla querela flectas, nulla arte fallas, nulla vi frangas, ipsum puto Iouem incassum per hæc inuia aureos suos imbres emissurum: imminet enim talibus insidijs hic à proxima vicinia nobilissimus totius Galliæ Senetus rigidus æquitatis vindex. Amplissimi Senatores, Sanctissimi Iudices, quos in celeberrimo Themidis Templo columnas diceres, nisi magis deceret esse Deos, omnibus mortalium technis ingenia diuina supra sunt, nullis adulationibus animos intimæ virtutis capias, nullis muneribus munificentissimos homines allicias: sunt enim plerique omnes præclaro generi orti, & quibus iampridem res familiaris Maioribus suis ampla fortunæ securos facit, non auctoritate quàm pietate dignitas maior: Innocentia demum est quæ illorum sibi suffragia vendicat, æqua laude & obscuris & nobilibus iura reddunt, nullo delectu in Patriciorum aut plebis mores animaduertunt: sunt illi rerum Domini de quibus tam magnifice sacra pagina prædicat, esse Deos, si quidé & lucem, & elementa quibuslibet mortalium aut prohibent, aut largiuntur: illorum ceruicibus non vt Atlanti cœlum puro aëre & igneis suis circulis leuissimum, sed tota tellus tot saxis horrida, tot sentibus hispida, tot aquis turgida, tot grauida metalis incumbere vere dicitur: illorum nutu quælibet munitæ panduntur portæ, illorum ope scio quamtumuis alta malorum voragine tãdem emersurum Vtinam, Iudices, qui me tam diris criminibus apud vos criminatus est Garassus, noscet & famæ ingenium & meum. Illa enim tam ficti quam veri nuntia, ego verò cætera prauus illud certè veracem esse me, & intemeratæ fidei nemo qui me nouit diffitetur, non aduertit malè feriatus homo istam maledicendi licentiam, qua me, licet ignotum, tam petulanter inuadii: non aduertit inquam malè cautus Calumniator sua isto obtrectandi rabie lædi æquissimorum iudicum integritatem, & tanta fallacia susceptis votis malè respondere furentis animum. Mirum nescire illum nocendi artem, cui noctes, diesque insudet, in meam famam iam à suis primordiis imperitæ turbæ nebulonibus inuisam Garassus imprudens, integris voluminibus debacchatur, cæco certè consilio & stilo languido, feruidis

adeo

adeo iratu motibus longè impari, liceat & fortasse nobis tam inuidiosæ calumniæ debitam vicem rependere. Et ni reuerentia morum & Christiana probitas vetet, quantulacumque est ingenij nostri acies, tot aduersis refusa, tot facta malis eam in lethiferas illas tot tuorum animorum minas vbicunque stringere non expauescam: sed Deus meliora! non licet hic nobis clauum clauo pellere, aut conuinciantibus conuiciari. A page, scelus homine Christiano indignum, imò & dum mea se tutatur innocentia, ne tuus error cuiuis pateat, nolui vernaculo sermone tuas ineptias prodere ignauæ plebi, cui tu tantum studes? atque è sociis tuis aliquem hodie, me actore, tui criminis fieri conscium, erubesco: sed tua me impulit insania vt sanè loquerer?tua me adigunt mendacia vt vera dicam. Primum omnium ne in genus meum tibi non cognitum dum cauillaris inutilem operam ludas: scito mihi Auum fuisse Reginæ Nauarreorum à secretis, patrem à teneris annis quibus decuit sumptibus literis humanioribus incubuisse, & cum ad Iurisprudentiam animum appulisset, vna aut altera tantum orata causa, tumultu belli à foro Burdigalensi ad nostrates secessit, vbi etiam pace redeunte, rustico otio delinitus in opimi soli fundo innocentissimos exegit dies. Domus est in ripa Garonæ sita cæteras vicinorum ædiculas satis humili turricula atauis extructa supereminens. Frater illi primogenitus, meus patruus, dum Regi Henrico militat, præfecturam adeptus est non ignobilis vr-

D

bis inter Aginnattes Turnonum vocant, ibique
diem obiit, quantá famá alter occio & litteris,
hic labore & armis ad tumulum deuenerint
non maximi negocij est percunctari, quàm nos
colimus paternam hæreditaté, dimidia demùm
leuca distat ab vrbecula quàm Portum vocant
cui cognomen est à Diua Maria Virgine. Eam
Domum qué tu Cauponam vocas, Aulici plures
atq; ij melioris notæ dignitati sunt inuisere, &
pro tenui nostro prouentu aliquot dies fruga-
liter excepti saltem immunes abiere. Sed quid
ad mores publicos, Cujas ego sim? Num licet è
quouis loco ad fortunam surgere? Num tibi
mea sors tantæ apparet inuidæ, quem hodie
in vinculis, nisi frater foueat & vestiat frigore
pereundem sit? Cui neue ad sudariolum coë-
mendum à tãta fortuna vel leuissimus nummus
suppetat? ac ni D. D. Molæus Regius Procu-
rator suam Curam tam sæuientibus miseriis in-
terponat, fames hîc quam tu frustra perniciem
moliris iam præuertisset, sed quæ tanti Senatus
est pietatis licet humaniter inhumanitatis tuæ
euentus expectare, & quam omnes merito iure
iudicum meorum pietatem & fidem predicant
eludere tandem tam vehementis odij perfidos
tuos conatus concedetur. Num te quæso tot
ac tam pij tui conuentus viri istis simultatibus
erudierunt? Num istas in meum Caput syco-
phantias struis Authore R. P. Seguirado quem
mihi ingenij mei & meorum morum notitia
semper tacit amicissimum? scilicet neque ille
tibi videtur satis sapiens vir bone, quem dum

tua te in meos mores vesania, susque deque raptatum obcæcat, falso quodam si bene memini Phocionis nomine imperitiæ & improbitatis criminaris, rem ausus supra Clementiam omnem insolentem, tum audes pessimis agitatus furiis tanti Regis penetrare limina, & virum tanta pietate conspicuum, in cuius sinum Regius animus singulis se mensibus effundit contumeliis tuis fœdare & Regiæ conscientię veluti scrinium scelerata lingua expilare. Quid tibi Episcopus Nanneti arridet? Parum ille fortassis tua sententia Genium meum agnouit, minus scilicet tuo iudicio cernit in mores hominum: at non ita probi quemadmodum tu, de quo illo, deque me sentiunt qualecunque poterit vir tantus de fide & probitate mea testimonium per inoffensę conscientię iura perhibere nõ cunctabitur, sed receptam adeò verendissimi Episcopi fidē & eruditionem indoctissimo Nebuloni suspectam fore non ambigo: qua techna refelles Episcopum Bellæum si quo auxilio innocentiæ nostræ patrocinari velit, non exprobraturus es, quod interdum versiculos meos sacris suis Concionibus immiscuerit? & decerptos opusculis nostris flosculos sermone & stilo publico in Christianum orbem sparserit? Quid olim culpaturus eras Coeffetellum Maxillensem Episcopum mihi aliqua coniunctione morum, & nonnullo humanarum literarum commercio familiarem? Ille me paulò antequam excederet è viuis in suam viciniam vocauerit, vt haberet in procinctu studiosum aliquem cuius in conui-

D ij

&ctu suauiter inter laboris & morbi tædia pius animus relaxaretur. Si quid etiam R. P. Aubigni tuæ societati (sed quid dixi tuæ? imò Iesu & sui sociorum) non vltimus homo, si quid ille fauentius de me referat non erit etiam tuis odiis inuisus? Quid præteream R. P. Athanasium (Ecclesiæ Christianæ vtilissimum certe decus) quem inter molliores delicias educatum (vt solent Nobilissimi sui generis adolescentes) seuera pietas à tam culto antiquæ & prædiuitis domus mundo auulsum in humilimas Franciscanorum cellulas deturbauit, cilicij asperitate incultum, nuditate pedum horridum, & ieiunij pertinacia macilentum, ille, vt vir probus, ita & eruditus (nam nemo eruditus nisi probus, O improbè) tanti ingenij vis stupēda, & pietatis feruor incomparabilis plures hæreticos solā diuini sui laboris empensā, quam vniuersæ inuictissimi Regis acies tot hominum & nummorum sumptibus expugnauit. ¶Ille ne quid erres mihi in hæreseos tenebroso cæno calguanti primos Ecclesiæ Catholicæ spiritus afflauit, ac semel in hotto Regio secum spatiantem nihilque secius quam de tam prospera mei mutatione cogitantem adortus est, eo sermone qui & admirationem sui quam plurimam, Catholicæ fidei incredibilem amorem intimis præcordiis effudit. Quidquid ille de me cogitet, quicquid de mea sorte constituat ratum esto, ô Garassè, num refragaris? Quid si inter aduersaria mea crebris epistolis atque omnino scriptis meis Christiani notam reperias? quid in penitioribus meis secretis sine vllo meo consilio retectis aliquamnè simulationis speciem cōmentaturus es? Num si tibi è sarcinis meis (iam mecum auctoritate iudicum solui expectātibus) de promatur Chartula quædam cui medici & presbiteri testātis sigillum veritatis fidem facit, ea ego vltima propriè periculo si morbi iniuria cōsternatus Ichthiophagiæ facietatem ægerrimo stomacho depellerent flagitaui, alioqui paratus in eo mortis & futuræ vitæ confinio potius toxicum sorbere quam ouum: an etiam hæc à me ficta causaberis? O prodigium! tu me in tam aperta religionis professione, tot piorum virorum amplexibus Romanæ Ecclesiæ hærentem Christianū esse non finis? Ceterisque omnibus palam spernendæ fidei me impulsorem esse prædicas Sycophanta! iuidiosæ tuæ criminationis probè consciis,

Quibus iudiciis quo teste probasti?

Nil horum, verbosa & grandis epista venit.

Nec diutius spero latere potest iudices quam prauis artibus in paulo securius otium meum sis grassatus: tu quam profundas radices egerit innocentia mea exploraturus intima Cauponarum & lupanarium (Deus faxis ne peiori animo) perlustrasti, in specturus si qua ibi meæ vitæ labes Theophilo vel leue periculum faceret: at vbi non cessit ea perlustratio in quænis opuscula mea, in quibus multa non mea passim inserta sunt & librariorum errore & fraude tua ibi tu & oculorum & ingenij quantulum tibi est intendis curiosam aciem, atque vbi torquere sensum modo & verborum seriem inuertere non sufficit ad calumniam integras meas lineas pungis, tuas reponis, vnde tua crimina meo nomine in lucem eant! siccine iuuat illudere capto? Poterisne ire inficias te in Elegia in Thirsidem, quam etiam ignatus nobis impingis in eo versu qui sic habet.

Et que sa Saincteté ne punit pas à Rome,
Pro dictione, *punit*, à me scriptum prodidisse *permet*, vt fiat turpissimum scelus quod purissimis Musis improperes? Domine Noster Iesu Christe, ille ne est in societate Iesu calumniator impudens? Cauisti scilicet & qui sequantur & qui præcedant versus aducere ex iis nempe colligitur quantum illius poëtæ mens, quicumque tandem ille poëta sit, tuis sicophantiis parum congruat, & quam ridicule tuis tute tricis inuolutum exponas bonorum ludibrio. Cæterum in confuso multis titulis quodam volumine quod in genere Parnassum Satyricum vocant, effinxisti improbissimos aliquot versus qui meú nomen præ se ferrent, atque ita quotquot mortalium aut legere aut audire possunt infensos mihi fecisti: si quis in aliquo Conuentu Theophilum nominat, venit illico in suspicionem Magi: nec defuere mulierculæ quæ mei nominis literas ad philtra valere crediderint. Si quis autem plebeios illos falso mei rumore fascinatos propius vrgeat num aut vultum aut mores aut institutum vitæ aut patriam meam norint negant se scire, sed ita Concionari Garassum ita scribere, cæteros, quamplures etiam sui Cæ-

nobis viros probos de me secus sentire. Tu qui
me non nosti, pessime, quicunque me norunt
optimè de me predicare solent. Rem nouam, ô
Garasse, filius Cauponis in celeberrima Gallia-
rum Regis aula annos vltra tredecim enutritus,
tot nobilium familiaritate notus, atque aliquo
etiam ingenij lumine exteris nonnullus & visus
& optatus tant pestilentum vbique afflarit vitiorum virus, vt vniuersum Christianum orbem sceleribus suis (si qua tibi fides est) conta-
minarit, ne quę de illius moribus aut aliquo de-
licto apud vllos iudices ante tuam vel minima
querela peruenerit, atque à remotissimis Regni
finibus vltimo diuini & humani iuris officio sol-
licitati testes aut voce, aut silentio fateantur Innocentem; Neque tu tibi mediocriter indigna-
ris quod è tam multis tui instar mihi oblatranti-
bus, nemo sit cuius testimonio damnari queam,
scilicet qui tam in turba clament nihil habent
in foro quod dicant. O insana turba, ignauum
vulgus, vagi fluctus, cæci turbines, ô vapa, ô spuma rerum, virtutis inimica impotens, ô rerum
spuma vitiorum arca, ô clamosa turba, inuidiæ
tutissimum Præsidium, fidissimum calumniæ
subsidium, ô fæda turba Garassi præcipiuum decus ignaru nugarum vindex. Cæca turba cui nul-
lum nomen nisi,

Fama malum quo non aliud, &c.
& *Tam ficti prauique,* &c.
Et hoc est demum quod tu rectè, quia incon-
sultò locutus es, in turba Clamor, in foro silen
tium. Quid ni? Tu ne apud sacras & inconcus-

fas iudicum mentes idem atque in tumultuosæ & profanæ turbæ æcis animis fieri posse credidisti? falleris vehementer, Doctor Turbarum, parce si sapis tanto tuo dedecore me vlterius infectari, sine cuiuis liberum sit de me promere quod compertum habet, tuas nugas si quis protinus: iure iurando ratas non fecerit minitari inferorum pœnam? patere si quid plectendus sum magistratuum disceptationibus excutiatur, si venia donandus, noliti tuis istis turbis offundere nebulas candori legum. At non ita Diuus Macarius qui cum hominem falso mortis crimine damnatū supplicio eripere suæ pietatis esse duxisset, iudicibus ad perempti tumulum conuocatis in nomine Iesu iussit excitari mortuum, quem vt prima voce compellauit, illico dehiscente tellure reseratum est sepulchrum & obstupentibus qui aderant viuus adstitit qui olim decesserat. Rogante Diuo: nom is esset patratæ cædis reus quem proximum manebat supplicium, clara voce insontem eum esse pronunciauit, ac protinus iussus recomberes feretro suo sese recondens obmutuit, instante iudice, vt de fonte à mortuo percunctaretur, negauit Diuus, & sat est inquit mihi seruasse innocentem. Idem & Diuus Franciscus qui à Padua cognominatur pro libertate parentis sui in simile discrimen vocati præstitisse fertur, ea in viris sanctorum prodita nemo nescit. Quam fuit illorum tuæ pietati absimilis, ô Garasse? qua illi cura etiam improbos in futuræ pœnitétiæ spem seruari voluerūt, ea tu, & vegetiori in bonorum

peniciem

perniciem incumbis illi paganorum impotentem superbiam humilitate Christiana frangere sunt enisi: tu in mediis Christianæ fidei triumphis iactas te Paganorum sæuitia, & in societate Iesu calumniatis, id est Diaboli vicem agis. Sed quid ego misera inuidiæ tuæ victima, vanis per istas tenebras planctibus indulgeo? Quia persecutus est inimicus animam meam, humiliauit in terra vitam meam; collocauit me in obscuris sicut mortuos sæculi, & anxiatus est super me spiritus meus in me turbatum est cor meum. Tu vindictæ meæ longè securus experiri pergis quorsum in miseros extrema petulantia valere possit, O Garasse, vlterius ne tende odiis nam vti spero tandem. Educet Dominus de tribulatione animam meam, & in misericordia sua disperdet omnes inimicos meos, & perdet omnes qui tribulant animam meam, quoniam ego seruus suus sum.) Te si tandem mihi nocuisse pœniteat me tibi protinus ignouisse non pœnitebit, Vale & si quando videbis sospitem Theophilum ne pigeat amplexari.

APOLOGIE DE THEOPHILE.

PVis que la peruersité de mes amis aussi bien que celle de mes ennemis me reduit à ce poinct, que ie ne puis esperer la fin de ma persecution que de son succez, & qu'il semble que mon procez ne se puisse commencer qu'apres que le Pere Garaſſus aura acheué ſes liures, ie le voy en trop belle humeur d'eſcrire pour me promettre de long temps ma liberté, il trauaille à peu de frais. Car tout le monde contribuë à ſon ouurage, & fait bon marché de ce qu'il eſcrit, pource qu'il le volle, le mal pour luy, c'eſt qu'il ne deſguiſe pas bien ſa marchandiſe, & que tout ce qu'il apporte ou des viuans ou des morts il l'ageance ſi mal & le produit auec tant d'imprudence qu'on deſcouure bien aiſement qu'il ne cognoiſt pas le prix de ce qu'il debite, il nous allegue mille beaux paſſages de diuers autheurs & touche tous les bons endroits des eſcriuains anciens & modernes, & n'en entend pas vn, comme le Iacquemar qui ſe tient à tous les mouuemens de l'horloge, & ne ſçait iamais quelle heure il eſt. Le Pere ne laiſſe pas de ſe tenir aſſidu à ſon trauail, & ie trouue qu'il fait bien de ne point eſpargner vne ſi mauuaiſe plume que la ſienne, ie ne ſçay ſi c'eſt d'enuie ou de charité qu'il me fait l'obiect de ſon exercice de meſdiſance: car ie croy qu'il eſt aſſez orgueilleux pour s'imaginer que ie dois tirer vanité de ſes iniures, comme il eſt honnorable d'eſtre vaincu d'vn braue homme, pource qu'on l'a combattu; ſi le progrez de ſes calomnies ne s'eſtendoit pas plus auant qu'à la reputatiō de mes eſcrits, ie ferois biē aiſe de rire de ſa mocqueri auſſi bien que luy: car cela eſt plaiſant de voir v fol qui croit eſtre ſage, vn Reuerend dancer le mataſſins, & vn bouuier faire des liures. L premiere coniecture d'où i'ay pris garde qu'il l'esprit vn peu comique, c'est que dans cete *Doctrine curieuse des beaux esprits de ce temps*, il donne à son liure le tiltre des affiches de l'hostel de Bourgogne, où l'on inuite les gens à ces diuertissemens par la curiosité ; ie m'esgayerois des quolibets qu'il a contre moy, & les prendrois comme d'vne farce : mais la captiuité & le danger où ses impostures me tiennent me font passer l'enuie de me ioüer : il est vray que ie suis honteux du trauail que me donne vne si chetiue besongne, & à moins que d'estre dans le cachot, i y plaindrois les heures & le papier : car il en faut autant qu'à quelque chose de bon, comme autant de coups de marteaux à battre vn double qu'vne pistole. Pour auoir le plaisir de s'exercer à me nuire, il me fait vn pays, vn pere, & vn mestier à sa poste, il se forge des monstres pour les vaincre, il ne fait que se battre contre des ombres, & controuue tous les iours des crimes à sa fantaisie pour en accuser des vers, où ie n'ay songé, i'attends qu'vn iour il m'impute d'auoir commenté sur l'Alcoran, & quoy que tous les phantosmes de ses accusations ne soient que des marottes, dont il se coiffe luy mesme à son plaisir, il ne laisse pas d'y passer son temps doucement, & de trouuer parmy quelques vns vne sorte d'approbation qui le tient enchâté dans sa frenaisie. Les festins des isles fortunees ne sont plus ridicules que les delices qu'il trouue à me calomnier en quelques endroits : mais comme il est obscur &

E ij

malin, il ne m'attaque point sans ietter premierement des nuages au deuant de la plus claire verité, de mesmes que les sorciers qui font ordinairement leuer les bruines au plus claires matinees, il desguise si fort mes intentions que souuent les apparences flattent son dessein, il represente tout à faux, mais auec des feintes grossieres, où l'esclat de ses plus viues raisons n'est au fonds que la lueur de ce petit animal qui de loin semble vne estoille, & de prés n'est qu'vn vermisseau. A me voir dans ses liures ie suis plus monstrueux qu'vne Chimere, ce sont les miroüoirs doubles, où le visage le plus parfait du monde ne trouue en la place de son obiect que des bestes sauuages en autant de formes qu'il plaist aux charlatans, mais rompez la glace, vous desfaites plus de monstres d'vn coup de poing qu'Hercule n'en a iamais tué de sa masluë: si nous ouurons le pacquet du Pere, nous trouuerons qu'il n'a pas grand secret, aussi se defie il aucunefois de n'estre pas fin, & se met aux grosses iniures, il m'appelle esprit desnaturé, ce coup là, l'iniure ne vient pas à son sens, car on appelle desnaturé celuy qui ayme la cruauté, comme ceux qui preschent tousiours le feu & le sang : ceux qui haïssent leurs plus proches, qui sont ingrats à leurs amis, farouches, insociables, qui rechignent aux plus legitimes faueurs dont la nature nous peut obliger, & viuent contre les regles de leur profession, vn Courtisan inciuil, vn pauure orgueilleux, vn Poëte auare, vn docteur espion, vn Religieux calomniateur, le rebours de toutes ces choses, c'est proprement mon naturel : mais voyons si vostre humeur ne se peut pas mieux assortir à ceste epithete. Vous faictes veu d'obedience, & par l'aueugle orgueil d'vne suffisance insupportable, vous voulez assujettir les plus grands esprits de la terre, & faire ployer les plus fermes consciences sous l'authorité de vos impostures. Il me semble que c'est contre la nature d'obedience, pour le vœu de pauureté vous vous en acquitez tres-mal : car vostre robbe, vostre logis, & vostre reuenu pourroit bien mettre vn homme vn peu voluptueux, à couuert de la necessité, & quand aux derniers pour vous estre voüé à la chasteté, & pour auoir ce titre sacré de Iesuiste, vous allez sans doute contre la nature de vostre profession, dans le soin que vous auez de controuuer les vers de Sodomie, & enseigner publiquement vn si enorme vice, sous couleur de ile reprendre, en suitte le Pere Reuerend dict que ie ne say bien qu'aux choses mauuaises, & nettement qu'aux vilaines dans la pensee qu'il auoit lors sur mon esprit, si le Pere n'eust esté d'vn naturel chagrin, ou s'il eust eu la mesme opinion pour quelqu'vn de ses fauoris, voicy comment il eust parlé, que cest esprit là trouue quelque chose de bon, mesme dãs les meschancetez & à quelque pureté dans son style, qui cache les ordures des sales imaginations : mais il ne m'a pas trouué digne de cest ornement, quand

E iij

on void vn homme de qnalité grand & bien formé, on dit qu'il est de belle taille, si c'est vn vallet, on dit voila vn puissant coquin, si peu de faueur que ie merite de sa plume il ne me la donne qu'en me frappant, mais ie le remercie de sa caresse, ie n'ay iamais rien faict n'y bien ny mal, soit en vilainie, soit en meschanceté, & voicy pour luy rendre son compliment, comme il dit que ie say bien en meschanceté, & nettement en vilainies, & que le Pere Reuerend affecte de ne me point ressembler; ie confesse qu'il faict mal aux choses bonnes, & sallement aux choses nettes, pour les pensees & les paroles où ie say, dit-il, horriblement: car pourueu qu'il trouue vne cadence pour vn de ces aduerbes horriblement, abominablement, execrablement il se descharge la bile, & s'espanoüit la ratte, & pense auoir mieux persuadé que par vne demonstration, il croit que la foy d'vn Chrestien est en quelque façon obligee à ses authoritez; Quand aux pensees, dit-il, & aux paroles, c'est horriblement, ie luy responds qu'il me les a supposees, & qu'il a trop de passion pour estre croyable, mesmement en vne cause qu'il a faite sienne, quant aux conceptions ce n'est pas à luy à les penetrer, Dieu seul voit les mouuemens de nostre ame, Ie croy charitablement que le Pere a de bonnes pensees, mais il a ce mal-heur de ne s'exprimer qu'en impertinence, pour mon style n'en desplaise à sa reuerence, ie ne le voudrois pas changer au sien, il appelle des ieunes gens fraischement sortis de son Eschole, jeunes tendrons, germes & bourrees, & pare son style pour les garçons d'vne gentillesse plus que monachale, si les hommes de bon sens prenoient la peine d'examiner ce qu'il escrit, on logeroit bien tost le pere aux petites maisons. I'admire comme il peut aduanturer ses impertinences auec tant de seureté, en voicy vne bien visible, & presque mescognoissable en homme de sa robbe; i'ay escrit qu'il faut auoir de la passion, pour toutes les belles choses, pour les beaux habits, pour les beaux cheuaux, pour la chasse, pour les hommes de vertu, pour les belles femmes, pour des belles fleurs; pour des fontaines claires, pour la musique, & pour autre choses qui touchent particulierement nos sens. Il dit que c'est vne proposition brutale & contraire à l'Euangile: car nostre Seigneur dit, qu'il ne faut pas regarder vne femme pour conuoiter sa beauté, Theophile de Viau, dit-il, passe bien au delà du desir: car il va iusqu'à la passion. Le Pere qui n'entend pas le François, ne sçait pas qu'auoir de la passion pour quelque chose, se prend ordinairement pour le simple mouuement d'vne legere affection qui nous fait plaire à quelque obiect agreable hors de toute apparence de conuoitise, comme on dit, i'ayme ceste couleur auec passion, ou ceste senteur; Le Pere n'a pas bien consideré aussi que i'ay dit ce mot de passion generalement pour toutes les belles choses, & que si on le prend aussi inconsiderement que luy, on entendra qu'auoir de la passion pour vne fontaine claire, c'eſt pour paillarder auec elle, qu'aymer la chaſſe, c'eſt la conuoiter laſciuement. Vn homme qui a de la paſſion pour des beaux habits eſt vn amoureux lubricque des eſtoffes, & que ſe couurir du manteau d'vn autre c'eſt commettre adultere, ſi le Pere veut garder la ſignification du Latin au François qui en deriue: il dira qu'vne femme propre eſt la quatrieſme des cinq voix de Porphire, & en ſuitte de cela vne longue trainee d'abſurditez qui ſe trouuent enchaiſnees dans les conſequences de ce Docteur. Voicy encor vn flot d'iniures, où il eſcume auec plus de fureur, m'appelle Atheiſte corrupteur de ieuneſſe, & addonné à tous les vices imagniables. Pour Atheiſte, ie luy reſponds que ie n'ay pas publié comme luy *& Lucilio Vanino*, les maximes des impies qui ont eſté autant de leçons à l'Atheiſme : car ils les ont refutees auſſi bien l'vn que l'autre, & laiſſent au bout de leur diſcours vn eſprit foible, fort mal edifié de ſa religion, que ſans faire le ſçauant en Theologie. Ie me contente auec l'Apoſtre de ne ſçauoir que Ieſus-Chriſt & icelúy crucifié, & où mon ſens ſe trouue court à ce myſtere, i'ay recours à l'hauthorité de l'Egliſe, croy abſolument tout ce qu'elle croit. Que pour l'interieur de mon ame, ie me tiens ſi content des graces de Dieu que mon eſprit ſe teſmoigne par tout incapable de meſcognoiſtre ſon Createur, ie l'adore, & ie l'ayme de toutes les forces de mon entendement

entendement, & me ressens vivement des obligations que ie luy ay, que pour ce qui paroist au dehors en la reigle de mes mœurs, ie fay profession particuliere & publique de Chrestien Catholique Romain, ie vay à la Messe, ie Communie, ie me confesse; Le Pere Seguieran, le Pere Athanese, & le Pere Aubigny en feront foy, ie ieusne aux iours maigres, & le dernier Caresme pressé d'vne maladie où les Medecins m'alloient abandonner pour l'opiniastreté que i'auois à ne point manger de viandes, ie fus contrainct de recourir à la dispense de peur d'estre coulpable de ma mort, Messieurs de Rogueneau Curé de ma Parroisse & de Lorme Medecin qui ont signé l'attestation, sont tesmoins irreprochables de ceste verité, ie n'allegue point cecy par vne vanité d'hypocrite: mais par la necessité d'vn pauure accusé qui ne publie sa deuotion, que pour declarer son innocence, quãt à ceste licence de ma vie que vous pensez rendre coulpable de la corruption de la ieunesse, ie vous iure que depuis que ie suis à la Cour, & que i'ay vescu à Paris, ie n'ay point cogneu de ieunes gẽs qui ne fussent plus corrompus que moy, & qu'ayant descouuert leur vice, ils n'ont pas esté long-temps de ma conuersation, ie ne suis obligé à les instruire que par mon exemple: ceux qui les ont en charge doiuẽt respondre de leurs desbauches, & non pas moy qui ne suis ny gouuerneur ny regent de personnes; si ie vouois rechercher la source du desordre, & de la mauuaise nature de beaucoup d'enfans de bõne maison

F

peut-estre que ie vous ferois hôte, & à quelques autres que ie ne veux point scandaliser: car ie ne les sçay point coulpables de la fureur dont vous m'auez assailly, à Dieu ne plaise que ie sois iamais agresseur, ie ferois tort à leur amendement, dōt ie croy qu'ils appaisent auiourd'huy l'ire de Dieu par la penitence de leurs fautes; Pour la troisiesme iniure où vous dites que ie suis addonné à tous vices imaginables, ie ne suis pas si orgueilleux de me croire incapable de vice, il est vray que i'ay des vices & beaucoup: mais ils sont comme vous auez escrit imaginables & pardonnables. Vous en auez, Pere Reuerend de bien pires, les vostres ne sōt pas imaginables: car qui pourroit imaginer qu'vn Religieux fut calomniateur, & qu'vn homme de la compagnie de IESVS exerçast le mestier du Diable, qui pourroit imaginer qu'vn Docteur comme vous estes de reputation & d'authorité receuë, eust des gens à gage dans les cabarets, dans les bordels, & dans tous les lieux de desbauche les plus celebres, pour sçauoir en combien d'excez & de postures on y offense Dieu, si vous dites que c'est pour cognoistre ceux qui y font de la desbauche, on vous reprochera que vous n'auez repris que ceux qui n'en ont point esté: car il y a beaucoup d'apparence en l'affection que vous auez tesmoigné à me corriger, si vous eussiez descouuert quelque tesmoignage de mon peché, vous ne l'eussiez point oublié dans vos liures, où vous en alleguez tant de faux, faute d'en trouuer vn veritable: vous eussiez esté bien aise d'espargner la peine de les controuuer : car voſtre eſprit de ſoy n'eſt pas trop inuentif, qui me fait croire que vous ne m'auez imputé que ceux que la praticque vous a appris, cela encor vous euſt tenu la conſcience en haleine pour d'autres crimes : car ie croy que le remors de l'iniure que vous me faites vous diuertit d'vne autre meſchanceté, tandis que vous eſtes à me nuire, vous ne faites que cela. Voyons Pere Reuerend ſi en vn autre endroit voſtre calomnie a mieux reuſſi, vous me reprenez de n'aymer que la bonne chere où ie ne ſuis point contraint, & pouſſez tout à contre ſens le prouerbe de la brebis, qui en beellant pert vn brin d'herbe, l'allegation eſt vn peu populaire, & de la conception d'vn neceſſiteux : ceſte contrainte dont ie parle vous le prenez pour eſtre preſſé de ſortir trop toſt de table, & que ie me faſche comme vn affamé, de n'auoir pas aſſez de loiſir de me ſaouler, vous ellez tout au rebours de mon ſens & de ma condition : ie ne me ſuis guieres iamais trouué, où ie n'euſſe aſſez de liberté pour les heures de mon repas, i'ay eſté touſiours nourry loin de ceſte pauureté honteuſe, qui laiſſe au ſortir de la table quelque regret d'auoir quitté la viande, i'entens par la contrainte des feſtins, ceſte deſbauche opiniaſtre qui eſt ordinaire dans le Pays-bas, où l'on eſt forcé de manger & de boire plus qu'on ne peut digerer, ie veux dans ma refection me garder ma liberté de reſeruer ma bouche à l'appetit ordinaire que la nature ordonne pour la neceſſité de viure, & ſans

F ij

qu'il me faille declarer icy plus ouuertement tout ce que i'eſcris, deuant ou apres la ligne, où vous me reprenez, teſmoigne que dans mes plus grãdes licences i'ayme à me tenir dans vne ſobrieté modeſte, & que vous eſtes vn impoſteur. Vous auez maintenant vn aduantage, c'eſt qu'on imprime tous vos liures, & on ne laiſſe voir rien des miens que ce qu'il vous plaiſt d'alleguer contre moy, où vous faites comme les couppeurs de bourſes qui crient les premiers au larron, & parcourant d'vn œil d'enuie les premices de ma plume, reſſemblez aux mouſches qui deſcouure pluſtoſt vne petite galle ſur vne belle main que le plus bel endroit de tout vn corps. Mais en quelque façon que vous quinteſſentiez mes eſcrits, vous n'en tirerez iamais le venin que vous y recherchez, Dieu veuille que celuy qui a plus de pouuoir ſur ma vie que vous, trauaille auſſi inutilement en la recherche qu'il fait de mes crimes, & que la peine volontaire qu'il prend à incommoder autruy, rende l'extraict qu'il faict de mes œuures auſſi ridicule aux yeux des Iuges, comme mon innocence ſe promet de rendre foible à la faueur de ce peu de memoire qu'il a pleu à Dieu me departir, laquelle comme i'eſpere, garde encor aſſez heureuſement la meilleure partie des conceptions, & des termes que ie puis auoir mis au iour depuis ſix ans ou plus. En vn autre lieu ie remarque vne hardieſſe eſtrange, où l'eſtourdiſſement rend voſtre hayne trop claire, dans certaine Elegie à

Tyrsis, incertain que vous estes de l'Autheur, vous l'iniuriez sous mon nom : car quelque mal que vous fassiez vous seriez marry qu'il ne fust pour moy, voicy les vers,

Des plaisirs innocens où mes esprits enclins
Ne laissent point de place à des desirs malins.
Ce divertissement qu'on doit permettre à l'homme,
Et que sa Saincteté ne punit pas à Rome :
Car la necessité que la Police suit
En souffrant ce peché ne fait pas peu de fruict.

Apres auoir sappé de tous costez le sens de tous ces termes pour les tordre à la confusion de ce pauure rimeur, vous n'en pouuez tirer qu'vn simple adueu de ceste infirmité naturelle, où l'esprit succombe aux appetits de la chair, & ce peché s'appelle fornication. Il est vray que ce discours est de mauuais exemple, & que le rimeur moins indiscret que vous, n'a pas voulu publier, & comme ceste licence Poëtique ne donne pas par vne censure legitime assez de prise à vostre calomnie, qui en veut tirer vne leçon publique de Sodomie, voicy par où vous allez à vostre dessein, vous n'alleguez que ce vers,

Et que sa Saincteté ne punit pas à Rome.

Là par vne subtilité de formatiõ des mots, dont les Grecs ne se sont iamais aduisez, vous changez punir en permet, & par vne surprise qui vous embarrasse dans le sens contre vostre dessein, vous dites que le vice que sa Saincteté ne permet pas, se doit entendre la Sodomie, comme si sa Saincteté permettoit tous les autres, ô prophane, allez vous porter vos ordures iufques au fainct Siege, Dieu me garde de croire que fa Sainctetè permette aucune forte de vice, ie croy qu'il eft le Lieutenāt de Dieu en terre pour les abolir, & tous ceux qui en font profeffion, aduoüez Docteur, que cefte fauffeté fignalee eft de l'eftourdiffement d'vn efprit à qui la melancholie, empefche l'vfage de la raifon, que quand bien quelque falle conception feroit paffee par l'efprit de ce Poëte, quād mefme il l'euft efcrite, le Iefuifte Vafquez nous enfeigne que les plus religieux peuuent auoir des penfees habominables qui ne font pas fautes, d'autant que nous n'y perfiftons pas. *Tu vero lecto, quifquis es falleris qui de fimplicibus verbis mores noftros fpectas feros quidem ifta obfident bonos præterlabuntur.* Les paroles font paroles, qui chez les Cafuiftes ne font pas plus, en cas d'offence, que les fimples penfees; parler de la douceur de la vengeance, n'eft pas affaffiner fon ennemy, faire des vers de Sodomie ne rend pas vn homme coulpable du fait, Poëte & paiderafte font deux qualitez differentes. Vous attaquez encor en vn autre lieu fous mon nom le fage Salomon & l'Apoftre fainct Paul, de qui i'ay appris que le temperament du corps, & fimplement le corps mefme, fouuent le maiftre des mouuemens de l'ame par l'empire que le peché luy donne. Le corps mortel, difent-ils, affomme l'ame, & la traine dans fes defirs charnels, & ie fay le mal, dit fainct Paul, que ie ne veux pas faire, & ne fay pas le bien que ie veux faire : mais il faut eftre plus fage que Salomon, & plus retenu que l'Apoſtre ſainct Paul, pour eſtre à couuert de vos meſdiſances, & voicy comme le ſens dont i'ay eſcrit, trouue de la ſeureté pour mon innocence. En ſuitte de cette force que le temperament du corps a ſur les mouuemens de l'ame, ie dis quand il pleut ie ſuis aſſoupy, & preſque chagrin, ie ne dis pas que quand il pleut ie me trouue diſpoſé à paillarder, iurer ou deſrober : car par ceſte ame qui ſe laiſſe contraindre à la diſpoſition du corps, & qui tient du changement du temps, ie n'entends point l'ame intellectuelle capable de la vertu & du vice, du ſalut & de la damnation : mais i'entends ceſte ame, comme dit ſainct Auguſtin, ſuſceptible des eſpeces corporelles, que les Platoniciens ont nommee *Spiritualis*, Et quoy Pere Reuerend, vous concluez en me condamnant, que changer d'humeur quand il pleut c'eſt vne impieté, que ſi par le temperament du corps le mauuais air donne quelque maladie, il nous faut faire exorciſer, qu'auoir la fievre, ou la collique par quelque excez corporel, c'eſt eſtre obſedé, ô Pere ignorant, la malice vous aueugle. Vous m'imputez encor aſſez mal à propos vn vers d'vn certain Sonnet, ſi vous dites qu'il eſt imprimé en mon nom ceux qui me cognoiſſent vous diront que ie n'ay iamais eu aſſez de vanité ny de diligence pour les impreſſions, à ce qu'on me doiue imputer tout ce qui eſt imprimé comme mien ; quelques-vns qui ſe trompent en l'opinion de mon eſprit, ſont bien aiſes de faire im-

primer leurs vers en mon nom, & se seruant de ma reputatió pour essayer la leur, i'ay songé à ce vers-là, depuis l'auoir ouy citer de vostre part, il semble vn peu confus: mais il n'est pas criminel comme vous le dites. Si vn bon zele religieux esleuoit aussi souuent vostre esprit à la meditation de vostre propre misere, comme l'ennie & l'orgueil le precipitent & l'attachent à la recherche des deffauts d'autruy: vous sçauriez mieux que vous ne faites, ou pour le moins ne taittez pas si malicieusement le desordre que la rebellion du premier homme a causé à toute sa posterité, sçachez donc Reuerend Pere, que puis que l'homme s'est rebellé contre son Createur: que tout ce qui auoit esté creé pour son seruice s'est aussi iustement rebellé contre luy; iusqu'à là, qu'il n'y a si petit moufcheron qui ne tasche venger de son aiguillon l'offence faite à son Createur, & ce ne sont pas seulement les animaux qui font la guerre à l'homme depuis son peché: Mais Dieu pour le punir & pour se venger, l'a comme abandonné à son propre sens, par la corruption duquel mille folles passions comme autant de furies l'assaillent interieurement, l'orgueil, l'ingratitude, la haine, l'auarice, l'ambition, la concupiscence. Bref, l'homme n'a point de foy quelque mouuement en son ame, que par sa propre preuarication il ne fasse agir contre soy-mesme: Tout cela beau Pere, sont-ce point des marques de la vengeance Diuine, il est vray que ceux qui auancent de toute leur
force

force de regeneration que l'Esprit de Saincteté a commencé en leur cœur, combattent auec les armes de la foy & de l'esperance, les affections charnelles du peché. Mais pource que l'esprit est prompt & la chair fragile, côbien de fois le plus homme de bien succombe-il en ces côbats, voire qui iamais en ce monde en a esté plainement victorieux, que le fils Eternel de Dieu! Or quand nous peschons, nous ne pouuons auoir recours qu'à sa passion, & lors que nous venons à mespriser le fruict qu'elle nous apporte, & que le merite de son sang precieux est offensé par nostre ingratitude. Dieu se venge sur nous par les peines temporelles & eternelles, mais vostre ame qui est aussi noire que vostre habit, n'a iamais esté esclairee de ses considerations, sans doute ce Poëte y estoit plus auant que vous, car ie veux croire de luy charitablement, que se sentant brusler d'vn fol amour, & voyant combien il est miserable d'estre par son peché assujetty aux œillades d'vne maistresse; pour la facilité des conceptions, il en a pluftost escrit ce vers que consideré la bien-sceance de ses termes, si ceste explication peut estre receuë de ceux qui ne participent point à vostre rage, voyez M. Garasse, combien vous estes violent, & ne desguisez point du pretexte de pitié, tant de trahisons que vous faites au sens commun. Voila à peu pres ce que i'ay peu apprendre de vos calomnies les plus dangereuses: mais ce n'est n'y l'interest du public, ny la descharge de vostre conscience, ny vostre zele à mon sa-

G

lut, qui vous ont fait vomir tant de fiel sur mon innocence; car qui croira que vous m'aymiez mieux que Sainct Gelais Euesque d'Angoulesme, que Philippes Desportes Abbé de Tiron, que Ronsard, que Rapin, que Remy Beleau, que l'Aristote, que le Tace, que Dante, que Petrarque, que Boscan, que le Marin en son Adon; desquels vous n'auez point recherché les licences. Force gens de bien sçauent auecques moy ce qui vous a picqué au ieu.

Manet alta mente repostum
Detectum crimen & læsæ iniuria famæ.

Mais laissons cela, ceste verité n'est pas encore bonn à dire, vous estes en droit de me persecuter: Moy ie ne puis qu'auoüer qu'outre vos ruses & dexteritez nompareilles, vous auez la force de ceste apparence pompeuse qui canonise toutes vos actions; Vous vous seruez dextrement du Ciel & de la Terre, de la Fortune & du Destin, des amis & des ennemis, des hommes & des Anges, des corps & des ames, de la prouidence de Dieu, & de la malice du diable, & faites vn cahos de tout l'Vniuers pour faire esclater vos desseins; ainsi quelque mine que ie fasse de me defendre, ie ne laisse pas de songer à mon epitaphe: car ie sçay bien que si vous pouuez quelque chose à ma perte ie suis mort, veu mesmes que vos supposts ont presché ma condamnation, *Expedit vnum hominem tantæ inuidiæ rerum mori pro populo ne tota gens pereat.* Voila comme cestuy cy faisoit couler ses profanations à la faueur de l'ignorance publique. Et icy ie ne dis

point la dixiefme partie de ce que ie fçay, & ie ne
fçay pas la dixiefme partie de la verité ; Veu encore qu'vn autre crioit en chefe à gorge def-
ployee. Lifez le Reuerend Pere Garaffus, ie
vous dis que vous le lifiez, & que vous n'y mā-
quiez pas, c'eſt vn tres-bon liure: & dés que ie
fus conduit en ceſte ville, il orna vn de ſes Sermons de ceſte equippee, *maudit ſois-tu Theophile*,
maudit ſoit l'eſprit qui t'a dicté tes pefees, maudit ſoit la main qui les a efcrites, mal heureux le
Libraire qui les a imprimees, mal heureux ceux
qui les ont leuës, mal-heureux ceux qui t'ont iamais cogneu; & benit ſoit Monſieur le premier
Preſident, & benit ſoit Monſieur le Procureur
general, qui ont purgé Paris de ceſte peſte. C'eſt
toy qui es cauſe que la peſte eſt dans Paris : Ie
diray apres le Reuerend Pere Garaffus, que tu
és vn beliſtre, que tu és vn veau, que dis ie vn
veau: d'vn veau la chair en eſt bonne boüillie,
la chair en eſt bonne roſtie, de ſa peau on en
couure des liures, mais la tienne meſchant, n'eſt
bonne qu'à eſtre grillee, auſſi le ſeras-tu demain
tu t'es mocqué des Moynes, & les Moynes ſe
mocqueront de toy. O beau torrent d'eloquē-
ce. O belle ſaillie de Iean Guerin? O paſſage de
ſainct Mathurin! faut-il donc point que ie ſonge à moy, veu que ie fçay que Garaſſus & ſes
ſuppoſts paſſent pour Prophetes, veu que ceux
qui ne me cognoiſſent que par voſtre recit, m'ōt
deſia confiſqué à la parque, veu que ne me pouuant reſtituer ma reputation, il vous eſt expe-
dient de me perdre, veu que c'eſt le ſeul moyen

G ij

de vous purger de vos impostures, veu que ma mort semble maintenant plus necessaire que le commencement de ma poursuitte, veu que bien que ie fusse tres-innocent, il faudroit comme vous dites, me sacrifier à la haine publique, c'est à dire à l'effect de vos predications, veu que le tonnerre à trop grondé pour n'amener pas la foudre, veu que tout le monde sçait bien cecy & que personne ne l'ose dire; ainsi pour vostre regard tout mon salut est de n'en esperer point. Si vous y pouuez, il faut que ie perisse. Mais, Pere charitable, bien que vous soyez le premier mobile de toutes les intelligences funestes qui semblent auoir cōspiré ma ruine, vous ne disposez pas absolument des influances de ma vie ou de ma mort, iusques icy graces à Dieu, *in vanum laboraueront gentes*, toutes vos accusations sōt des Chimaires, & des viandes creuses pour des estomacs cacochymes, il faut à cest Auguste Senat quelque chose de plus solide, ses arrests ne sont point escrits sur l'onde, ny executez sur le vent. Ie me console dans les affreuses tenebres de ma prison, me mettant deuant les yeux plustost le deuoir de mes iuges, que le pouuoir de mes ennemis: car ie sçay par vn Echo qui resonne par tout, que ce grand Verdun, l'ame de la Iustice, & chef de cet auguste Senat, l'ornement de nostre aage & la merueille de la posterité, n'est pas le nom d'vn homme seulement: mais celuy de l'equité, de qui i'ayme mieux me taire que de n'en dire pas assez. Ie sçay que Monsieur le Precureur general est d'vne probité plus qu'inuiolable, dont l'ame zelee au deuoir de sa charge s'anime mesme contre le soupçon du vice, tant les effects luy sont en horreur; il n'est pas moins l'azile de l'innocence, que le fleau du crime : & ceste verité que l'enuie ne sçauroit demétir, fait que ie m'esiouys d'auoir pour partie celuy que ie voudrois pour iuge, ie sçay maintenant qu'il est question de ma vie, que ce personnage l'examinera par sa passion propre, qui est celle de l'equité, & non par celle qui a coniuré ma perte, il ayme trop son honneur pour donner ses conclusions à l'animosité d'autruy, ie sçay que la prudence tres accorte du Parlement, tire du puits de Democrite les veritez les plus occultes, qu'elle penestre dans les obscuritez plus tenebreuses, où le mensonge & l'artifice se cachent, que c'est *summum auxilium omnium gentium*, où l'innocence est asseuree côtre les efforts de l'enuie, & les ruses de l'imposture, qu'vn corps si celebre ne peut errer quoy qu'il fasse, puis qu'il fait luy mesme le droit, & n'a pour iurisprudence que le preiugé de ses Arrests, & la lumiere de sa raison. Ce sont icy mes consolations, Reuerend Pere, c'est où ie songe plus souuent qu'à respondre à tāt d'iniures que vous auez desgorgees sur celuy que vous ne cogneustes iamais. Si nous escriuions tous deux en mesme liberté, peut estre vous mettrois-ie aux termes de vous deffendre au lieu de m'attaquer. Il faut que ie subisse la necessité du temps qui vous fauorise. Ne vous estonnez pas que dans vn cachot si serré i'aye trouué de l'ouuerture à faire passer ceste

G iij

Apologie, ce n'eſt pas que ie n'y ſois gardé fort ſoigneuſement, & que deux fois le iour on ne vienne eſpier icy iuſqu'à mes regards, pour voir ſi ie ne fay point quelque embuſche à ma captiuité: mais Dieu ne veut pas que les hommes puiſſent deſcouurir vne voye qu'il me laiſſe, d'eſcrire les iuſtes ſujets de ma plainte; il me fait ceſte grace à fin que mon mal-heur ne laiſſe pas pour le moins quelque honte à ma memoire, ou quelque tache à la vie des miens, & que ie teſmoigne au public que mon affliction ne me vient que de voſtre crime, & de mon innocence.

REQVESTE DE THEOPHILE A NOSSEIGNEVRS DE PARLEMENT.

CELVY qui briseroit les portes
Du cachot noir des troupes mortes,
Voyant les maux que i'ay soufferts
Diroit que ma prison est pire,
Icy les ames ont des fers,
Icy le plus constant souspire,
Dieux souffrez-vous que les Enfers
Soient au milieu de vostre Empire?
Et qu'vne ame innocente, en vn corps languis-
sant.
Ne trouue point de crise aux douleurs qu'elle sent?
 L'œil du monde qui par ses flammes,
Nourrit autant de corps & d'ames,
Qu'en peut porter chaque element,
Ne sçauroit viure demie heure,
Où m'a logé le Parlement :
Et faut que ce bel Astre meure,
Lors qu'il arriue seulement,
Au premier pas de ma demeure.
Chers Lieutenans des Dieux qui gouuernez mon
sort,
Croyez vous que ie viue où le Soleil est mort?

Ie sçay bien que mes insolences,
Ont chargé si fort mes balances,
Qu'elles penchent à la rigueur,
Et que ma pauure ame abatuë,
D'vne longue & iuste langueur,
Hors d'apparence s'esuertuë
De sauuer vn peu de vigueur,
Dans le desespoir qui la tuë :
Mais vous estes des Dieux & n'auez point de
 mains,
Pour la premiere faute où tombent les humains.
 Si mon offense estoit vn crime,
La calamité qui m'opprime
Dans les horreurs de ma prison,
Ne pourroit sans effronterie,
Vous demander sa guerison,
Mon insolente flaterie
Feroit lors vne trahison,
A la pitié dont ie vous prie ;
Et ce reste d'espoir qui m'accompagne icy,
Se rendroit criminel de vous crier mercy.
 Pressé d'vn si honteux outrage,
Ie cherche au fonds de mon courage
Mes secrets les moins paroissans,
Ie songe à toutes les delices
Où se sont emportez mes sens ;
Ie m'adresse à tous mes complices :
Mais ils se trouuent innocens,
Et s'irritent de mes supplices.
O Ciel, ô bonnes mœurs que puis-ie auoir commis
Pour rendre à mon bon droict tant de Dieux enne-
 mis ?

Mais

Mais c'est en fin que ie me fie,
A la raison qui iustifie,
Ma pensée & mes actions,
Bien que mon bon droit soit palpable,
Ce sont peut estre illusions,
Le Parlement n'est pas capable
Des legeres impressions
Qui font vn innocent coulpable,
Quelque tort apparent qui me puisse assaillir,
Les Iuges sont des Dieux ils ne sçauroient faillir.
 N'ay-ie point merité la flamme
De n'auoir sceu ployer mon ame,
A loüer vos diuins esprits?
Il est temps que le Ciel s'irrite,
Et qu'il punisse le mespris
D'vn flatteur de Cour d'ypocrite
Qui vous a volé tant d'escrits,
Qui sont deus à vostre merite.
Courtisans qui m'auez tant desrobé de iours,
Est-ce vous dont i'espere auiourd'huy du secours?
 Race lasche & desnaturee,
Autresfois si mal figuree
Par mes vers mal recompensez,
Si ma vengeance est assouuie,
Vous serez si bien effacez,
Que vous ne ferez plus d'enuie
Aux honnestes gens offensez,
Des loüanges de vostre vie.
Et que les vertueux douteront desormais,
Quel vaut mieux d'vn Marquis ou d'vn Clerc du
 Palais.
Et s'il faut que mes funerailles

H

Se facent entre les murailles,
Dont mes regards sont limitez
Dans ces pierres moins impaßibles,
Que vos courages hebetez ;
I'escriray des vers si lisibles,
Que vos honteuses laschetez
Y seront à iamais visibles,
Et que les criminels de ce hideux manoir,
N'y verront point d'obiect plus infame & plus noir.
   Mais si iamais le Ciel m'accorde
Qu'vn rayon de misericorde
Passe au trauers de ceste tour,
Et qu'en fin mes Iuges ployables,
Ou par iustice ou par amour,
M'ostent de ces lieux effroyables,
Ie vous feray paroistre au iour
Dans des portraits si pitoyables,
Que vostre foible esclat se trouuera si faux,
Que vos fils rougiront de vos sales defaux.
   Mes Iuges, mes Dieux tutelaires,
S'il est iuste que vos choleres
Me laissent desormais viuant :
Si le traict de la calomnie
Me perce encor assez auant,
Si ma muse est assez punie,
Permettez que d'oresnauant
Elle soit sans ignominie.
A fin que vostre honneur puisse trouuer des vers,
Digne de les porter aux yeux de l'Vniuers.

TRES-HVMBLE REQVESTE DE Theophile.

A MONSEIGNEVR LE Premier President.

PRiué de la clarté des Cieux
Sous l'enclos d'vne voute sombre,
Où les limites de mes yeux
Sont dans l'espace de mon ombre,
Devoré d'vn ardent desir
Qui souspire apres le plaisir,
Et la liberté de ma vie ;
Ie m'irrite contre le sort,
Et ne veux plus mal à l'enuie
Que d'auoir differé ma mort.
 Pleust au Ciel, qu'il me fut permis
Sans violer les droicts de l'ame
De me rendre à mes ennemis,
Et moy-mesme allumer ma flamme,
Que bien tost j'aurois euité
La honteuse captiuité
Dont la force du temps me lie,
Auiourd'huy mes sens bien heureux
Verroient ma peine enseuelie,
Dans vn sepulchre genereux.
 Mais ce grand Dieu qui fit nos loix
Lors qu'il regla nos destinees

Ne laiſſa point à noſtre choix
La meſure de nos années,
Quand nos Aſtres ont fait leur cours,
Et que la trame de nos iours,
N'a plus aucun filet à ſuiure,
L'homme alors peut changer de lieu,
Et pour continuer de viure
Ne doit mourir qu'auecques Dieu.

 Auſſi me puis-ie bien vanter
Que dans l'horreur d'vne aduanture
Aſſez capable de tenter
La foibleſſe de la nature:
Le Ciel amy des innocens
Fit voir à mes timides ſens
Sa Diuinité ſi propice,
Qu'encores i'ay touſiours eſté
Sur le bord de mon precipice
D'vn viſage aſſez arreſté.

 Il eſt vray qu'au point d'endurer
Les affrons que la calomnie,
M'a fait ſi longuement durer,
Ma conſtance ſe voit finie:
Dans ce ſanglant reſſouuenir,
Celuy qui veut me retenir
Il a ſes paſſions trop lentes,
Et n'a iamais eſté battu
Des proſperitez inſolentes
Qui s'attaquent à la vertu.

 Mais ô l'erreur de mes eſprits
Dans le ſiecle infame où nous ſommes
Tout ce des-honneur n'eſt qu'vn prix
Pour paſſer le commun des hommes,

Comibien de favoris de Dieu
Dans vn plus miserable lieu.
Ont senty de pires malices,
Et dans leurs innocentes mains
Qui n'avoient que les Cieux complices,
Receu des fers plus inhumains.

 D'ailleurs l'espine est sous la fleur,
Le iour sort d'vne couche noire,
Et que sçay-ie si mon malheur
N'est point la source de ma gloire?
Vn iour mes ennuys effacez
Dans mon souuenir retracez,
Seront eux-mesmes leur salaire,
Toutes les choses ont leur tour,
Dieu veut souuent que la cholere
Soit la marque de son amour.

 Qui me pourra persuader
Que la Cour soit tousiours charmee,
D'où la peut encor aborder
Le venin de la renommee,
Si VERDVN ouure vn peu ses yeux
Quel esprit vn peu captieux
Pourra mordre à sa conscience?
De quel vent peut-on escumer
Dans ce grand gouffre de science
Pour ny pas bien tost abysmer!

 Grande lumiere de nos iours
Dont les projets sont des miracles,
Et de qui les communs discours
Ont plus de poids que les Oracles,
Saincte guide de tant de Dieux
Qui sur les modelles des Cieux,

Donnez des reigles à la terre,
Dieu sans excez, & sans deffaut
Vous avez çà bas vn tonnerre,
Comme en a ce grand Dieu là haut.
 Le Ciel par de si beaux crayons
Marque le fil de vos harangues,
Qu'on y voit les mesmes rayons
Du grand thresor de tant de langues
Qu'il versa par le Sainct Esprit,
Aux disciples de IESVS-CHRIST.
Paris est ialoux que Toulouse
Ait eu deuant luy tant d'honneur,
L'Europe est auiourd'huy ialouse
Que la France ait tout ce bon-heur.
 Quand ie pense profondement
A vos vertus si recogneuës,
Mon espoir prend vn fondement
Qui l'esleue au dessus des nuës,
Ie laisse reposer mes soins
Les alarmes des faux tesmoins,
Ne me donnent plus tant de crainte,
Et mon esprit tout transporté
Au milieu de tant de contrainte,
Gouste à demy ma liberté.
 C'est de vous sur tous que i'attends
A voir retrancher la licence,
Qui fait habiter trop long temps
La crainte auec l'innocence
Et quand tout l'Enfer respandroit
Ses tenebres sur mon bon droit
Ie sçay que vostre esprit esclatte,
Dans la plus noire obscurité,

Et que que tout l'appas qui vous flate
C'est la voix de la verité.
 Mais ô l'honneur du Parlement,
Tout ce que i'escry vous offence
Puis qu'escrire icy seulement
C'est violer vostre deffence,
Mon foible esprit s'est desbauché,
A l'obiect d'vn si doux peché
Et croit sa faute legitime,
Car la vertu doit adnoüer
Qu'elle mesme est pis que le crime,
Si c'est crime que vous loüer.

REMERCIMENT DE THEOPHILE A CORIDON.

FIlles du souuerain des Dieux,
Belles Princesses toutes nuës,
Qui foulez ce mont glorieux
Dont la Vertu touche les nues,
Cheres germaines du Soleil
Deuant qui la sœur du sommeil
Void toutes ses fureurs captiues,
Descendez de ce double mont,
Et ne vous monstrez point retiues
Quand le merite vous semond.
 Derechef pour l'amour de moy,
Sainctes filles de la memoire,
Si vous auez congé du Roy
D'interrompre vn peu son histoire,

Suiuez ce petit traict de feu,
Dont vostre frere perce vn peu
L'obscurité de ma demeure ;
Deesses il vous faut haster,
Le Soleil n'a que demie heure
Tous les iours à me visiter.

   Mais quel esclat dans ce manoir
Chasse l'obscurité de l'ombre,
D'où vient qu'en ce cachot si noir
On ne trouue plus rien de sombre ?
Inuisibles Diuinitez
Qui par mes importunitez
Estes si promptement venues,
Dieux ! que ie me diray content,
De vous auoir entretenues
Malgré ceux qui m'en veulent tant.

   Dites moy, car c'est le sujet,
Pour qui ma passion vous presse
Quel doit estre auiourd'huy l'obiet
De vostre immortelle carresse,
Faites que vos diuins regards
Le cherchent en toutes les parts
Où mes amitiez sont allees,
Ha ! qu'il paroist visiblement,
Muses vous estes appellees
Pour Coridon tant seulement.

   Est-ce vous le seul des viuans
Qui n'auez point perdu courage
Pour la fureur de tant de vents
Qui conspirent à mon naufrage,
Vous seul capable de pitié,
Qu'vne si longue inimitié

Contre

Contre moy si fort obstinée,
N'a iamais encor abbatu,
Et qui suiuez ma destinée
Iusques aux abois de ma vertu?
 Et tant de lasches Courtisans
Dont i'ay si bien flatté la vie,
Contre moy sont les partisans,
Ou les esclaues de l'enuie,
Auiourd'huy ces esprits abiects
Ployent à tous les faux obiects,
Que leur offre la calomnie,
Et n'osent d'vn mot seulement
S'opposer à la tyrannie
Qui me creuse le monument.

 Ce ne sont que mignards de lict,
Ce sont des courages de terre,
Que la moindre vague amolit
Et qui n'ont qu'vn esclat de verre,
Ce n'est que molesse & que fard,
Leur sens, leur voix, & leur regard,
Ont tousiours diuerse visée,
Et pour le mal & pour le bien
Ils ont vne ame diuisée,
Qui ne peut s'asseurer de rien.

 Ces cœurs où l'ennemy de Dieu
A logé tant de perfidie,
Qu'on n'y sçauroit trouuer de lieu
Pour vne affection hardie,
Ils n'ont iamais d'amy si cher,
Que sa mort les puisse empescher,
De quelque visite ordinaire,
Où depuis le matin au soir

Bien souuent ils n'ont rien à faire
Que se regarder & s'asseoir.

   Mais que peut-on contre le sort,
Laissons là ses vilaines ames,
Leur lascheté n'a point de tort,
Ils nasquirent pour estre infames,
La fortune aux yeux aueuglez,
Aux mouuemens tous desreglez
Les a conceus à l'aduanture,
Et sous vn Astre transporté
Qui cheminoit contre nature
Quand il leur versa sa clarté.

   Vous estes né tout au rebours
De leurs influances malines,
L'Astre dont vous suiuez le cours
Suit les routes les plus diuines ?
Il est vray qee vous meritez
Au dela des prosperitez,
Dont il vous a laissé l'vsage;
Si le destin donnoit vn rang
Selon l'esprit & le courage
Damon seroit Prince du sang.

   O Dieux que me faut il choisir
Pour loüer mon Dieu tutelaire
Que feray-ie en l'ardent desir
Que mon esprit a de vous plaire ?
Ie diray par tout mon bon-heur
Ie peindray si bien vostre honneur,
Que la mer qui void les deux Poles
Dont se mesure l'Vniuers,
Gardera sur les ondes moles
Le caractere de mes vers.

THEOPHILE A SON AMY
CHIRON.

TOY qui fais vn breuuage d'eau
Mille fois meilleur & plus beau,
Que celuy du beau Ganimede,
Et qui luy donnes tant d'appas,
Que sa liqueur est vn remede,
Contre l'atteinte du trespas.

 Penses-tu que malgre l'ennuy
Que me peut donner auiourd'huy
L'horreur d'vne prison si noire,
Ie ne te garde encor vn lieu
Au mesme endroit de ma memoire
Où se doit mettre vn demy-Dieu.

 Bouffy d'vn air tout infecté
De tant d'ordures humecté
Et du froid qui me fait la guerre
Tout chagrin & tout abatu,
Mieux qu'en autre lieu de la terre
Il me souuient de ta vertu.

 Chiron au moins si ie pouuois
Te faire ouyr les tristes voix
Dont t'inuoquent mes maladies,
Tu me pourrois donner dequoy
Forcer mes Muses estourdies
A parler dignement de toy.

 De tant de vases precieux
Où l'art le plus exquis des Cieux,
A caché sa meilleure force,

Si i'auois seulement gousté
A leur moindre petite amorce
I'aurois trop d'aise & de santé.

　Si deuant que de me coucher
Mes souspirs se pouuoient boucher
D'vn long traict de cest Hydromelle
Où tout chagrin s'enseuelit,
L'enfant dont auorta Semele
Ne me mettroit iamais au lict.

　Au lieu des continus ennuis
Qui me font passer tant de nuicts
Auec des visions horribles,
Mes yeux verroient en sommeillant
Milles voluptez inuisibles
Que la main cherche en s'esueillant.

　Au lieu d'estre dans les enfers,
De songer des feux & des fers
Qui me font le repos si triste,
Ie songerois d'estre à Paris
Dans le cabinet où Caliste,
Eust le triomphe de Cloris.

　A l'esclat de ses doux flambeaux
Les noires caues des tombeaux
D'où ie vois sortir les furies,
Se peindroyent de viues couleurs
Et seroient à mes resueries
De beaux prez tapissez de fleurs.

　A! que ie perds de ne pouuoir
Quelquesfois t'ouyr & te voir,
Dans mes noires melancholies,
Qui ne me laissent presque rien
De tant d'agreables folies

Qu'on aymoit eu mon entretien.
  Que mes Dieux font mes ennemis,
De ce qu'ils ne m'ont pas permis
De t'appeller en ma detresse,
Docte Chiron apres le Roy
Et les faueurs de ma maistresse
Mon cœur n'a de regret qu'à toy.

PRIERE DE THEOPHILE
AVX POETES DE CE TEMPS.

VOVS à qui de fraisches valees
  Pour moy si durement gelees,
Ouurent les fontaines de vers:
Vous qui pouuez mettre en peinture
Le grand obiect de l'Vniuers,
Et tous les traicts de la nature.

  Beaux esprits si chers à la gloire,
Et sans qui l'œil de la memoire
Ne sçaurois rien trouuer de beau,
Escoutez la voix d'vn Poëte,
Que les alarmes du tombeau
Rendent à chaque fois muette.

  Vous sçauez qu'vne iniuste race
Maintenant fait de ma disgrace
Le joüet d'vn zele trompeur,
Et que leur perfides menees,
Dont les plus resolus ont peur
Tiennent mes Muses enchaisnees.

  S'il arriue que mon naufrage,
Sur la fin de ce grand orage

Dont ie voy mes iours menassez
Ie vous coniure ô troupe saincte
Par tout l'honneur des trespassez,
De vouloir acheuer ma plainte.

 Gardez bien que la calomnie,
Ne laisse de l'ignominie
Aux tourmens qu'elle m'a iurez,
Et que le brasier qu'elle allume,
Si mes os en sont deuorez,
Ne brusle pas aussi ma plume.

 Contre tous les esprits de verre
Autrefois i'auois vn tonnerre,
Mais le temps flatte leur couroux,
Tout me quitte, la Muse est prise,
Et le bruit de tant de verroux
Me choque la voix & la brise.

 Que si ceste race ennemie,
Me laisse apres tant d'infamie,
Dans les termes de ce venger,
N'attendez poins que ie me venge
Au lieu du soin de l'outrager
I'auray soin de vostre loüange.

 Car s'il faut que mes forces luttent,
Contre ceux qui me persecutent,
De quelle terre des humains,
Ne sont leurs ligues emparees,
Il faudroit contr'eux plus de mains
Que n'en auroient cent Briarees.

 Ma pauure ame toute abatuë,
Dans ce long ennuy qui me tuë,
N'a plus de desirs violens,
Mon courage & mon asseurance

Me font de vigoureux eslans
Du costé de mon esperance.

Icy pour desnoüer la chaisne
Qui me tient tout prest à la gesne,
Mon esprit n'applique ses soings,
Et ne reserue sa puissance,
Qu'à rembarer les faux tesmoins
Qui combattent mon innocence.

Desia depuis six mois ie songe
De quel si dangereux mensonge
Ils m'auront tendu le lien,
Et de quel si souple artifice
Leur esprit plus fort que le mien,
Me conuaincra de malifice.

On voit assez que mes parties,
Bien soigneusement aduerties
De mes plus criminels secrets,
N'ont recours qu'à la tromperie,
Et que mes iuges sont discrets
De ne point punir leur furie.

Mais ainsi qu'à fouler leur haine,
Les Iuges ont des pieds de laine,
Ie voy que ces esprits humains,
Laissent long temps gronder l'enuie,
Sans mettre leurs pesantes mains
Dessus mon innocente vie.

Et cependant ma patience
A qui leur bonne conscience,
Promet vn iour ma liberté,
S'exerce à chercher vne lime
Qui persuade à leur bonté
Qu'on me pardonnera sans crime.

Ma Muse foyble & sans haleine
Ouurant sa malheureuse veine,
A recours à vostre pitié :
Ne mordez point sur son ouurage :
Car icy vostre inimitié,
Desmentiroit vostre courage.

Ie ne fus iamais si superbe,
Que d'oster aux vers de Malherbe
Le François qu'ils nous ont appris,
Et sans malice & sans enuie,
I'ay tousiours leu dans ses escrits,
L'immortalité de sa vie.

Pleut au Ciel que sa renommee
Fut aussi cherement aymee,
De mon Prince qu'elle est de moy,
Son destin loin de la commune
Seroit tousiours auec le Roy
Dedans le char de la fortune.

Vne autre veine violente
Tousiours chaude & tousiours sanglante,
Des combats de guerre & d'amour
A tant d'esclat sur les theatres,
Qu'en despit des freslons de Cour
Elle a fait mes sens idolastres.

Hardy, dont le plus grand volume
N'a iamais sçeu tarir la plume,
Pousse vn torrent de tant de vers
Qu'on diroit que l'eau d'Hippocrene
Ne tient tous ses vaisseaux ouuerts
Qu'alors qu'il y remplit sa veine.

Porcheres, auec tant de flamme,
Pousse les mouuemens de l'ame

Vers

Vers la routte des immortels,
Qu'ils laissent par tout des matieres,
Où ses vers trouuent des Autels
Et les autres des cimetieres.

 Encore n'ay-ie point l'audace
De fouler leur premiere trace
Boisrobert, en peut amener,
Apres ses pas toute vne presse,
Qui mieux que moy peuuent donner
Des loüanges à sa Princesse.

 S. Aman sçait polir la rime
Auec vne si douce lime
Que son luth n'est pas plus mignard,
Ny Gombaut dans vne elegie,
Ny l'Epigramme de Menard,
Qui semble auoir de la magie.

 Et vous mille ou plus que i'adore
Que mon dessein veut ioindre encore
A ces genies vigoureux,
De qui se cache icy la gloire,
Pource que le sort malheureux
Les a fait choir à ma memoire.

 Voyant mes Muses estourdies
Des frayeurs & des maladies
Qui me prennent à tous moments,
Faites leur vn peu de caresse
Et leur rendez les complimens
De celuy qui vous les adresse.

REMONSTRANCE DE Theophile à Monsieur de Vertamont Conseiller en la grand' Chambre.

1. Desormais que le renouueau
Fond la glace & desseiche l'eau
Qui rendent les prez inutiles :
Et qu'en l'obiect de leurs plaisirs
Les places des plus grandes villes
Sont des prisons à nos desirs.

2. Que l'oyseau de qui les glaçons
Auoient enfermé les chansons
Dans la poictrine refroidie.
Trouue la clef de son gosier :
Et promeine sa melodie
Sur le Myrthe & sur le Rosier.

3. Que l'Abeille apres la rigueur
Qui tient ses aisles en langueur
Au fonds de ses petites cruches,
S'en va continuer le miel,
Et quittant la prison des ruches
N'a son vol borné que du Ciel.

4. Que les Zephires s'espanchans
Parmy les entrailles des champs
Laschent ce que le froid enserre :
Que l'aurore auecque ses pleurs
Ouure les cachots de la terre
Pour en faire sortir les fleurs.

5. Que le temps se rend si benin,
Mesme aux serpens pleins de venin,

Dont nostre sang est sa pasture :
Qu'en la faueur de la saison
Et par arrest de la Nature ;
Il les fait sortir de prison.
6.   L'an a fait plus de la moitié,
Que tous les iours vostre pitié
Me doit faire changer de place :
Ne me tenez plus en suspens :
Et me faites au moin la grace
Que le Ciel fait à des serpens.

LA MAISON DE SILVIE
PAR THEOPHILE.

ODE I.

POur laisser auant que mourir
Les traits viuans d'vne peinture
Qui ne puisse iamais perir
Qu'en la perte de la Nature,
Ie passe des croyons dorez
Sur les lieux les plus reuerez,
Où la vertu se refugie,
Et dont le port me fut euuert
Pour mettre ma teste à couuert
Quand on brusla mon effigie.
    Tout le monde a dit qu'Apollon
Fauorise qui le reclame,
Et qu'auec l'eau de son valon
Le sçauoir peut couler dans l'ame :
Mais i'estouffe ce vieil abus,
Et bannis desormais Phœbus

De la bouche de nos Poëtes ;
Tous ces Temples sont demolis
Et ses Demons enseuelis
Dans des sepultures muettes.

 Ie ne consacre point mes vers
A ces idoles effacées
Qui n'ont esté d'ans l'Vniuers,
Qu'vn faut obiect de nos pensees,
Ces fantosmes n'ont plus de lieu,
Tel qu'on dit auoir esté Dieu,
N'estoit pas seulement vn homme
Le premier qui vit l'Eternel,
Fust cest impudent criminel
Qui mordit la fatale pomme.

 Tous ces Dieux de bronze & d'airain
N'ont iamais lancé le Tonnerre,
C'est le dard du Dieu souuerain
Qui crea le Ciel & la Terre,
Hâ ! que le celeste couroux
Estoit bien embrazé sur nous,
Lors qu'il fit parler ses Oracles,
Et que sans destourner nos pas
Il nous vit courir aux appas
De leur pernicieux miracles.

 Satan ne nous fait plus broncher
Dans de si dangereuses toiles,
Le Dieu que nous allons chercher
Loge plus haut que les estoilles,
Nulle diuinité que luy,
Ne me peut donner auiourd'huy
Ceste flame ou ceste fumee,
Dont nos entendemens espris
S'efforcent à gagner le prix,

Que merite la renommee.
  Apres luy ie m'en vais loüer
Vne image de Dieu si belle,
Que le Ciel me doit aduoüer
Du trauail que ie fay pour elle :
Car apres ses sacrez Autels,
Qui deuant leurs feux immortels
Font aussi prosterner les Anges,
Nous pouuons sans impieté
Flatter vne chaste beauté
Du doux encens de nos loüanges.
  Ainsi sous de modestes vœux
Mes vers promettent à Siluie,
Ce bruict charmeur que les neueux
Nomment vne seconde vie :
Que si mes escrits mesprisez
Ne peuuent voir authorisez,
Les tesmoignages de sa gloire,
Ces eaux, ces rochers & ces bois
Prendront des ames & des voix
Pour en conseruer la memoire.
  Si quelques arbres renommez
D'vne adoration profane,
Ont esté iadis animez
Des sombres regards de Diane ;
Si les ruisseaux en murmurant
Alloient autrefois discourant,
Au gré d'vn Faune ou d'vne Fee,
Et si la masse du rocher,
Se laissa quelquesfois toucher
Aux chansons que disoit Orphee.
  Quelle dureté peut auoir
L'obiet que ma Princesse touche,

Qu'elle ne puisse le pouruoir
Tout aussi tost d'ame & de bouche
Dans ses bastimens orgueilleux,
Dans ses pourmenoirs merueilleux
Quelle solidité de marbres
Ne pourront penetrer ses yeux,
Quelles fontaines & quels arbres
Ne les estimeront des Dieux.

 Les plus durs chesnes entrouuerts
Bien plustost de gré que de force
Peindront pour elle de mes vers
En leur fueilles & leur escorce,
Et quand ils les auront grauez
Sur leurs fronts les plus releuez,
Ie sçay que les plus fiers orages
Ne leur oseront pas toucher,
Et pourront plustost arracher
Leur racines & leur ombrages.

 Ie sçay que ces miroirs flotans
Où l'obiet change tant de place,
Pour elle deuenus constans
Auront vne fidele glace,
Et sous vn ornement si beau
La surface mesme de l'eau,
Nonobstant sa delicatesse
Gardera seurement encrez,
Et mes characteres sacrez,
Et les attraits de la Princesse.

 Mais sa gloire n'a pas besoin
Que mon seul ouurage en responde,
Le Ciel a desia pris le soin
De la peindre par tout le monde,
Ses yeux sont peints dans le Soleil,

L'Aurore dans son teint vermeil
Void ses autres beautez tracees,
Et rien n'esteindra ces vertus
Que les Cieux ne soient abbatus
Et les estoilles effacees.

ODE II.

VN soir que les flots mariniers
Apprestoient leur molle litiere,
Aux quatre rouges limoniers
Qui sont au ioug de la lumiere,
Ie penchois mes yeux sur le bort
D'vn lict où la Naiade dort
Et regardant pescher Siluie
Ie voyois batre les poissons
A qui plustost perdroit la vie
En l'honneur de ses ameçons.

D'vne main deffendant le bruict,
Et de l'autre iettant la line,
Elle fait qu'abordant la nuict,
Le iour plus bellement decline,
Le Soleil craignoit d'esclairer,
Et craignoit de se retirer,
Les estoilles n'osoient paroistre,
Les flots n'osoient s'entrepousser
Se Zephire n'osoit passer,
L'herbe se retenoit de croistre.

Ses yeux iettoient vn feu dans l'eau,
Ce feu choque l'eau sans la craindre,
Et l'eau trouue ce feu si beau
Qu'elle ne l'oseroit esteindre,
Ces Elemens si furieux
Pour le respect des ses beaux yeux
Interrompirent leur querelle,

Et de crainte de la fascher
Se virent contraints de cacher
Leur inimitié naturelle.
　　Les Tritons en la regardant
Au travers leur vitre liquides
D'abord à cét object ardent
S'entendqu'ils ne sont plus humides,
Et par estonnement soudain,
Chacun d'eux dans vn corps de dain,
Cache sa forme despoüillee,
S'estonne de se voir cornu,
Et comment le poil est venu
Dessus son escaille moüillee.
　　Souspirant du cruel affront
Qui de Dieux les a fait des bestes,
Et sous les cornes de leur front
A courbé leurs honteuses testes,
Ils ont abandonné les eaux
Et dans la riue où les rameaux
Leur ont fait vn logis si sombre,
Promenant leurs yeux esbahis
N'osens plus fier que leur ombre
A l'estang qui les a trahis.
　　On dit que la sœur du Soleil
Eust ce pouuoir sur la Nature,
Lors que d'vn changement pareil
Acteon quitta sa figure,
Ce que fit sa diuine main,
Pour punir dans vn corps humain
Sa curiosité profane,
S'est fait icy contre les Dieux,
Qui n'auoient approché leurs yeux
Que des yeux de nostre Diane.

　　　　　　　　　　　　　　　Ces dains

Ces dains que la honte & la peur
Chasse des murs & des allées,
Maudissent le destin trompeur
Des froideurs qu'il leur a volées,
Leur cœur privé d'humidité
Ne peut qu'auec timidité
Voir le Ciel ny fouler la terre,
Où Siluie en ses promenoirs
Iette l'esclat de ses yeux noirs
Qui leur font encore la guerre.

 Ils s'estiment heureux pourtant
De prendre l'air qu'elle respire,
Leur destin n'est que trop contant
De voir le iour sous son Empire,
La princesse qui les charma
Alors qu'elle les transforma,
Les fit estre blancs comme neige
Et pour consoler leur douleur,
Ils receurent le priuilege
De porter tousiours sa couleur.

 Lors qu'à petits floquons liez
La neige fraischement venuë,
Sur des grands tapis desliez
Espanche l'amas de la nuë,
Lors que sur le chemin des Cieux
Ses grains serrez & gracieux,
N'ont trouué ny vent ne tonnerre,
Et que sur les premiers coupeaux,
Loing des hommes & des troupeaux
Ils ont peint les bois & la terre.

 Quelque vigueur que nous ayons
Contre les esclats qu'elle darde
Ils nous blessent & leurs rayons

L

Esblouyssent qui les regarde,
Tel dedans ce parc ombrageux
Esclatte le troupeau negeux
Et dans ces vestemens modestes,
Où le front de Siluie est peint,
Fait briller l'esclat de son teint
A l'ennuy des neges celestes.

 En la saison que le Soleil
Vaincu du froid & de l'orage,
Laisse tant d'heures au sommeil
Et si peu de temps à l'ouurage:
La nege voyant que ses dains
La foulent auec des desdains
S'irrite de leur bonds superbes,
Et pour affamer ce troupeau
Par despit sous vn froid manteau,
Cache & transit toutes les herbes.

 Mais le parc pour ses nourrissons
Tient assez de criches couuertes,
Que la nege ny les glaçons
Ne trouueront iamais ouuertes,
Là le plus rigoureux hyuer
Ne les sçauroit iamais priuer,
Ny de loge ny de Pasture
Ils y trouuent tousiours du vert,
Qu'vn peu de foin met à couuert
Des outrages de la Nature.

 Là les faisans & les perdris
Y fournissent leurs compagnies,
Mieux que les balles de Paris
Ne les sçauroient auoir fournies,
Auec elle voit-on manger
Ce que l'air le plus estranger

Nous peut faire venir de rare
Des oyseaux venus de si loing,
Qu'on y voit imiter le soin
D'vn grand Roy qui n'est pas auare.

Les animaux les moins prinez,
Aussi bien que les moins sauuages,
Sont esgalement captiuez
Dans ces bois & dans ces riuages,
Le maistre d'vn lieu si plaisant
De l'hyuer le plus malfaisant,
Defie toutes les malices :
A l'abondance de son bien,
Les Elemens ne trouuent rien
Pour luy retrancher ses delices.

ODE III.

Dans ce Parc vn valon secret
Tout voilé de ramages sombres,
Où le Soleil est si discret
Qu'il n'y force iamais les ombres,
Pressé d'vn cours si diligent
Les flots de deux ruisseaux d'argent,
Et donne vne fraischeur si viue
A tous les objets d'alentour,
Que mesme les martyrs d'Amour
Y trouuent leur douleur captiue.

Vn estanc dort là tout tout auprés,
Où ces fontaines violentes,
Courent & font du bruit exprés
Pour esueiller ses vagues lentes,
Luy d'vn maintien majestueux
Reçoit l'abord impetueux
De ces Naïades vagabondes,
Qui dedans ce large vaisseau

L ij

Confondent leur petit ruisseau,
Et ne discernent plus ses ondes.
   Là Melicerte en vn gazon,
Frais de l'estanc qui l'enuironne
Fait aux Cygnes vne maison
Qui luy sert aussi de couronne,
Si la vague qui bat ses bors
Iamais auecque des thresors
N'arriue à son petit Empire
Au moins les vents & les rochers
N'y font point crier les nochers
Dont ils ont brisé les nauires.
   Là les oyseaux font leurs petits,
Et n'ont iamais veu leurs couuees,
Souler les sangloss appetits
Du serpent qui les a trouuees,
Là n'estend point ses plis mortels
Ce monstre de qui tant d'Autels
Ont iadis adoré les charmes
Et qui d'vn gosier gemissant
Fait tomber l'ame du passant
Dedans l'embusche de ses larmes,
   Zephyre en chasse les chaleurs,
Rien que les Cygnes n'y repaissent,
On n'y trouue rien sous les fleurs
Que la fraischeur dont elles naissent,
Le gazon garde quelquesfois
Le bandeau, l'arc & le carquois
De mill' amours qui se despoüillent,
A l'ombrage de ses roseaux,
Et dans l'humidité des eaux
Trempent leur ieunes corps qui boüillent.
   L'estanc leur preste sa fraischeur,

La Naïade leur verse à boire,
Toute l'eau prend de leur blancheur
L'esclat d'vne couleur d'yuoire,
On void là ces nageurs ardens,
Dans les ondes qu'ils vont fendants,
Faire la guerre aux Nereïdes,
Qui deuant leur teint mieux vny,
Cachent leur visage terny
Et leur front tout coupé de rides.

 Or ensemble, ores dissperses;
Ils brillent dans ce cresspe sombre,
Et sous les flots qu'ils ont persez
Laissent esuanouyr leur ombre,
Par fois dans vne claire nuict,
Qui du feu de leurs yeux reluit
Sans aucun ombrage de nuës,
Diane quitte son Berger
Et s'en va là dedans nager,
Auec ses estoilles nues.

 Les ondes qui leur font l'amour,
Se refrisent sur leurs espaules,
Et font dancer tout à l'entour
L'ombre des roseaux & des saules;
Le Dieu de l'eau tout furieux,
Haussé pour regarder leurs yeux
Et leur poil qui flotte sur l'onde,
Du premier qu'il voit approcher,
Pense voir ce ieune cocher
Qui fit iadis brusler le monde.

 Et ce pauure amant langoureux,
Dont le feu tousiours se r'allume,
Et de qui les soins amoureux
Ont fait ainsi blanchir la plume :

Ce beau cygne à qui Phaëton
Laiſſa ce lamentable ton,
Teſmoin d'vne amitié ſi ſainɛte,
Sur le dos ſon aiſle eſleuant
Met ſes voiles blanches au vent,
Pour chercher l'obiect de ſa plainte.

 Ainſi pour flatter ſon ennuy,
Ie demande au Dieu Melicerte,
Si chacun Dieu n'eſt pas celuy
Dont il ſouſpire tant la perte,
Et contemplant de tous coſtez
La ſemblance de leurs beautez,
Il ſent renouueller ſa flamme,
Errant auec des faux plaiſirs
Sur les traces des vieux deſirs,
Que conſerue encore ſon ame.

 Touſiours ce furieux deſſein,
Entretient ſes bleſſeures fraiſches,
Et fait venir contre ſon ſein
L'air bruſlant & les ondes ſeches;
Ces attraits empreints là dedans
Comme auec des flambeaux ardens,
Luy rendent la peau toute noire,
Ainſi dedans comme dehors,
Il luy tient l'eſprit & le corps
La voix, les yeux & la memoire

ODE IIII.

CHaſte oyſeau que ton amitié,
Fut malheureuſement ſuiuie,
Sa mort eſt digne de pitié
Comme ta foy digne d'enuie:
Que ce precipité tombeau,
Qui t'en laiſſa l'obiect ſi beau,

Fut cruel à tes destinees,
Si la mort l'eust laissé vieillir,
Tes passions alloient faillir :
Car tout s'esteind par les annees.

Mais quoy ! le sort a des revers
Et certains mouuemens de haine,
Qui demeurent tousiours couuerts
Aux yeux de la prudence humaine :
Si pour fuyr ce repentir
Ton iugement eust peu sentir,
Le iour qui nous devoit disioindre,
Tu n'eusse iamais veu ce iour,
Et iamais le traict de l'amour
Ne se fut meslé de te peindre.

Pour auoir aymé ce garçon,
Encor apres la sepulture,
Ne crains pas le mauuais soupçon
Qui peut blasmer ton aduanture,
Les courages des vertueux,
Peuuent d'vn vœu respectueux
Aymer toutes beautez sans crime,
Comme donnant à tes amours
Ce chaste & ce commun discours,
Mon cœur n'a point passé ma rime.

Certains Critiques curieux
En trouuent les mœurs offencees,
Mais leurs soupçons iniurieux
Sont les crimes de leurs pensees :
Le dessein de la chasteté
Prend vne honneste liberté,
Et franchit les sottes limites,
Que prescriuent les imposteurs,
Qui sous des robes de Docteurs,

Ont des ames de Sodomies.
　　Le Ciel nous donne la beauté
Pour vne marque de sa grace,
C'est par où sa diuinité
Marque tousiours vn peu sa trace,
Tous les obiects les mieux formez
Doiuent estre les mieux aymez,
Si ce n'est qu'vne ame maligne,
Esclaue d'vn corps vicieux,
Combatte les faueurs des Cieux,
Et demente son origine.

　　O que le desir aueuglé,
Où l'ame du brutal aspire,
Est loin du mouuement reglé
Dont le cœur vertueux souspire,
Que ce feu que nature a mis,
Dans le cœur de deux vrais amis
A des rauissemens estranges,
Nature a fondé cest amour,
Ainsi les yeux ayment le iour,
Ainsi le Ciel ayme les Anges.

　　Ainsi malgré ces tristes bruits,
Et leur imposture cruelle,
Thyrsis & moy goustons les fruits
D'vne amitié chaste & fidele,
Rien ne separe nos desirs,
Ny nos ennuys, ny nos plaisirs,
Nos influences enlassées
S'estreignent d'vn mesme lien,
Et mes sentimens ne sont rien
Que le miroir de ses pensees.

　　Certains feux de diuinité,
Qu'on nommoit autresfois genies

D'vne

D'vne inuisible affinité
Tiennent nos fortunes vnies,
Quelque visage different,
Quelques diuers sort apparent,
Qui se lie en nos aduantures,
Sa raison & son amitié,
Prennent auiourd'huy la moitié
De ma honte & de mes iniures.

 Lors que d'vn si subit effroy
Les plus noirs enfans de l'enuie,
Au milieu des faueurs du Roy,
Oserent menacer ma vie,
Et que pour me voir opprimé
Le Parlement mesme animé
Des rapports de la calomnie,
Sans pitié me vit combattu,
De la secrette tyrannie
Des ennemis de ma vertu.

 Thirsis auecque trop de foy
M'asseura comme il est vnique,
A qui l'Astre luisans sur moy,
De tous mes destins communique,
Il n'eust pas disposé son cours
A commencer les tristes iours,
Dont ie souffre encore l'orage,
Qu'il s'en vint sous vn froid sommeil
De tout ce funeste appareil
A Damon faire voir l'image :

 Tirsis outré de mes douleurs,
Me redit ce songe effroyable,
Qu'vn long train de tant de malheurs
Rendent d'oresnauant aymables ;
D'vn long souspir qui deuança

M

La premiere voix qu'il poussa
Pour predire mon aduanture :
Ie santis mon sang se geler,
Et comme autour de moy voler
L'ombre de ma douleur future.

ODE V.

Damon, dit-il, i'estois au lit
Goustant ce que les nuits nous versent,
Lors que le somme enseuelit
Les soins du iour qui nous trauersent
Au milieu d'vn profond repos,
Où nul regard ny nul propos,
N'abusoit de ma fantasie,
Vne froide & noire vapeur
Me transit l'ame d'vne peur
Qui la tient encore saisie.

Iamais que lors nostre amitié
N'auoit mis mon cœur à la gesne,
Tu me fis lors plus de pitié
Que Philis ne me fait de peine,
Cest effroyable souuenir
Me vint encore entretenir,
Et me redonne les alarmes
Du spectacle plus ennemy,
Qui iamais d'vn œil endormy
A peu faire couler des larmes.

Ie ne sçay si le feu d'amour,
Qui n'abandonne point mon ame,
Au deffaut des rayons du iour
Ouurit lors mes yeux de sa flame :
Combien que dans ce froid sommeil
La risible ardeur du Soleil
Se fut du tout esuanoüie,

Ie creus qu'en ceste fiction
I'auois libre la fonction
De ma veuë & de mon ouye.
 Vn grand fantosme sousterrain
Sortant de l'infernalle fosse,
Enroüé comme de l'airain,
Où rouleroit vne carosse,
D'vn abord qui me menaçoit,
Et d'vn regard qui me blessoit,
Dressant vers moy ses pas funebres,
Fier des commissions du sort
Me dit trois fois Damon est mort :
Puis se perdit dans les tenebres.
 Sans doute que leurs veritez
Plus puissantes que leur mensonges,
Touchent plus fort nos facultez,
Et nous impriment mieux les songes,
Ie retins si bien ses accens,
Et son image dans mes sens
Demeura tellement empreinte,
Que ton corps mort entre mes bras,
Et ton sang versé dans mes draps,
Ne m'eussent pas fait plus de crainte.
 Apres d'vne autre illusion
Reflechissant sur ma pensee,
Et songeant à la vision,
Qui s'estoit fraischement passee,
Ie songeois qu'encor on doutoit
En quel estat Damon estoit,
Et comme au fort de la lumiere,
Où les obiets sont esclaircis,
Ie condamnois les faux soucis,
De mon illusion premiere.

M ij

Mais dans ce doute vn Messager,
Qui portoit les couleurs des Parques,
Me vint de ce fatal danger
Rafraischir les celestes marques,
Vn garçon habillé de dueil,
Qui sembloit sortir du cercueil,
Ouurant les rideaux de ma couche,
Me crie : On a tué Damon :
Mais d'vn accent que le Demon
N'auoit pas esté plus farouche.

Morphee à ce second assaut,
Ostant ses fers à ma paupiere,
Me resueilla tout en sursant,
Et me laissa voir la lumiere :
Ie me leuay deshabillé
Plus transi, plus froid, plus mouillé,
Que si i'estois sorty de l'onde :
C'estoit au point que l'Occident
Laisse sortir le char ardent,
Où roule le flambeau du monde.

Cherchant du soulas par mes yeux,
Ie mets la teste à la fenestre,
Et regarde vn peu dans les Cieux
Le iour qui ne faisoit que naistre :
Et combien que ce songe-là
Dans mon sang que la peur gela,
Laissast encore ses images,
Ie me r'asseure & me rendors
Croyant que les vapeurs du corps
Auoient enfanté ces nuages.

Le sommeil ne m'eust pas repris,
Que songeant encore à ta vie
Tu vins r'asseurer mes esprits

Qu'on ne te l'auoit point rauie,
Il est vray, Thirsis me dis-tu,
Qu'on en veut bien à ma vertu,
La ie te vis dans vne esmeute,
Auancer l'espee à la main
Vers vn portail qui cheut soudain
Et qui t'accabla de sa cheute.

De là ce songe en mon cerueau,
Poursuiuant tousiours son idee,
Ie te vis suiure en vn tombeau
Par vne foulle desbordee,
Les iuges y tenoient leur rang,
L'vn d'entr'eux espancha du sang,
Qui me jaillit contre la face,
Là tout mon songe s'acheua,
Et ton pauure amy se leua
Noyé d'vne sueur de glace.

Cher Tyrsis lors que mon esprit
D'vne souuenance importune,
Repense au destin qui t'apprit
Les secrets de mon infortune,
Lors que ie suis le moins troublé
Tout mon espoir est accablé
De la tempeste ineuitable,
Dont me bat le courroux diuin,
Et voicy comment son deuin
A rendu sa voix veritable.

Ce songe du fatal secret,
Où ma premiere mort fut peinte
Presidoit le cruel decret,
Dont ma liberté fut esteinte,
Ce garçon aux vestemens noirs,
Qui sembloit sortir des manoirs,

Qui ne s'ouurent qu'à la magie,
Lors qu'il parla de mon tombeau
Predisoit l'infame flambeau,
Qui consuma mon effigie.
 Thyrsis encor à l'autre fois,
Que ceste vision suiuie
Par mes regards, & par ma voix
L'asseura que i'estois en vie,
Se doit assez ressouuenir
Du soucy qui le fit venir
Où i'auois commencé ma fuite,
Lors que sa voix moins que ses pleurs
Me dit ce songe de malheurs,
Dont i'attends encore la suitte.
 Ce songe auec autant de foy
Luy fit voir l'espee & la porte,
Et le peuple à l'entour de moy,
Comme d'vne personne morte,
Quand mes foibles bras alarmez
A cinquante voleurs armez
Voulurent presenter l'espee,
Ie cheus sous vn portail ouuert,
Et fus saisi dans le couuert,
Où ma bonne foy fut trompee,
 Soudain le sieur de Commartin
Qui porte des habits funebres,
Me fit serrer à Sainct Quentin
Entre les fers & les tenebres ;
Depuis tousiours tout enchaisné
Soixante Archers m'ont amené
Par les bruits de la populace
Dedans ce tenebreux manoir,
Où ce sang & les Iuges noirs,

M'auoient des-ja marqué la place.

ODE VI.

Ainsi prophetisa Thyrsis
Les malheurs que toute vne annee
Par des accidens si precis
A fait choir sur ma destinee,
La furie de mon destin,
Luy parut au mesme matin,
Qu'elle respandit sa bruine,
Car le Decret du Parlement
Se donnoit au mesme moment,
Que Thyrsis songeoit ma ruine.

Mon innocence & ma raison
Pour eschapper à leur cholere,
Appellerent de ma prison
A l'Autel d'vn Dieu tutelaire,
C'est où ie trouuay mon support,
C'est où Thyrsis courut d'abord
Predire & consoler ma peine
Nous estions lors tous deux couuerts
De ces arbres pour qui mes vers
Ouurent si iustement ma vene.

Nous estions dans vn cabinet
Enceint de fontaines & d'arbres,
Son meuble est si clair & si net,
Que l'esmail est moins que les marbres,
Celuy qui l'a fait si polly
Semble auoir iadis demoly
Le grand Palais de la lumiere,
Et pillant son riche pourpris
De tout ce glorieux debris,
    oir là porté la matiere.

Pour conseruer mon ornement

Le Soleil le laue & l'essuye,
Car c'est le Soleil seulement,
Qui fait le beau temps & la pluye,
Flore y met tant de belles fleurs,
Que l'Aurore ne peut sans pleurs
Voir leur esclat qui la surmonte,
C'est à cause de cet affront,
Qu'elle monstre si peu son front,
Et qu'on la voit rougir de honte.

 L'odeur de ses fleurs passeroit
Le musc de Rome & de Castille,
Et la terre s'offenseroit
Qu'on y bruslast de la pastille,
Le garçon qui se consomma
Dans les ondes qu'il alluma,
Void là tous ces appas renaistre,
Et rauy d'vn obiet si beau,
Il admira que son tombeau
Luy conserue encore son estre.

 La Nymphe qui luy fait la Cour
Le voit là tous les ans reuiure,
Car son opiniastre amour
L'a contraint encore à le suiure,
Là le Ciel semble auoir pitié,
Des longs maux de son amitié,
Et permet par fois au Zephire
De la mener à son amant,
Qui respire insensiblement
L'air des flammes qu'elle souspire.

 Echo dedans vn si beau feu
Ialouse que le Ciel la voye,
Est inuisible & par le peu
De respect de honte & de ioye:

Ainsi

Ainsi mes esprits transportez
Se trouuent tous desconfertez,
Quand vne beauté me regarde,
Et mon discours le moins suspect
Trouue tousiours ou le respect,
Ou la honte qui le retarde.

Quand ie vois partir les regards
Des superbes yeux de Caliste,
Qui sont autant de coups de dards,
Où nulle qu'elle ne resiste,
Le tesmoin le le plus asseuré,
Qui de mon esprit esgaré
Monstre la passion confuse,
C'est que ie ne sçaurois comment
Le prier d'vn mot seulement,
Que sa voix ne me le refuse.

Ie suiurois l'importun desir,
Qui me parle tousiours dans l'ame,
Et prendrois icy le loisir
De parler vn peu de ma flamme :
Mais l'entreprise du tableau,
Qui par vn cabinet si beau,
Commence à pourmener la Muse,
Me tient dans ce Parc enchanté
Où le Printemps le plus hasté,
Tousiours cinq ou six mois s'amuse.

Quand le Ciel lassé d'endurer,
Les insolences de Boree
L'a contraint de se retirer,
Loin de la campagne azuree
Que les Zephyres r'appellez
Des ruisseaux à demy gelez
Ont rompu les escorces dures,

N

Et d'vn soufle vif & serain
Du Celeste Palais d'airain,
Ont chassé toutes les ordures.
 Les rayons du iour esgarez
Parmy des ombres incertaines
Esparpillent les feux dorez
Dessus l'azur de ces fontaines,
Son or dedans l'eau confondu
Auecques ce cristal fondu,
Mesle son teint & sa nature,
Et seme son esclat mouuant,
Comme la branche au gré du vent
Efface & marque sa peinture.
 Zephyre ialoux du Soleil,
Qui paroist si beau sur les ondes,
Trauerse ainsi l'estat vermeil
De ses ailees vagabondes ;
Ainsi ces amoureux Zephyrs,
De leurs nerfs qui sont leurs souspirs,
Renforçant leur secousses fraisches,
Destournent tousiours ce flambeau,
Et pour cacher le front de l'eau
Iettent au moins des fueilles seches.
 L'eau qui fuit en les retardant
Orgueilleuse de leur querelle
Rit & s'eschappe cependant
Qu'ils sont à disputer pour elle,
Et pour prix de tous leurs efforts,
Laissant les ames sur les bords,
De ceste fontaine superbe,
Dissipent toute leurs chaleurs
A conseruer l'estat des fleurs,
Et la molle fraischeur de l'herbe

C'est où se couche Palemon,
Qui triomphe de leur maistresse,
Et plein d'escume & de limon,
Quand il veut reçoit sa caresse :
Ainsi n'aguere deux Bergers
Ont couru les sanglants dangers,
Que l'honneur a mis à l'espee,
Et par vn malheur naturel
Laissent vainqueur de leur duel
Vn vilain qui pleut à Napee.

ODE VII.

LE plus superbe ameublement,
Dont le seiour des bois esclatte,
L'or semé prodigallement
Sur la soye & sur l'escarlatte,
N'eurent iamais rien de pareil
Aux teintures, dont le Soleil
Couure les petits flots de verre,
Quelle couleur peut plaire mieux
Que celle qui contraint les Cieux
De faire l'Amour à la tere ?

Ce cabinet tousiours couuert
D'vne large & haute tenture,
Prend son ameublement tout verd
Des propres mains de la Nature,
D'elle de qui le iuste soin,
Estend ses charitez si loin,
Et dont la richesse feconde,
Paroist si claire en chaque lieu,
Que la prouidence de Dieu
L'establit pour nourrir le monde.

Tous les bleds elle les produit;
Le sep ne vit que de sa force,

Elle en fait le pampre & le fruict,
Et les racines & l'escorce,
Elle donne le mouuement,
Et le siege à chaque element,
Et selon que Dieu l'authorise,
Nostre destin pend de ses mains,
Et l'influance des humains,
Ou leur nuit, ou les fauorise.

　Elle a mis toute sa bonté,
Et son sçauoir & sa richesse;
Et les thresors de sa beauté
Sur le Duc & sur la Duchesse;
Elle a fait les heureux accords,
Qui ioignent leur ame & leur corps;
Bref, c'est elle aussi qui marie
Les Zephyres auec nos fleurs,
Et qui fait de tant de couleurs
Tous les ans leur tapisserie.

　Auec les naturels appas
Dont ce beau cabinet se pare,
La musique ne manque pas
D'y fournir ce qu'elle a de rare,
Ces chantres si tost esueillez,
Qui dorment tousiours habillez,
Quand l'Aurore les vient semondre,
Luy donnent vn si doux salut,
Que Sainct Amant auec son lut,
Auroit peine de les confondre.

　Quand la Princesse y fait seiour,
Ces oyseaux pensent que l'Aurore
A dessein d'y tenir sa Cour,
A quitté les riues du More,
Vn sainct desir de l'approcher

Les anime & les fait pancher
Des branches qui luy font ombrage,
Et deuant ces diuitez
Leur innocentes libertez
Ne craignent rien qui les outrage.

  Leurs cœurs se laissent desrober,
Insensiblement ils s'oublient,
Et aux rameaux qu'ils font courber,
Quelquesfois leurs pieds se desllient,
Leur petit corps precipité
Se fie en la legereté
De la plume qui les retarde,
Ils planent sur leurs esterons
Et voletent aux enuirons
De Siluie qui les regarde.

  Quand elle escoute leurs chansons,
Leur vaine gloire s'estudie,
A reciter quelques leçons,
De leur plus douce melodie,
Chacun d'eux se trouue rauy,
Ils estallent tout à l'enuy
Leur thresor caché sous la plume,
Et ses remedes si plaisans
Qui des soucis les plus cuisans
Destrempent toute l'amertume.

  Comme les Chantres quelquefois,
D'vne complaisance ignorante,
Mignardent & l'œil & la voix
Deuant les beaux yeux d'Amarante,
Leur plaisir & leur vanité,
Fait qu'auec importunité,
Ils nous prodiguent leur merueilles,
Et qu'ils chantent si longuement,

Que leur concert le plus charmant
Laisse l'esprit & les oreilles.

 Ainsi l'ntretien d'vn rimeur,
Enflé des arts & des sciences,
Lors qu'il se trouue en bonne humeur
Vient à bout de nos patiences,
Et sans qu'on puisse rebuter
Cest instinct de persecuter
Que leur inspire le Genie,
Il faut à force de parler,
Que leur poulmon las de soufler
Fasse paix à la compagnie.

 Ainsi ces oyseaux s'attachans,
Au dessein de plaire à Siluie,
Dans les longs efforts de leurs chants
Semblent vouloir laisser la vie
Leur gosier sans cesse mouuant,
Estourdit les eaux & le vent
Est vaincu de sa violence,
Quoy qu'il vueille se retenir,
Il peut à peine reuenir
A la liberté du silence.

 Comme ils taschent à qui mieux mieux,
De faire agreer leur hommage,
Leur zele rend presque odieux
Le tumulte de leur ramage,
Leur bruict est ce bruit de Paris
Lors qu'vne voix de tant de cris
Benit le Roy parmy les ruës.
Qu'on le fasche en le benissant,
Et l'air esclatte d'vn accent
Qui semble auoir creué les nuës,

ODE VIII.

Sur tous le Rossignol outré,
Dans son ame encore alterée,
N'a iamais peu dire à son gré
Les affronts que luy fit Terée
Ses poulmons sans cesse enflammez,
Sont ses vieux souspirs r'animez,
Et ce peu d'esprit qui luy reste
N'est qu'vn souuenir eternel,
De maudire son criminel,
Et l'appeller tousiours inceste.

   Ce petit oyseau tout penché
Où la Princesse se presente,
Craint d'auoir le gosier bouché,
Le bec clos, la langue pesante,
Et cependant qu'il peut iouyr
Du bon-heur de se faire ouyr,
Luy raconte son aduanture,
Et gazoüille soir & matin
Sur les caprices du destin
Qui luy fit changer de Nature.

   Il a de si diuers accez
Dans le long recit de sa honte,
Qu'on aura finy mon procez
Quand il aura finy son conte:
Les morts gisans sous Pelion,
Toutes les cendres d'Ilion
N'ont point donné tant de matiere,
De faire des plaintes aux Cieux
Que cest oyseau malicieux
En vomit sur son Cimetiere.

   Ce plaisir reste à son mal-heur
Que sa voix daigne de le suiure,

A fin de venger sa douleur
L'a fait continuer de viure,
Il ne fait pas bon irriter
Celuy qui sçait si bien chanter :
Car l'artifice de l'enuie
Ne sçauroit trouuer vn tombeau,
D'où son esprit tousiours plus beau
Ne reuienne encore à la vie.

   La cendre de son monument
Malgré les traces ennemies,
Fait reuiure eternellement
Son merite & leurs infamies,
Les vers flateurs & mesdisans
Trouuent tousiours des partisans :
Le pinceau d'vn faiseur de rimes,
S'il est adroit aux fictions,
Aux plus sinceres actions
Sçait donner la couleur des crimes.

   Dieux que c'est vn contentement
Bien doux à la raison humaine,
Que d'exhaler si doucement
La douleur que nous fait la haine :
Vn brutal qu'on va poursuiuant
Dans des souspirs d'air & de vent,
Cherche vne honteuse allegeance,
Mais la douleur des bons esprits
Qui laisse des souspirs escrits
Guerit auecques la vengeance.

   Auiourd'huy dans les durs soucis
Du mal-heur qui me bat sans cesse,
Si mes sens n'estoient adoucis
Par le respect de la Princesse :
I'escrirois auecques du fiel

Les

Les aduersitez dont le Ciel,
Souffre que les meschans me troublent,
Et quand mes maux m'accableroient,
Mes iniures redoubleroient
Comme leur cruautez redoublent.
　　Peut-estre les sanglants autheurs
De tant & de si longs outrages,
Ces infames persecuteurs
Verront mourir leurs vieilles rages,
Et si ma fortune à son tour
Permet que ie me venge vn iour :
N'ay-ie point vn ancre assez noire,
Et dans ma plume assez de traicts,
Pour les peindre dans ces portraicts
Qui font horreur à la memoire ?
　　Mais icy mes vers glorieux
D'vn obiect plus beau que les Anges,
Laissent ce soing iniurieux
Pour s'occuper à des loüanges,
Puis que l'horreur de la prison
Nous laissent encor la raison ;
Muses laissons passer l'orage
Donnons plustost nostre entretien,
A loüer qui nous fait du bien
Qu'à maudire qui nous outrage.
　　Et mon esprit voluptueux
Souuent pardonne par foiblesse,
Et comme font les vertueux
Ne s'aigrit que quand on le blesse
Encore dans ces lieux d'horreur
Ie ne sçay quelle molle erreur,
Parmy tous ces obiects funebres
Me tire tousiours au plaisir,

O

Et mon œil qui suit mon desir,
Void Chantilly dans ces tenebres.
    Au trauers de ma noire tour
Mon ame a des rayons qui percent,
Dans ce Parc que les ieux du iour
Si difficilement trauersent.
Mes sens en ont tout le tableau,
Ie sens les fleurs au bord de l'eau,
Ie prens le frais qui les humecte,
La Princesse s'y vient asseoir
Le roy comme elle y va le soir
Que le iour fuit & la respecte.

    Les oyseaux n'y font plus de bruit,
Le seul Roy de leur harmonie,
Qui touche vn luth en pleine nuict
Demeure en nostre compagnie;
Et laissant ces vieilles douleurs
Dans la lumiere & les chaleurs
Que la suitte du iour emporte,
Il concerte si sagement
Qu'il semble que le iugement
Luy forme des airs de la sorte.

ODE IX.

Moy qui chante soir & matin
Dans le cabinet de l'Aurore,
Où ie voy ce riche butin
Qu'elle prend au riuage More,
L'or les perles & les rubis
Dont ses flammes & ses habits,
Ont iadis marqué la Cigalle,
Et tout ce superbe appareil
Qu'elle desroboit au Soleil
Pour se faire aymer à Cephale.

Ie vis vn iour enseuelis
Deuant la Reine d'amathote,
Tous les œillets & sous les lis
Que la terre cachoit de honte,
Car ie chantay l'hymne du prix
Qui fit voir que deuant Cypris
Toute autre beauté comparee,
Si peu les siennes esgalloit,
Qu'vn enfant cogneust qu'il falloit
Luy donner la pomme doree.

Tous les iours la Reine des bois
Deuant mes yeux passe & repasse,
Et souuent pour ouyr ma voix
Se destourne vn peu de la chasse,
Souuent qu'elle se va baigner
Où rien ne l'ose accompagner
Que ses Dryades vagabondes,
I'ay tout seul ceste priuauté
De voir l'esclat de sa beauté
Dans l'habit de l'air & de l'onde.

Mais i'atteste l'air & les Cieux
Dont ie tiens la voix & la vie,
Que mon iugement & mes yeux
Ayment mieux mille fois Siluie,
Vn de ses regards seulement
Qui partent si nonchalamment,
Donne à mes chansons tant d'amorce,
Et de si doutes vanitez,
Que les autres diuinitez
N'en iouyssent plus que de force.

Si mes airs cent fois recitez,
Comme l'ambition me presse,
Meslent tant de diuersitez

Aux chansons que ie vous adresse,
C'est que ma voix cherche des traits,
Pour vn chacun de vos attraits :
Mais c'est en vain qu'elle se picque
De satisfaire à tous mes vœux,
Car le moindre de vos cheueux
Peut tarir toute ma musique.

  Quand ma voix qui peut tout rauir
Reüssiroit à vous complaire,
Le soin que i'ay de vous seruir
Tasche en vain de me satisfaire ;
Ie croy que mes airs innocens
Au lieu d'auoir flatté vos sens
Leur ont donné de la tristesse,
Et que mes accens enroüez,
Au lieu de les auoir loüez :
Ont choqué leur delicatesse.

  Quand la nuict vous oste d'icy
Et que ses ombres coustumieres,
Laissent ce cabinet noircy
De l'absence de vos lumieres,
Aussi tost i'oy que le Zephyr
Me demande auec vn souspir
Ce que vous estes deuenuë :
Et l'eau me dit en murmurant,
Que ie ne suis qu'vn ignorant
De vous auoir si peu tenuë.

  O Zephyres ! ô cheres eaux
Ne m'en imputez point l'iniure,
I'ay chanté tous les airs nouueaux
Que m'aprit autrefois Mercure :
Mais que ma voix d'oresnauant
N'approche ny ruisseau ny vent,

Que l'air ne porte plus mes aisles,
Si dans le printemps auenir
Ie n'ay dequoy l'entretenir
De dix milles chansons nouuelles.

 Ainsi finit ces tons charmeurs,
L'oyseau dont le gosier mobile,
Souffle tousiours à nos humeurs
Dequoy faire mourir la bile,
Et bruslant apres son dessein
Il ramasse dedans son sein
Le doux charme des voix humaines,
La musique des instrumens
Et les paisibles roulemens
Du beau cristail de nos fontaines.

 Comme en la terre & par le Ciel
Des petites mouches errantes,
Meslent pour composer leur miel
Mille matieres differentes,
Formant ses airs qui sont ses fruicts,
L'oyseau digere mille bruicts
En vne seule melodie,
Et selon le temps de sa voix,
Tous les ans le Parc vne fois
Le reçoit & le congedie.

ODE X.

Rossignol c'est assez chanté
Ce Parc est desormais trop sombre,
Ie trouue Appollon rebuté
D'escrire si long temps à l'ombre,
Ces lieux si beaux & si diuers
Meritent chacun tous les vers
Que ie dois à tout le volume:
Mais ie sens croistre mon subiect,

Et toûjours vn plus grand obiect
Se vient presenter à ma plume.
    Ie sçay qu'vn seul rayon du iour
Meriteroit toute ma peine,
Et que ces estancs d'alentour
Pourroient bien engloutir ma peine,
Vne goute d'eau, vne fleur,
Chaque fueille & chaque couleur
Dont Nature a marqué ces marbres,
Meritent tout vn liure à part
Auſsi bien que chaque regard
dont Siluie a touché ces arbres.
    Mais les Myrtes & les Lauriers
De tant de beautez de sa race,
Et de tant de fameux guerriers
Me demandent desia leur place,
Saincts Rameaux de Mars & d'Amour
En quel si reculé seiour,
Vous plaiſt-il que ie vous apporte?
C'eſt pour vous immortels rameaux
Que i'abandonne ces ormeaux
Et foule aux pieds leur fueille morte.
    Pour vous ie laiſſe auprés de moy
Vne loge auiourd'huy deserte,
Que iadis pour l'amour d'vn Roy
Ces arbres ont ainſi couuerte,
Sous ce toict loing des Courtiſans
De qui les soupçons medisans
N'ont iamais appris à se taire;
Alcandre a mille fois gouſté
Ce qu'vn Prince a de volupté
Quand il trouue vn lieu solitaire.
    Ie dirois les secrets momens

Des faueurs des feintes malices;
Dont le caprice des Amants
Forme leur plainte & leur delices:
Mais si l'œil de Siluie vn iour
De ceste lecture d'Amour
Auoit surpris son innocence,
Ma prison me serois trop peu,
Lors faudroit-il dresser le feu
Dont on veut punir ma licence.

 Suiuant le vertueux sentier
Où mon iuste dessein m'atire,
Ie laisse à gauche ce quartier
Pour le Faune & pour le Satyre;
Or quelque si pressant dessein
Qui m'enflamme auiourd'huy le sein,
Quelque vanité qui m'appelle,
Ce seroit vn peché mortel,
Si ie ne visitois l'Autel,
Estant si pres de la Chapelle.

 Que ces arbres sont bien ornez,
Ie suis rauy quand ie contemple
Que ces promenoirs sont bornez
Des sacrez murs d'vn petit Temple,
Icy loge le Roy des Roys,
C'est ce Dieu qui porta la Croix,
Et qui fit à ces bois funebres
Attacher ses pieds & ses mains,
Pour deliurer tous les humains
Du feu qui vit dans les tenebres.

 Son Esprit par tout se mouuant,
Fait tout viure & mourir au monde,
Il arreste & pousse le vent,
Et le flux & reflus de l'onde;

Il oste & donne le sommeil,
Il monstre & cache le Soleil,
Nostre force & nostre industrie
Sont de l'ouurage de ses mains,
Et c'est de luy que les humains
Tiennent race, & biens & patrie.

 Il a fait le Tout du neant,
Tous les Anges luy font hommage,
Et le Nain comme le Geant
Porte sa glorieuse Image,
Il fait au corps de l'Vniuers
Et le sexe & l'aage diuers ;
Deuant luy c'est vne peinture
Que le Ciel & chaque Element,
Il peut d'vn traict d'œil seulement
Effacer toute la Nature.

 Tous les siecles luy sont presens,
Et sa grandeur non mesuree
Fait des minutes & des ans,
Mesme trace & mesme duree,
Son Esprit, par tout espandu,
Iusqu'en nos ames descendu,
Voit naistre toutes nos pensees,
Mesme endorment nos visions
N'ont iamais eu d'illusions
Qu'il n'ait auparauant tracees.

 Icy muses à deux genoux,
Implorons sa diuine grace,
D'imprimer tousiours deuant nous
Les marques d'vne heureuse trace :
C'est elle qui nous doit guider,
Depuis celuy qui vint fonder,
La premiere Croix dans la France,

I qu'à

Iusqu'à sa race qui promet
De la planter chez Mahomet,
Auec la pointe de sa lance.

C'est où mon esprit enchaisne
Goustera par vn long estude
L'aise que prend mon cœur bien né
Quand il combat l'ingratitude,
Et si i'ay bien loüé les eaux,
Les ombres, les fleurs, les oyseaux,
Qui ne songent point à me plaire :
Lisis qui songe à mon ennuy
Verra sur sa race & sur luy
Ma recognoissance exemplaire.

Il faudroit que ce deuancier
Le plus vieux que ie veux produire,
Eust bien enroüillé son acier
Si ie ne le faisois reluire :
Mais les liures & les discours
Ont si bien conserué le cours
De ceste veritable gloire,
Que ie feray de mauuais vers,
Si vos tiltres les plus couuerts,
Ne font esclat en la memoire.

P

LETTRE DE THEOPHILE A SON FRERE.

Mon frere mon dernier appuy,
Toy seul dont le secours me dure,
Et qui seul trouues auiourd'huy
Mon aduersité longue & dure,
Amy ferme, ardant, genereux
Que mon sort le plus mal-heureux,
Picque d'auantage à le suiure :
Acheue de me secourir,
Il faudra qu'on me laisse viure
Apres m'auoir fait tant mourir.

Quand les dangers où Dieu m'a mis
Verront mon esperance morte,
Quand mes iuges & mes amis
T'auront tous refusé la porte,
Quand tu seras las de prier,
Quand tu seras las de crier,
Ayant bien balancé ma teste
Entre mon salut & ma mort,
Il faut en fin que la tempeste
M'ouure le sepulchre ou le port.

Mais l'heure qui la peut sçauoir ?
Nos mal-heurs ont certaines courses,
Et des flots dont on ne peut voir
Ny les limites ny les sources,
Dieu seul cognoist ce changement :
Car l'esprit ny le iugement,
Dont nous a pourueus la Nature,
Quoy que l'on veille presumer

N'entend non plus noſtre aduanture,
Que le ſecret flux de la Mer.
　Ie ſçay bien que tous les viuans,
Euſſent-ils iuré ma ruyne,
N'ayderont point mes pourſuiuans,
Malgré la volonté diuine,
Tous les efforts ſans ſon adueu
Ne ſçauroient m'oſter vn cheueu,
Si le Ciel ne les authoriſe:
Ils nous menaſſent ſeulement,
Eux ny nous de leur entrepriſe
Ne ſçauons pas l'euenement.
　Cependant ie ſuis abbatu,
Mon courage ſe laiſſe mordre,
Et d'heure en heure ma vertu
Laiſſe tous mes ſens en deſordre,
La raiſon auec ſes diſcours,
Au lieu de me donner ſecours,
Eſt importune à ma foibleſſe
Et les pointes de la douleur,
Meſme alors que rien ne me bleſſe
Me changent & voix & couleur.
　Mon ſens noircy d'vn long effroy
Ne me plaiſt qu'en ce qui l'attriſte,
Et le ſeul deſeſpoir chez moy
Ne trouue rien qui luy reſiſte,
La nuict mon ſomme interrompu,
Tiré d'vn ſang tout corrompu,
Me met tant de frayeurs dans l'ame,
Que ie n'oſe bouger mes bras,
De peur de trouuer de la flame,
Et des ſerpens parmy mes dras.
　Au matin mon premier obiect,

P ij

C'est la cholere insatiable,
Et le long & cruel project
Dont m'attaquent les fils du Diable,
Et peut estre ces noirs Lutins
Que la haine de mes destins
A trouué si prompts à me nuire,
Vaincus par des Demons meilleurs
Perdent le soin de me destruire
Et souflent leur tempeste ailleurs.

 Peut estre comme les voleurs
Sont quelquefois lassez de crimes,
Les ministres de mes malheurs
Sont las de dechiffrer mes rimes :
Quelque reste d'humanité
Voyant l'iniuste impunité
Dont on flatte la calomnie :
Peut estre leur bat dans le sein,
Et s'oppose à leur felonnie
Dans vn si barbare dessein.

 Mais quand il faudroit que le Ciel
Meslat sa foudre à leur bruyne,
Et qu'ils auroient autant de fiel
Qu'il leur en faut pour ma ruyne,
Attendant ce fatal succez,
Pourquoy tant de fieureux accez
Me feront ils paslir la face,
Et si souuent hors de propos
Auecques des sueurs de glace ;
Me troubleront ils le repos ?

 Quoy que l'implacable courroux
D'vne si puissante patrie,
Fasse gronder trente verroux
Contre l'espoir de ma sortie,

Et que ton ardente amitié
Par tous les soins de la pitié
Que te peut fournir la nature,
Te rende en vain si diligent
Et ne donne qu'à l'aduanture
Tes pas, tes cris, & ton argent.
 J'espere toutesfois au Ciel,
Il fit que ce troupeau farouche,
Tout prest à deuorer Daniel,
Ne trouua ny griffe ny bouche;
C'est le mesme qui fit iadis
Descendre vn air de Paradis
Dans l'air bruslant de la fournaise,
Où les Saincts parmy les chaleurs,
Ne sentirent non plus la braise,
Que s'ils eussent foulé des fleurs.
 Mon Dieu mon souuerain recours
Peut s'opposer à mes miseres,
Car ses bras ne sont pas plus courts
Qu'ils estoient au temps de nos peres,
Pour estre si prest à mourir
Dieu ne me peut pas moins guerir,
C'est des aflictions extremes
Qu'il tire la posperité
Comme les fortunes supremes,
Souuent le trouuent irrité.
 Tel de qui l'orgueilleux destin
Braue la misere & l'enuie
N'a peut estre plus qu'vn matin,
Ny de volupté ny de vie;
La fortune qui n'a point d'yeux
Deuant tous les flambeaux des Cieux,
Nous peut porter dans vne fosse,

P i

Elle va haut, mais que sçait-on,
S'il fait plus seur dans sa Carosse
Que dans celle de Phaëton.

 Le plus braue de tous les Roys
Dressant vn appareil de guerre,
Qui deuoit imposer des loix
A tous les peuples de la terre,
Entre les bras de ses subjets
Asseuré de tous les obiets
Comme de ses meilleures gardes
Se vit frappé mortellement,
D'vn coup à qui cent hallebardes
Prenoient garde inutilement.

 En quelle place des mortels
Ne peut le vent creuer la Terre,
En quel Palais & quels Autels
Ne se peut glasser le tonnerre?
Quels vaisseaux & quels matelots
Sont tousiours asseurez des flots,
Quelquefois des Villes entieres
Par vn horrible changement
Ont rencontré leurs Cimetieres
En la place du fondement.

 Le sort qui va tousiours de nuict
Enyuré d'orgueil & de ioye,
Quoy qu'il soit sagement conduit
Garde mal-aisement sa voye ;
Hà que les souuerains decrets
Ont tousiours demeuré secrets
A la subtilité des hommes !
Dieu seul cognoist l'estat humain
Il sçait ce qu'auiourd'huy nous sommes,
Et ce que nous serons demain.

Or selon l'ordinaire cours
Qu'il fait observer à Nature
L'Astre qui preside à mes iours
S'en va changer mon aduanture,
Mes yeux sont espuisez de pleurs
Mes esprits vsez de malheurs,
Viuens d'vn sang gelé de craintes,
La nuict trouue en fin la clarté,
Et l'excez de tant de contraintes
Me presage ma liberté.

 Quelque lacs qui me soit tendu
Par de si subtils aduersaires,
Encore n'ay-ie point perdu
L'esperance de voir Bousseres ?
Encor vn coup le Dieu du iour
Tout denant moy fera sa Cour,
Es riues de nostre heritage,
Et ie verray ses cheueux blons
Du mesme or qui luit sur le Tage
Dorer l'argent de nos sablons.

 Ie verray ces bois verdissants
Où nos Isles & l'herbe fraische
Seruent aux troupeaux mugissants
Et de promenoir & de Creche ;
L'Aurore y trouue à son retour
L'herbe qu'ils ont mangé le iour ;
Ie verray l'eau qui les abreuue
Et i'orray plaindre les grauiers,
Et repartir l'Echo du fleuue
Aux iniures des mariniers.

 Le pescheur en se morfondant
Passe la nuict dans ce riuage,
Qu'il croit estre plus abondant

Que les bords de la mer sauuage,
Il vend si peu ce qu'il a pris
Qu'vn teston est souuent le prix,
Dont il laisse vuider sa nasse,
Ee la quantité du poisson
Deschire par fois la tirasse
Et n'en paye pas la façon.

  S'il plaist à la bonté des Cieux
Encore vne fois à ma vie
Ie paistray ma dent & mes yeux
Du rouge esclat de la Pauie,
Encore ce brignon muscat
Dont le pourpre est plus delicat
Que le teint vny de Caliste
Me fera d'vn œil mesnager
Estudier dessus la piste
Qui me l'est venu rauager.

  Ie cueilleray ces Abricots,
Les fraises à couleur des flames,
Où nos Bergers font des escots,
Qui seroient icy bons aux Dames,
Et ces figues & ces Melons,
Dont la bouche des Aquilons
N'a iamais sçeu baiser l'escorce,
Et ces iaunes muscats si chers,
Que iamais la gresle ne force
Dans l'asyle de nos Rochers.

  Ie verray sur nos grenadiers
Leurs rouges pommes entr'ouuertes,
Où le Ciel comme à ses lauriers
Garde tousiours des fueilles vertes;
Ie verray ce touffu Iasmin
Qui fait ombre à tout le chemin

D'vne

D'vne assez spacieuse allee,
Et la parfume d'vne fleur
Qui conserue dans la gelee
Son odorat & sa couleur.

Ie reuerray fleurir nos prez
Ie leur verray couper les herbes,
Ie verray quelque temps apres
Le paysan couché sur les gerbes,
Et comme ce climat diuin
Nous est tres-liberal de vin,
Apres auoir remply la grange,
Ie verray du matin au soir
Comme les flots de la vendange
Escumeront dans le pressoir.

Là d'vn esprit laborieux
L'infatigable Bellegarde,
De la voix, des mains & des yeux
A tout le reuenu prend garde,
Il cognoist d'vn exacte soin
Ce que les prez rendent de foin,
Ce que nos troupeaux ont de leines,
Et sçait mieux que les vieux paysans
Ce que la montagne & la plaine
Nous peuuent donner tous les ans.

Nous cueillirons tout à moitié
Comme nous auons faict encore,
Ignorants de l'inimitié,
Dont vne race se deuore
Et freres & sœurs, & neueux,
De mesmes soins, de mesmes vœux,
Flatant vne si douce terre,
Nous y trouuerons trop dequoy

Q

Y d'eust l'orage de la guerre
R'amener le Canon du Roy.
  Si ie passois dans ce loisir
Encore autant que i'ay de vie,
Le comble d'vn si chair plaisir,
Borneroit toute mon enuie ;
Il faut qu'vn iour ma liberté
Se lasche en ceste volupté ;
Ie n'ay plus de regret au Louure,
Ayant vescu dans ces douceurs,
Que la mesme terre me couure
Qui couure mes predecesseurs.
  Ce sont les droits que mon pays
A meritez de ma naissance,
Et mon sort les auroit trahis
Si la mort m'arriuoit en France ;
Non, non quelque cruel complot,
Qui de la Garonne & du Lot,
Vueille esloigner ma sepulture
Ie ne dois point en autre lieu
Rendre mon corps à la Nature,
Ny resigner mon ame à Dieu.
  L'esperance ne confond point,
Mes maux ont trop de vehemence,
Mes trauaux sont au dernier point,
Il faut que mon propos commence ;
Qu'elle vengence n'a point pris
Le plus fier de tous ces esprits
Qui s'irritent de ma constance,
Ils m'ont veu laschement soubmis
Contrefaire vne repentance
De ce que ie n'ay point commis

Ha! que les cris d'vn innocent,
Quelques longs maux qui les exercent
Trouuent mal-ayfément l'accent,
Dont ces ames de fer fe percent,
Leur rage dure vn an fur moy
Sans trouuer ny raifon ny loy,
Qui l'appaife ou qui luy refifte,
Le plus iufte & le plus Chreftien
Croit que fa charité m'affifte
Si fa haine ne me fait rien.

L'enorme fuitte de malheurs!
Dois-ie donc aux races meurtrieres,
Tant de fievres & tant de pleurs,
Tant de refpects, tant de prieres,
Pour paffer mes nuicts fans fommeil,
Sans feu, fans air, & fans Soleil,
Et pour mordre icy les murailles:
N'ay-ie encore fouffert qu'en vain,
Me dois-ie arracher les entrailles
Pour fouler leur derniere faim?

Pariures infracteurs des loix,
Corrupteurs des plus belles ames,
Effroyables meurtriers des Roys,
Ouuriers de coufteaux & de flames,
Pafles Prophetes de tombeaux,
Fantofmes, Lougaroux, Corbeaux,
Horrible & venimeufe engeance
Malgré vous race des enfers,
A la fin i'auray la vengeance
De l'iniufte affront de mes fers,

De rechef mon dernier appuy,
Toy feul dont le fecours me dure,

Q ij

Et qui seul trouues auiourd'huy
Mon aduersité longue & dure,
Rare frere, amy genereux,
Que mon sort le plus malheureux
Picque dauantage à le suiure,
Acheue de me secourir,
Il faudra qu'on me laisse viure
Apres m'auoir fait tant mourir.

F I N.

APOLOGIE
AV ROY.

A PARIS.

M. DC. XXVI.

APOLOGIE
AV ROY.

SIRE,

COMBIEN que mes infortunes me facent recourir à vostre pitié, mon innocence a quelque droict de soliciter vostre Iustice, mes aduersitez me laissent encore assez de iugemēt pour me faire taire, si ie n'estois contraint de parler à V. M. qui ne me refusera point ceste grace, puis qu'au fort de ma captiuité ma voix a tousiours eu de l'accez enuers Dieu. C'est luy, SIRE, qui m'a visiblement arraché des abismes où m'auoit precipité la calomnie, & sans offenser sa Iustice, ie ne puis attribuer ma deliurance à la faueur des hommes, puis qu'il a daigné m'esprouuer, il a monstré qu'il auoit soin de moy, & ceste espreuue est vne marque de son amour, qui laisse de la gloire à mon affliction. Il a veu ma iustification dans ma conscience, & s'estant satisfaict par luy mesme de ces mouuemens interieurs, il a voulu que les hommes me iustifiassent deuant les hommes, & apres vne exacte recherche de mes actions, il a fait consentir mes iuges à

A ij

me laisser viure. S'il n'a pas osté les taches à ma reputation, ce n'est que pour exercer la clemence de V. M. qui les effacera sans doubte lors qu'elle sçaura que ma disgrace me vient plustost des malices de ma fortune que des vices de ma vie. Mais d'autant que ce discours est fascheux, & pour la rudesse de mon style, & pour la dureté du sujet, ie ne vous en diray que ce que ie ne puis taire.

Ce qui a long temps entretenu ces bruicts infames, dont on a desguisé ma reputation, n'est autre chose qu'vne grande facilité que mes ennemis ont trouuee à me persecuter. Le peu de nom que les lettres m'ont acquis, & le peu de rang que ma condition me donne dans la fortune, ont exposé mon esprit & mon honneur sans deffence, au pouuoir insolent de ceux qui l'ont attaqué. Mon impuissance leur a continué ceste impunité, & poussé leur hardiesse si auant, que perdant le respect de l'Eglise, & prophanant la chaire de verité, ils en ont fait vn theatre de diffamation. On a veu mes accusateurs en leurs Sermons faire des longues digressions, & quitter la predication de l'Euangile, pour prescher au peuple leurs meditations frenetiques, & par des iniures d'Athees, d'impie & d'abominable, imprimer dans l'ame de leurs Auditeurs, l'aigreur & l'animosité particuliere qu'ils auoient contre moy. Ils parlent tout haut des Athees, & il ne faut pas presumer qu'il y en ait, ce soupçon est dangereux & coulpable, l'ignorance a cela de mal-heureux qu'elle est presque toustours criminelle, & que mesme les occasions de la vertu la portent ordinairement dans le vice. C'est deshonnorer la grandeur de Dieu, & mal parler de sa puissance, & de sa bonté, que d'accuser les creatures d'auoir perdu la cognoissance de leur Createur, & soupçonner vn si excellent ouurier d'auoir gasté son trauail & desfiguré son image. Les sentimens de la Diuinité sont si expres dans les hommes, qu'il n'y a point d'ame si confirmee au peché, & si destinee à sa perdition, qu'elle n'aye quelque remors du mal, & quelque satisfaction du bien. Les considerations de l'aduenir, & les pensees de la derniere condition de nostre vie, penetrent & les plus subtils & les plus hebetez, & ne nous laissent iamais incapables d'esperer & de craindre. Chacun pretend de se voir en fin, ou bien heureux ou malheureux: personne ne se peut imaginer de demeurer neutre. Ma conscience me rend vn si ferme tesmoignage de ma foy, que toutes ces accusations ne me sçauroient pas seulement faire honte. On n'auoit garde de me trouuer estonné de telles menaces. Ie croyois tousiours estre sans peril, pource que ie ressentois que Dieu cognoissoit bien mon ame, & que V. M. ne fut iamais capable ny de foiblesse ny d'iniustice. Ceux qui taschoiét à vous rendre ma vie odieuse, vous l'ont presentee sous le masque qui vous deuoir faire le plus d'horreur. Rien ne pouuoit d'abord vous former vne auersió de moy, comme la qualité d'impie, directement contraire à la pieté dont V. M. est auiourd'huy l'essence &

la perfection. Ces lasches & noires pratiques s'estant destruites à la clarté d'vne innocence manifeste laissent mes accusateurs conuaincus d'vn scandale punissable des peines qu'ils me souhaittoient. Et pour faire voir à V. M. que ceste Apologie ne deguise point leurs procedures, & ne prend aucun aduantage pour moy que de la verité, ie m'en vay mettre deuant vos yeux toute ceste aduanture, auec protestation de ne rien aduancer que ce qui est escrit au Greffe ne puisse iustifier.

Ce premier Arrest donné par contumace n'enonce aucunes charges & informations faites contre moy, les ruses de mes ennemis ont surpris la religion de la Cour, & supposé malicieusement des liures dont iauois desaduoüé & la composition & l'impression, & fait condemner les Libraires par sentence du Preuost de Paris, mesme d'vn dessein particulier que i'auois d'en esclaircir mes accusateurs, que la condition de Religieux me faisoit croire plus aueuglez de zele que d'inimitié. Ie pris le soin de leur faire voir la condamnation des Imprimeurs absens & fugitifs, mais ils ont tousiours desguisé la cognoissance de mon bon droict, & par vne hypocrisie cruelle ont continué leurs solicitations iusques à ce qu'vne ignominie publique leur eust fait curee de ce fantosme qui fut bruslé en ma representation, ce qui fait esuanouyr toutes les apparences de l'infamie que ie pouuois encourir par ce iugement, & qui a conuaincu l'absurdité de ces iniustes poursuites: c'est que le dernier Arrest donné en plein Parlement, & en grande assemblee de Iuges, a recogneu veritable le desadueu que i'auois fait des liures supposez, comme le premier iugement fut sans aucune preuue, ny d'escrits ny de tesmoinz contre moy, aussi l'a-t'on poursuiuy au temps que vostre Parlement estoit congedié à cause de la contagion; & qu'en l'absence du plus grand nombre de Messieurs de la grand' Chambre, il fallut extraordinairement emprunter des Iuges des Enquestes pour trouuer le nombre de dix Iuges, auquel nombre le procez de contumace fut visité & iugé en vne matinee seulement, qui est pour cela peu de temps. Ie ne me plaindray iamais de vostre Parlement, la voix publique est veritable, qui nous apprend que c'est où la Iustice est renduë auec integrité, & que l'innocence n'y peut estre opprimee. Il m'a conserué la vie que l'on conspiroit de m'oster auec l'honneur, & m'a banny sans estre conuaincu que du malheur d'auoir esté hay. Les mieux sensez & les plus Chrestiens du siecle, qui sont instruits des faussetez de mes accusations, accomparent mon accident aux Arrests qui souuent interuiennent aux procez de sortilege, lors que vos premiers Iuges ont condamné à mort des paures Paysans idiots, le Parlement qui est l'azile de l'innocence, iustifie ces miserables, & neantmoins sur la diffamation les bannit du lieu de leur demeure. C'est vne necessité de la Police, contre laquelle ie ne murmure point, aussi bien ay-ie contribué quelque chose à mon malheur, pource que d'abord, au lieu de luy refifter, ie luy ceday & le renforçay au lieu de le corrompre. Il eft vray que les Iuges ne font rien par imprudence ny par colere. Mon abfence qui n'eftoit que de peur, a donné des foupçons de crime, & la fuitte que ie prenois par refpect de mes ennemis, a authorifé leur perfecution. Tandis que mon eftonnement fembloit appuyer les pretextes de leur inimitié, V. M. faifoit paroiftre quelque trace des fauorables inclinations qui m'ont engagé à fon feruice. Ils employoient auec licence tout l'effort & l'artifice qui pouuoit faire reüffir leur entreprife. On m'auoit bouché tous les Paffages du Royaume. Quelques Preuofts de l'intelligéce de leur cabale eftoiët toufiours aux enuirons du lieu de ma retraitte. Leurs liurets, leurs Sermons, leurs vifites & leurs voyages, n'auoient plus autre fujet que mon oppreffion. I'ay vne confolation bien glorieufe & tres-fenfible, d'auoir recogneu que V. M. ne donnoit aucun adueu à tous ces appareils de ma perte. Vous preftiez voftre confentement à mon falut, & la difpofition que vous auiez à me plaindre pluftoft qu'à me punir, condamnoient la procedure de mes parties, & deftruifoient les aduantages qu'ils penfoient tirer de mon efloignement, vous approuuiez le foin de ceux qui me vouloient conferuer. Monfieur de Montmorency remarque que V. M. m'aimoit autant à Chantilly qu'à Londres, & l'exemple de voftre bien-veillance me feruoit de protection inuiolable enuers tous ceux qui auoient à cœur

voftre

voſtre reſpect & la charité Chreſtienne. Le Parlement imitoit voſtre bonté, & par vne cognoiſſance particuliere de vos intentions me permettoit de fuyr lentement, & donnoit aſſez de loiſir à mes ennemis pour ſe deſdire d'vne pourſuitte qui n'a finy qu'à leur confuſion. I'eſtois deſia ſur la frontiere en la meditation de quitter ma patrie, & dans l'incertitude d'y plus reuenir, & ceſte contrainte d'eſloigner voſtre Cour, tenoit mon eſprit dans des troubles qui me rendoient indifferente & la capture & l'euaſion. Ce changement de pays ne m'euſt pas eſté faſcheux, ſi Dieu m'euſt fait naiſtre ailleurs qu'en France, ou ſous vn autre regne que celoy de voſtre Majeſté; mais voſtre Empire & vos vertus ont pour moy des amorces ſi puiſſantes, que c'eſt me retirer du monde que de vous abandonner : auſſi m'en allois ie auec des inquietudes & des pareſſes, qui teſmoignoient aſſez que le danger de mourir en voſtre Royaume m'affligeoit moins que le regret d'en ſortir. Ceſte apprehenſion ne laiſſoit point de repos en mon ame. I'eſtois deſia dans les ſupplices dont mon empriſonnement m'a retiré, & ſi la violence de mes ennemis n'euſt precipité le deſſein de ma ruyne, i'euſſe touſiours reculé à ma iuſtification, & on n'euſt iamais deſcouuert mon innocence ny leur impoſture. Lors que i'eſtois aux termes de relaſcher à leur fureur, & que la patience de V. M. & des Iuges leur donnoit & le temps & le conſeil de ſe moderer. Vn homme qui fait profeſſion de Religieux, & qui a fait

B

le dernier vœu, s'aduisa de corriger voſtre clemence, & n'eſtant hardy que de ma timidité, s'aduentura de me tendre les pieges dont il ſe trouue encore enueloppé. Il auoit à ſa deuotion vn Lieutenant du Preuoſt de la Conneſtablie nommé le Blanc, ſon confident particulier; celuy-là print vn tel ſoin de luy rendre ceſte complaiſance, & ſe trouua ſi puiſſant dans ceſte commiſſion, qu'vne place qui peut ſouſtenir des ſieges Royaux ſe trouua ſi foible pour ma protection. Ce Religieux qui diſpoſa ſi abſolument de cet officier de Iuſtice, & qui trouua le gouuerneur de voſtre Citadelle ſi facile, c'eſt SIRE, le Pere Voiſin Ieſuiſte, qui par vne fantaiſie deſreglee, & par vn caprice tres-ſcandaleux, s'eſt ietté dans la vengeance d'vn tort qu'il n'a point receu, & s'eſt forgé des ſujets d'offence, pour auoir pretexte de me hayr. Ie dirois à voſtre Majeſté les ſecrettes maladies de cét eſprit, ſi ce n'eſtoit vne inciuilité criminelle que de vous en entretenir: cét homme-là eſgaré de ſon ſens, & tres ignorant du mien, a fait gliſſer dans des ames foibles vne fauſſe opinion de mes mœurs & de ma conſcience, & proſtituant l'authorité de ſa robbe à l'extrauagance de ſa paſſion. Il a fait eſclat de toutes ces infames accuſations, dont il fait aujourd'huy penitence. Il a penetré tous les lieux de ſes cognoiſſances & des miennes, pour y reſpandre la mauuaiſe odeur qui auoit rendu ma reputation ſi odieuſe. Il a ſuborné le zele d'vn pere eſtourdy, qui a vomy tout vn volume pour deſcharger la bile de ſon compagnon, c'eſt l'Autheur de la Doctrine curieuse, & de quelques autres liures outrageux, à qui ma seule disgrace semble auoir donné des priuileges, & dont les crimes n'ont trouué de l'impunité qu'en la faueur de ceste animosité publique, qui authorise tout ce qui me peut iniurier. Le rapport de l'erreur populaire à ces genies malins, & certaine conformité des enuieux & des ignorans, m'auoit suscité vne haine si generale, & tellement alteré les sentimens des gens de bien, que chacun auoit interest à me deshonorer, & que personne ne pouuoit estre sauué s'il ne taschoit à me perdre. Cela me mit des espions par tout, mes plus seures confidences m'estoient des embusches, & le lieu de mon azile fut celuy de ma prise. La franchise & la confiance, qui suiuent ordinairement les Innocens, m'ostoient les soins de ma seureté, & me tenoient tousiours à la mercy de la trahison. Ie ne pouuois prendre aucun ombrage du danger le plus apparent, & me trouuois fort nonchalant à l'esuiter : ma conscience m'asseuroit de ma probité, & vostre Iustice m'asseuroit de mon salut. Les crimes qu'on m'imputoit sont de telle nature, que si i'en eusse esté capable Dieu ne m'eust pas permis de viure sous le regne de LOVYS LE IVSTE, & ceste ardente affection, que i'ay pour vostre seruice, ne sçauroit compatir auec des inclinations peruerses. Ie croy que vous aymer c'est estre homme de bien ; & ie suis si asseuré de l vn que ie ne puis me deffier de l'autre, si les resmoignages que ie vous en ay rendus n'ont iamais sceu

B ij

faire ny mon deuoir ny ma volonté : c'eſt que Dieu ne m'a pas donné aſſez de fortune pour auoir de l'employ aupres de voſtre Majeſté, ny aſſez d'eſprit pour le meriter. Ceſte baſſe & facile occupation des vers ne ſatisfait point mon ambition, & ſe trouue inutile à vos loüanges : pource que voſtre Majeſté ayant merité tout ce que les plus grands Roys ont iamais acquis de gloire : tous ceux qui les ont loüez ont eſcrit pour vous, & apres tant de liures & tant de ſtatuës, ie croy que la plus entiere image de leur valeur, c'eſt voſtre courage, lequel il n'eſt pas beſoin que ma plume faſſe paroiſtre, puis que vos exploicts l'ont deſia fait voir à tout le monde. Si ceſte conſideration vous rend auiourd'huy tous les eſcriuains inutiles, ie ne dois pas eſtre le ſeul puny de ceſte impuiſſance, les autres approchent voſtre perſonne, & ie ſuis banny de voſtre Royaume, ils ont les plaiſirs de la Cour auec des recompenſes, & ie n'ay pas ſeulement l'vſage de la vie qu'auec des peines : ie n'enuie point leur condition, mais ie me plains de la mienne. Ie ſuis l'exemple de la plus longue & plus dure calamité de noſtre ſiecle. Il n'y a point d'homme qui aye des appetits ſi delicats pour la vie, ny de ſi tendres ſentimens pour la volupté, qui n'aymaſt mieux ſe priuer de l'vn & de l'autre par des tourmens les plus exquis, que de ſouffrir le ſale & le cruel traittement d'vne ſi longue priſon que la mienne. Si Dieu ne m'euſt fait naiſtre d'vn temperament robuſte, & d'vne conſtitution bien ſaine, ie fuſſe mort mille fois de plusieurs incommoditez, dont, Dieu mercy, ie n'ay pas esté seulement malade: on m'a traitté deux ans durant auec des rigueurs capables de consommer des pierres; d'abord que ie fus pris on me tint pour condemné, ma dettéion fut vn supplice, & les Preuosts des executeurs, ils estoient trois sur chacun de mes bras, & autour de moy autant que le lieu par où ie passois en pouuoit contenir: on m'enleua dans la chambre du sieur de Meulier pour y faire mon procez verbal, qui ne fut autre chose que l'inuentaire de mes hardes & de mon argent, qui me fut tout saisi. Apres mon interrogatoire, qui ne contenoit aucune accusation, Monsieur de Commartin m'asseura que i'estois mort, ie luy respondy que le Roy estoit Iuste & moy innocent; de là il ordonne que ie fusse conduit à S. Quentin, par où il prenoit son chemin, à fin de reioindre Monsieur le Connestable qu'il auoit quitté pour assister le Preuost à ma capture. On m'attacha de grosses cordes par tout, & sur vn cheual foible & boiteux, qui m'a fait courir plus de risque que tous les tesmoins de mes confrontations. L'execution de quelque criminel bien celebre n'a iamais eu plus de foule à son spectacle que i'en eus à mon emprisonnement. Soudain que ie fus escroüé on me deuala dans vn cachot, dont le toict mesme estoit sous terre: ie couchois tout vestu, & chargé de fers si rudes & si pesans, que les marques & la douleur en demeurent encor en mes iambes; les murailles y suoient d'humidité, & moy de peur. Ie vous confesse, SIRE, que ie ne me trouuay ny assez brutal, ny assez Philosophe, pour me resoudre promptement en vn accident si outrageux. Ie sentis vn grand desordre en tous les mouuemens de mon ame, mon vnique recours dans ceste solitude si serree & si obscure, ce fut ma priere ardente, que i'adressay au Fils du Dieu viuant. Et les vœux que ie fis à sa Mere, *Ad Dominum cum tribularere lamsui & exaudiuit me*. Et combien que ma deuotion sembloit alors forcee, elle estoit pourtant veritable, mes pechez qui sont infinis, n'ont point retardé le secours de la misericorde diuine, dont i'ay ressenty des effects si puissans, que depuis ces premieres espouuantes, mon ame n'a iamais esté sans esperance & sans consolation: ce qui renforçoit beaucoup mon asseurance, c'estoit vne ferme persuasion que i'auois du solide & parfait iugement de vostre Majesté, qui ne cognoissoit pas si peu ma vie, qu'il ne la trouuast digne d'estre examinee auant que condemnee. Ie passois ces premiers iours de ma captiuité dans des incommoditez tres-rigoureuses, & dans des viues apprehensions de mon procez, qui m'a tousiours esté plus à craindre, pour la puissance de mes ennemis, que pour mon crime. Et sans blesser l'integrité des autres corps de Iustice, ie crois que l'aduantage que vostre Majesté m'a faict, de laisser ma cause à la Cour de Parlement de Paris, a beaucoup diminué mon danger. Ces Iuges-là, SIRE, ne trompent personne, & ne sçauroient estre trompez. Ils enuoyerent la compagnie de deffunctis à S.

Quentin, pour de là me conduire à la Conciergerie du Palais.

I'eſtois bien aiſe d'aller rendre compte de ma vie deuant des gens que ie ſçauois eſtre capables de la bien meſnager: mais la rudeſſe de ceux qui m'amenerent troubloit vn peu mon eſperance, & me faiſoit craindre la paſſion de quelques particuliers, qui pouuoient leur auoir recommandé ceſte ſeuerité: mes accuſateurs ont des inſtrumens de toute nature, & condition par tout. I'eſtois monté encore plus mal que de l'ordonnance de Monſieur de Commartin, & attaché tout le long du voyage auec des chaiſnes, ſans auoir la liberté du ſommeil ny du repas, & ſans quitter les fers ny nuict ny iour: on ne ſuiuit iamais le grand chemin, & comme s'il y euſt eu des deſſeins par tout à m'enleuer, les troupeaux, ou les arbres vn peu eſloignez leur donnoient quelques allarmes aſſez ridicules, que ie reſerue à mes vers, plus capables de ceſte peinture que la proſe: Eſtant arriué à la Conciergerie, dont la preſſe du peuple m'empeſchoit l'entree, ie fus enleué dans la groſſe tour & porté tout d'abord dans le meſme cachot, où le plus execrable parricide de la memoire a eſté gardé: on y renferma deux gardes, qui furent quatre mois dans le cachot, auec auſſi peu de liberté que i'en auois, le chagrin & les maladies qui ſont preſques ineuitables en ce lieu là, leur firent à la fin donner licence de ſortir: depuis on m'aſſocia des priſonniers appellans de la mort. Apres auoir eſté ſix mois dans vne tresgrande impatience de me faire ouyr. Monsieur le Procureur General me fit l'honneur de me venir voir, sur le bruit qu'il eust d'vne abstinence extraordinaire dont ie me macerois depuis quelques iours. Il me parla auec des ciuilitez, que ie n'eusse pas merité mesme en l'estat de ma liberté, & commenda tres-expressement à ceux qui auoient charge de moy, de me gouuerner auec toute la douceur, que la necessité de leur deuoir me pouuoit faire esperer. En cela il a esté tousiours tres mal obey, car ces gens-là sans se contenir, mesme dans la rudesse permise aux Guichetiers les moins humains, ont passé au dela de la felonnie des hommes les plus barbares. Ie ne sçaurois, auec le respect que ie dois à vostre Majesté, luy dépeindre les saletez & l'horteur, ny du lieu ny des personnes, dont i'estois gardé, ie ny auois de la clarté que d'vne petite chandelle à chaque repas, le iour y esclaire si peu, qu'on n'y sçauroit discerner la voute d'auec le plancher, ny la fenestre d'auec la porte. Ie n'y ay iamais eu de feu, aussi la vapeur du moindre charbon n'ayant la dedans par où s'exhaler m'eust esté du poison, mon lict estoit de telle disposition que l'humidité de l'assiette & la pourriture de la paille y engendroit des vers, & autres animaux qu'il me falloit escraser à toute heure, diuers prisoniers qui ont esté auec moy, s'ils en sont sortis pour viure peuuent verifier mes plaintes, L'on me nourrissoit de la pension, qu'il a pleu à vostre Majesté de me continuer, mais mon manger & mon

mon boire estoit tel, qu'ils sembloient auoir receu pour me faire mourir, l'argent que vous leur donniez pour me faire viure, & comme si les cruautez d'vn tel entretien n'eussent peu donner assez d'exercice à leur malice, ils s'ingererēt dans mes affaires, & trompant la facilité que i'ay tousiours euë, de donner ma confidence à ceux qui la demādent. Par diuerses ruses, ils attraperēt tous mes secrets, qui se sōt par la grace de Dieu trouuez à ma iustification. Pour vn tesmoignage plus manifeste de la fureur extraordinaire, qui les animoit contre moy, c'est que durant tout le temps d'vne si dure captiuité, où toutes sortes d'objets, de frayeur & de peine, me tenoit tousiours en necessité de consolation, il ne me fut iamais permis de communiquer auec vn Religieux, ny de me faire donner vn chapelet. Il sembloit qu'on eust pris à tasche de me faire perir le corps & l'ame, c'est alors que mes accusateurs faisoiēt retentir les Eglises de mesdisance, dont l'Hostel de Bourgongne eust esté scandalisé. C'est lors, SIRE, que le Pere Guerin fit vn voyage expres en Bretagne, pour suborner des tesmoins cōtre moy: ce que ie verifieray par des Conseilliers de la Cour de Parlemēt de Renes, & luy mesme a eu l'audace de deposer, mais il n'a osé soustenir la confrontation. Pere Chaillou superieur des Minimes, qui est en reputation d'auoir bon sens & bonne cōscience, representa à ses confreres, les affrons que ce detracteur faisoit ordinairement à leur Conuent, si bien qu'on resolut de le faire sortir de Paris, où les im-

C

prudences se faisoient auec trop d'esclat. Ie serois bien-heureux, si les compagnons du Pere Garasse m'auoient donné subiet d'vn ressentiment pareil. Le Pere Margastant superieur des Iesuites de Paris, apres m'auoir dit plusieurs iniures dans son College, s'en alla solliciter Monsieur le Lieutenant Ciuil, pour faire donner main-leuee aux Imprimeurs de ce ramas de bouffonneries & d'impietez de Garassus que i'auois fait saisir. Le Pere Voisin a esté chez plusieurs de mes Iuges à leur demāder ma mort, pour la deffence de la Vierge & des Saincts dont il leur recommandoit la cause, & voir, SIRE, tout le fondement de ces crieries impudentes dont ils ont si long temps agité mon innocence, & tout ce que ce long trauail de persecution a peu produire contremoy.

La Cour ayant deputé, Messieurs de Pinon & de Vertamond, pour instruire mon procez, on me fit sortir du cachot où i'auois esté six mois, sans voir la clarté, & on m'amena deuant eux dans la sale de sainct Louys où le grand air m'esblouyt d'abord, & faillit à me faire pasmer apres auoir leué la main, & dit mon nom, mon pays, mon aage, & ma profession, on me demanda si i'estois Catholique Romain, & si ie l'auois tousiours esté. Ie respondis qu'il y auoit peu de temps que i'estois Catholique, & qu'auparauant i'auois tousiours fait profession de la Religion pretēduë reformee: que ie m'estois instruit en la Foy Romaine par les conferences du Pere Athanase, du Pere Arnoux, & du Pere Seguirand entre les mains de qui j'auois faict mon abiuration ; Monsieur de Pinon me remonstra que i'auois mal fait mon profit des instructions de ces bons Peres, & que i'estois tenu pour vn homme qui ne croyoit autre Dieu que la nature. Ie repliquay que i'estois tenu pour treshomme de bien par tous ceux qui me cognoissoient, & que mes accusateurs parloient sans preuue ny apparence, & qu'ils estoient calomniateurs & imposteurs. Monsieur de Vertamond contribuant peut-estre vn aduis à ma iustification, repartit qu'il n'y auoit point d'apparence que ie fusse vn Athee, puis que pour faire veoir au public que i'auois des sentimens de la diuinité tels qu'vn Chrestien les doit auoir. I'auois fait vn liure de l'immortalité de l'ame qui rendoit raison de ma creance. Cela estoit dangereux pour vn estourdy ou pour vn meschant ; mais moy qui auois l'esprit tendu à ma iustification, & qui pour ne m'esgarer n'auois autre chemin à suiure que celuy de la verité, ie respondis que ie n'auois point composé ce liure-là, que c'estoit vn ouurage de Platon, que ie l'auois traduit sans m'estoigner du sens de l'Autheur, & que ce n'estoit point par où ie rendois raison de ma foy, que pour moustrer que i'estois Chrestien, i'allois à la Messe, ie communiois, ie me confessois. On m'allegua quelques passages de ce traicté, dont ie me suis entierement iustifié, Sainct Augustin, qui ne parle iamais de Platon sans admiration, m'a fourny dequoy faire approuuer la peine que

C ij

i'ay prise en ceste traduction. Apres l'examen de ceste version ou paraphrase sur l'immortalité de l'ame, on ne me trouua conuaincu : ie ne dis pas, SIRE, d'vne impieté, mais non pas seulement de la moindre irreuerence contre l'Eglise : Mesme il y a plusieurs endroits que i'ay en quelque façon desguisez pour les tourner à l'aduantage de nostre creance. Les Libraires ont imprimé en suitte de ce traicté quantité de mes vers, auec les ignorances que i'y ay laissées, & auec les crimes que mes ennemis y ont adiousté? I'ay esclarcy la Cour de tout ce qui estoit de ma composition, & rendu toutes mes pensées manifestement innocentes. On m'apporta d'autres faicts sur la prose d'vn second tome imprimé en mon nom: mais ie fis voir clairement l'impertinence des accusateurs, qui par des subtilitez scholastiques auoient embroüillé le sens de mes escrits, & d'vne malice aueugle, pensant profiter de mon peu de memoire produisoient des periodes imparfaictes en des choses, ou le mesconte d'vne syllabe, peut d'vne pensée innocente faire vn crime. Messieurs mes Commissaires estoient bien aises que i'euitasse les surprises, & se monstrerent tousiours aussi prompts à me iustifier qu'à me conuaincre. Apres que ie me fus purgé de tout ce qu'on pouuoit reprendre ou soupçonner contre moy, dans ces deux tomes qui portent mon nom, on me presenta vn liure intitulé, *le Parnasse des vers Satiriques*, dont i'estois accusé auoir compilé les rapsodies, & les auoir mises en vente : I'apportay pour ma deffence la sentence du Preuost de Paris, obtenuë contre les imprimeurs, & suppliay la Cour de considerer que i'estois le premier de ma profession, qui par vne affection aux bonnes mœurs, & pour oster le scandale public, auoit fait supprimer de telles œuures. Ayant annulé toutes les charges que ces liures me pouuoient mettre sus, Ie croyois auoir finy les interrogatoires qui furét de trois iournees & m'attédois à iouïr du priuilege d'vn peu d'eslargissement qu'on ne me pouuoit refuser selon les formalitez du Palais: mais l'ypocrisie effrontee de ceux qui sollicitoient ma mort, auoient rédu mon affaire de telle importance, & fait estimer ma deliurance si dangereuse, qu'il fallust donner alleine aux calomniateurs, & leur accorder la licence de redresser les embusches que i'auois esuitees iusques là. On me remit dans le cachot pour quatre mois, durant lesquels les Guichetiers me continuerent leur inhumanitez auec tant d'excez, qu'on eust iugé qu'ils craignoient plus mes ennemis, qu'ils ne respectoient leur Maistres. A la seconde attaque, qui fut de quatres iournees en nouueaux interrogatoires, on me representa plusieurs manuscrits & de mes amis & de moy, où il ne se trouua, Dieu mercy, non plus de crime qu'aux accusations precedentes. Le Pere Garassus auoit malicieusement alteré quelques vers en mon Elegie à Thirsis, dont ie me suis iustifié par mon manuscrit, qui s'est trouvé tout contraire à l'imprimé de ce faussaire. Tout ce que i'ay composé & aduoüé est encore dans le Greffe. Si i'estois assez heureux pour le faire confronter à la supposition de Garassus, luy qui fait tant le subtil, & qui prophane si impudemment la dignité de sa profession, se trouueroit conuaincu d'vne fausseté punissable du feu, aussi bien que son Compagnon, qui se trouue coulpable d'auoir suborné des tesmoins, & dont la conuiction est à la cognoissance de la Cour. Permettez moy, SIRE, de vous descouurir ceste imposture & prenez la peine d'ouyr les friuoles & calomnieuses depositiōs des principaux qui m'ont esté confrontez. Le premier ce nomme Anisé Aduocat, qui se fit luy mesme tant de reproches, & se couppa si souuent, que Monsieur de Vertamond ne se peut tenir de rire de ses absurditez, cet hôme là qui me fut confronté auec la grauité de la robe & du bonnet carré, tesmoignoit m'auoir ouy dire, que quand ie couchois sur la dure cela me mettoit en humeur. Ces impertinences me font rougir: & supplier tres humblement vostre Maiesté de pardóner à la necessité qui m'oblige à les dire par leurs termes: & non par les miens: il adioustoit encore que certain Pauie, à qui ie n'ay iamais parlé, l'auoit entretenu de quelques discours prophanes qu'il supposoit venir de moy, le sens en estoit, que ie disputois si l'ame estoit dans le sang. C'est vn discours de Philosophie, dont ie ne suis point capable, il ne m'importe qu'elle soit dans le sang ou ailleurs, pourueu qu'au sortir du corps ie sois asseuré qu'elle ne pert point son estre. Le second tesmoing est vn homme vagabond, & sans autre appuy que du Pere Voisin, qui l'a entretenu aux escoles depuis douze ans, il se nomme Saiot, son pere le desherita pour d'estranges rebellions qui luy auoit faites dés l'aage de seize à dix-sept ans, & couroit risque de passer sa vie dans de grandes necessitez, s'il ne se fust rendu agreable au Pere Voisin, qui se ioignit à luy d'vne affection fort particuliere; quoy que ce garçon fut alors dans vne reputation tres-honteuse, depuis le commerce qu'il eust auec ce Religieux, il n'amenda point sa vie, car ces desbordements qu'il continuoit au scandale du College, luy firent interdire la conuersation de quelques escoliers de la Fleche, qu'il auoit tasché de corrompre. La contrainte de luy donner des reproches, m'a fait declarer quelques vnes de ses infamies, qui l'ont fait pleurer à la confrontation: & d'autant que les larmes ne se peuuent escrire, le Greffier qui est homme de bien tesmoignera ceste verité. Sçachant bien que sa trahison luy seroit inutile si ie venois à la descouurir, pource que ie ne sçauois ses crimes, il changea son nom & son pays, ce qui merite punition exemplaire. Nonobstant ce desguisement, le regardant fixement aux yeux, il me reuint quelque image d'vne personne, que des accidents tres notables auoient rendu signalé; l'ayant recognen, ie dis modestement quelques secrets de sa vie, assez capables d'affoiblir sa deposition. Il ne nia point qu'il n'eust esté en ses ieunes ans disciple du Pere Voisin : aduoüa que depuis leur premiere cognoissance, ils s'estoient entretenus d'vne amitié tres estroitte, & d'vne confidence qu'ils n'ont iamais interrompuë, qu'ils auoient communicqué ensemble leurs accusations contre moy, & que le Pere Voisin l'auoit induit à deposer. Il y auoit pour le moins quinze ans que ie n'auóis veu Sajot, il depose que depuis trois ans, il m'auoit ouy dire des vers sales & prophanes, dont à la verité il ne se souuient point; il m'accuse notamment auoir dit, que ie ne croyois autre chose que IESVS-CHRIST crucifié : & inferé de là que ie tiens les ceremonies de l'Eglise peu necessaires; ie le pressay de me nommer le lieu où il pretendoit m'auoir veu, en presence de qui, en quel iour, & à quelle heure i'auois parlé à luy; il respondit qu'il n'en sçait rien, & confesse tousiours que le Pere Voisin luy a dit, qu'il estoit obligé de deposer contre moy. Il se trouue, SIRE, que cét homme-là est aux gages du Pere Voisin, qu'il est nepueu d'vne Dame Mercie, qui contribuë aussi à la nourriture de Sajot, ceste femme est confidente du Pere Voisin, & du Preuost le Blanc: car aussi tost que ie fus pris, le Blanc s'en coniouyt par lettre auec le Pere Voisin, & addressa son pacquet à la Dame Mercie, qui communique ordinairement auec ce Religieux, la lettre m'est tombee entre les mains, il y auoit entre autres termes de respect. Pour ce Pere qu'il m'auoit si soigneusement veillé, qu'en fin il m'auoit attrapé, selon le commandement qu'il en auoit receu de sa reuerence

uerence. Il me fut encore confronté vn sourd, nómé Bonnet, Aduocat à Bourges, qui deposoit m'auoir ouy dire en la presence du P. Philippes, Capuchin, qu'il y auoit des gens qui se repentiroient de m'auoir retiré de la desbauche; Le Pere Philippes a rendu des tesmoignages tous contraires à ceste imposture. Tous les autres tesmoins horsmis vn que ie diray apres, ne m'accusent point de m'auoir iamais veu faire, ny ouy dire quelque chose de reprehensible; Ils ne cognoissent pas mesme ma personne, & n'ont autre instruction que les liures & les Sermons de mes accusateurs. Icy ie ne puis me taire de l'integrité de Monsieur le Procureur general, qui ayant pris le soin d'en examiner quelques-vns, mesmes des Libraires, qui confessent auoir pris part en l'impression du Parnasse Satyrique: il a si bien fondé ceste verité, que tous les tesmoins qu'il a produicts n'ont parlé qu'à ma descharge. Celuy qui reste se resolut de me faire vn pur assassinat: car sans accompagner sa deposition d'aucune circonstance, ny couurir d'aucun pretexte les calomnies qu'il m'improperoit, il fit vne coppie de tout ce qui est de plus execrable dans le parnasse Satyrique : & sans m'accuser toutesfois d'auoir rien contribué à la composition.

Il me soustint en Iustice, qu'il auoit apris par cœur ces vers infames à me les ouyr dire plusieurs fois, & en diuerses compagnies où il auoit eu ma frequentation, depuis dix ou douze ans qu'il disoit me cognoistre. Ie n'eus point d'au-

D

tre reproche à luy faire, sinon que ie ne le cognoissois point du tout, & priay Monsieur de Vertamond de luy faire dire le lieu, & les personnes qui pouuoient faire foy de sa deposition, il ne sceust dire, ny ruë, ny maison où il m'eust veu, ny ne se peust ressouuenir d'vn seul homme parmy tant de conuersations. Là ie priay la Cour de considerer, que cest hommes incapable de se ressouuenir des maisons & des personnes qui sont obiets, fort apprehensibles à la memoire, n'estoit pas croyable de se ressouuenir d'vn vers, qui n'est qu'vn son, & ie le voulu obliger d'en reciter quelqu'vn, mais le tesmoin se trouua muet ; Ie m'apperceus encore, que dans les premiers interrogatoires, on m'auoit representé vne ligne de prose pour vn vers, qui me dóna des ombrages d'vn faux tesmoin. Ie trouuay dans ceste deposition ce vers là qui estoit failly, tout de mesme dans l'impression du Parnasse Satyrique : si bien qu'il appert clairement, qu'il a retenu ceste faute des Imprimeurs, & non pas de moy, pource que les moins versez dans la Poësie ne sçauroient faillir en la mesure des syllabes, la condition de la personne rendoit aussi son tesmoignage tres-suspect : car vn homme de sa sorte ne se trouue pas ordinairement à ouyr des vers, c'est vn Boucher de la ruë Sainct Martin nommé Guibert. Voila, SIRE, la somme de toutes les charges qui ont si long temps entretenu les esperances orgueilleuses de quelques hypocrites, qui ne sçauent monstrer leur deuotion que par la cruauté, & qui croyent que hors de leur cabale il n'y a point de salut. Ils murmurent encore apres mon Arrest, & ne se peuuent satisfaire de la iustice de Dieu, & de celle du Parlement, pource qu'ils n'ont pas du tout accomply leur haine. Ils cherchent tous les iours des pretextes nouueaux à r'allumer leur persecution, font courir en mon nom des vers mal faits & malicieux, qui des-honorent la reputation de mes mœurs & de mon esprit ; ils ne disent pas que ie vay tous les iours à la Messe, que i'ay fait mon bon iour deux fois depuis la sortie de ma prison. Ils me iettent tous les iours des amorces à m'attirer à la desbauche, pour blasmer ce qu'ils desirent, & se plaindre de ce qui leur plaist. Ils firent par d'estranges ruses glisser dans mon cachot certains mouchars, qui espioient selon la portee de leur esprit tous les mouuemens du mien, & lors qu'il y descouuroient quelque despit contre les longues iniures de ma captiuité, ils se mettoient à detester leur calamité, iurer contre Dieu, & l'accuser d'iniustice, pour m'obliger à blasphemer à leur exemple. Me representoient l'idifference où ils disoient que vostre Maiesté laissoit vn si grand personnage que moy. Leurs solicitations à me faire pescher contre Dieu & contre V. M. ont esté aussi inutiles que leurs tesmoins. Ie n'ay point de desir plus ardent, n'y d'ambition plus legitime, que de me maintenir au devoir d'vn bon Chrestien, & d'vn vray François. Ceste resolution a des racines si profondes en mon ame, qu'on ne les verra iamais branfler pour toutes les secousses de ces mauuais demõs, ennemis de la Religion & de l'Estat. Ie serois bien reprouué & bien ingrat, si ie ne cognoissois en ma deliurance vne marque de la misericorde Diuine, & de la iustice de vostre Majesté. Lors que i'estois enseuely dans ces tenebres & ses infections de cachot, parmy les soins continuels d'vn procez, qui m'attaquoit à l'honneur & à la vie : parmy tant de subiets de deseperer vne ame foible, il n'y auoit point de paroles qui s'offrissent plus fauorablement à exprimer ma pensee que celles du Roy Dauid, qui est à mon iugement la regle & l'ame de la deuotion ; la lecture continuelle de ses Pseaumes m'animoit auec tant de force & de plaisir, que cet exercice me tenoit aussi bien lieu de diuertissement que de priere. Iamais toutes les delicatesses des Poësies prophanes ne m'ont touché si tendrement ny si viuement que les fermes & eloquentes meditations de ce Prophete ; i'en ay la plus part dans la memoire & toutes dans le cœur. I'espere qu'à l'aduenir les conceptions de mon ame & le train de ma vie retiendront quelques traces d'vne si saincte & si necessaire pieté. Ma premiere occupation, s'il plaist à vostre Majesté d'agreer que ie viue, & que i'escriue, se donnera à corriger tout ce que les Theologiens les plus exacts trouueront de licentieux dans ces liures qu'on a imprimez si souuent en mõ nom, & auec tant de desordre.

C'est par où ie dois iustifier tous ceux qui se sont engagez dans mon malheur, & qui dans vn si grand peril de mon honneur ont osé me continuer les tesmoignages de leur amitié. Ie feray ceste satisfaction au public, dont l'aplaudissement & l'amour se monstre auiourd'huy visiblement pour moy, & ie meriterois sa haine si ie luy refusois vn deuoir que sa curiosité & son affection me demandent si iustement. Ie laisseray cependant mes ennemis sans replique, & ne tascheray point par ma vengeance, ny d'empescher, ny d'irriter l'humeur ou le plaisir qu'ils ont à mesdire de moy. Si leur fureur leur a fait faire des iniustices, ie ne veux point faillir à leur exemple. I'ay l'esprit froid à la mesdisance; ie n'ayme point les affronts, c'est pourquoy ie n'en fais point; s'ils ont fait des meschans liures qu'ils les defassent eux-mesmes. Leurs folies m'apprennent d'estre sage. Et pour les asseurer que ie ne prendray iamais la peine de leur en faire, ie leur promets de ne commancer iamais à les reprendre, qu'apres que i'auray assez loüé vostre Majesté.

De V. M.

Le tref-humble, tres-obeyssant & tres-fidele subiet & seruiteur,
THEOPHILE.

www.ingramcontent.com/pod-product-compliance
Lightning Source LLC
Chambersburg PA
CBHW070748020526
44115CB00032B/1296